［増補版］

政治における合理主義

Rationalism in Politics and other essays

New and Expanded Edition

マイケル・オークショット｜著｜

嶋津格・森村進・名和田是彦・玉木秀敏・田島正樹
杉田秀一・石山文彦・桂木隆夫・登尾章・川瀬貴之｜訳｜

勁草書房

序

最近十二年間に執筆されたこれらの論文のうち、七篇は最初別のところに発表された。各論文は別々の機会に書かれたものだが、一冊にまとめるにふさわしいほど調和しているように私には思われる。それらの論文はすべて、行動と理解と説明に関するものであり、これらの活動の諸様相と相互の関係とに関するものである。そしてそれらは固定したドクトリンを形成してはいないが、ある一貫したスタイルあるいは思考の傾向を示している。詩についての論文は、『経験とその諸様相』(訳注)の中のある馬鹿げた文章を遅まきながら撤回したものである。

一九六二年

M・O

(訳注)　オークショットの処女作、一九三三年刊。

〔増補版〕
政治における合理主義

目次

凡例

一、本書は、Michael Oakeshott, *Rationalism in Politics and other essays*, Methuen, 1962 の全訳に、New and Expanded Edition, Liberty Fund, Inc., 1991 より The New Bentham, The Masses in Representative Democracy, Logos and Telos, Talking Politics, Political Discourse の五本を増補している。

二、‘ ’は「 」に、強調のイタリック体には圏点を付した。

三、カッコとダッシュは、概ね原文に従ったが、訳文を読み易くするために使用したところもある。

四、原注と訳注は章末に一括した。

五、訳者の補足は〔 〕で示した。

政治における合理主義

偉人達は、弱い人々に反省して考えることを教えたために彼等を誤りの道に引き込んだ。
VAUVENARGUES, *Maximes et Reflexions*, 221

1

この小論の目的は、ルネッサンス以後のヨーロッパのもっとも顕著な知的ファッションの性格と由来とを考察することにある。私が関心をもっている合理主義（the Rationalism）は近代のそれである。疑いもなくこれは、その表面にもっと古い時代の合理主義の光を映しているが、深いところにはまったくそれ独自の特質を宿している。私が考察しようというのはこの特質についてであり、主にヨーロッパ政治に対するそれの影響に着目しながらこれを考察してゆくつもりである。

もちろん私が政治における合理主義と呼ぶものは、現代のヨーロッパ政治思想の唯一のファッションではない（し、もっとも実り多いそれでないことも確かである）。しかしそれは、今日のヨーロッパの知的構成の中に含まれる他の多くの強力な要素を子孫とし、それらに支えられることで、一派のではなくすべての政治的信念の様々な理念に色づけを与え、あらゆる政治路線を越えて貫流することになった、一つの強力で生き生きとした思考のあり方なのである。あれこれの道を経て、信念から、仮定上の不可避性から、それの所謂成功から、そして場合によってはまったく無自覚なまま、今日ほとんどすべての政治は、合理主義または合理主義類似の政治になってしまったのである。

私の考えでは、合理主義者の一般的な性格と傾向を特定するのは難しくない。根底では彼は、あらゆる場合における精神の独立、つまり「理性」の権威を除く他のいかなる権威に対する責務からも自由な思考、を唱道する（彼はつねに唱道する）。現代世界の彼を取り巻く環境が彼を争い好きにしているのであって、彼は権威の、偏見の、単に伝統的、習律的、慣習的であるにすぎない物事の、敵なのである。彼の精神的態度は、懐疑的であると同時に楽観的である。懐疑的であるというのは、あまりにも強固に根差し広く受け入れられているので彼が疑問に付して彼の「理性」と呼ぶものによって判定を下すのをためらうというような意見、習慣、信念など何もないからであり、楽観的であるというのは、合理主義者は決して、物事の価値、意見の正しさ、行為の適切さ、を決定する彼の「理性」の（正しく適用された場合の）力を疑わないからである。さらに彼は、議論の基礎であり源である全人類に共通の「理性」、合理的考察の普遍的力、に対する信念によって護られており、彼の戸口には、パルメニデスの教え——合理的議論によって判定せよ——が掲げられているのである。このことは合理主義者に知的平等主義の香りを与えるが、これとは別に彼はまた、率直かつ明晰に考えることのできる人が自分と異なった考えをもつと信じるのに困難を覚える個人主義者でもある。

しかし、彼にア・プリオリな議論への過剰な関心を帰すのは誤りである。彼は経験を看過するわけではないが、それが彼自身の経験でなければならないと主張する（そしてすべてを新たに始めるよう求める）ために、また、入り組んだ多様な経験の一群を原理に還元し、その後でそれを合理的根拠のみによって攻撃したり擁護したりする場合の性急さのために、彼はしばしばそうしているように見えるのである。彼には経験の蓄積という感覚がなく、経験が一つの定式に転換されている場合にそれを受け入れる用意があるに過ぎない。過去は彼にとって邪魔物としての意味しかもたないのである。彼には（キーツがシェークスピアに帰した）消極的能力（*negative capability*）がまったく欠けているが、これは、焦って秩序と明確さを捜し求めることなく経験の不思議さと不確実さを受け入れる力であり、経験を支配下に置く唯一の能力である。彼は、リヒテンベルクが消極的情熱（*negative enthusiasm*）と呼んだ、あの現実に生起するものに対する親密で詳細な享受の性向を欠き、一般理論が出来事の上に被せる大まかなアウトラインを認識する能力のみをもつのである。彼の精神傾向は知性主義的であり、ルーンケンの格言「知らずにいるべき事もある（Oportet quaedam nescire）」の賢明さは彼には見当たらない。各々の伝統とその文明の様々な成果とへの手ほどきをするためにデザインされた手の込んだ教育を経ているなと我々に感じさせる精神、というものがある。そのような精神についてまず受ける印象は、洗練、一つの遺産の享受、という印象である。しかしこれは、合理主義者の精神にはあてはまらないのであって、後者はせいぜい、調律の行き届いた無色の楽器、教育を受けたというよりよく訓練された精神という印象を与えるだけである。知的な面での彼の野心は、民族の経験を共有することよりも自作の人間だと証明できることにある。この事は、彼の知的、実践的活動にほとんど超自然的なわざとらしさと自意識を与え、それによってそれらの活動からリズムと継続性の感じをまったく奪ってしまい、それらを理性の行為によって各々克服されるべき危機の連続へと解体してしまうのである。彼の精神には雰囲気というものがなく、季節や温度もない。彼の知的過程は、可能な限りあらゆる外からの影響から絶縁されて、真空の中で進行するのである。彼の社会の伝統的知から自分を切り離し、分析の技術以上の教育はすべてその価値を否定したことで彼は、人間に対して人生のあらゆる危機についての必然的無経験を帰す傾向があり、もし彼がもっと自己批判的であったなら、一体いかにしてその民族が生き残りおおせたのかと不思議に思い始めたかも知れない。ほとんど詩的ともいうべき幻想によって、彼は毎日をあたかもそれが彼の最初の日であるかのようにして暮らすことに努め、習慣を形成することは堕落だと信じている。しかし、まだ分析のことは考えないでその表面の下へ目をやるなら我々は、合理主義者の人格でないとしても気質の内に、時間への根深い不信、永遠に対するせっかちな渇望と時事的なもの移りゆくものすべてに対面しての短気な苛立ちを、おそらく見ることになるだろう。

さて、すべての世界の中で政治の世界は、合理主義的処理にもっとも馴染まない世界かも知れない——政治、そこには常に伝統的なもの、状況的なもの、移りゆくものが血管のように走っているのだから。そして実際に、信念ある合理主義者の中には、そこでの敗北を認めた者もある。(例えば彼の道徳と宗教の取り扱いにおいて)知的な面では現代合理主義の伝統の嫡子であるクレマンソーは、政治においては決して合理主義者とはいえなかった。しかしすべての者が敗北を認めたわけではない。もし宗教を除外するなら、合理主義が外見上最大の成功を収めてきたのは、政治においてであった。自分の合理主義を生の活動の中に持ち込む用意のある者なら誰でも、公事の活動の中にそれを持ち込むのを躊躇するとは期待できない(1)。

しかしそのような人間の中に見るべき重要事(それは特徴的であるから)は、彼が霊感を得て行なう決定や行動ではなく、その霊感の源泉、政治活動における彼の理念(彼においてはそれは意図的自覚的理念であろうが)である。もちろん彼は、開かれた精神、つまり先入見、過去の遺物、習慣から自由な精神を信奉する。彼は、何物にも妨げられない人間「理性」が(活動させられさえすれば)、政治活動における誤りなき指針だ、と信じている。さらに彼は、「理性」のテクニックと作用としての論議を信奉し、意見の真理性と制度の「合理的」基礎のみが、彼の関心事である。その結果、彼の政治活動の多くは、彼の社会の社会、政治、法、制度に関する遺産を彼の知性の法廷の前に立たせることにあり、その余は、「理性」が事件の様々な環境の上に何の制約も受けずに管轄権をふるう、合理的管理である。合理主義者にとって存在しているというだけでは（そして明らかに何世代にもわたってそれが存在してきたということからは）何物も価値を有しない。親しみに価値はなく、何事も、精査を受けずに存続すべきではないのである。こうしてその性向のため、彼にとっては受容と改革よりも破壊と創造の方が理解し易く携わり易いものとなる。繕うこと、修理すること（つまり、素材についての忍耐強い知識を必要とすることを行なうこと）を彼は、時間の無駄とみなす。そして彼は常に、そこにあるよく試された便法を利用することよりも、新たな趣向を発明することの方をよしとする。彼は、それが自覚的に引き起こされた変化でないかぎり変化を認識せず、その結果容易に、慣習的なもの、伝統的なものを変化なきものとする誤りに陥る。これの適切な例となるのは、思想の伝統に対する合理主義者の態度である。当然のことながら、そのような伝統を保持することも改善することも問題にはならない。なぜなら、両者はいずれも〔その伝統に対する〕恭順の態度を含んでいるからである。〔むしろ〕それは破壊されねばならない。そして合理主義者はそれの場所を埋めるために彼の自作のもの——あるイデオロギー、伝統に含まれていた合理的真理の本体とされるものの形式化された要約——を置くのである。

合理主義者にとって物事の処理は問題解決であり、その仕事においては、理性が、習慣への降伏によって硬直化したり伝統のもやによって曇らされているような者には、成功は望めないのである。この活動において合理主義者が自分のものだとする性格は、技術者のそれである。この場合、技術者の心は適切な技術によって全面的に制御され（ていると想定され）、彼の第一歩は、彼の特殊化された意図と直接関連性のないものを全て自分の注意から追い出すことである。政治を工学に準えるこのやり方は、まさに合理主義の政治の神話とも呼ぶべきものである。そしてそれはもちろん、合理主義の文献で繰り返されるテーマなのである。それが鼓舞する政治は、感じられた必要性の政治と呼ぶことができる。合理主義者にとって政治は、常にその時の感覚で充たされているからである。彼は環境が彼の問題を与えてくれるのを待っているが、その問題の解決に際しては、環境からの助力を拒絶する。ある社会と、その歴史の各瞬間における感じられたニーズの満足との間に立つことを許されるものが何かあるなどということは、合理主義者には神秘主義とナンセンスのたわごとと見えるしかない。実際彼の政治は、感じられる要求の至高性を承認することが社会生活の中に永続的に創り出す実践上の謎々の合理的解決、なのである。かくして政治生活は、危機の連続へと解消され、各々の危機は「理性」の適用によって克服すべきものとなる。各世代、いや実際、各政権は、自分の前に書き込みのない無限の可能性という紙が広げられているのを見なければならない。そしてもしこの白紙（tabula rasa）が伝統の支配を受けた先人達の非合理な書き物によって偶々汚されていたなら、合理主義者の最初の仕事は、それをきれいに擦り落とすことでなければならない。ヴォルテールの言ったように、良き法を得る唯一の方法は、既存の法を全て焼き払い新たに始めることである(2)。

合理主義の政治の一般的な特徴として、これ以外に二つのものを認め得る。それは、完全性の政治、そして画一性の政治である。これらの特徴の各々は、もう一方と切り離されれば、それぞれまた違った政治のスタイルを指示するのだが、合理主義のエッセンスは、両者の結合にある。不完全性の消失は、合理主義者の信条の第一項目だ、と言えるかも知れない。彼に謙虚さがないわけではない。彼は、自分の理性の猛攻をはねつけるような問題を想像することができる。彼に想像できないのは、問題解決からなるのではない政治、または「合理的」な解が何もないような政治問題、である。そんな問題は、にせものなのである。そしてどんな問題についてであれ「合理的」解とは、その本質からして、完全な解なのである。彼の組立の中には、「その状況の下でもっともましなもの」の一つが占めるべき場所はなく、「最善」のための場所のみがある。なぜなら、理性の機能は、まさに状況を克服する事にあるのだから。もちろん合理主義者が常に、個々の場合にその精神が包括的ユートピアによって支配されているというような、一般的な場面での完全主義者だとは限らない。しかし彼は、細部においては例外なく完全主義者なのである。そしてこの完全性の政治から、画一性の政治が出て来る。つまり、状況というものを認めない組立には、多様性のための場所もありえないのである。「事物の本性の内には、野蛮の無知の眠りから十分目覚めた知識人なら全てが賛同せずにはおれない気になるような、唯一最善の政府形態というものがあるに違いない」とゴドウィンは書いている。この恐れを知らぬ合理主義者は、もっと控え目な信奉者なら細部についてだけ述べるかも知れない事を、一般的な形で述べているのである。しかしその原理はこう主張する――全ての政治的病理に対する唯一の画一的治療法はないかも知れないが、任意の具体的病理に対する治療法は、その観念が合理的である程度に応じて、その適用も画一的になるのだ。社会の問題の一つに対する合理的解決が決定された場合、その社会の重要部分のいずれかがその解決を免れるのを許容することは、仮定からして、非合理を黙認することになる。合理的選好でない選好のための場所はあり得ず、そして全ての合理的選好は、必然的に一致せねばならない。政治的活動は、人間行態 (human conduct) の上に完全性の画一的条件を課することとみなされるのである。

近代ヨーロッパ史には、合理主義の政治の企画があちこちに転がっている。それらの中でももっとも壮烈なものは、あるいはロバート・オーエンの「人類を無知、貧困、分裂、罪、悲惨から解放するための世界大会」のそれかも知れない――これは余りにも壮烈だったので、合理主義者でさえ、(あまりそんなことを言える立場ではないのに) 常軌を逸していると考えるかも知れないが。しかし、人間世界の他の権力を全てコントロールできる程の大きさにしても安全な無毒の権力を求めての今日の世代による勤勉な探究や、政治機構が道徳教育と政治教育に代わり得ると信じる社会一般の傾向もまた、オーエンの場合と同じほど、特徴的なのである。個人の社会であれ国家の社会〔国際関係〕であれ、社会を人権宣言によって基礎づけるという考え方は、合理主義者の頭脳の産物であり、「国民」や民族の自決が普遍的原理に祭り上げられる場合も、同様である。所謂キリスト教会の再統一、開かれた外交、単一税、「個人的能力以外の資格をもたぬ」構成員達による公務、自覚的に計画された社会、等の企画や、ベバリッジ報告、一九四四年の教育法、連邦主義、ナショナリズム、婦人参政権運動、生活賃金法、オーストリア＝ハンガリー帝国の破壊、

(H・G・ウェルズや他の誰かによる)世界国家、アイルランドの公式言語としてのゲール語の復活、等も同じく合理主義の所産である。政治における合理主義の奇妙な世代が、ロマン主義から生じる至上権の下にいるのである。

2

合理主義者の性格と傾向として、我々の前には合理主義の静かな湖が横たわっている。表面は見慣れたもので、納得できなくもなく、その水が多くの支流から流れ込んでいるのも見ることができる。しかし底には隠された泉が湧き出ており、それは元々の湖がそこから始まる源泉であったわけではないのだが、おそらくその存続のための抜群の水源となっている。この泉は人間の知についてのある教条である。何かそのような湧き水が合理主義の中心にあるということは、それの表面だけしか知らない者にとっても驚きではないだろう。妨げられない知性の優越性は、それが人間と社会について他の方法により可能であったよりもより多くの、そしてより確実な知識に到達し得たというまさにその事実の内にあったし、伝統に対するイデオロギーの優越性は、そのより大きな厳密性と、証明可能性と称されるものの内にあった。それにもかかわらず、正確に言うならそれは哲学的な認識論ではないのであり、許される程度の略式なやり方で説明することができるのである。

全ての科学、全ての芸術、何らかの技術を必要とする全ての実践活動、実際、人間のあらゆる活動は、知を要素としている。そしてこの知は例外なく二つの種類からなっており、その双方がどんな現実の活動にも含まれている。思うに、それらを二種の知と呼ぶのは行き過ぎなのではない。(実際にはそれらは別々に存在するわけではないが)それらの間には一定の重要な違いがあるからである。初めの種類の知を、技術知または技術の知識と呼ぶことにする。全ての芸術と科学、全ての実践活動には、ある技術が含まれる。多くの活動においてこの技術知は、意図的に学び、記憶し、そしていわゆる実践に移される、またはそうされるはずの、諸ルールへと定式化される。しかしそれが精確に定式化されている、またはされた、ものであると否とに拘わらず、また、精確な定式を与えるには特別の技と洞察が必要かも知れぬとは言え、それの主要な特徴は、それがそのような定式化を許すものであるというところにある(3)。イギリスの道路で自動車を運転する技術(またはその一部)は道路法(Highway Code)の内に見出し得るし、料理の技術は料理の本の中に書かれている。また、自然科学や歴史学における発見の技術は、それ等の研究のルール、観察と証明のルールの内にある。第二の種類の知は、使用の内にのみあることから実践知と呼ぶことにするが、これは反省的なものではなく、(技術とは異なり)ルールに定式化することができない。しかしだからといって、これが深遠な種類の知だというわけではない。ただ、これが共有され人々の共通の知になるための方法は、教条の定式化による方法ではないというだけである。そしてこの観点からそれを考察するなら、それを伝統知と言うことも誤りではないであろう。あらゆる活動には、この種の知もまた含まれているのであって、どんな技の習得やどんな具体的活動の遂行も、それなしには不可能なのである。

こうしてこの二種の知は、区別可能だが切り離せないものとして、すべての具体的人間活動に含まれる知の双子の要素になるのである。料理のような実践的技芸においては、優れた料理人の身に付けている知が、料理の本に書いてある、または書き得ることに尽くされるなどとは、誰も考えない。料理の技が存在する所ならどこでも、技術と私の言う実践知とが一緒になってそれを作り上げているのである。そして同じことが、美術、絵画、音楽、詩、にもあてはまる。たとえそれが緻密ですぐ使えるものであろうと、高度な技術上の知は一つのものに過ぎず、芸術作品を創造する能力、真の音楽性を伴う作曲をする能力、偉大なソネットを書く能力、はそれと別であり、技術に加えて、このもう一方の種類の知を必要とするのである。またこの二種類の知は、真に科学的ないかなる活動にも含まれる(4)。自然科学者は、彼の技術に属する観察と証明の諸ルールを確かに利用するが、これらのルールは彼の知を構成する要素の一つに過ぎない。科学的発見の進歩は、決してルールに従うだけで達成された訳ではないのである(5)。同じ状況は、宗教においても観察されるかも知れない。思うに、キリスト教の技術面にまったく無知で、教義や儀式を何も知らない人をキリスト教徒と呼ぶなら、それは余りにも寛大過ぎるだろうが、教義や教義問答書を誰よりすばやく答えられる知識でさえ、それがキリスト教徒が身に付ける知の全体を仮にも構成するなどと主張するのは、それ以上に馬鹿げているであろう。そして料理、絵画、自然科学、宗教、に妥当することは、政治にも同じくあてはまるのであり、政治活動に含まれる知は、技術知と実践知の両方なのである(6)。実際、人をその創造の素材とするような全ての技芸、つまり医学、産業経営、外交、軍隊指揮、のような技芸においてと同様、政治活動に含まれる知は、顕著にこの二重性を有している。またこれ等の技芸においては、人（例えば医者）に技術が何をすべきかを教え実践がいかにそれをすべきか――「患者扱い」、つまり彼が処置せねばならない個人の評価識別――を教えると述べるのも正しくはない。何をの中にさえ、そしてとりわけ診断の中には、すでにこの技術と実践の二重性があり、「ノウ・ハウ (know how)」でない知などないのである。さらに言うなら、技術知と実践知との区別は手段知と目的知との区別と一致するように見える場合もあるかも知れないが、二つの区別が一致するわけでもないのである。結局どんな分野においても、そして特に政治活動においてははっきりしているのだが、技術知と実践知は切り離せないのであり、そしてどんな所においても、両者は同じものだとか、相互にもう一方の代わりが出来るのだとか、みなすことはできないのである(7)。

さて我々に問題なのは、この二種の知の間の違いである。そして重要な違いは、二種の知の表現を可能にする異なったやり方とそれらを学んだり習得したりする場合の異なったやり方、の内に現われるそれである。

我々が見たように、技術知は、ルール、原理、指示、格言の内、つまり命題の内に残らず定式化することが可能である。技術知を本の中に書き留めることが可能である。その結果、芸術家が自分の芸術について本を書く時に、彼の芸術の技術についてだけしか書かないとしても、驚くにはあたらない。これは、美的要素とでも呼ぶべきものに彼が無知であるからとか、それが重要でないと思っているからではなく、それについて彼が言うべき事は、(彼が画家なら)自分の絵の中ですでに言ってしまったからであって、それを語る方法を彼は他に知らないのである。信仰深い人が彼の宗教について書く場合(8)や、コックが料理法について書く場合にも、同じ事が妥当する。そして、厳密な定式化ができるというこの性質が、技術知に少なくとも確実性の外観を与えるのだと見てよいかも知れない。技術については、確実であるのは可能な事に見えるのである。他方、この種の定式化ができないのが、実践知の特徴である。それの普通の表現は、物事を行なう慣習的、伝統的やり方の中、つまり実践の中にある。そしてこのことは実践知に、不明確、その結果不確実、見解の問題、真理ではなく蓋然性、という外観を与えるのである。確かにそれは、趣味または鑑識眼の内に表現される、厳密性に欠け、学ぶ者の精神の刻印を受け易いような知なのである。

技術知は、本から学ぶことができるのであり、通信コースで学ぶこともできる。さらにそれの多くは、暗記し、そらで繰り返し、機械的に適用することができる。三段論法のロジックは〔それ自体が〕この種の技術である。要するに技術知は、その語の最も単純な意味において、教える(teach)ことも学ぶ(learn)こともできるのである。他方実践知は、教えることも学ぶこともできず、伝え(impart)、習得する(acquire)ことができるだけである。それは、実践の内にのみ存在し、それを習得する唯一の方法は、名人への弟子入りによる方法である。弟子になればそれが習得できるのは、師匠にそれが教えられるからではなく(彼はそれができない)、それを絶え間なく実践している者との継続的接触によってのみ、それを習得することができるからである。芸術と科学において普通起こるのは、弟子が師匠から技術を教えられそれを学んでいる内に、はっきりとそれを伝えられたわけでもなく、しばしばそれが何かをはっきりと言えるわけでもないにもかかわらず、単なる技術知とは別の種類の知をも習得してしまっている自分に気付く、ということである。こうして、ピアニストはテクニックと共に芸術性を、チェス選手は色々な手の知識と共にスタイルとゲームへの洞察力を習得し、科学者は、(他にもあるが)技術が自分を迷わす時にそれを彼に告げてくれるような判断力と、探究の方向として実りあるものと実りないものとを彼が区別するのを可能にする鑑識眼とを、習得するのである。

さて、私の理解に従えば、合理主義とは、私が実践知と呼んだものはまったく知ではないのだ、という言明のことであり、正しく言うなら技術知以外の知などはないのだ、という言明のことである。合理主義者の立場からは、あらゆる人間活動に含まれる知の唯一の構成要素は技術知であり、私が実践知と呼んだものは、実際にはある種の無知であって、たとえ積極的に有害でないとしても無視できるものだ、とされる。合理主義者にとって「理性の至上」とは技術の至上を意味するのである。

中心にあるのは、合理主義者の確実性に対する執着である。彼において技術と確実性とが分かち難く結合するのは、彼にとって確実な知とは、確実性のためにそれ自体を越えて他のものに目をやる必要のない知、つまり最終結果が確実であるだけでなく、出発点から確実であり、最初から最後まで確実であるような知のことであるためである。そして技術知は、まさにそうであるように見える。新しいゲームのルールを学ぶ時と同じく、それは（全くの無知の中にそれが突然現われる）同定できる始点と、それが完結する同定できる終点、との間に拡がっているように見えるので、自己完結的な種類の知に見える。それのもつ知の様相は、本の表紙と裏表紙との間に全部入れることができ、その適用は純粋に機械的な適用に可能な限り近く、その技術の中に用意されていない知を仮定することのない、それである。例えば、思想伝統に対するイデロギーの優位は、それが自己完結的であるように見えることによっている。イデオロギーは、精神が空っぽの人々に対して最もうまく教え込むことができるのであり、すでに何かを信じている者に教える場合には、教師が取るべき最初の一歩は、粛清を敢行すること、つまり絶対的無知という揺るぎない岩盤を彼の土台とするために、全ての先入見と先入観念が取り除かれたことを確認すること、である。要するに技術知は、合理主義者が選択した確実性の基準を充たす唯一の知であるように見える、というわけである。

さて、私は、あらゆる具体的活動に含まれている知は、決して技術知だけではない、と示唆した。もしこれが正しければ、合理主義者の誤りは単純な種類のそれであるように思われる。つまりそれは、部分を全体と取り違える誤りであり、部分に全体の持っている性質を授けてしまうという誤り、である。しかし合理主義者の誤りは、それに留まる訳ではない。彼の大いなる幻想が技術の至上性にあるとすれば、彼はまた、技術知の外見上の確実性によっても、同じく欺かれているのである。技術知の優越性は、純粋な無知から出発して確実で完全な知に到るというその外見、つまり、初めと終わりが共に確実性をもつというその外見、にある。しかし実際には、それは幻想である。他の全ての種類の知の学習と同じく、技術の学習は、純粋な無知を脱することにあるのではなく、すでにそこにある知を修正してゆくことにある。何事も、自足的技術に最も近いもの（一つのゲームのルール）でさえ、実際には空っぽの精神に対してそれを伝えることはできない。そして伝えられるものは、すでにそこにあるものによって育まれるのである。その点、一つのゲームのルールを知っている者は、別のゲームのルールを、素早く学ぶだろう。どんな種類の「ルール」にも全く親しんだことがない人（そんな人がもし想像できるならば）は、最も見込みのない生徒であるだろう。そしてちょうど、自作の人が決して字義通りに自作ではなく、ある種の社会と、自覚されていない大いなる遺産とに依存するように、技術知が実際に自足的であることは決してなく、それが始まる際の様々な仮説を我々が忘れる場合に限って、そうであるように見せかけることができるにすぎない。そして、技術知の自己完結性が幻想であるとすれば、自己完結性の理由でそれに帰された確実性もまた、幻想なのである。

しかし私の目的は、合理主義を論駁することではない。様々な誤りが合理主義の性格を露わにしてくれる限りで、それらの誤りが興味深いのである。我々が考察しているのは、一つの教条の単なる真偽ではなく、ルネッサンス以後のヨーロッパ史に対して一つの知的ファッションが有する意義なのである。そして我々が答える試みをせねばならない疑問は、次のようなものである。この技術至上への信仰の発生とは、何であるのか。このように解釈された人間

「理性」に対するこの絶対の自信は、どこから来るのか。この知的性格の出所、文脈は、いかなるものか。そしてそれは、いかなる状況の下、いかなる効果を伴って、ヨーロッパ政治を蹂躙するようになったのか。

3

新しい知的性格の出現は、新しい建築様式の出現に似ており、ごく多様な影響の圧力の下で、ほとんど感知できない形で現われるのであって、その源泉をあれこれ探究するのは、研究方向として誤りなのである。実際には、源泉などないのである。識別できるものは、徐々に伝達されてゆく複数の変化、〔トランプの〕切り混ぜとそのやり直し、寄せては返すインスピレーションの波だけであり、それらが最後にはっきり新しいと分かる形をとって出て来るのである。歴史家の望みは、その新しい形態に対して余りにも早過ぎたり、遅過ぎたり、厳密過ぎたりする定義を与えるような、その過程の雑な要約を避けることであり、そして誤解しようのない誕生の瞬間の印象が強過ぎることから来る誤った強調を避けることである。しかし望みがそれほど高尚でない者にとっては、その瞬間は中心的な興味の対象となる。だから私は、現代合理主義の誕生、合理主義者の知的な性格と傾向についての私の説明を、その合理主義が誤りようのない形で自らを示す瞬間から始め、またその誕生の文脈中の一つの要素だけを考察することによって、私の説明を短縮したいと思う。この瞬間は、一七世紀初頭であり、とりわけその時代の知——自然についての知と文明世界についての知——の条件に関わっていたのである。

一七世紀初頭におけるヨーロッパの知のあり方は、一種独特であった。様々の顕著な前進がすでに達成され、探究の波は我々の歴史のどの時代にも引けを取らぬ程強く押し寄せており、この探究を駆り立てたいくつかの仮定の有効性が枯渇する兆候は見られなかった。それにも拘わらず、知的な観察者達には、最も重要なことが何か欠けているように見えたのである。「知の現状は、隆盛でもなければ大いに前進しつつある訳でもない」(9)とベーコンは書いた。そしてこの隆盛の欠如は、進行中の種類の探究に対して敵対的な精神傾向が残存しているせいにすることはできなかった。その欠如は、アリストテレス的な科学の諸前提から（もちろん細部は別として）十分に解放された精神が患っている故障、と考えられたのである。欠けているように見えたのは、探究の霊感でもその組織立った習慣でさえもなく、探究のための自覚的に定式化された技術、解釈の技芸、それのルールが書き留められている方法、であった。そしてこの欠如を埋める営みが、私が合理主義と呼んだ新しい知的性格の紛うことなき誕生の機会となったのである。この営みの初期の歴史における中心人物は、もちろんベーコンとデカルトであり、我々は彼等の著作の中に、後に合理主義者の性格となるものの告知を認めることができるだろう。

ベーコンの野心は、もし我々が住む世界についての確実で証明可能な知を手に入れるのであれば必要だと彼に思われるものを知識人達に授けること、であった。そのような知は、「自然理性」には可能でない。後者に可能なのは、確実性ではなく「些細で蓋然的な臆測」にすぎない(10)。そしてこの不完全性が、知の現状における隆盛の欠如に反映している。『ノーヴム・オルガーヌム』は、知の現況に対する診断から始まる。欠けているのは、確実性の本質についての明確な認識とそれを達成するのにふさわしい方法とである。ベーコンは言う。「堅実で健全な条件を回復する道は唯一つしか残っていない。それはつまり、理性の仕事全体を新たに始め、精神自体がそもそもの始めから成行き任せにされないで、一つ一つの段階で統御される、ということである。」(11)要請されているのは、「確かなプラン」、理性の新たな「やり方」、探究の「技芸」または「方法」、（人間が生来の力の効力を増大させるために利用する機械の助けのように）自然理性の弱さを補助するべき「道具」、であり、要するに要請されているのは、定式化された探究の技術なのである(12)。彼は、この技術が、自然理性に羽根を与えるのではなくその横溢を制御するためにそれに錘を付けることで、それに対する一種の障碍となるように見える、ということを認識していた(13)。しかしこれは、確実性への障碍に対する障碍なのである。というのも、自然理性と世界についての確実な知との間に立ちはだかるものは、統制の欠如なのであるから。かくしてベーコンは、この探究の技術と三段論法の技術とを比較する。前者は事物の真実を発見するにふさわしく、後者は臆見の真実を発見するにふさわしいに過ぎない(14)。

ベーコンが推賞する探究の技芸は、三つの主要な性格を持っている。第一にそれは、一組のルールである。それは、記憶することのできる一組の厳密な指示に定式化できるという意味で、正真正銘の技術である(15)。第二にそれは、その適用が純粋に機械的な一組のルールである。それは、使用のために、その技術自体の中に与えられていない知識や知性を何ら必要としないから、正真正銘の技術である。ベーコンは、この点を明示している。自然を解釈する仕事は、「機械がするように行われるべき」(16)であり、「(探究者の)知力の強さ、優秀さはこの問題にほとんど関係がない」(17)のであって、新しい方法は「あらゆる知力と理解力をほとんど同等のものにしてしまう」(18)。第三にそれは、普遍的に適用できる一組のルールである。それは、探究の主題となる事物に無関係な探究の道具であるという意味で、正真正銘の技術である。

この目論みにおいて重要なのは、積極消極の双方を含む探究のルールの厳密な性格なのではなく、この種の技術が仮にも可能なのだという考え方、なのである。なぜなら、提案されているもの——誤り得ない探究のルール——は、驚くべきもの、一種の賢者の石、全てのドアを開く鍵、「基本科学」、なのであるから。ベーコンは、この方法の細部についてはかなり謙虚であり、自分がそれに最終的定式化を与えたとは考えていない。しかし、そのような「方法」一般の可能性に対する彼の信念は、無制限のものである(19)。我々の観点からは、彼のルールのうち最初のものが最も重要である。それは、我々は一般に容認されている意見を横に置き、「まさに基礎から新たに始めなければならない」(20)という規則である。真正な知は、精神の粛清から始まらねばならない。なぜなら、それは初めも終わりも確実でなければならないし、それ自体で完結していなければならないのだから。知と意見とは、絶対的に切り離されている。「我々が最初に吸収したいろいろの子供っぽい概念」から真の知を手に入れるなどということは、問題にならないのである。そしてこれは、プラトン哲学とスコラ哲学の双方を現代合理主義（modern Rationalism）から区別するものだ、と言えるかも知れない。プラトンは合理主義者（rationalist）だが、弁証法は技術ではないし、スコラ学の方法は、常に限定された目的を眼前に据えていたのである。

『ノーヴム・オルガーヌム』のドクトリンは、我々の観点からして、技術の至上性と要約しうるだろう。それは、技術知が決して知の全体ではないのだという認識と結合した技術への専心であるにすぎないのではなく、技術とそれの対象となる素材が全てなのだ、という言明なのである。それにもかかわらずこれは、それ自体が新しい知のファッションの始まりなのではなく、それの初期の紛うことなき暗示に過ぎない。ファッションそのものは、ベーコンの信念の性格からというよりむしろ彼の希望したものの誇張から生じた、と言ってよいかも知れない。

ベーコンと同じくデカルトも、当時の探究の欠陥と思われるものから、発想を導き出した。彼もまた、自覚的かつ厳密に定式化された探究の技術の欠如を認めたのである。『方法序説』と『精神指導の規則』の中で示される方法は、『ノーヴム・オルガーヌム』の方法と密接に照応する。目標が確実性にあるということでは、デカルトもベーコンに引けを取らないのである。確実な知は、空っぽの精神にのみ生じることができるのであって、研究の技術は、知的粛清から始まるのである。デカルトの第一原理は、「いかなる事柄も、私がそれを明証的にそうであると認識しない限り、決して真とは受け取らないこと、すなわち、慎重に速断と先入見とを避けること」、「全てが私のものである基礎の上に建設すること」であり、探究者は「あたかも、たった一人で暗黒の闇を歩む人のよう」だと言われるのである(21)。第二に、探究の技術は一組のルールに定式化され、そのルールは、理想としては、機械的普遍的に適用できる誤りえない方法を構成する、のである。第三に、知には等級がなく、確実でないものは単なる無知に過ぎない。しかしながらデカルトは、彼が徹底したスコラ哲学の教育を受けている点と、彼の精神に幾何学的証明が深い印象を与えている点で、ベーコンとは区別されるのであり、教養とインスピレーションにおけるこの差異の効果として、彼による探究技術の定式化は、より正確であり、その結果より批判的である。彼の精神は、誤り得ない普遍的な研究方法の目論みに向けられているが、彼の打ち出す方法が幾何学の方法をモデルにしているために、可能性の世界にではなく事物の世界に適用される場合、それの限界は容易に明らかとなる。デカルトは、懐疑を自分に向けるについてベーコンよりも徹底していて、最終的には、この方法が探究の唯一の手段であり得ると考えるのは誤りだということを、認識するのである(22)。技術至上は夢に帰し、現実とはならないのである。それにもかかわらず、後継者達がデカルトから学んだと信じた教訓は、誤り得ない方法の可能性に対する彼の疑いではなく、技術の至上性だったのである。

　許せる歴史の要約としては、合理主義的性格は、ベーコンの希望の誇張とデカルトの懐疑の無視とから生じていると見てよいかも知れない。現代合理主義は、凡庸な精神が洞察力と非凡の才に恵まれた者達のインスピレーションから作り出したものなのである。偉人達は、弱い人々に反省して考えることを教えたために、彼らを誤りの道に引き込んだ。しかし合理主義の歴史は、この新しい知的性格の漸進的な出現と確定の歴史であるだけでなく、それはまた、技術至上の信条が知的活動のあらゆる分野を席巻して行く歴史でもある。デカルトは決してデカルト主義者にならなかった。しかし一七世紀についてブイリエが言うように、「デカルト主義は勝利をしめた。つまりそれは、偉大な世紀全体を捕え、その精神を、単に哲学のみならず、諸科学や文芸自体にまで、深く浸透させた」(23)のである。この時代に、詩と戯曲において、技術、創作のルール、文学の作法（bienséances）の遵守、への関心集中が顕著であり、それが減退せずにほとんど二世紀間も続いた、というのが常識になっている。様々な出版社からの、「詩の技法（art of poetry）」、「生活術（art of life）」、「思考術（art of thinking）」についての本の流れが続いた。宗教も、自然科学も、教育も、生の営みそのものも、新しい合理主義の影響を免れなかった。どんな活動もこれから自由ではなく、どんな社会も影響を受けずにはいないなかったのである(24)。

一七世紀の合理主義者が今日我々の知っている合理主義者になるに際してのゆっくりとした媒介を経た変化は、長く複雑な過程であって、私はそれを要約としてですら語ろうというわけではない。ただ、そのインスピレーションの源泉から遠ざかるにつれて、一歩一歩合理主義者の性格は、より粗野で通俗的になっていった、ということを見ておくことが重要である。一七世紀には「思考術（L'art de penser）」であったものが、今や、あなたの頭脳とその使い方、通常の費用のほんの一部しかかからぬ世界的に有名な専門家達が立てた思考訓練プラン、になったのである。生活の仕方であったものが、成功のテクニックになり、教育に対する初期のもっと穏やかな技術至上の侵入は、ペルマン式記憶法になったのである。

この知的ファッションを勢いづけ発展させた深い動機はあいまいだが、それは不自然なことではない。それらの動機は、ヨーロッパ社会の奥深くに隠されているのである。しかしそれに関連あることの一つとして、それが摂理への信仰の凋落と密接に結び付いているのは確かである。有益で誤りなき技術が、有益で誤りなき神に取って代わったのである。そして人間の間違いを正すために摂理に頼れないところでは、そのような間違いを防ぐことはそれだけますます必要になる。同時にまた、この知的ファッションの起源が、自分で発見したものの方が受け継いだものよりも重要だと考える社会または世代[25]、自分の成し遂げたことに過度に印象づけられて、ルネッサンス後のヨーロッパの特徴的愚かさであるあの知的壮大さの幻想を抱き易い時代、自分の過去と決して折り合うことをしないために決して精神的に自分自身と平和な状態にない時代、にあることも確かである。そして全ての知性を同レベルに置くような技術というヴィジョンが、教養があるように見せようと焦ってはいるが自分の相続物全体の具体的細部を享受する能のない人々を惹き付けるはずのまさにあの近道を、提供したのである。そして一部は合理主義それ自身の影響によって、そのような人々の数は、一七世紀以来着実に増加してきたのである[26]。実際、初期に合理主義的性格の誕生を促進する役割を果たした全ての、またはほとんど全ての影響源は、その後我々の文明の中でより大きな影響力を持つようになっているのである。

さて、合理主義が簡単に反対も受けずにその地位を確立したと考えてはならない。それは目新しいもので疑わしかったし、それの支配力が初めは強かった人間活動のいくつかの分野――例えば文学――は、その後その支配から脱したのである。実際、全てのレベルと分野において、合理主義の教えへの抵抗に対する批判が続けられてきた。そして技術至上の信条のもつ意義は、我々がそれの最初のそして最も深い批判者の一人がそれについて語ることを考察する時、より明らかになる。パスカルはデカルトに対する明敏な批判者であり、全ての点でそうしたわけではないが、基本的な論点でデカルトに反対した(27)。彼はまず、確実な知に対するデカルト的願望は、確実性についての誤った基準に基づいていること、を認めた。デカルトは、疑い得ないほどに確かなことから出発せねばならず、その結果、全ての真正な知は技術知であると信じるようになった。パスカルは、蓋然性についての彼の信条によって、この結論を回避した。唯一確実な知は、その部分性のために確実なのである。ここには、蓋然的な知の方が確実な知よりも真理全体の内の多くを含むというパラドックスがある。第二にパスカルは、どんな具体的活動においてもデカルト的推論がそこに含まれる知の源泉の全部では決してない、ことを認めた。彼が言うところでは、人間精神は、成功裡に機能するために、定式化された自覚的技術に全面的に依存することはできないのであって、技術が関係する場合でさえ、精神はその技術に「暗黙に、自然に、わざとでなく」従うのである。探究のルールの厳密な定式化は、方法の重要性を誇張することによって、その探究の成功を危ういものにするのである。他の者たちがパスカルに続き、実際現代哲学史の多くが、この問題を廻って回転する。しかし、後の著述家たちの批判はもっと手が込んではいたが、合理主義の意義が技術知の認知にあるのではなくそれ以外のものの認知に失敗していることにあるのだ、ということをパスカルよりも確かに暴き出した者はほとんどいなかった。合理主義の哲学的誤りは、それが技術に帰する確実性とその技術至上の信条にあり、それの実践的誤りは、行態（conduct）を自覚的なものにすることによって利益以外は生じない、というその信念にあるのである。

4

政治が、この新しい合理主義の知的スタイルほどの強力でエネルギーに満ちた知的スタイルの影響を全面的に免れるのは、もちろん不可能であった。しかし一見して驚かされるのは、政治は他のどんな人間活動よりも早く、より完全にこの大波に呑み込まれてしまった、ということである。この四世紀の間、生のほとんどの分野に対する合理主義の掌握は、その強さが様々に変化したが、政治においては、それは確実に増大し、以前のどの時代よりも今の方が強くなっている。我々はすでに、合理主義者が政治に向かう際の彼の一般的な知的傾向を考察した。この後考察すべきなのは、ヨーロッパ政治がほとんど完全に合理主義者に降伏するに至った環境、およびこの降伏の様々な結果、である。

全て今日の政治は合理主義に深く感染している、ということを否定できるのは、この感染に別の名を与えるのを選ぶ者たちのみである。我々の政治的悪徳が合理主義的であるだけでなく、我々の政治的徳もまた、そうなのである。様々な我々のプロジェクトは主に、目的も性格も合理主義的であるが、もっと重要なことに、政治における我々の精神的態度全体も、同様にして決定されるのである。特にイギリスにおいて、合理主義の圧力に対して何らかの抵抗を続けると期待されるかも知れない伝統的諸要素は、今やほとんど完全に支配的な知的趨勢に順応し、この順応をそれらの活力、時代と共に動いてゆくそれらの能力の印だとみなしさえしているのである。合理主義は、政治のスタイルの一つであることを止め、全ての尊敬に値する政治にとってのスタイル上の特徴となったのである。

合理主義的精神傾向がいかに深く我々の政治の思想と実践に侵入しているかは、行動の伝統がイデオロギーに場所を譲っている程度、つまり、自覚的に計画され熟慮の下に実行されることが（そのことゆえに）長期にわたって成長し無自覚の内に確立したことよりも良いこととみなされて、破壊と創造の政治が繕いの政治に取って代わっている程度、によって例証される。適応性があり決して固定したり完成したりしない種々の行動習慣からの、相対的に硬直した抽象概念のシステムへのこの転換は、もちろん新しいことではない。イギリスについては、それは合理主義の政治の夜明けの中で、一七世紀に始まった。しかし、かつてはそれは、例えば（長い間、我々が政治行動に高い価値を置き過ぎ政治の成果に高い望みを掛け過ぎるのを回避すること――少なくとも政治においては、不完全性の消失という幻想を回避すること――を可能にしてくれた）イギリス政治の非形式性によって、暗黙の抵抗を受け、妨害されていたが、その抵抗は今や、それ自体一つのイデオロギーに転換されてしまった(28)。あるいはこれが、ハイエクの『隷従への道』――彼の信条の説得力ではなく、それが一つの信条であるという事実――のもつ主要な意味なのである。全ての計画化に抵抗するための計画はその反対物よりましかもしれないが、それは同じスタイルの政治に属するのである。そして、すでに深く合理主義に感染している社会においてのみ、合理主義の専制への抵抗となる伝統上の方策を自覚的イデオロギーへと転換することが、それらの方策の強化になると考えられるのである。今や政治に参画し、傾聴を期待するためには、厳格な意味での信条を持つことが不可欠であるように見えるのであって、信条を持たぬことは、軽薄で、恥ずかしいことにさえ見えるのである。そして社会によっては伝統的なやり方に敬虔に従う政治に附属させられていた神聖さは、今や合理主義の政治の独占するところとなったのである。

合理主義の政治は感じられたニーズの政治だと私は言ったが、この感じられたニーズは、社会の永続的利益と運動方向についての真正で具体的な知によって認められたものではなく、「理性」によって解釈され、或るイデオロギーの技術に従って満足させられるものである。つまりそれは、本の政治なのである。そしてこれはまた、今日のほとんど全ての政治の特徴でもある。本がないことは、不可欠のものが欠けていることであり、本に書かれたことを細心に遵守しないことは、恥ずべき政治家だということなのである。実際本を持つことがあまりにも不可欠なので、本なしにやって行くのは可能だとそれまで考えて来た人々が、かなり手遅れになってから、自分が使うための本を作り始めねばならなかったのである。これは、我々が現代合理主義の基底にあるのを見た技術の勝利を示す兆候である。そしてヨーロッパなら、本に入っているのは本に入れることのできること――技術の諸ルール――だけであるから。そしてヨーロッパの政治家たちは本を片手に（なぜなら、技術は丸暗記できるものではあるが、彼らは常に教科をよく学んだわけではないから）未来のために自分たちが用意しつつある煮立っている正餐の料理に打ち込むのだが、そこにいないコックの代わりをしている成り上がりの料理場雑用係たちのように、彼らの知は機械的に読む書かれた言葉を越えることはないのであって、その言葉は彼らの頭に観念を生じさせはしても、口に味覚を生み出しはしないのである。

現代政治における合理主義の証拠の一つとして、政治において「科学者たち」（化学者、物理学者、経済学者、心理学者など）のその資格による意見を聴くべきだ、という一般に受け入れられている主張を数えることができるだろう。一つの科学分野に含まれる知は常に技術知を越えているが、それは決して政治に技術以上のものを供給することができないのである。そしてこの影響の下で、政治における知性は、政治の習慣の批判者であることを止めて習慣に取って代わるものとなり、社会生活は、リズムと継続性を喪失して問題と危機の連続へと解消されるのである。民間伝承は、技術ではないから無知と同視され、バークが現在と過去とのパートナーシップと呼んだものは全て失われるのである(29)。

しかしながら、現代政治の最大の特徴はその合理主義的インスピレーションにある、という点を詳説する必要はない。政治は簡単なのだという行き渡った信念が、それ自体十分な証拠なのである。そしてはっきりとした例を要求されるなら、原子力の製造と利用の制御のために呈示されてきた様々の提案以上にそれを探す必要はない。技術至上への合理主義者の信仰が、何らかの全般的に機械化された制御方式が可能だという観念と、これまで計画されてきたあらゆる方式の個々の細部の前提なのである。つまりそれは、「管理」問題と呼ばれるものであると理解されているのである。しかしもし合理主義が今やほとんど反対なしに支配するとすれば、我々が関わる疑問は、この状況を促進した環境は何であるのか、である。この勝利の意義は、それ自身の内にあるだけでなく、その文脈の内にもあるからである。

簡単に言うなら、この疑問に対する答えは、合理主義の政治は政治的経験のない者たちの政治であり、この四世紀間のヨーロッパ政治の顕著な特徴は、それが少なくとも三つのタイプの政治的経験不足の侵入を蒙ったのだ、ということにある。最近になってショウ氏によって与えられた新たな性〔女性〕の侵入を別にするなら、その三つとは、新たな支配者と、新たな支配階級と、新たな政治社会との侵入である。政治のイニシアチブと権威をふるうための養育も教育も受けていないのにそれらをふるうべき立場についた人にとって、合理主義の政治がいかに適切なものか、は強調するまでもない。彼のニーズはあまりに大きいので、彼の政治教育不足というハンデキャップを取り除いてくれる政治の魔術的技術の可能性について、彼が懐疑的になるべき誘因は全くないだろう。そのような技術の提供は、彼には救済そのものの提供と映るだろう。必要な知識は完全で自足的な形で本の中に見出すことができると告げられること、そして、この知識はすぐに暗記して機械的に適用できる種類のものであると告げられることは救済にも似て、ほとんど真実にしてはあまりに良すぎるように見えるだろう。ところがやはり、ベーコンとデカルトが提供していると彼が理解するのは、これ、またはそれと取り違えるほどこれに近いもの、なのである。というのは、二人の著述家のいずれも、その方法を詳細に政治に適用する試みをしていないが、どちらの中にも合理主義的政治の様々な暗示があり、それは、簡単に忘れてしまえるような懐疑によって限定されているだけであったから。彼はベーコンとデカルトを(すなわち、合理主義の一般的信条を)待つ必要もなかった。政治の分野へのこれら貧しい冒険者たちの最初の者は、一世紀前、その者の出現に際して、マキアヴェリによって対応策が講じられたのだから。

マキアヴェリの企図は政治の科学を詳述することにあったと言われてきた。しかし、これは重要な点を外している、と私は考える。我々の見た科学は、具体的な知であって、その結果、その様々な結論もそれらに至る手段も、全体を一つの本に書き留めうるものではない。芸術も科学も一群の指示によって伝えうるものではなく、どちらの場合も、それを習得するとは、適切な鑑識眼を身に付けることなのである。しかし、一群の指示によって伝えうるものは技術であり、そして、著述家としてマキアヴェリが関わっているのは、政治の技術なのである。彼は、共和国を治める技術は君主国にふさわしいそれとはどこか違っていることを、理解していた。そして彼は、両方に関わったのである。しかし君主国の統治について書くに際して、彼はその時代の新しい君主のために書いたのである。これは、二つの理由、一つは原理上の理由もう一方は個人的理由、のためであった。伝統の下で教育され、長い家系の経験の相続人である、十分に確立した世襲的支配者は、彼の占めた地位のために十分な備えができているように思われた。彼の政治は、技術についての通信教育によって改善されるかも知れないが、一般的に彼は、いかに行動すべきかを知っていた。しかし新しい支配者は、政治権力を彼に得させた資質のみを持って役目に付き、彼の地位の悪徳、つまり君主の気紛れ (caprice de prince) 以外何事も容易には学ばないのであり、彼の場合は状況が異なっていた。(野心の習慣に関するものを除いて) 教養に欠けており、教養の外見への近道を求めていたので、彼は本を要求した。しかし彼は、或る種の本を要求した。つまり彼は、クリッブ〔カンニング用直訳参考書〕を必要としたのである。経験不足のために、彼は目に見えぬ国家の諸問題に取り組むことができなかった。ところで、クリッブの性格とは、その著者は教養ある人の知識を持っていなければならないこと、彼は自分の才能(もし彼にそれがあるなら)を利益のために売らねばならないこと、そして、それは無知な読者を全ての間違いの可能性から救うには無力であること、にある。それゆえマキアヴェリの企図は、政治へのクリッブ、政治的教養のないところでの政治訓練、伝統を持たぬ支配者のための技術、を提供することにあった。彼は時代の需要に応えたが、彼がその需要に応える事に個人的、気質的に興味を抱いたのは、「困難事の魅惑」を彼が感じたからなのである。新しい支配者は、教養ある世襲の支配者よりもずっと油断ならない状況に追い込まれて助言の助けを必要としやすいから、新しい支配者の方がより興味深かったのである。しかし、合理主義一般の偉大な先駆者達（ベーコンとデカルト）と同じくマキアヴェリも、技術知の限界に気付いていた。技術の至上性を信じ、統治は「公共管理」に過ぎず本から学ぶことができるのだと信じたのは、マキアヴェリ自身ではなく、彼の追随者たちであった。さらに彼はその新しい支配者に、彼の本だけでなく、彼の本の避けられない欠陥を補うはずのもの、つまり彼自身を与えた。彼は決して、政治とは結局外交手腕であって技術の適用ではないのだという認識を失わなかったのである。

この四世紀の間に政治のイニシアチブと権威とをふるう地位に登った、政治的に未経験の新しい社会諸階層は、マキアヴェリが一六世紀の新しい君主の必要に応じたのと同種のやり方で、その必要を充たされてきた。これらの階層のいずれも、権力の地位につく以前には政治的教養を身に付ける余裕を持たなかった。つまりいずれも、政治的行動習慣の代わりになるクリッブ、政治信条を必要としたのである。これらの著書のあるものは、政治の通俗化のための誠実な仕事であった。それらは、政治的伝統の存在と価値を全て否定しはしない（それらは、真の政治的教養のある人々によって書かれている）が、やはりそれは、ある伝統の要約、伝統の中にある「真理」を引き出し、それを一群の抽象的原理として示すと称する合理主義化の作業であった。それにもかかわらず、伝統のもつ全面的な意義は、必然的にそこから脱落しているのであるが。これは特に、ロックの『市民政府〔第二〕論』に顕著である。それは、宗教へのクリッブの中で最も偉大なものであるパレー著『キリスト教の証（*Evidences of Christianity*）』と同じほど生命力の長い価値の高い政治的クリッブなのである。しかし、ベンサムやゴドウィンのような、他の著述家たちもおり、彼らは、次の世代の政治的未経験に対処するという共通の企図を追求する過程で、彼らの社会の全ての政治的習慣と伝統を一つの純粋に思弁的な理念で覆い隠す。この者たちは、最も厳格な合理主義の党派に属しているのである。しかし権威に関する限り、この分野でマルクスとエンゲルスの作品に比肩するものはない。この二人の著述家がいなくとも、ヨーロッパ政治はやはり合理主義に深く関わっていたであろうが、疑いもなく彼らは、我々の政治的合理主義のうち最も驚嘆すべきものの著者である。さもありなん。というのも、それは、政治権力をふるうという幻想をもつに至った他のどんな階級よりも政治的教養に乏しい階級の教化のために書かれたのだから。だから、この全ての政治的クリッブの中の最大のものが、そのために書かれた者たちによって学ばれ使われる際の機械的やり方に、けちをつけることはできないのである。他のどんな技術もこれほど、それが具体的な知であるかのようにして世に登場しなかったし、誰もこれほど広範に、その技術以外失うもののない知的プロレタリアートを生み出しはしなかった(30)。

アメリカ合衆国の初期の歴史は、合理主義の政治の教訓に満ちた一章である。ほとんど予告もなしに独力で政治のイニシアチブをふるうよう要求される社会の状況は、十分な準備もなく政治権力の地位に昇る個人や社会階級のそれに類似する。だから一般に、前者のニーズは後者のそれと同じである。そして、当該社会の独立が違法性の承認、つまり、ある伝統の特殊で公然たる拒否と共に始まり、その結果それを、それ自体は伝統に依存しないと考えられるものへの訴えかけによって弁護せざるをえない、という場合、この類似はより密接なものでさえある。しかしアメリカの各植民地の場合にも、これが、その地の革命を合理主義の型に押し込めた圧力のすべてではない。アメリカ独立の基礎を築いた人々は、頼るべきものとして、ヨーロッパの思想伝統と土着の習慣や経験との双方をもっていた。しかし実際のところは、(哲学と宗教の双方につき)ヨーロッパからアメリカへの知的贈物は、初めから圧倒的に合理主義的であったし、土着の政治習慣は、植民地化の環境の下で生み出されたものであって、自然で素朴な合理主義とでもいうべきものであった。自分たちが実際に受け継いだ種々の行動習慣について反省する能力もあまりなく、フロンティアのコミュニティーで相互の合意により自分たちで法と秩序を設立する経験を常にしていた単純で控え目な人々にとって、彼らの諸制度は自分たちのイニシアチブが何の助けも得ずに創り出したのだと考えないのは困難である。彼らは何もなしで始め、自分たちの力ですべてを所有するに至ったように見えた。開拓者たちの文明は、ほとんど不可避的に、自覚的に自前の人間たちの文明である。彼らは、知は白紙（tabula rasa）から始まるという信念を必要とせず、自由な精神を、デカルト的な人為的粛清の結果でさえなくジェファーソンの言ったように全能の神の贈物とみなすような、反省によるのではなく環境による合理主義者なのである。

それゆえ革命のずっと以前から、アメリカ入植者たちの精神傾向、つまり支配的な知的性格と政治習慣は、合理主義的であった。そしてこのことは、憲法関係の諸文書と個々の植民地の歴史に、明確に反映されている。また、これら各植民地が「それらを相互に結び付けていた政治的靱帯を解」いて、各々の独立を宣言するに至った時、この政治習慣が外部から受け取った唯一の新鮮なインスピレーションは、その土着の性格をあらゆる点で再確認するものであった。なぜなら、ジェファーソンや他のアメリカ独立を基礎づけた人たちのインスピレーションは、ロックがイギリスの政治的伝統から蒸留したイデオロギーだったからである。彼らは、社会の適切な組織化とその運営は抽象的原理群に基づくのであって、ハミルトンが言ったように「古い羊皮紙やかび臭い記録の中を探し回らねばならないような」伝統に基づくのではない、と信じる傾向があったし、実際、旧世界の住人に可能であったよりももっと全面的にそれを信じたのである。その原理群は、文明の産物なのではなかった。それは「人間本性の全巻の内に書かれて」おり、自然のものであった(31)。それは、人間理性によって、つまりすべての人間に同じく可能でそれを使うのに特別の知性を要しない探究の技術によって、発見されるべきものであった。さらに、この探究の技術の適用によってこれら抽象的原理が、その多くは最近になって、発見され、本の中に書かれていたので、この世代は、それ以前のどんな世代よりも有利であった。そしてこれらの本を使うことにより、新たに形成された政治社会は、伝統の欠如によるハンディを負わないだけでなく、慣習の鎖からまだ完全には解放されていないもっと古い社会よりも積極的に優越することになったのである。デカルトがすでに見ていたもの、「異なった大家たちの手になる数多くの部品と行為とによって構成されている作品の中には、一人の人が磨きをかけたものの中にあるほどの完璧さがないことがしばしばである」、は一七七七年にジョン・ジョイによって新たに認められるところとなった。「アメリカ人は、自分たちがその下に住むべき政府の諸形態を慎重に考えてそれを選ぶという機会を天から恵まれた最初の人民である。他の憲法はすべて、暴力や偶然の環境から生じ、そのために完全な形態からより遠いものである可能性が高い……」[32]。独立宣言は、合理主義の世紀（saeculum rationalisticum）の特徴的な産物である。それは、イデオロギーの助けを借りて解釈された知覚されるニーズの政治を表現している。そしてそれが、合理主義の政治の聖典の一つとなり、類似のフランス革命の文書と共に、その後の多くの社会の合理主義的再構成の冒険へのインスピレーションと範型となったのも、驚くにあたらないのである。

私が立っている見解に従えば、ヨーロッパ諸国の通常の政治実践は、合理主義の悪徳にとらわれてしまっており、（しばしばもっと近い他の原因のせいにされる[33]）それの失敗の多くは、実際には、合理主義的性格が物事をコントロールする場合のその欠陥から生じるのであり、（合理主義的精神傾向は昨日今日発生したファッションではないから）我々は、苦境からの迅速な救済を期待してはならないのである。患者にとって、彼の病気はほとんど彼と同じくらい古く、その結果それを直ぐ治す治療法はない、と告げられるのは、常に気の滅入るものだが、（子供の時の感染症を除いて）普通はそうなのである。合理主義政治の出現を促進した環境が続く限り、我々の政治も合理主義的傾向をもつものと思わなければならないのである。

私は、私の挙げた著述家たちの誰かまたは全員が、我々の苦境に対して責任がある、とは考えない。彼らは、環境の僕《しもべ》であり、この環境を永続化させるのに手を貸しはした（また時には彼らがネジにもう一捻りを加えているのが認められるかも知れない）が、しかしこの環境自体は彼らが造りだしたものではないのである。そして、彼らが常に、自分の本の使われ方を是認したはずだと考えてはならない。さらにまた、私は、政治についての真に哲学的著作に関わっているわけでもない。それが政治における合理主義の傾向を促進したり妨げたりするという限りでは、それは常にその著作の企図に対する誤解を通してのことであった。著作の企図は、行態の奨励ではなく、それの説明にあるのだから。政治と永遠性との関係を探究することは一つのことだが、実践に携わる政治家が、時と偶然の世界の複雑性を御しかねて、イデオロギーのもつ幻の永遠性への安易な逃避の提供に魅入られる、というのは、これとは異なった、もっと困ったことなのである。また最後に、私は、我々の苦境が、自然科学とそれに結び付く思考態度が我々の文明の中で占めるに至った地位のせいだ、と考えているわけでもない。この単純な状況診断は、広く流布されてきたが、それは誤りだと私は考える。あらゆる種類の具体的知の性格について私の採った見解からするなら、本物の自然科学者が与える影響は、合理主義の側につくものとは限らない、という結論になるからである。疑いなく、合理主義的態度に深く染まった科学者たちがいるが、彼らは、合理主義的見方と科学的見方が必然的に一致すると考える時、誤りを犯しているのである。難点は、科学者が自分の専門分野から外に足を踏み出す時、彼はしばしば自分の技術のみを身に付けてゆくということにあり、このことのために彼は直ちに、合理主義の諸力と連帯することになるのである(34)。要するに、私の考えるところでは、自然科学の絶大な威信が、実際、合理主義的精神傾向をより固く我々に括り付けるのに利用されたのだが、これは本物の科学者が科学者としてしたことなのではなく、自分の科学にもかかわらず合理主義者である者のしたことなのである。

5

政治における合理主義の性格とそれが出現するについての社会的および知的文脈に関するこの簡単な素描に、いくつかの感想を付け加えてもよいだろう。合理主義の政治の発生は、政治の機会からくる政治的未経験に伴うものである。これらの条件は、ヨーロッパのいくつかの社会でしばしば共に存在した。それらは古代社会でもそうなることがあり、その世界は時折それらの合体した効果に苦しめられた。しかし現代政治における固有の質をもった合理主義は、現代世界が、政治的教養の欠如をあまりにももっともらしく隠してくれる方法の発明に成功したので、その欠如を蒙っている人々でさえしばしば、自分に何かが欠けているということすら知らないでいる、という環境から生じるのである。もちろんこの未経験は、どんな社会でも決して普遍的ではなかったし、また絶対的でもなかった。真の政治的教養に富み、合理主義の感染を受け付けない人々が、常に存在した（そして特にイギリスでは、ある種の政治的教養が、他のいくつかの社会よりもずっと広く行き渡っていたので、これは特にそうであった）。そして時には、自分の技術の限界というぼんやりとした考えが、合理主義者の精神にさえ届くことがあった。実際、純粋な合理主義政治は、あまりに実践性に乏しいので、最近権力の地位に昇った新人が、自分の本を投げ捨て、例えば、実業家や労組幹部としての自分の一般的な世俗の経験に頼ることもしばしばであろう。この経験は、確かに本よりも信頼するに足る手引きである。少なくともそれは、現実の知であって、影ではない。しかしやはり、それは彼の社会の政治伝統の知ではないのであって、後者は、最も良好な環境の下であっても、身に付けるのに二代か三代はかかるのである。

それにもかかわらず、彼が横柄でも殊勝ぶった堅物でもない場合、合理主義者は、なかなか共感できる人物に見える。彼は、正しくありたいと熱望している。しかし残念ながら、彼は決して完全には成功しない。彼は、ステップを踏み出すのが遅過ぎるし、間違った方の足から出るのである。彼の知は、半知以上のものでは決してないし、その結果として、彼は半正以上では決してないのである[35]。外国人か自分の社会階級から外へ出た男のように彼は、自分には表面しか分からない伝統と行動習慣に当惑するのである。執事か気のつく女中の方が、彼よりはましである。そして彼は、自分の理解できないことに対して、軽蔑の念をもつ。習慣や慣習は、それ自体として、悪しきもの、一種の行動の無知、と映るのである。そして奇妙な自己欺瞞によって、彼は伝統（それはもちろん何よりもまず流動的なものだが）に対して、実際にはイデオロギー的政治の属性である硬直性と固定性を帰すのである。その結果、合理主義者は、物事のコントロールをさせるには危険で高くつく人物となる。彼は、状況を制する（もちろん彼の政治は、常に、状況を制するとか危機を乗り越えるとかいった語彙による）のに失敗した時ではなく、成功しているかに見える時に、最も大きな被害を与える。というのは、彼の表面上の成功の一つ一つに対して我々の払う犠牲として、社会生活全体に対する合理主義の知的ファッションの把握が、いっそう強くなるからである。

空想上の害悪を警戒するというのではなしに、政治的合理主義には具体的に、それを社会にとって特別に危険なものとする二つの特徴がある、と言ってよいと思う。道理のわかる人は、自分が有害な不満の種だと考えるものに対する治療法を直ぐに思いつかないからといって、ひどく気を悩ませはしないだろう。しかしもしその不満の種が、時間の経過によってその深刻さが減るのではなく増えてゆくにちがいないようなものであることを理解するなら、彼にはもっと実質的な心配の理由があることになろう。そして不幸にもこれは、合理主義の病に言えることのように思われる。

第一に政治における合理主義は、私が解釈したように、人間の知の本質についてのそれと指摘できる誤り、ある思い違いをしており、その誤りは結局精神の堕落に等しい。その結果としてそれは、自らの欠点を正す力を欠いており、ホメオパシー〔同毒療法：少量の病原因子類似の物質による治療法〕的な性質を持たず、あなたは、もっと真面目にまたはより深く合理主義的になることによってそれの誤りを回避する、ということができないのである。これは、本によって生きることの罰の一つだと見うるかも知れない。それは様々な個々の誤りへと導くだけでなく、精神そのものを干乾びさせもする。教条によって生きることは、遂には知的不正直を生じさせるからである。そしてさらに合理主義者は、彼の誤りを正すことのできる唯一の外的インスピレーションを、まえもって拒否してしまった。彼は、自分を救ってくれる種類の知を無視するだけでなく、それをまず破壊することから始めるのである。まず電灯を消してから、見えないじゃないか、つまり「一人で闇の中を歩む人のよう」だと文句を言う。要するに、合理主義者は本質的に教育不能なのであり、できるとすれば、彼が人類の大敵だとみなすインスピレーションによってのみ、彼の合理主義から外へと教育しうるだけなのである。合理主義者が放っておかれた場合にできることは、自分が失敗した一つの合理主義的企画を、今度は成功するだろうと彼の考える別の企画と取り替えることにすぎない。実際これは、今日の政治が急速にそれへと堕しつつあるものである。政治的習慣と伝統が、イギリス政治の中の極端な敵対者たちにさえ皆と共通に保持されていた時代はそう遠くはないのだが、今やそれは、単なる共通の合理主義的精神傾向によって取って替わられたのである。

しかし第二に、合理主義の政治の語法を受容した社会は、早晩排他的に合理主義的な教育の形態に向けて方向づけられずるずる流されてゆくことになろう。私が言うのは、特定の合理主義的教条の訓練以外の教育を許さないというナチや共産主義の粗野な目的のことではなく、一般に性格が合理主義的ではないどんな形の教育にもその場所を与えないようなもっともっともらしい企画(36)のことである。そして排他的に合理主義的な形態の教育が全面的に打ち立てられた時には、救出の唯一の望みは、千年王国が到来する以前の世界はどんなものだったかを、「古い羊皮紙やかびくさい記録を掻き回している」世に顧みられない衒学者が発見することだけである。

合理主義者は、その出現の当初から、教育への不吉な関心を示していた。彼は、「頭脳」への尊重の気持ちと、それの訓練に対する大きな期待とをもち、才気が奨励されて力の報いが与えられるべきだ、と固く信じていた。しかし、合理主義者が期待するこの教育とは何だろうか。それが、彼の社会の道徳的、知的習慣と成果とへの手引き、現在と過去との連帯への入門、具体知の共有、でないのは確かである。合理主義者にとって、これらはすべて、無知への教育であり、無価値かつ有害であろう。彼の言う教育とは、技術の訓練、つまり種々の本がクリップ〔虎の巻〕として使われる際にそれらから学ばれる半知の訓練、のことである。そして合理主義者の教育に対するわざとらしい関心が、社会にもっと強く口出しするための単なる口実に過ぎないのではないかという疑いを免れるのは、彼もその生徒たちと同じく惑わされていることが明らかだからに過ぎない。彼は本気で、技術知の訓練だけが唯一教育に値すると信じているが、それは、本来の意味では技術知以外に知はないのだという信念によって動かされているからである。彼は、「公共管理」の訓練が、デマゴーグの甘言や専制的支配者のつく嘘に対するもっとも確実な防御なのだ、と信じているのである。

すでに大幅に合理主義的傾向に染まった社会においては、この種の訓練に対する積極的な需要があろう。（それが技術の側の半分であるかぎり）半知は経済的価値をもつことになろう。最新の趣向を思うままに操れる「訓練された」精神のための市場ができるだろう。そして、この需要が満足させられるだろうという予想も、当然にすぎない。それにふさわしい本が書かれて大量に販売され、この種の（一般的なまたは特定の活動についての）訓練を提供する様々の機関が、出現するだろう(37)。そして我々の社会はと言えば、この需要の開拓が本格的に始まってからずいぶんになるのである。それはすでに、一九世紀初頭に認められることなのだから。しかし、人々が通信教育でピアノや農園経営を学ぶことが重大なのではないし、いずれにせよこの環境の下では、それは避けられない。重大なのは、合理主義のインスピレーションが、今や我々の社会の本来の教育設備や制度を侵し、それを堕落させ始めた、ということである。これまで（単なる技術知と区別される）本物の知を伝えてきた方法と手段のいくつかはすでに消え失せ、他のものもやはり、内側からの堕落の途中にある。我々の時代の環境からの圧力はすべて、この方向に向かうものである。徒弟制度、つまり技術を教えながら、教えることのできない種類の知をも伝える師匠の傍で仕事に励む弟子たちもまだ消え失せてはいないが、それは時代遅れであり、様々の技術の学校に取って替わられつつある。後者での訓練は、（技術のみの訓練でしかありえないから）実践という酸に浸けるまでは溶解しないままなのだが。ここでもやはり専門職の教育は、ますますある技術の獲得(38)、つまり郵便を通してできること、とみなされるようになり、その結果我々は、各専門職が知恵者たちで占められる時を期待するようになるかも知れない。この者たちは、限定された技しかもたず、伝統を構成する様々なニュアンスと偉大な専門職の一部である行動基準とを学ぶ機会をもったことのない人々なのである(39)。この種の知(は人間の偉大な成果だからこそ保存されてきたのであり、積極的に保存されないならそれは失われてしまうのだが、それ)がこれまで保存され伝達されてきた仕方の一つとして、家の伝統がある。しかし合理主義は、一つの専門職を学ぶには約二世代の実践が必要だということを、決して理解しないし、実際、彼はこのような教育を有害だと考えるので、何としてでもそれの可能性を破壊しようとするのである。エスペラント語だけしか分からない人のように、世界は二〇世紀に始まったのではないということを知る手立てが、彼にはないのである。偉大な専門職の伝統という金で買えない財産は、いわゆる既得権の破壊の中で、過失ではなく故意に破壊される。しかし多分、もっとも深刻な教育に対する合理主義の攻撃は、大学に向けられたそれであろう。今や専門家への需要が余りにも高いので、専門家を訓練する既存の機関では十分でなくなり、大学がその需要を満足させるために駆り出されつつある。「大学で訓練を受けた男女」という不吉な語句は、文部省の用語の中だけでなく、一般にも通用するものになりつつある。

合理主義に反対の者にとって、これらは無視できないとはいえ局部的な敗北であり、一つずつ切り離せば、各々の受けた損失は回復不能ではない。少なくとも大学のような制度は、使う気になれば自己を防衛することのできる積極的な力を持っている。しかし別の戦線で合理主義者がすでに手にした勝利があり、これは、合理主義者はそれが勝利だと知っているのに、反対者はほとんどそれを敗北だと認識していないために、それからの恢復がもっと困難なものとなるような勝利である。私の言っているのは、合理主義的精神傾向による道徳と道徳教育の全領域の包囲と専有のことである。合理主義者の道徳は、道徳的理想を自覚的に追求する道徳であり、適切な形態の道徳教育とは、教戒つまり道徳諸原理の呈示と説明によるものである。これは、習慣の道徳、つまり道徳行動の伝統に無意識に従うことよりも高い道徳（自由人の道徳――人気取りのはったり言葉にはきりがない）であるとみなされるが、実際にはそれは、技術におとしめられた道徳であり、行動の教育ではなくむしろイデオロギーの訓練により獲得されるものなのである。他のすべてのものでと同じく、合理主義者は道徳において、相続した無知を捨て去ることから始め、この空《から》の精神の何もない空白を、自分の個人的経験から彼が抽象し人類共通の「理性」によって是認されると彼が信じるあれこれの確実な知によって埋めることをめざす(40)。彼はこれらの原理を議論によって擁護し、それらは（道徳的に貧弱ではあるが）整合的な信条を構成するだろう。しかし彼にとって人生の行態が、がたがた変わる連続性のない事象、ひっきりなしの問題解決、次々起こる危機の克服、となることは避けられない。合理主義者の政治と同じく合理主義者の道徳（これが前者と切り離せないのは当然だが）は、自作の人間の道徳、自作の社会の道徳であり、それは、他の諸民族が「偶像崇拝」と考えたものなのである。そして、今日彼を鼓舞する（そしてもし彼が政治家なら、彼が説く）道徳イデオロギーが、実際はかつてある貴族階級の無自覚の道徳的伝統であったものの干乾びた名残だということは、重要性をもたない。この貴族階級は、理想には無知なまま相互関係での行動についてのある習慣を獲得し、それを真の道徳教育の中で次に伝えたのであるが。合理主義者にとって唯一問題なのは、彼がついに行動習慣という不純物から理想という鉱石を分離した、ということである。そして、我々にとっての問題は、彼の成功の悲しむべき諸帰結である。道徳的諸理想は沈澱物であり、それらが意味をもつのは、宗教的、社会的伝統の中に浮遊しているかぎり、つまりある宗教的、社会的生に属するかぎりのことである(41)。我々の時代の苦境は、合理主義者たちがあまりにも長く、我々の道徳的諸理想がその中に漂っている液体をくみ出す（そしてそれを無価値なものとして捨て去る）という彼らの企図に従事してきたので、我々のもとには、それを飲み下そうとすると息が詰まる乾いて砂のような残留物だけしか残っていない、ということである。我々は、まず、親の権威を（それのいわゆる濫用のために）破壊するのに最善をつくし、それから「良き家庭」のほとんどなくなったことを感傷的に嘆き、最後に、この破壊の仕事を完全にするような代替物を作り出すのである。そしてこの理由のために我々は、堕落して不健全な他の多くのものとともに、一群の殊勝ぶった合理主義者の政治家たちが国民に無私と社会奉仕のイデオロギーを説く光景を目にすることになる。この説教によって彼らとその先輩たちは、道徳的行動の唯一の生きた根を破壊するのに最善をつくしたのであり、また、我々の政治伝統の新手の合理化に鼓舞されて、我々を合理主義から転向させるという企画をもてあそんでいる別の一群の政治家たちが、彼らに反対するのである。

一九四七年

(1) 合理主義の政治についての忠実な説明は（その混乱と両義性をすべて伴った形で）J. H. Blackham, *Political Discipline in a Free Society* に見ることができる。

(2) プラトン『国家』501A 参照。法を燃やすことでそれを捨てられるという考えは、合理主義者に特徴的なものである。彼は書かれたものとしてしか法のことを考えることができないのである。

(3) G. Polya, *How To Solve It.*

(4) この論点についての最高の観察がいくつか M. Polanyi, *Science, Faith and Society* の中にある。

(5) 例えば、ポリヤは、彼の本が発見法を扱っているいう事実にもかかわらず、次のように示唆する。科学研究における成功の根本条件は、まず「優秀な頭脳と幸運があること」であり、次に、「じっと座って素晴らしいアイデアを得るまで待つこと」である、と。これはいずれも、技術的ルールではない。

(6) トゥキュディデスは、この真理の享受をペリクレスの口をして表明させている。ペリクレスの考えでは、政治家でありながら技術知の導きを拒むのは、愚かなことである。それにもかかわらずあの追悼演説の主要テーマは、政治における技術の価値ではなく、実践知と伝統知の価値なのである。ii, 40.

(7) 斉の桓公が堂の上端で本を読んでおり、車大工（扁）は堂の下端で車輪を作っていた。車大工は鎚とのみを傍らに措いて公に呼び掛け、何の本をお読みかと尋ねた。「聖人たちの言葉を記録する本だ」と公は答えた。「その聖人たちは存命ですか」と車大工は尋ねた。「いや、亡くなっている」と公は答えた。「それなら、貴方の読んでおられるのは、過去の人たちの搾り糟に過ぎませんね」と車大工は言った。「車大工風情が、よくも私の読む本にけちをつけられたものだ。もしお前が今の言葉を説明できれば許してやろう。だがそれができない時は、お前は死刑だ。」「車大工として申し上げれば、私には物事はこういう風に見えます。私が車輪を作る時、のみをゆっくり入れ過ぎると、深くは入りますがむらができます。速く入れ過ぎると、今度は安定はしますが深く入りません。遅くも速くもなく正しいペースというものは、心から出て来るのでない限り、手のものとなりません。それは言葉(ルール)にできないものなのです。その中には、私が息子に説明できない技があるのです。息子に私の仕事を継がすことができず、七〇になっても私がここでまだ車輪を作っているのは、このためなのです。私の意見では、昔の人たちについても事は同じだったに違いありません。伝えるに値することは全て、その人たちと一緒に死んでしまったのです。残りの部分が本に入っているのです。だから私は、貴方の読んでおられるのは、過去の人たちの搾り糟に過ぎませんね、と申し上げたのです。」『荘子』

(8) 聖フランソワ・ド・サールは、篤信の人であったが、彼が著述する時は、それは敬虔の技術についてである。

(9) **Bacon, *Novum Organum* (Fowler), p. 157.**

(10) ***Ibid.*, p. 184.**

(11) ***Ibid.*, p. 182.**

(12) ***Ibid.*, p. 157.**

(13) ***Ibid.*, p. 295.**

(14) ***Ibid.*, p. 168.**

(15) ***Ibid.*, p. 168.**

(16) ***Ibid.*, p. 182**

(17) ***Ibid.*, p. 162.**

(18) ***Ibid.*, p. 233.**

(19) ***Ibid.*, p. 331.**

(20) ***Ibid.*, p. 298.**

(21) ***Discours de la Méthode*, ii.**

(22) ***Ibid.*, vi.**

(23) ***Histoire de la philosophie cartésienne*, i, 486.**

(24) 合理主義誕生史の一つの重要な側面は、「理性」という語の意味合いの変化にある。合理主義者が訴えかける「理性」は、例えばフッカーの理性ではなく、後者はまだ、ストア哲学とアクィナスとの伝統に属している。前者は、一つの事から別の事を結論し、それ自体は理性の批判対象にならない所与の目的を達成するための手段を発見するのに使われる計算能力であり、つまり、一つの機械と考えられた世界を暴いてゆけるはずの能力である。合理主義のもっともらしさの多くは、この新しい「理性」に本来もっと古い知的伝統における理性に属する性質を暗黙の内に帰すことから来ている。そしてこのあいまいさ、つまり古い含意からの新しい含意の誕生は、一七世紀初期の多くの著述家たちの中に――例えば、デカルトの年長の同時代人であり文学における技術至上の偉大な先駆者であるマレルブの詩の内に――認めることができる。

(25) これがベーコンの時代について言えるのは確かである。そしてバーナル教授は今、一九一五年以後の三〇年間で、歴史全体でよりも多くのことが、自然と人間について巨視的微視的に発見されていると、我々に告げるのである。

(26) 私の推測では、比較的最近まで競馬の観衆はほとんど、馬について何事かを直接に知っている男女であり、（その意味で）真に教養ある人々であった。今では、あるいはアイルランドは例外として、そうではなくなっている。それで、自己教育の能力もその気も機会もなく、かつ自分の苦境から抜け出る近道を求めている無知な観衆は、本を必要とするのである。〔二〇世紀における料理の本の流行は、疑いなく類似の状況から出ている。〕その種の本の一つである『クラシックレース案内、ダービーの勝者を当てる法』の著者たち〔訳注：オークショットもその一人〕は、技術知と全面的な知との違いに気付いており、勝ち馬を当てるのにそれを越えるとはっきりしたルールのなくなる限界があり、ある（ルールそれ自体から与えられるのではない）知性が不可欠なのだ、ということを指摘するのに苦労した。しかし、自分の貧しい知性を真に教養ある人々と同じレベルに置いてくれるはずの誤り得ない方法を探している、その本の欲張りで合理主義的な読者たちは、くだらぬものを買わされたと思ったのである。このことは、彼らがデカルトの代わりにアウグスチヌスかヘーゲルでも読んだ方が、時間の使い方としてまだどんなにましであったか、ということを示すに過ぎない。私はデカルトが許せない（パスカル）。

(27) *Pensée* (Brunschvicg), i, 76.

(28) 試験的な、それゆえ根本的に有害ではない、この種の転換は、初代ハリファックス卿によって試みられた。

(29) 合理主義の政治の一つの詩的イメージが、Rex Warner の *The Aerodrome*〔『飛行場』〕に認められる。

(30) 彼の技術に「人間本性」ではなく、出来事の推移（過去、現在、未来）についての見解という形式を与えることで、マルクスは、自分は合理主義を回避したと考えた。しかし、彼ははじめて出来事の推移を信条に変えるという用心をしたために、この回避は幻想となった。ミダス王のように合理主義者はいつも、それを抽象へと変形することなしには何事にも触れることができない、という不幸な立場にいる。彼は決して、経験の食事を十分に取ることができないのである。

(31) 「理性」の政治と「自然」の政治との間の極めて複雑な関連を明らかにする紙幅は、ここにはない。しかし、次のことは認め得るだろう。理性も自然も共に文明に対置されることから、両者は共通の基礎から出発したのであり、伝統の偶像と先入見から自由になった人間としての「理性」人は、それに代わる名として、「自然」人と呼ばれることになる。政治、宗教、教育における現代合理主義と現代自然主義は、同じく、人間の達成した大体一世代以上古い諸成果をすべて認めないという一般的推定の表現なのである。

(32) もちろん「暴力」も「偶然の環境」もそこにはあったが、見慣れない形態で存在したために、それらは認識されなかったのである。

(33) それは例えば、戦争のせいにされる。戦争は、合理主義の社会がほとんど抵抗力を持っていない病であり、それは、合理主義的政治に内在する種類の能力欠陥から、簡単に発生する。しかし戦争は確かに、政治に対する合理主義的精神の支配を高める。だから、戦争の悲惨の一つは、今や慣行になっている、政治に対する本質的に合理主義的な用語の適用にあった。

(34) 著名な科学者は言う。「私は一般人よりも政治に対して興味を持たない。それは、すべての政治原理は当座しのぎであり、ついには科学的知の諸原理によって置き替えられるだろう、と私が確信しているためである。」

(35) ここでヘンリー・ジェイムズのある章句が思い出される。彼の『ロンドンの包囲』におけるヘッドウェイ夫人の観察は、この地位にある人物についての、私が知っている最も秀れたそれである。

(36) フランスで、大革命の後、この種のことが起こったが、間もなく正気が戻り始めた。

(37) これを産業文明の不可避の結果だとみなす者たちもいるが、私は、彼らは誤った罪人を言い当てていると考える。産業社会が必要とするのは、本物の技である。我々の産業文明が、技（skill）を省き単なる技術知（technical knowledge）でやってゆくと決めたのならその限りで、それは堕落した産業文明なのである。

(38) Cf. James Boswell, *The Artist's dilemma.*

(39) 戦争時の軍隊は、訓練された者と教育のある者との違いを見る特に良い機会である。知的な一般市民が、軍隊の指揮と命令の術を身につけるには、ほとんど困難はないが、（提供されている『若き将校たちへの助言』などのクリップにもかかわらず）彼は正規の将校より常に劣ったままである。後者は、その専門職の実践とともに様々なフィーリングと感情についても教育を受けている人間なのであるから。

(40) この点やその他の合理主義の行過ぎについては、デカルト自身に責任はない。*Discours de la Méthode*, iii.

(41) 孔子が老子を訪ねた時、仁義について話した。老子が言うには、「唐箕から出る籾殻は目をかすませて、我々が南北東西、天地のいずれの方を向いているのか分からないようにすることができる。仁義についての話、これらいつまでも続くいらいら事はすべて、聞き手の気力を奪い苛立たせる。実際、心の平安にとって、それらより破壊的なことなど、ありえないのだ。」（『荘子』）

（嶋津　格訳）

自由の政治経済学

シカゴ大学の故ヘンリー・C・サイモンズ教授の業績は、経済学を学ぶ人々にはよく知られており、彼の比較的重要な論文をいくつか集めたこの論文集(1)に注意を向けていただく必要もないだろう。しかしながら、他の人々には彼の名前はよく知られていないであろうと考えられる。しかし、彼は、派手な著述家でも人気のある著述家でもないという事実にもかかわらず、一般の読者にも読まるべきものをもっている。また、彼の言うところの多くはアメリカ合衆国を直接の背景としているのだが、それでも特にイギリスの読者には読まるべきものをもっている。私としては、この批評文で、世のなりゆきに関心を持つひとならだれでも無視すべきでない著述家として、彼を推奨しようと思う。

経済学者としてはサイモンズは、金融政策、通貨・貨幣政策に特に関心を示したが、しかし(彼のシカゴ大学における先生でもあり同僚でもあるところの、この大学で名高い経済研究の学派を創始したF・H・ナイト教授(2)と同じように)、どんな特定の問題をめぐる議論においても、またどんな経済政策の提言においても、特定の仕方で統合された社会に対する、しばしば暗黙のままにされている選好が存在している、ということを、充分に意識していた。そして彼は、自分自身のこのような意味での選好を迷信とは違ったものにするために、これら暗黙の選好をあえて開かれたものとし、それらを整理しようとした。かかる選好は、いずれもおよそ政治哲学といえるほど洗練されたものではないし、彼もそれに「政治的信条 (a political credo)」としての資格を要求したにすぎない。「経済学」と「政治学」を結合させようというこの試みは決して野心的なものではないのである。この試みが成功したのは、それが彼のやろうとしたことの中のひとつにすぎなかったばかりでなく、彼の知性をいつにかわらぬ普段の姿で示したからでもあった。たしかに、いましがた掲げた彼の本の中に政治的な目的や手段の研究に明示的に向けられた二、三の論文があるが、そのほとんどは、特定の経済的諸問題にかかわるものであり、かつ彼の提示した解決策が、彼が望ましいと信じている社会のタイプという、より広い文脈へといかに関係づけられているかを示しえているのである。これらのことがらについて自分が立っている位置を知りたいと切に望んでいる人々に、彼は、断片的ではあるが明瞭な、彼自身の選好を表明したばかりでなく、様々な経済的方策が様々な形態の社会統合と両立するや否やについて深い洞察を示した。

言うまでもなく、サイモンズは政治信条を独力で発明しようなどとは思わなかった。おのれの意識を砂漠のように無にし、しかる後にこれを独力で耕しはじめるというふうになるまでは自分自身の目的の誠実さについてどうしても納得したくないという人がよくいるが、サイモンズはそのような虚栄心をもっていない。むしろ彼は伝統の中の一員であることを誇りとしていた。彼は自分のことを「古風なリベラリスト」だと言っている。そして彼は、アダム・スミス、ベンサム、ミル、シジウィック、あるいはまたトクヴィル、ブルクハルト、アクトンといった一連の先人たちと同盟していた。人はこれを聞いてやや無批判だと思うだろう。つまりこれらの思想家たちの微妙な歴史的差異が無視されているというわけだ。しかし御心配にはおよばない。サイモンズは他人の著述にかんする限り寛大な心の持主であって、提示されたものを喜んで受入れ、そして鋭敏な批判を自分でこれにくわえていくのである。彼はたしかにリベラリストである。しかし、誰が真の友人であるかを知らず、また、「進歩」の側に立つと称するひとには誰でも老人性痴呆としか思えない無差別の歓迎の意を表する厚かましい良心を持つ、最近のリベラリズムの災難を、彼は被ってはいない。とはいえ、彼が自分の信条に貼ったラベルにあまりこだわる必要はない。彼は自分のことをリベラリストであり民主主義者だと呼んでいるのだが、しかし彼は名称には重きをおかないのであって、これらの名称に不幸にも付せられてきた曖昧さを解消することに関心を示していたのである。その場合、彼の言っていることの多くはありふれていると同時に許しがたいほどに流行遅れであるようにみえることだろう。それがありふれてみえるのは、近年かみしめられすぎたからではなく、流行のリーダーたち、つまりフェビアン協会の知的しゃれ者たちが、彼らが軽率に作成した誤謬表の中に入れたからである。そして流行遅れにみえるだろうというのは、これら常軌を逸した審判者たちが反対しているためである。これに対して、このサイモンズの本の大きなメリットは、すべての答を知っているが悲しいかな教養を欠いている「このソフィスティケイトされた世代」が、単なる迷信だとして退けるように命じられてきたことを、自分で考えてみる機会を提供するということにある。

サイモンズは「自由の強調」こそ彼が身をおいている伝統の「特徴的な面」であるとする。つまり彼は自由を信仰しているわけである。そしてこのことが同時に彼にとって不利な推定をせしめることになる。というのは、政治において真実の自由主義者であるということは、今や残念なことに流行遅れになってしまった人間類型に属することを意味するからだ。自由などよりも他のものを愛好するほうが我々を魅了するようになってしまっている。自由への情熱を信仰していることを告白すること――この場合自由というのはある一定の状況において価値のあるものというのではなく、是非とも必要なものとしてである――は、不面目な素朴さを認めることである。このような素朴さは支配への欲望をおおい隠すときにのみ許されているのだ。自由は、ふまじめな政治、あるいは包み隠しのある政治の象徴になってしまった。しかし、自由主義的政治が公然たるあるいは隠然たる敵どもから受けたダメージは、とりかえしのつかないものではない。結局のところ彼らの悪知恵は回りくどい愚かさにすぎないのであり、早晩わかってしまうであろう。自己推薦の友こそしばしば一層危険であることがわかってしまうものである。彼らは言う。我々は自由という言葉によって意味するものをはっきりと知らねばならない。まずこれを定義しよう。そしてそれが何であるかわかったら、いよいよそれを追求しそれを愛好しそのために死んでもよいということになるのだと。自由とは何か、この抽象的に提起された問いによって、ただ詭弁という星のみが照らす果てしない屁理屈の夜にむかってドアが開け放たれるのだ。牢獄に生まれた人のように、我々はかつて経験したことのない何か（例えば欠乏からの自由）を夢み、その夢を我々の政治の基礎とするようにせきたてられる。我々は「積極的」自由と「消極的」自由、「古い」自由と「新しい」自由を区別するように教えられ、また「社会的」自由、「政治的」自由、「市民的」自由、「経済的」自由、「個人的」自由を区別するように教えられる。我々はまた、「自由とは必然性の洞察である」と教えられ、更には重要なのは内心の自由であってこれは平等及び力と同一視される、と教えられる。このように我々が被ってきた言葉の濫用は果てしがない。しかし、かのドアのしきいに立ってあまりに長く夜明けを待ってきたため「この無限の空間の永遠の沈黙」〔パスカル『パンセ』第二〇六節参照〕におののきを感じはじめた世代は、今やもっと家の中にある身近なメッセージに耳を傾けるべきである。そして勇気をもって、この世代に、はいってきてドアを閉めなさい、と言う者は誰でもおそらく聞いてもらえるだろう。以上が少なくとも私が理解する限りサイモンズが我々に語っていることである。彼が探究しようとした自由は抽象物でも夢でもない。彼が自由主義者であるのは、自由の抽象的定義から始めるからではなく、それを享受してきた人々が（一定の正確な特徴のゆえに）自由な生活様式と呼び親しんでいるところの生活様式を彼が実際に享受してきた（また他の人々が享受しているのを見てきた）からであり、また彼がその生活様式を良きものと考えてきたからである。探究の目的は、語の定義ではなく、我々の享受しているものの秘密を発見すること、それに敵対的なものを認識すること、そしてそれをより完全に享受できる場と方法を見分けることなのである。そしてこのような探究から、我々が現に享受しているもののより深い理解のみならず、我々が追求するように勧められているかの抽象的自由を判断する信頼できる基準もでてくるだろう。つまり、我々が今享受している自由を我々に保障しているところの調整方法では明らかに達成できないような自由が提案されても、それは幻想にすぎないことが明らかとなるだろう。更に、我々は例えば自由の経験を持ったことのない(従って抽象の中でしか考えることのできない)ロシア人やトルコ人の感覚に追従して「自由」について論ずるというような誤りに陥ることがあってはならない。なぜならそのような英語の用法はミスリーディングであり常識にはずれているからである。自由 (freedom) という語は、その政治的含意が我々の政治的経験から直接に生じたものなのであって、それはギリシア語の ἐλευθερία、ラテン語の libertas、フランス語の liberté の含意がそれぞれまったく異なった経験から生じているのと同様である。

それでは、それがあれば我々が自分たちを自由を享受していると考え、それがないと我々の言葉の意味では自由ではないような、我々の社会の特徴は、一体何であろうか。だがまず最初に考えておかなければならないのは、我々の社会で自由を一緒になってつくりあげている相互に無関係な特徴がいくつかあり、それらから我々の享受している自由が構成されている、というわけではない、ということである。たしかにいくつかの自由が区別できるし、そのうちのあるものは他のものより一般的で確定し成熟したものであるということもあろう。しかしながら、英語圏の自由主義者が知りかつ価値をおいている自由というものは、互いに支えあった諸自由の結合にあるのであって、この諸自由のそれぞれが全体を豊かにしており、またどれも孤立して存在しているのではない。自由は、教会と国家との分離から生じるのではないし、また法の支配から生じるのでもなく、私有財産から生じるのでもないし、議会制的統治からも、人身保護令状からも、はたまた司法の独立からも、およそ我々の社会の特徴をなす何千という他の装置や制度のいずれからも生ずるのではない。それは、これらのそれぞれが意味し表現しているもの、即ち、我々の社会における圧倒的な権力の集中の不在から生ずるのだ。これこそが我々の自由のもっとも普遍的な条件であって、他のすべての条件はこの中に含まれているとみることができる。まず第一に、この条件は、過去、現在、未来のあいだに権威が分散していることにあらわれている。我々の社会はこの三つのいずれかによって排他的に支配されているということはない。その過去、あるいは現在、あるいは未来によって全面的に統治されているため、自由を妨げる迷信の専制の下で苦しんでいる社会を想像してみるがいい。我々の社会の政治は、過去、現在及び未来がそれぞれ発言権を持つ会話である。その中のひとつが時として優勢になるのが適切であることもあるが、永続的に支配することはなく、かかるがゆえに我々は自由なのである。また、我々のあいだでは、我々の社会を構成する多くの利害や利益組織すべてのあいだで権力が分散している。我々は利害の多様性を抑圧するおそれを感じないし、そのようなことを求めもしない。しかし、諸利害のあいだの権力の分散が不完全である限り我々の自由も不完全であると考えるし、何であれひとつの利害ないし諸利害の結合体が異常に大きな権力を獲得したとすれば、それがたとえ多数者の利害であっても、自由は脅かされていると考える。同様に我々の社会における政府の振舞いも、権力の分有を含んでいる。それは公認の政府機関のあいだでだけではなく、政権担当者と野党とのあいだにおいてもいえる。要言すれば、我々が自分を自由であると考えるのは、社会のなかの誰も、いかなる指導者も、党派も、政党や「階級」も、いかなる多数者も、いかなる政府も、教会も、企業も、職能団体も、労働組合も、無制限の権力を認められていないという理由によるのである。その自由の秘密は、その最良のものの状態においては全体の特徴であるかの権力の分散が再生産されているような多くの組織から社会が成立っているということにある。

更に、かかる社会の均衡はつねに一時的なものだということを我々は知らないわけではない。「制度の歴史は、しばしば欺瞞と幻想の歴史である」、とアクトンは言っている。その始まりにおいては権力の分散を促進していた制度が、時がたつにつれて、それ自身強力になりすぎ、あるいは絶対的にさえなってしまったのに、その始まりの性格に鑑みれば相当であるような承認と忠誠を依然として要求する、といったことはしばしばある。自由を伸ばしていくためには、我々はかかる変化を認識できるほどに慧眼であらねばならないし、また悪を芽のうちに摘みとるほどに精力的でなければならない。このような慧眼を保つのになによりも貢献するのは、ある制度に誤って永久的な性格を付与し、ついにその幻想性が明らかとなるや革命を要求するような融通のきかない気違いじみた教説から免れていることである。言うまでもなく、もっとも良い制度というのは、安定的であると同時に自己批判的な構造を持つ制度であって、それは与えられた権力断片の貯蔵庫としての性格を持ちながらしかし絶対主義への不可避的な誘惑を拒絶する。このような制度はほとんどないとはいえ、その一例としてこれまで存在してきたイギリスの政党制を挙げることは許されるのではなかろうか。

このような社会に暮したことがなく、従ってそれを抽象的にしか考えることのできない人は、次のように思うかもしれない。即ち、この種の社会がばらばらにならないですむのは、その頂点に他のすべての権力をチェックできるようなある圧倒的な権力が存在している場合のみだと。しかし我々の経験によればそうではない。我々も強さは政府の美徳だと考えるけれども、社会がばらばらにならないための防御は、恣意的な権力にも巨大な権力にもないと考える。むしろ我々はそのような事態はいずれも既に進行している堕落の徴表ではないかと考えたくなるのである。というのは、政府が圧倒的な権力を必要とするのは、政府がその本来の機能を果たす資格のないほどにひどく私的利益の追求に走っており、そのためこれに対して、この社会の多種多様な個人や利害が広範に結集して政府を断罪する、というような場合だけであろう。通常の場合は、その職務（それは抑圧を防ぐという点にあるのだが）を果たすためには我我の政府は、任意の特定の時点で政府以外の任意の権力の中心に集中されているよりも大きな権力だけを行使すれば充分なのである。従って、圧倒的な権力を持たない政府はそのゆえに弱い政府であるといった信念を我々のなかにかきたてるのは困難である。我々の自由は、必要とあれば権力を適切かつ大胆に行使することと同時に、政府によって行使される権力が中庸をえていることにも、依存していると、我々は考える。

しかし更に、我々の経験は、権力行使がきわめて経済的であり、従って自由の保持に格別好都合な統治方法を教えてくれた。それは法の支配と呼ばれる。もしも我々の政府の活動が恣意的で矯正的な手段をもって我々の社会の生活過程に継続的または臨機的に介入してくるというものであるとすれば、いかにこの手段が誰もが危険であると認めるような権力の集中に対して向けられたものであろうとも、我々はもはや自由でないと考えるべきである。というのは、この種の政府は異常に巨大な権力（その行為のいずれもがアド・ホックな介入なのだが）を必要とするばかりか、社会は、政府の権力がこのように集中されているにもかかわらず、自由の非常に重要な条件であるところの、かの確立された周知の市民擁護的構造を欠いていることになろう。これに対して、法の支配による政府（即ち、統治者と被治者をともに拘束する確固としたルールを規定しておくという方法による強制手段を採用している政府）は、それ自体が、それがその促進のためにこそ存在しているところの権力の分散の象徴であり（かと言ってこの政府はなんら強さを失なっていない）、それゆえに自由な社会にとって格別に適しているのである。この方法は権力行使において極めて経済的な統治方法である。それは過去と現在との、また統治者と被治者との協力関係を含んでおり、恣意のはいりこむ余地のないものである。それは危険な権力の集中への抵抗の伝統を助長するものであり、いかに破壊的ないかなる無差別攻撃よりもはるかに効果的である。それは、効果的に、しかし世の中の大きな流れをとめてしまうことなく、統御を行う。それは、社会がその政府に期待してもよい、限定された、だが必要なサービスはどのようなものかということを実際に定義し、我々が政府に対して無駄で危険な期待をしないようにする。我々が知っているように、個々の法律は我々の社会で享受されている自由を擁護できないものでありうるし、また我々の自由のあるものを破壊しさえするものでありうる。しかし、我々の知るところによればまた、法の支配こそは我々の自由のもっとも大きな条件であって、我々自身の権力への恐怖という、多くの共同社会に影を落としている大きな恐怖から我々を遠ざけてくれるのだ。

それぞれ自由全体を豊富化し安定的なものにしつつ我々の享受する自由を構成している多くの種類の自由の中で、我々は二つの自由が重要だと久しく認めてきた。そのひとつは結社の自由であり、もうひとつは私有財産を所有する権利において享受されている自由である。第三の種類の自由がこれら二つと並べられることがよくある。言論の自由がそれである。これが自由の重要で基本的な形態であることは疑問の余地がない。それは我々の自由のアーチのかなめ石とさえみなしてもよい。しかしかなめ石そのものはアーチではない。近年この形態の自由の重要性を誇張するむきがあるけれども、それは他の同じくらい重要な自由が失われることを我々からおおい隠すおそれがある。人々の大部分は別に言いたいことを持っているわけではない。多くの人の生活は発言する必要感を中心に営まれているのではない。言論の自由をかくも異常に強調するのは我々の社会の声の小さな部分の仕業であり、部分的には正当な自己利益を表現している、というふうに想定してもかまわないだろう。この利益は濫用しえないでもない。これが、写真を撮影し公刊する無差別の権利、あるいは私邸を監視したりはいりこんだりし防御のすべのない人々をだましたりゆすったりしてばかげたおしゃべりで空虚なことを言いたてる無差別の権利、発言をしようとしない人についてあてこすった文書を公刊する無差別の権利にまでひろげられるとすれば、自由への脅威であることが明らかとなってくる。大部分の人にとっては、自由に発言する自由を奪われるよりも、自発的な結社の権利や私有財産を奪われるほうがはるかに大きな、かつ深刻に感ぜられる自由の喪失であろう。このことを現在のイギリスで言っておくことは重要である。なぜなら、心得違いをしたジャーナリストや狡猾な圧制者の影響の下で、我々は言論の自由さえ安泰であれば重要なものをなに一つ失ってはいないのだなどと軽々しく信じすぎるようになっているが、これはとんでもないことだ。自分の考えを語る権利がいくら確かであっても、自分の家が公権力によって頭越しに勝手に売られたり、地主が土地をデベロッパーに売ってしまったために賃借していた土地の利用を奪われたり、労働組合の組合員たることが強制され、得ることができたはずの職から締め出されたりするならば、その人は自分にとって言論の自由よりもはるかに重要な自由が切り縮められたと考えるであろう。

我々の社会で享受されている結社の自由はきわめて多数の結社を創りだしてきた。我々の社会の統合は大幅に自発的結社によっていると言ってよい。我々の自由が拡大しより確実になったのもこのおかげだと考えられる。これら結社は、我々の自由の観念に適合的な権力の分散を表現している。自発的結社の権利は、新しい結社を形成する発意をする権利、加入しあるいは加入しない権利、既存の結社を脱退する権利を含む。つまり自発的結社の権利は、自発的非結社の権利でもある。またそれは、他者からその権利の行使を、とりわけ自発的結社の権利の行使を、奪う意図をもつ（あるいは結果において奪っている）結社を形成したり、これに加入したりしない義務をも含むものである。この義務は結社の権利の限界というふうに考えられるべきではない。すべての権利と同様この権利も、それが属している権利体系によって与えられた限界と権利自身の性格に内在した限界以外なんらの限界もない。かかる義務は権利を消極的な面から規定したものにすぎないのである。権利というものの性格全体を考えるならば、その行使が我々が自由として知っているものに敵対的でありうるのは、それが権利自体の性格を事実上否定するような事態（例えば「強制的な自発的」結社というように）に導くときだけだ、ということは明らかである。「強制的な自発的」結社などというのは我々の結社の権利を廃止しようという陰謀である。それは、我々が自由と呼んでいるものにとって潜在的または現実的に破壊的であるような、権力の集中を意味する。

ある観点から見れば所有は権力の一形態であり、所有制度は一社会においてこの形態の権力の行使を組織する特定の仕方である、ということは認められてよいであろう。この観点に立つと、所有権の多様な種類を区別するということはほとんど行われない。ほんとうにあらゆる範疇的区別がなされないのである。動産と不動産、自分自身の肉体的及び精神的能力についての所有権、いわゆる生産手段についての所有権などはすべて、異なった程度において権力の形態であり、ついでに言えばそれらはいずれも投資、相続、幸運といった源泉から生ずる。いかなる社会においても所有制度の存在は不可避である。想像上もっとも簡単な所有制度は、すべての所有権が一人の人間に与えられ、この人間がそれによって専制者にして独占者となり彼の臣民は奴隷となる、というものである。しかしこの制度は、もっとも単純であるという点をさておいて、我々の考え方からみると自由に対してもっとも敵対的である。自由の観点からみるとき、所有制度においては我々は、我々の他の制度とくらべて、それほど成功したとはおそらくいえないであろう。しかしこの所有制度の一般的性格が自由にとってきわめて好都合なものであることは疑いない。つまりそれは、もっとも広範な配分を可能にし、この所有という権力の巨大で危険な集中をきわめて効果的に阻止する制度であろう。またこのことが含意していることも明らかである。つまりそれは私的所有権を含意している。即ち、あらゆる成人の社会構成員に、彼の個人的能力の所有権、及び社会において認められた取得方法によって獲得された他のあらゆるものの所有権を享受する、平等の権利を与える所有制度である。この権利は、他のあらゆる権利と同様、自己制限的である。例えばこの権利は奴隷制を禁ずるが、それは恣意的な制限ではないのであって、他人を所有する権利というものが社会のあらゆる構成員によって平等に享受される権利では決してありえないという理由に基づくのである。これに対して、特定の物を私的所有から恣意的に排除することによって社会が外在的な制限をくわえる限り、ここに支配しているのは修正された私的所有権であるといわざるをえないであろう。それは所有権から生ずる権力を最大限に分散することを保障するものではない。というのは、いかなる個人によっても所有されないものといえどもやはり所有されなければならず、直接にか間接にか政府によって所有されることになるだろうが、それは政府の権力を増し、自由への潜在的脅威をなすものである。たしかに私的所有権そのものの固有の性質によらずにある物を私的に所有する可能性を奪うことを社会が決めるということはあるだろうし、このような道を選ぶことにはそれなりの理由があるだろう。だが、かかる施策によっていろいろな利益が生ずるとしても、我々が理解する意味での自由の増大という利益はそれには含まれないということを、とくと考えてみるべきであろう。自由にとってもっとも好ましい所有制度は、疑問の余地なく、恣意的な制限や排除によって修正されることのもっとも少ない私的所有権である。所有権から生ずる権力の分散が最大限に達成されるのはこの方法によってのみなのである。これは単なる抽象的思弁ではない。それは我々の社会の経験なのである。我々の社会では、自由に対する最大の脅威は、政府、巨大企業、産業団体、労働組合などによる過大な所有権の取得から来た。これらの所有権はすべて、私的所有権の恣意的な制限とみなさるべきである。もちろん、私的所有に基礎をおいた所有制度は、単純でも原始的でもない。それは所有制度のなかでももっとも複雑なものであって、不断に警戒し時折り改革を行い、そして半端な間に合わせをしないようにすることによってのみ維持されうる。我々みんなが自由と不可分だと考えている私的所有権の多くが、今や間違ったことに、自由に敵対的だと考えるのが通例になっているような他の私的所有権と、いかに緊密に結びついているか、考えてみることは教訓的である。自分個人の能力と自分の労働について所有権を享受できないならばこの人は自由でないということは、英語の意味で自由ということばを使っている人なら誰でも信じる。しかし、彼の労働を雇ってくれるであろう人がたくさんいないことにはかかる権利は存在しえないのである。人を奴隷状態にさせない自由は、自律的で独立の組織、会社、労働の購入者を選び、これらの間を移動できる自由なのだが、この自由は個人の能力以外の資源についての私的所有を含意している。生産手段が単一の権力の統制の下にあるところではどこでも、なんらかの奴隷状態が生ずる。

所有の考察とともに我々は社会の経済的組織の考察にはいってしまった。所有制度はある程度まで社会の生産及び配分の活動を組織するための仕組みでもある。我々の伝統の上に立つ自由主義者にとって主要な問題は、彼が賞揚しているところの自由を破壊することのない仕方で生活を組み立てる企てをいかに規制したらよいかということであろう。もちろん彼は自由にとって全く好都合なこの企てを組織する手段を我々の私有財産制度の中に認めるだろう。独占あるいはそれに近い状態はすべて彼にとっては自由に対する障害であり、私的所有は我々と独占の間にある制度のうちの随一のものである。独占に関しては彼はいかなる幻想も持たない。独占がその権力を濫用しないように望むといったふうに楽観的に独占を考えようとはしない。彼の考えるところでは、いかなる個人にも、いかなるグループ、結社、結合にも、多くの権力を託すことはできないのであり、絶対的権力が濫用されたからといって不満を言うのはその人の愚かしさを示すものにすぎない。絶対的権力なるものは濫用さるべく存在しているものだからである。従って自由主義者は、かかる権力の存在を阻害する制度にのみ信をおくのである。言いかえれば、彼の愛好している自由を切り縮めることのないように生活を組み立てる企てを組織するには、実効的な競争の確立・維持によるしかないと考える。実効的な競争というものはひとりでに生じてくるものではないこと、競争もそれに対するいかなる代案もともに法の創造したものであること、に彼は気づいている。しかし、彼は法によって（しばしば不注意によって）独占その他の自由に対する障害が創造されるのをみてきているので、同じように法によって実効的競争を創造し維持するという既に存在している伝統に依拠することは決して彼の社会の能力をこえたことではないと考える。しかしまた彼は、競争を実効的なものにするという課題と生活を組み立て欲求を満足せしめるという（実効的競争自体によって遂行さるべき）課題とを混同することはいかなるものであれ彼が知っている自由にとって即座に致命傷になる、ということを認識している。というのは、競争（市場）の行う活動の統合を政治的統制でおきかえることは、独占を創出することであり、また自由と不可分な権力の分散を破壊することでもあるからである。たしかにこの点に関して自由主義者は、彼の経済システムが財を生産するときの効率性を彼が考えにいれてこなかったという不満に耳を傾けなければなるまい。我々はいかにして自由と効率性という二つの相矛盾する要請をおりあわせるべきであろうか、考えてみねばならない。しかし回答の準備はできているのだ。考慮さるべき唯一の効率性は人々が購入したいと思う物をできるだけ経済的に供給する方法である。これが最大限になる状況は形式的には経済行為が実効的に競争的であるところに存在する。その場合には企業家は財の消費者とサービスの売り手との仲介者にすぎないからである。そしてこの理想的な想定の下では、意味のある比較は、改良された（しかし未完成の）競争経済の効率性水準と完全に計画化された経済の効率性との比較ではなくて、改良された競争経済と唯一実効可能な代替案である一種の計画経済（無駄や機能不全や堕落をともなう）との比較である。要するに、独占、準独占及びあらゆる巨大な権力集中といった、自由に敵対的なものはどれも、考慮に値する効率性を阻害するものでもあるのだ。

以上が英語圏の伝統における自由主義者の政治信条の概観であるが、かかる社会が告げている目標ないし目的を少なくとも示唆するくらいのことはこれに付け加えなくては、この概観は重要なものを欠いたままだということになろう。しかしながら、ここに言う目的なるものを、前もって思弁によって設定されたユートピアを達成することだと考えたり、（幸福とか繁栄とかいった）抽象的な理想としてあるいはあらかじめ託宣された不可避の目標として考えることは、別な人々の伝統に属する。この社会の目的は（もし本当にそのようなものがあると言ってよいならば）社会に対して外側から設定されたものではなく、また〔本来は具体的に表象されているものを〕ざっと要約したという意味ではなしに抽象的な用語で述べることができる、といったものでもない。我々が関心をもっている社会は、昨日今日にできたものではなく、特定の性格と活動の伝統を既にもっている社会である。かかる状況においては、社会目標の達成は、諸条件の変化を念頭におきつつ社会の性格によって規定されまたは示唆された次のステップを感知し、このステップを、社会が壊れないように、かつ将来の世代の〔自分のことを自分で決めるという〕特権が大きく損なわれることのない仕方で、踏むことなのである。すると、この社会は、その道標を、あらかじめ認識された目的ではなく、継続性の原理（それは過去、現在、未来のあいだの権力の分散を意味する）及び合意の原理（それは現在のさまざまな正統な利害のあいだの権力の分散を意味する）に見出すことになろう。我々は、我々による現在の願望の追求によって過ぎ去りしものへの共感が失われることがないがゆえに、自分たちのことを自由であるというのである。賢人のごとく我々は我々の過去と和解して在るのである。少しでも動くことを頑として拒否する態度、人民投票的民主主義にみられるようなまったくのプラグマティズム、伝統とは「前回」したことをすることにすぎないという短絡した認識、そして一歩一歩訓練を積むよりも近道をしたがる選好、こうしたもののいずれにも我々は奴隷状態の徴表を見出すものである。また我々は、遠くはなれた予測もできないような未来のために現在を犠牲に供することも、うつろいゆく現在のために間近の予見しうる未来を犠牲に供することも、したくないのであり、短見にも陥らず、かといってあまりに先を見すぎもしないがゆえに、自分たちを自由であると考える。更にまた、見解の自発的一致を背景としたゆっくりとした小さな変化への選好、反対派を抑圧することなく分裂に抵抗できる能力、及び社会が速くあるいは遠くに動くことよりも社会がともに動くことのほうが重要であるという認識に、我々は自由を見出す。我々は我々の決定が誤りのないものだなどとは主張しない。実際、完成ということについての客観的ないし絶対的な基準が存在しない以上、不可謬ということはなんら意味をもたない。我々が必要としているものは、変化の原理と同一性の原理のうちに見出されるのであって、それ以上のものを我々に提示する人々、つまり、多大の犠牲を我々に要求する人々、及び我我に英雄的性格を課したがる人々を、我々は疑ってかかる。

さて、以上に挙げた特徴のどれも我々の社会には完全な形で存在しているということはできないが、しかしどれもまったく存在しないというわけでもない。我々はその意味するところを知るに充分なほど長い期間にわたってそれを経験してきたのであって、この経験から我々の自由の観念が発生したのである。この一般的条件に我々の諸制度が近似しているがゆえに我々は自分たちを自由であるというのである。政治における自由主義者の営みは既に種のまかれたところを耕すこと、そして自由を達成する既に知られている方法だけでは確保しえないような新たに提案された自由を追求する不毛を避けることにあると思う。政治というものは何らかの新しい社会を想像することでも、既存の社会を抽象的な理想に合致させるべく改造することでもなく、我々の現存の社会からほのかに聞えてくる要求をより充分に実現するために今何をなす必要があるのかということを認識することであろう。このように考えると、政治の正しい行いには、耕されるべき社会の性格についての深い知識、その現状についての明瞭な認識、及び立法的改革のプログラムの正確な定式化が、含まれる。

我々の社会の現状は極めて複雑である。が、自由主義者の観点から見れば、三つの主要な要素が識別される。まず第一に、自由主義的伝統それ自体の本質についての悲しむべき無知が広まっており、我々が先人たちから受け継いだ社会の性格及びこの社会の強さと弱さの性質についての精神的混乱が存在する。今や権力を握っている辛抱のない悪ずれした世代が、眼の焦点を遠くの地平線にあわせ、外国製のはったりに心をにごらせながら、過去との協同関係を解消し、自由だけを粗末に扱っている。第二に、過去の世代を無視しているため、不適応や分散されないままの権力集中が巨大に蓄積されている。これらのものは、自由を脅かすという理由で自由主義者なら正したいと思うものであり、自由主義者でない人も、もう少しまっとうでない理由から正したいと思うかもしれない。第三に、その社会の性質を知らないひとたちが、自由への愛から思いついたのではないがゆえに自由にとっての脅威となる（実際には自由を本当に損なうこともあるしそうでないこともある）手段によって社会の不適応を正そうとしたことから、今の困った事態が生じている。

我々が知っているように、現代の二つの大きな、相互に排他的な、自由主義的社会の敵は、集団主義（collectivism）とサンディカリズムである。両者とも独占の創出と維持による社会統合を勧める。いずれも権力の分散にはなんらの長所もないと考える。しかしこの二つは相互に排他的な自由社会の敵とみなければならない。なぜならば、サンディカリズムの好む独占は集団主義的社会も自由な人間たちの社会もともに不可能にしてしまうようなものだからである。

現代世界における集団主義にはいくつかの類義語がある。集団主義といえば管理社会を意味するし、その別な名義は共産主義であり、国家社会主義、社会主義、経済民主主義であり、中央計画であるといった具合である。しかし、集団主義という呼び方がもっとも感情的でない名前なので、我々としてはこれを使うことにしよう。それから我々は、高度の自由を享受している社会に集団主義的な編成を課すという問題を解決することに成功していると想定しよう。つまり我々は現在必要な合意が達成されたと想定するわけである。これは決して法外な想定ではない。なぜなら、きわめて逆説的なことに、集団主義は、我々の社会においてみんなが自由の障害だと認めている諸要素を我々から除去してやろうと熱心に申し出ているからである。自由主義者の関心は、集団主義的編成と彼の知っている自由とが両立可能であるかどうかということを探究することに向けられる。簡単に言ってしまえば、集団主義と自由はまったく二者択一的なものであって、一方を選べば他方を持つことはできないのである。だから自由を愛するように教えられた社会に、継続性を破壊しないかのような装いの下に、集団主義を課すことができるのは、ただ人々が自由への愛を忘れている場合だけである。これは無論決して新しい考え方ではない。現代集団主義の性格が次第に明らかになりつつあったとき、トクヴィル、ブルクハルト、アクトンといった観察者たちに見えていた事態は以上のようなものだったのである。

集団主義に対して向けられるもっと外聞の悪い告発もあるがそれはここでは触れないことにして、集団主義的制度に内在する（自由の観点からする）欠陥についてだけ考察しよう。自由に対する集団主義の敵対は、権力の分散と多くの純粋に自発的な結社によって組織された社会という観念全体への集団主義的立場からの拒絶にまずあらわれる。独占を治癒するために提案されているのは、より数多くのより広範な独占を創出しこれらを力で統制することである。社会に課される組織は政府を構成する人たちの頭脳から出てきたものである。それは包括的な組織化であって、ゆるやかに設定された目標とか統制されざる活動などというものは、不可避的に全体の構造を損なうものであるから、無能力の結果だとみなされざるをえない。そしてこの組織を包括的に統制するために巨大な権力が必要とされる。この権力たるや、単に、過度に強力な単一の権力集中が登場したときにこれを解体するのに充分であるだけでなく、集団主義者が創出した諸々の巨大な権力集中を不断に統制するのに充分でなければならないとされるのである。集団主義的社会の政府は、その計画に対してきわめて限定された反対派しか許容しえない。実際、反対派と反逆者の厳密な区別（それは我々の自由の一要素である）は否定され、服従でない行為はサボタージュだとみなされる。政府以外の社会的産業的統合の手段をすべて無力化してしまっているので、集団主義的政府はその発した命令を強制するかさもなくば社会を無秩序状態に陥るままにしておくしかない。それがいやならば、権力行使の節約の伝統に従って、平和の代価として役得を要求しうるグループを引き立ててやることによって政治的反対派を育成してやらねばならないはめになるだろう。以上のことはすべて明らかに自由の障害物である。だが言っておかねばならぬことがもっとある。集団主義はものごとを行うにあたって、法の支配に加えて、あるいはしばしばこれにかえて、裁量権をむやみに使うことに頼る。集団主義が社会を組織化していくというとき、社会の方にはそれを進める力はなんら内在していない。それは種々雑多な介入を日々繰り返していくことによって進めていくしかない。即ち、価格統制、諸々の活動をするについての免許制度、製造業や農業を営んだり、買ったり売ったりするときの許可制度、配給量の不断の再調整、特権・免除の配分などがそれであり、要するに、誤用と腐敗のきわめて生じやすい権力を行使せざるをえないわけである。法の支配に固有な権力の分散は、集団主義的社会を操作するには不充分な権力しか、政府に与えない。更に、集団主義は我々の自由のひとつである競争による統御と政治的統御の分業を廃止してしまうことを意味することがわかる。もちろん政治が強化されても競争は、痕跡的な形で変則に生き残るかもしれない。しかし基本的には企業は、ただ競争的でない場合にのみ、即ちこの企業が中央当局の道具として役立つ企業組合の形態をとるか、あるいは割当てと価格統制のシステムによってリスクなど本来の企業にふさわしい諸要素を奪われた比較的小さな事業体の形態をとる場合にのみ、許容されるにすぎない。ここでは、組織化の一形態としての競争は、まず活力を奪われ、次いで破壊される。競争が我々の社会で果たしている社会統合の仕事は政府の機能へと編入され、かくして政府の権力を増大させ、政府を社会のなかで生ずべきあらゆる利害紛争にまきこむ。そして競争が消滅するということは、我々が我々の自由の最も重要な要素の一つとみなしてきたものが消滅することになるわけである。しかし、集団主義に固有な政府権力が得たものの中でも、おそらく外国貿易の政府独占から生ずるものこそ自由にとってもっとも危険であろう。貿易の自由こそ共同社会が過度な権力に対してもつ最も貴重で最も効果的な安全装置だからである。国内での競争の廃絶が政府を紛争に引き込む（それによって紛争を増幅せしめる）のと同じように、集団主義的外国貿易は政府を競争的商取引にまきこみ、国際的不調和の機会とその程度を増幅する。それから、集団主義は社会を一元的な行動に動員するものである。現代世界では集団主義は不完全な競争から生ずる不完全な自由を救済するものとして登場しているが、しかしそれは自由を殺してしまうことによる救済を意図している。このことは何ら驚くに足りないのであって、集団主義の真の源泉は自由への愛ではなく戦争への愛なのである。戦争の予感は集団主義への大きな誘因となるし、戦争行為は巨大な集団主義化過程にほかならない。更に言えば、大規模な集団主義は本質的に好戦的である。ここにこそ集団主義にとって好都合な存在条件がついに登場するのである。それは自由の喪失に向って二重の機会を提供している。つまり、集団主義的組織化それ自体とその組織化が向けられている目的とである。集団主義は自分のことを「福祉」の一手段だといって売り込むのだけれども、それが追求しうる唯一の「福祉」、即ち集権化された国家的「福祉」は、国内にあっては自由に敵対的であり、対外的にはこれに張り合う組織がでてくるという帰結を生む。

集団主義は我々の自由のすべての要素に無頓着であり、その若干のものに敵対的である、というぐあいである。これに対してサンディカリズムこそは、我々が知っている自由な生活様式の真の反対物である。実際のところ、サンディカリズムは自由に対して破壊的であるというだけでなく、いかなる秩序ある生活に対しても破壊的である。サンディカリズムは、政府への圧倒的権力集中（集団主義は元来社会を混沌とさせる傾向をもつが、それをかかる圧倒的権力によって不断に阻止しているわけである）も、自由の基礎であるところの権力の広範な分散も、ともに拒絶する。サンディカリズムのもくろみに従えば、社会は恒久的な内乱へと向い、その内乱の当事者は少数の職能者たちの諸団体の組織された私的利益と弱い中央政府とであり、このために全体としての共同社会は独占価格と無秩序というツケを払わされるわけである。サンディカリズムの社会における権力の巨大な集中体は独占的な職能団体に組織された労働の売手たちである。独占というものはすべて自由を損なうものであるが、特に、労働の独占は他のどんな独占よりも危険であり、この種の独占にとらえられた社会は他のどんな社会よりも自由を享受することの少ない社会である、と考えることに充分な理由がある。第一に、これまでの経験によれば、労働の独占は経営の独占よりも、実に大きな経済的政治的な権力を、あるいは軍事的な権力さえも、獲得することができる。その権力欲は飽くことを知らない。またそれは何も生産していないがゆえに、規模の不適正による生産性の上での不経済という事態に逢着することもない。一旦大きくなれば分散させることはきわめて難しく、統制することは不可能である。これら労働の独占体は、自発的結社の権利の合法的行使から生まれたかのごとくみえるので（実際はそれは独占的な結社であるからこの権利の否定にほかならないのであるが）、法律上の免責特権をかちえており、またその活動がいかに言語道断なものであろうとも大衆の支持を受ける。これに対して、経営の独占体は、自由主義者としては同じように残念に思う事態ではあるが、しかし労働の独占体よりも力が弱いので危険度もより少ないのである。それは一時的に結集したものにすぎないし、評判もよくないし、法的規制に対してきわめて敏感である。このように個々別々にとりだしてもこの二つの独占のいずれが自由にとって破壊的であるかは疑問の余地がない。だが更に、経営のそれよりも力が大きいということにくわえて、労働の独占体は、経営の独占体を補完物として必要としているという危険さを持つ、この二つの独占のあいだには災厄をともなう利害の一致がある。それぞれは公衆からしぼりとる共有物を極大化すべくともに闘うことによって相手を強めあおうとするが、その一方でこの獲物の分割をめぐって闘争しあいもするのである。まったくのところ、資本と労働の争い（もうけの分割に関する闘争）は、模擬戦（しばしば当事者よりも公衆に高くつく）にすぎぬのであって、その背後に生産者（ともに独占的に組織された経営と労働）と消費者との争いという真の争いが隠されている。それから、サンディカリズムは自由の傑出した敵として考えられる当然の権利をもってはいるが、同時にそれは同じくらい集団主義の敵でもある。それぞれ独占主義的に組織された数多くの職能少数者グループが、要求が通らないときは全体の生産計画を台無しにするだけの力を持ち、大きな要求をしないときでも事業の秩序ある遂行に対して種々雑多な小さな邪魔をすることによって内乱を行いつづけるとすれば、集団主義的政府はたやすくこれらグループの脅しの犠牲になってしまうだろう。集団主義的政府がその政治的強さをサンディカリズムの性格を強く持った労働組織に依拠して獲得しようとすれば、その立場は絶望的なものであって、脅しが違法行為でない社会における脅しの犠牲者のようなものであろう。すべての社会形態のなかで、集団主義的社会は、サンディカリズムの潜在的破壊力を扱う能力にもっとも乏しい社会である。

自由主義の伝統を享受している社会が集団主義とサンディカリズムに巻き込まれたところでは、この両者は、互いに排他的潮流として登場してきて（時として互いに同盟しあうという異常事態もあるが）、達成されてきた自由を脅かす。だが、自分たちの伝統に対する忠誠心を持ち続ける自由主義者にとって、主要な危険は、この両者がそれぞれ別々に他を排除する形で覇権を握る可能性なのではなく、真正の自由主義の立場で我々の社会に蓄積された不適応や我々の抱える真の問題と取り組もうとすることを、両者が組んで邪魔をすることにある。かかる取り組みは、たしかにかなり遅れており、それはあながちこの両者の提示するエセ救済が人気を博していることだけに帰せられるものでもない。自由主義社会はこの五〇年間まったく怠けていたわけではなく、多くの小さな濫用を正すことによって自由は拡大してきたのだが、とはいえ、この国における改革の一般的な流れは、集団主義的な色合いを曖昧に帯びた動機によって生じたことがあまりに多かった。自由は、改革のための明確に定式化された自由主義的政策がなかったことにより不注意のうちに失われていった。

しかし今やサイモンズが、このような明確に定式化された政策をもって登場してきた。そうしたのは彼が初めてではない。しかし自由の友はみな彼の言うところをよく考えることで必ずや得ることがあるであろう。サイモンズほど自由の現状に不満を持っていた者はいないだろう。彼の提案は単に自由主義的であるだけでなく、彼自身も指摘しているように多くの点で集団主義者の計画よりもラディカルである。種々雑多な介入と裁量的権限の使用によって変革を企図するプランナーは、自由を破壊するばかりであり、法の支配を拡大し強固なものにしようとする自由主義者よりも改革に役立つことが少ない。サイモンズはその政策を「レッセ・フェールのための積極的プログラム」と呼んでいるが、その主な理由は、この政策が、実効的な競争が不可能であることが証明されない限り競争を実効的なものにすること、今やあらゆる種類の独占の前に大幅な妥協を強いられている権力分散を再建すること、及び我々の自由の秘密である競争による統御と政治的統御との分業を保持することを、狙っているからである。しかしイギリスでもアメリカでも、彼が一九三四年に提案した計画は、今では部分的には歴史的意味におけるレッセ・フェールのプログラムだということになるであろう。つまり、集団主義者がいなかったからではなく、まさに集団主義者の仕業によってできてしまった競争の特殊な制限を取り除くためのプログラムである。そうはいっても、レッセ・フェールと混同され、言うにこと欠いた集団主義者が物笑いの種にするところの全く制約のない競争などという想像上の条件とは、サイモンズの提案はもちろん何の関係もない。学校に行っている子なら誰でも知っているように、実効的競争が存在するとすれば、それはそれを促進する法体系によってはじめて保障されるのであり、独占が出現してしまうのは法体系がそれを阻止しなかったからにほかならない。無規制の競争などというものは幻想であると知ること、競争を規制するということは競争による統御という操作を損なうこととは違うのだと知ること、そしてこの二つの行いの違いを知ること、これらのことは自由の政治経済学の初歩である。

かくして、自由主義者は集団主義的政策へと向かう一般的潮流が邪魔物であると知る。しかし生き残りを賭けた戦争に従事する自由主義社会において登場した不可避的な（そして極度に不経済な）集団主義は、それなりに成果もないではない必要悪として認められる。集団主義の信奉者は当然戦争をのがすべからざる好機とみる。社会を動員解除することなど彼のプログラムのなかにはない。一方、自由を信奉するものの、動員解除にはためらいをおぼえる人もいるが、そうした人に対しては、サイモンズの賢明な言葉がある。「戦争がしばしば行われれば、おそらく動員体制を継続している者のところに勝利がもたらされるであろう。……しかし、動員解除によって――つまり自由な社会への復帰によって――活力にあふれる創造力が解き放たれるとすれば、この動員解除によって生ずるリスクを充分補えるだけの強さを国民は得ることができるだろう。」戦争で自分の選んだ職業から離れていた人たちはみな、戦争中閉じ込められていたエネルギーを今にも爆発させようと戻ってきた。このように個人について言えることは経済についても言えるだろう。動員解除によって、再び活力を取り戻し更に実効的になった競争経済が飛躍する機会（この機会は戦時中の集団主義者によって我々から奪われていた）が与えられたが、これによって我々は将来の戦争によりよく耐えられるようになっているはずである。動員と動員解除とが交互に刺激を与えることによって、自由主義の伝統を持つ社会は、収穫することさえできれば、潜在的な利益を得ているのである。一般市民が平和の合間には一般市民でいられる（かつ産業予備軍のなかでぶらぶらしているのでもない）からこそ、彼は戦時にはよく闘う（彼は闘う目的を持っているから）。それと同様に、平和の時にのびのびと背伸びをし手足の屈伸をさせてもらえた経済は、いざ戦争に動員されても、恒常的に動員されつづけている経済よりもすぐれた体力を持っていることが明らかになるだろう。

政策の主要原理は単純であり、我々は既にそれを知っている。第一は、私的独占はいかなる形態のものでも抑制さるべきことである。このことの意味は、実効的競争が不可能であることが証明されないところでは必ず実効的競争が（産業と取引の世界を形づくっている法律を改革することによって）確立され維持されるべきであるということである。つまり集団主義者のいんちきな「社会化」〔私的所有を廃絶するという意味での socialization〕ではなく、真の意味での企業の「社会化」〔社会的規範を遵守する望ましい人格を陶冶するという意味での socialization〕である。破壊さるべき独占ないし独占的慣行は労働の独占である。取引の制限は重大な犯罪として取り扱われるべきだ。企業について言えば、株式会社の不合理な権力は減殺されるべきである。サイモンズも言っている。「株式会社に他社の株式を保有することを認める余地は、一部の特殊な企業を除いては、まったく存在しないし、どんな所有名義にもとづくものであれ億単位の規模の株式会社を認める合理的な理由も（公共事業の場合以外は）存在しない。さかんに喧伝されている巨大な金融的結合体の経済性というのがたとえ真実であったとしても、健全な政策はこのような経済性を賢明にも更に経済的な自由と平等を保持するために犠牲にすることであろう。」株式会社は、所有と統制力を組織して統一的経営の下での大規模生産の真の経済性を獲得するのに充分な規模の会社をあやつるための、社会的に有用な仕組みである。しかしこの仕組みが自由の障害として作用する余地を認めてきたような会社法は、改革に久しく遅れているものといわなければならない。労働の分野について言えば、既存のあるいは将来生じそうな独占ないし独占的慣行を減殺するという問題は、より困難である。おそらく望みうる最善は、労働独占体が法律の支持・助長を失うことによって、その権力が拡大しなくなり、減退しさえする、というところであろう。そして、我々が他のより容易な諸問題を賢明な仕方で処理してゆけば、その分野での前進に助けられて労働問題も扱いやすいものになっていくことが期待できよう。

第二に、競争が統御の装置としてうまく機能しえない事業は公共による施行に移されなければならない。そこでこの政策と集団主義的政策との違いが考察されなければならない。まず第一に重点の置きどころが違っている。集団主義者は、究極においてその「国有化」が克服しがたい技術的困難を示さない事業はどれでも引き継ごうとするが、自由主義者は、なんらかの独占が不可避であるときに限って、政府による統制をうける独占を創出しようとする。集団主義者が独占を好むのは、それが政治的統制の拡張の好機となるからであるが、自由主義者は破壊できる独占はすべて解体しようとする。このような重点の置き方の根拠は明らかである。自由主義者にとっては独占というものはすべて高くつくものであり、隷従を生みやすい。法が別に不適正に大きな規模の企業ができるように促進しているわけではないときでさえ（人口が増え、生産技術が変革されたため）企業が巨大化する傾向を示しているような社会を、集団主義者は歓迎するし、そこに好機を見出すのに対し、自由主義者はこの傾向に自由への脅威を見出し、適切な立法改革によってこれを防がなくてはならない（また防ぐことができる）と考える。そしてかかる重点の置きどころの違いから他のすべての違いが生ずるのである。その違いとは、独占がなんら存在しないところでは（例えば教育において）独占をあえてつくりたがらない傾向、政府が独占を引き継いだときもこれがなるべく政府権力の増大をきたさないようにこの独占を減殺し単純化しようとする性向、この独占体のなかでサンディカリズムの潮流が登場しないような強力な法的措置を採ること、そしてこれらすべての提案の政府権力への効果はその「社会」への効果と同じくらい重要であるという認識、などである。まとめて言えば、自由の政治経済学は、考慮されている事柄が経済学ではなく（つまり富の極大化でも、生産性や生活水準でもなく）、政治学、即ち生活様式の配慮、であるということを明確に承認することに立脚している。また自由の政治経済学は、かかる制度がそれなりに費用のかかるものであり、我々の生産能力に課せられた負担であるということ、そしてこの負担は、その価格が我々が自由であると認めるように教わってきたものから取られる減少額でない限り、支払う値打ちのあるものだということ、これらのことを承認することに立脚しているのである。

この経済政策の第三の目的は、確固とした既知のルールを適用することによって（その日その日の行政的策略によってではなく）維持される通貨の安定である。これが自由の政治経済学の一要素であることは論ずるまでもない。インフレーションは隷従の母である。

政治学は、永久に金城鉄壁の社会を設立する科学ではない。それは、既に存在している伝統的な種類の社会が次にどこに進むべきかを探究しているとき、これを知るための技術なのである。我々の社会のような社会、つまり、政府というものを強制の防止として、過度に強大な者をチェックする権力として、多数の権力に対する少数者の保護者として見る理解が、まだ失われたことのない社会では、今の世代に課せられている課題は、さかんに喧伝されている

「社会の再構成（reconstruction）」などではなく、無制限の生産第一主義の社会において人口が膨大に増大しつつあることによっておしつけられはじめている新しい専制を予防することであり、その場合に病気よりも治った後の方が悪いということにならないような方法を採ることである。

一九四九年

（名和田是彦訳）

（1） *Economic Policy for a Free Society*. University of Chicago Press and Cambridge University Press, 1948, 21p. net.

（2） F. H. Knight, *Ethics of Competition* (1935), and *Freedom and Reform* (1947).

バベルの塔（訳注）

1

天への近道を見出そうという試みは人類と同じくらい昔からあるものである。その例は数多くの民族の神話の中に見られる。そしてそれは常に、不敬ではあるが卑しむべきではない企てとして認められている。おそらくティタン神族の物語はこの壮大な愚行（**folie de grandeur**）を描く神話の中でも最も複雑なものである。しかしバベルの塔の物語は最も深遠なものである。ティタンの神々が、不成功に終わった最初の攻撃のあとで、自分たちの計画は野心的すぎた、おそらくあまりにも大きなことをあまりにも急いでしようとしたのだ、とその中の一人が言うのを聞いて計画を諦めるところを我々は想像できる。しかし天まで届きそうになったバベルの塔の建設者たちには、そのような会議はできなかった。彼らの企ては、話すことはしても同じ言葉を話さない人々のおしゃべりの中に彼らを巻き込んでしまったのである。あらゆる深遠な神話と同様、この神話も民族の幼年期に限らない魅惑を持つ企てを描いている。

その魅惑は人間の生の環境が絶えず触発し、いかなる失敗もその吸引力を奪うことのできないものである。この神話はまたそのような企ての帰結を述べてもいる。私はそれを次のように解釈する。

まっすぐに完全性を求めることは、人間の生において不敬であるとともに避けることのできない活動である。それは不敬への罰（神々の怒りと社会的孤立）をもたらし、その褒賞は完成ではなくして、その試みを行ったということ自体である。従ってそれは個人がするに適した活動ではあるが、社会には適していない。衝動に駆られてそれに従事する者にとっては、褒賞は罰をも不可避の敗北をもしのぐものかもしれない。後悔した者は、物わかりがよく寛大な社会の腕の中に、傷ついた英雄として戻っていくことを希望する、あるいは期待することさえもできよう。そして後悔しない者さえも、プロメテウス同様そのために苦しまなければならないとはいえ、自らの衝動の力強い必然性に甘んじることができる。ところが社会にとっては、その罰は衝突する諸理想の混乱、共同の生の解体であり、褒賞は記念碑的愚行に付随する名声である。人類が完成するほど人間は堕落する。（A mesure que l'humanité se perfectionne l'homme se dégrade.）あるいはこの神話をもっと気軽に解釈すればこういうことになろう。人間の生は賭けである。しかし個人は自らの傾向に従って（本命か穴馬に）賭けることが許されねばならないが、社会は常に全出走馬に賭けねばならない。このことを我々自身の文明に当てはめてみよう。

我々が取り扱う活動は道徳的活動と呼ばれるものである。すなわち良くも悪くもなりうる活動である。道徳的な生は、自然ではなく技術によって決定された人間の感情と振舞いである。それは選択肢の存在する活動である。この選択肢は意識されている必要はない。道徳的行動は必ずしも特定の行為の反省的選択を含んでいない。またそれは個々の場合に人がある仕方で行動する性向を持っていてはならぬとは要求しないし、まして事前の決定をしていてはならぬとは要求しない。人の感情や行動がその性格からわき出てくるように見られるからといって、それが道徳的でなくなるわけではない。道徳的行動に不可欠の自由は、あらゆる人々を同じように行動させる自然的必然性からの自由である。もっともこれだけではさして多くのことを教えてはいない。それは道徳的な振舞いを、身につけた技術（ただしこの技術は自意識をもって身につけたとは限らないが）の行使として確定はするが、料理や大工のような他の種類の技術からは区別しない。だがそれは私の目的にとっては十分に多くのことを語っている。私の目的とは、道徳的な生の形態、それも特に今日の西洋文明の道徳的な生の形態を考察することである。

言うまでもなく、道徳的生のいかなる現われにおいても形と内容とを分けることはできない。しかしながら、いずれも他方を決定するとは言えない。そして形を考慮する際、我々はいかなる特定の内容とも、またいかなる特定の倫理学理論とも、原理上無関係な抽象を考えることにする。「いかなる種類の人間の企てが正しいとか間違っているとか言われるべきか?」という実践的な問題や、「道徳的規準の究極の性質は何か?」という哲学的な問題は、両方とも我々が考慮しようとすることの外にある。我々が関心を持つのは道徳的生の形態だけである。そして我々の関心は実践的というよりは哲学的かつ歴史的なものに違いない。なぜなら社会も個人も、普通は道徳的生の形態をはっきりと選ぶチャンスを与えられないからである。

我々の社会の道徳的生がとっている形態は単純でもないし均質でもない。実際我々の道徳の形態は二つの理念的な極の混合物であるように思われる。その混合物の性格は、いずれの極が他方に優越しているかで決まる。私はこの二つの極が理念的なものでしかありえないと確信しているわけではない。その両方ではないにせよ片方が道徳的生の現実の形態として存在しうるということもあるかもしれない。だがそれが疑わしいとしても、ともかく両者はいずれも他方からの制約をほとんど受けることなく存在しうる。だからそれらをまず道徳のありうべき形態として見ることは許される。個別的にであれ連結してであれ西洋の道徳的生の形態を形作っている、その二つの形態を考察してみよう。

2

その第一の形式においては、道徳的生は感情と振舞いの習慣である。反省的思考の習慣ではなく、感情と行動の習慣である。我々が日常生活の状況の流れに応ずるのは、意識的に自らを振舞いのルールに適応させることや、道徳的理想の表現として認められる行動によってではなく、ある振舞いの習慣に従って行動することによってである。この形態における道徳的生は、ありうべき振舞い方の意識と、それらの中から意見あるいはルールあるいは理念によって決定される選択とから発生するのではない。行動はほとんど全く反省をまじえない。従って、生の状況の流れの大部分は、判断を要する機会あるいは解決を要する問題としては現われない。そこには選択肢の比較考量も帰結についての反省も不確定性も良心の争いもない。その際には、我々が育った行動の伝統に無反省的に従うこと以外には何もない。またそのような道徳的習慣は遂行に現われるのと同じくらいしばしば、行わないことやある行動をしないよう命ずる趣味の中に現われる。むろん理解してもらわなければならないが、私はここで、道徳感覚や道徳的直観の存在を仮定するような道徳的生の形態を述べているわけでも、良心に権威を与える道徳理論を前提する道徳的生の形態を述べているわけでもない。実際道徳的生のこの形態の中には、権威の源に関する特定の説は何ら含まれていない。また私が記述しているのは、反省的思考に慣れていない社会の道徳である、単なる未開の道徳の形態でもない。私が記述しているのは、熟慮のための時間や機会のないいかなる緊急事態においても道徳的行為がとる形（なぜなら他の形を取りようがないのだから）である。そして私は、緊急事態において真であることは人間の行為が自然の課する必然性から自由である場合の大部分においても真である、と考えているのである。

道徳的生のあらゆる形態（なぜならそれは技芸によって決定された感性と振舞いなのだから）は教育に依存してい

る。そしてそれぞれの形態の性格は、それを育成し保持するために要求される教育の種類の中に反映している。どのような種類の教育からこの第一の形態の道徳的生が発生するのだろうか?

我々が行動の習慣を身につけるのは、暗記したルールや教訓によって行き方を構築し、しかる後に実行することによってではなく、習慣的にある仕方で振舞っている人々と共に生きることによってである。我々は外国語を身につけるようにして行動の習慣を身につける。幼児の生の中には、習慣的に語られるのを聞いている言語を学び始めたと言えるような時点はない。疑いもなくいずれの場合も、学んだこと(あるいはその一部)はルールや教訓の形に定式化できる。しかしいずれの場合でも、この種の教育では、我々はルールや教訓を学ぶことによって学ぶのではない。我我がここで学ぶことは、そのルールの定式化なしに学習しうるものである。また我々はルールに気づくことなしに言語や振舞いを自分のものにできるだけではない。我々がルールの知識を獲得したならば、それらをルールとしては忘れて、もはや発言や行為をある状況へのルールの適用に帰着させる気にならなくなるまでは、言語や振舞いをそのようにして使いこなすことはできないのである。さらに我々が感情と振舞いを身につける教育は、意識的な生と時間を同じくするだけではない。それは実習においても観察においても、我々の目覚めているあらゆる瞬間に絶え間なく——そしておそらくは夢の中でさえも——行われているのである。模倣として始まったものは、慣習的振舞いの豊かな多様性への選択的順応として継続する。この種の教育は義務ではない。それは不可避のものなのである。そして最後に(もし教育一般が自然の世界や文明化された世界の中で自らを暮らしやすくすることであるのならば)、これは教育の分離しうる部分ではない。数学を学ぶための一時間をはずして、教理問答にもう一時間をあてることはできるが、この種の道徳教育の一因となることなしにはいかなる活動にも従事できないのである。またこの種の道徳教育を、その勉強のために取りのけておいた時間で受けることは不可能である。むろんこの種の教育で学べないことはたくさんある。ゲームをするのをこのようにして学ぶことはできるだろうし、ルールを破らずにゲームをするのも学べるだろう。しかしルール自体については、それらを自分で定式化するか、人に定式化してもらうかしなければ、その知識を獲得できない。そしてさらにルールの知識がなければ、我々は自分がそれに従っているのかどうかを決してはっきりとは知ることができないし、なぜレフリーがホイッスルを鳴らしたのかも説明できない。あるいはたとえを変えて言えば、この種の教育からは韻律に合わない詩を一行たりとも書かない能力は生じても、それは韻律を調べる能力や、さまざまの韻律の名前の知識は与えないのである。

そうすると感情や振舞いを身につける道徳教育の種類を理解するのは難しいことではない。それは適切に、かつ躊躇や疑いや困難なしに行動する能力を与えるが、抽象的な用語で行為を説明したり、行為を道徳原理の発現として弁護したりする能力は与えない種類の教育である。さらにこの教育は次のような場合には目的達成に失敗したと考えられなければならない。それはすなわち、熟慮を必要とすることなくあらゆる状況に対応するには不十分な範囲の振舞いしか供給しない場合や、躊躇を除去するのに十分なほどには振舞いの習慣を強力にしない場合である。しかしそれが道徳的ルールや道徳的理想について我々を無知のままに残すからといって、それだけの理由で失敗したと考えてはならない。そしてこの種の道徳的教育が教えることのできるものを人が最も完全に身につけたと言えるのは、彼の道徳的性向がその自負心（amour-propre）と分かちがたく結びつき、その行動の源が、理想への執着やルールに従う義務の感覚ではなく、彼の自尊心であって、誤って行動することがその自尊心を減ずるものとして感じられるときである。

さて、個人の観点からも社会の観点からも、これが道徳的な生を著しく安定させる道徳の形態であることは見て取れるだろう。それが要求する種類の振舞いにおける大きな変化や突然の変化を黙認することは、その性質に反するのである。この形態の道徳的生の部分は崩壊するかもしれない。だがそれを形成している行動の習慣は決して一つの体系としては認識されていないから、その崩壊はただちに全体には及ばない。そして振舞いの様式自体と区別され、知覚された硬直した枠組み（たとえば、抽象的な道徳的諸理想の枠組み）が存在しないので、それは道徳的諸理想の体系の中の何らかの欠陥や不整合の発見から生ずるような種類の崩壊を免れている。道徳的な理念や意見に関する知的な誤りは、行動の習慣にしっかりと基礎をおいた道徳的生を危険にさらすことはない。要するに、この形態の道徳的生が安定しているのは、それが柔軟であって、変化を受けても崩壊することがないからである。第一に、そこには絶対的に固定したものは何一つない。言語の場合、単純に文法的でない構文というものはあるが、あらゆる重要な表現の範囲では、著者は言語を作り変えることができるし、しかもその才能を失わない限り間違えることはない。この形態の道徳的生の場合もそれと全く同様に、我々の教育が徹底していればいるほど、我々の好みは確かなものになり、伝統の中の我々の振舞いの範囲は広くなる。慣習は常に状況のニュアンスに対応し、それを受け入れている。これは逆説的な断定のように思われるかもしれない。習慣は盲目だと我々は教えられてきた。しかしそれは油断のならない誤った見解である。習慣は盲目ではない。それは単に「こうもりのように盲目」なのである。そして誰にせよ習慣的な振舞いの伝統を（あるいは他の種類のいかなる伝統でも）研究したことのある人ならば、硬直性と不安定性はその性質とは無縁であることを知っている。そして第二に、この形態の道徳的生は部分的なヴァリエーションのみならず変化をも受け入れることができる。実際、いかなる伝統的な振舞い方も、いかなる伝統的な技芸も、固定したままでとどまってはいられない。その歴史は絶え間ない変化の歴史である。確かにそれが許す変化は大きくもなければ突然でもない。だがその一方、革命的な変化はたいてい、変化に対する嫌悪の念が最後になって覆った結果であり、内部にほとんど変化の手段を持たないものの特徴なのである。そして伝統的な振舞いの道徳の中に変化がないように見えるのは幻想にすぎない。この幻想を生んだのは、有意義な変化は自己を意識した活動によって引き起こされたか、あるいは少なくともその時に意識されるものに限る、という誤った信念である。この形態の道徳的生に属するような変化は、生きた言語が受ける変化に似ている。我々の話し方ほど不断で慣習的なものはなく、またこれほど絶え間なく変化を蒙っているものもない。自由市場における価格と同様、道徳的行動の習慣は決して静止しないので、革命的な変化を示さない。しかし次のことにも注意しなければならない。すなわち、道徳的生のこの形態の特徴である内面的運動は道徳原理についての熟慮から生ずるのではなく、道徳的行動の伝統の精神の無意識的活用を表わしているにすぎないから、それは道徳的自己批判には達しないのである。だから従って、この種の道徳的生は、もし迷信へと堕落したり、あるいは危機が訪れたりすると、ほとんど回復力を持たない。防御法は、危機を生み出す諸条件への抵抗以外にない。

おそらくもう一つの点に注意しておくべきだろう。それは社会の道徳的生の一つとして考察された道徳的生のこの形態の中での道徳的変人の場所と性格である。道徳的変人はむろんこの形態の道徳から排除されてはいない。(道徳的感性の欠如、道徳的性格の空虚さは、慣習の方が圧倒している道徳の持ち主にしばしば内在しているかのように見え、不適切にも彼らの道徳の慣習的な形態のせいにされるが、その原因は別のところにある。)我々は時として、慣習的道徳からの逸脱は定式化された道徳的理想の指導の下に起きるに違いないと考える。だがそうではない。いかなる伝統的生の中心にも自由と創意があり、逸脱は伝統自身への敏感さから生ずるその自由の表現であり、それはその伝統の形に忠実であるかもしれない。一般的に言って、道徳的習慣からの逸脱を鼓舞するものが完全性を求めていることは疑いない。しかしそれは必ずしも意識して完全を求めているわけではない。それは本質上反逆的ではない。そしてそれは、特に高度な手の技術を持った人が幸運にも現れたために造形美術の中に導入された改革や、偉大な文章家が言語の中でなしとげた変化になぞらえることができよう。逸脱はいかなる個々の例においても変人を誤った方向へ導くかもしれないし、逸脱を模倣することが有益だというわけでもないが、道徳的奇行は、それが個人の活動にとどまり共同体の生を破壊することが許されない限り、振舞いの習慣(それがいかなる方向に向かうにせよ)の道徳を持つ社会にとって価値あるものである。すると習慣的な振舞い方の道徳においては、道徳的奇人の影響は強力かもしれないが必ず間接的なもので、彼に対する社会の態度は両義的なものたらざるをえない。彼は感嘆されるが模倣されず、崇められるが従われず、歓迎されるが追放されるのである。

3

我々が考察しようとする道徳的生の第二の形態は、多くの点で第一のものの正反対と見なすことができよう。そこでは活動は、振舞いの習慣ではなく、道徳的基準の反省的適用によって決定される。その現われ方には二つのありふれた種類のものがある。すなわち、道徳的理想の自覚的追求と、道徳的ルールの反省的順守である。しかし重要なのは、この二つの種類が共有しているものである。なぜならそれらを道徳の第一の形態から分かつものはそれであって、両者の種類を区別するものではないからである。

これは自己意識——個人のものにせよ社会のものにせよ——に特別の価値が与えられる道徳的生の形態である。ルールや理想が反省的思考の産物であるというだけでなく、状況へのルールや理想の適用もまた反省的活動なのである。通常ルールや理想が最初に抽象的に決定される。つまり、この形態において振舞いの技術を作りだす際の最初の仕事は、道徳的目標を言葉で——生のルールか抽象的理想の体系で——表現することなのである。言葉による表現というこの仕事は、「すべてを疑うべし(de omnibus dubitandum)」という教訓から始まらなければならぬわけではない。しかしその目標は望ましい行動の諸目的を定めることだけではなく、それらを明瞭に、曖昧さなしに定め、それら相互の関係を明らかにすることでもある。第二に、この形態の道徳的生を生きる者は、これらの定式化された目標を批判に対して弁護する能力が自分にあると確信できなければならない。というのは、それらは白日の下にさらされるとそれ以後攻撃を受けやすくなるだろうからである。彼の第三の仕事はそれらの目標を振舞いへと翻訳すること、つまりその時その時の生の状況が生ずるたびにそれらを適用することだろう。するとこの形態の道徳的生においては、行為は適用すべきルールや目的についての判断とそれを適用する決定とから生ずることになろう。理念上、生の諸状況は解決されるべき問題として現われるはずである。というのは、それらがその要求している注意を受けるのは、この形態においてのみだからである。そしてそこには行為の緊急性への抵抗があろう。行動するよりも、正しい道徳的理想を持つ方が大切なように思われよう。状況へのルールや理想の適用は決して容易ではありえない。理想も状況も常に解釈を必要とするだろう。しかも生のルールは(出現を許される状況の種類を思い切って削減して生を単純化しない限り)、手の込んだ決疑論か解釈学によって補充されなければ常に不十分なものにとどまるだろう。確かに道徳的理想と道徳的ルールは、振舞い方についての習慣的あるいは伝統的な考え方という性質を帯びるほどに親しいものになるかもしれない。また我々は諸理想に長い間親しんだおかげで、それらを一層具体的に、たやすく適用できるような特定の権利と義務の体系の形で表現することができるようになるかもしれない。そしてまた、道徳的理想はあるタイプの人間性——たとえば紳士といった性格——に表現を見出し、行動はその理想的性格が想像力豊かに状況に対応したものになるかもしれない。しかしこれらの但し書きも我々を途中までしか連れていかない。それらはルールや理想自体についてのその場ごとの熟慮の必要性を取り除くが、それでも我々には状況を解釈するという問題と、理想や権利や義務を振舞いに翻訳するという仕事が残されている。というのは、その権利や義務とは常にあるルールを守るかある目的を実現するためのものであって、一定の具体的な仕方で振舞うためのものではないからである。実際、道徳的生のこの形態では伝統が我々を最後まで連れていくということは望まれていない。その形態に独特の美徳は、絶え間ない矯正的な分析と批判に振舞いを従わせることなのである。

この形態の道徳的生は、もう一つの形態と同様、教育に依存している。だがその教育の種類はそれに見合った異なったものである。道徳的諸理想や生のルールの必要な知識を獲得するためには、我々は振舞い自体の観察や実行以外の何ものかを必要とする。我々が第一に必要とするものは、諸理想それ自体の発見と認識における知的な訓練である。この訓練では、諸理想はそれらが個々の行為において取る、不完全たらざるをえない形態から区別され分離される。我々は第二に、これらの理想の知的維持という技術について訓練を必要とする。そして第三に、我々はこれらの理想の具体的状況への応用、すなわち翻訳の技術と我々の教育が教え込んだ目的を達成するための適切な手段を選ぶ技術について、訓練を必要とする。このような教育は社会の中で強制されることもあろう。しかしそうだとしても、それは単にそれが不可避でないからにすぎない。スピノザが言うように(1)、完璧に訓練された道徳的判断の代替物は、生のルールを覚え込み暗黙のうちにそれに従うことであるというのは本当である。しかし生徒の中にはそこまでしか行かない者が何人かいるだろうが、それをこの道徳的教育の目標と考えることはできない。もしこの教育がその目標を達成するならば、それは我々を道徳のテクニックの獲得よりも先のところまで連れて行かねばならない。そしてもし自覚的な選択によって振舞いを決定する能力と、なされた選択の理念的根拠を理解する力とを与えなかったら、それは目的達成に失敗したと考えられなければならない。幾分か哲学者であるとともに幾分か自己分析家でもない者は、この形態の道徳的生を完全に共有することはできない。それが目指すところは、共同体がつちかった各個人の反省的能力から生ずる道徳的振舞いである。

　さて、すべての参加者が各時点で自分が何をなぜしているのかを正確に知っているような道徳的生は、迷信に堕落しないようにしっかりと保護されていなければならないし、それに加えて、それを実践する人々に著しい自信を与えなければならない。しかしながら個人の観点からも社会の観点からも、それは固有の危険を持っている。それが持っている自信は主として道徳的諸理想それ自体と道徳的ルールに関するものである。理想とルールについての教育は、この道徳教育の中でも最も成功する部分であると期待しなければならない。理想を応用する技術の方は、教えるのも習うのももっと難しい。そして道徳的諸理想に関していかに考えるかについての安定性に伴うと予測しなければならないものは、それと比例した、いかに行動するかについての不安定性である。始終振舞いを分析していることは、道徳的習慣の中の偏見だけでなく、道徳的習慣それ自体も掘りくずしてしまいがちであり、道徳的反省は道徳的感受性を抑圧するようになるかもしれない。

さらに、自己を意識して道徳的理想を追求するという形をとる道徳は、それを実践する人々があらゆる時点において完璧さのヴィジョンに照らして自らの振舞いを決定するように要求する道徳である。行為の手引きが道徳的ルールである場合、事情は少々異なる。というのはルールはそれだけで自足したものとしては表象されておらず、それが個個の機会に要求する振舞いと状況への全面的な道徳的反応との間の仲介物、クッションとなるからである。だが行動の手引きが道徳的理想であるときは、我々は決して自足性を免れるわけにはいかない。恒常的に——実際あらゆる機会に——社会は一直線に美徳を求めるように要求される。この形態における道徳的生は遠大な道徳的ヴィジョンを要求し、それを持つ人々の間に激しい道徳的競争を助長し、そして道徳上の変人は、社会の安定性と引き換えに苦しむ者ではなく指導者や道案内として認められる、と言うことさえできよう。そして何を考えるべきかをいつも確信している(とはいえその内容が長い間変わらないことは決してないだろうが)不幸な社会は、あらゆる呼び声に耳を貸し、行為においては、狂った動物のようにおじけづいては突進することになる。

また、理想からなる道徳には自己変容の能力がほとんどない。それが安定しているのも、可塑性を欠き変化を受けつけないからである。無論それは解釈に応ずるだろう。だがその反応の限度は窮屈なものである。それが変化に抵抗する能力は大きいが、その抵抗が乗り越えられると、そこに起きることは変化ではなく革命——廃棄と交替——である。加えて、あらゆる道徳的理想は強迫観念になりうる。道徳的諸理想の追求は、個々の対象が「神々」として認められる偶像崇拝である。この可能性は、一層深い反省やそれぞれの道徳的理想に位置と釣り合いとを与える体系全体の知的把握によって食い止められるかもしれない。だがそのような把握に至ることは稀である。一つの理想の行き過ぎた追求が他の理想――おそらくはすべての他の理想――の排除につながることは多きに耐えない。我々は正義を実現しようと熱心になるあまりに思いやりを忘れるし、廉潔への情熱は多くの人々をかたくなで無慈悲にもしたのである。実際、幻滅に至らないような理想の追求は存在しない。この道を辿る人すべてにとって、最後には憂鬱(chagrin)が待っている。いかなる賞賛すべき理想にも反対物があり、こちらも同様に賞賛に値する。自由か秩序か、正義か思いやりか、自発性か慎重さか、原理か状況か、自己か他者か――これらは道徳的生のこの形態がいつも我々に直面させるディレンマであって、それは完全に望ましいというわけではない両極端にいつも我々の注意を引きつけることによって、我々に物を二重に見させるのである。この道徳的生の形態は、その参加者に対して、道徳的理想を適切な形の行動に翻訳するという任務のみならず、道徳的振舞いが可能になるに先立って諸理想の言葉の上の衝突を片づけるという、気も狂わんばかりに頭を使う重荷をも科するものである。むろん気持ちのよい性格の持ち主ならば誰でも、これらの衝突する理想を和解させている(つまり、このときそれらはもはや理想としては現われないのである)。しかしそれだけでは十分でない。言葉と理論の上での和解が必要なのである。要するに、これは個人においては危険であり、社会においては破壊的な道徳的生の形態である。個人にとっては、それは賭けであり、その賭けに自分では手を出していない社会の限界の中で行うなら報いがあるかもしれない。だが社会にとっては、それは愚行にすぎない。

4

道徳的生の二つの形態と思われるものについての、以上の短い性格づけは、両者の相違点を――あるいはその対立すらも――確立したかもしれないが、それらがそれぞれ独立して存在できるかについては、我々を一層懐疑的にしただろう。いずれもそれだけを取り上げると、個人においても社会においても道徳的生の適切な形態としては説得力がない。一方は習慣ばかりであり、他方は反省ばかりである。そして我々がよく調べてみれば調べてみるほど、それらは道徳的生の形態では全然なくて理念的な極であるということを確信するようになる。そしてそれらが組み合わさるといかなる種類の形態の道徳的生を提出するかを考えるようになると、我々は具体的可能性、それどころか歴史的現実に一層近づきつつあるという、幻想とは言えない確信を持つこともできよう。

この両極の第一のものが圧倒的である混合物においては、道徳的生は、振舞いと理想の追求との間の混乱から免れていると期待できよう。行為はその根源性を保ち、そして要求されればいつでも振舞いの習慣からわき上がる。行為それ自体は、理念的思索の躊躇によって抑制されたり、あるいは哲学の才能と哲学的教育の成果とをその状況に発揮させなければならないという自覚によって抑制されたりして、問題あるものになることは決してないだろう。行為への確信は、よくしつけられた、慣習による道徳的生に属するもので、ゆらぐことがないだろう。そして道徳的生の一貫性は、諸価値の反省的関係が生に与えうるような抽象的単一性からは生まれないだろう。だがそれに加えて、道徳的生のこの混合形態は、反省的道徳から生ずる利益——批判し、自らを改造し説明する能力、社会慣習の範囲を越えて広まっていく能力——も享受すると考えられよう。それは自らの道徳的規準や目的についての適切な知的自信も持つだろう。しかもそれは、道徳的批判が道徳的振舞いの習慣の位置を奪ってしまうとか、道徳的思索が道徳的生を解体してしまうとかいった危険を伴わずに、以上のものすべてを享受するだろう。道徳的習慣の教育は道徳的イデオロギーの教育によって補われるが、それによって弱められることはないだろう。そして道徳的生のこの形態をとっている社会においては、習慣もイデオロギーもその社会のすべてのメンバーの共有物かもしれないし、あるいは多数の人人の道徳は振舞いの道徳にとどまっている一方、道徳的思索は事実上少数者に限定されているかもしれない。しかしともかくこの形態の道徳の運動の内的資源はその要素のいずれからも供給されるだろう。すなわち、伝統的道徳に属する、個人的奇行の可能性に加えて、理想からなる道徳のもっとはっきりと追求される完全主義に根を下ろした、意識的に反逆する奇行があろう。要するに、道徳的生のこの形態が社会に提供するであろう利益は、神学（ただし必ずしも民衆的な神学ではない）を受け入れながらも、生き方としての性格を失わない宗教の利益に似ている。

その一方、我々の両極の第二の方が圧倒している混合の形態をとる道徳は、私の考えるところでは、それを構成する部分の間の永遠の緊張関係に苦しむだろう。自覚的な理想追求の道徳が主導権を握り、振舞いの習慣を解体することになろう。行為が要求されるとき、思索か批判がそれに取って代わるだろう。完璧を求めることは、安定していて柔軟な道徳的伝統の邪魔になるだろう。その伝統のナイーヴな一貫性よりも、自覚的な分析と総合とから生ずる統一の方が高く買われるだろう。道徳的振舞いの迅速な習慣よりも、知的に弁護しうる道徳的イデオロギーを持つ方が重要と思われるだろう。そして他の社会にたやすく移転できず、一見したところ普遍性を欠く道徳は、（その理由によって）その起源となった社会の必要を十分満たさないと推定されるようになるだろう。社会はその道徳的教師を自認する人々に仕え、彼らが勧める極端を追求し、彼らが沈黙すると途方に暮れてしまうだろう。目覚ましくも人々を鼓舞する外来の説教者——とはいえ彼は我々の生き方にとっては異邦人なのだが——は、教区の父である司祭に取って代わるだろう。衝突し合う諸理想の軍勢の襲撃を常にあるいは周期的に蒙っているか、さもなければ（それらが当面過ぎ去ったとき）検閲官と視察官の手におちる道徳的生においては、道徳的振舞いの習慣を涵養する機会はほとんどない。それはちょうど、農夫が学問的批評家や政治的指令者によって混乱させられ当惑させられるとき、土地を耕作する機会がないのと同じである。実際そのような混合物（そこでは振舞いの習慣が諸理想の追求に従属する）においては、構成要素のおのおののがその性格とは異質の役割を果たさざるをえない。それは批評が詩の地位を奪った文学や、神学の追求が敬神の習慣とは相いれない選択肢として現われる宗教において起こるようなことである。

しかしながらこれらは、道徳的生の中の両極のこの混合物における、深刻とはいえ付随的な不完全性にすぎないと考えられなければならない。この形態の根本的な欠陥は、その優越している方の極の根本的な欠陥――あらゆる人間活動の詩的性格の否定――である。思考の散文的伝統のおかげで、我々は次のような想定に慣らされてきた。それはすなわち、道徳的活動は、分析してしまえば、存在すべき理念を現実の実践に翻訳すること、理想を具体的に存在させることであるとわかるだろう、という想定である。そして我々は他ならぬ詩をこれらの用語で考えるのにさえ慣らされてきた。まず「心の欲求」(理想)があり、そしてその表現として、言葉への翻訳があるというのである。しかしながら、私はこの見方は間違いだと思う。それは不適切にも、教訓という形式を芸術と道徳的活動一般に押しつけているのである。詩は心の状態を言葉に翻訳したものではない。詩人の言うことと言いたいことは二つのもので前者は後者のあとに従って後者を化体している、というわけではない。両者は同一のものである。詩人は言ってしまうまでは、自分が何を言いたいのかを知らない。そして彼は自分の最初の試みに「訂正」を加えるかもしれないが、それはすでに定式化された理念やすでに心の中で十分に形成されたイメージに一層ぴったりと言葉が対応するようにするための努力なのではなく、理念を定式化しイメージをつかむための努力の更新なのである。詩それ自体より先には何も存在しない――おそらく詩的情熱を別としては。そして詩について真であることは、思うに人間のあらゆる道徳的活動についても真である。第一に、道徳的諸理想は反省的思考の産物、現実化されざる理念の言語的表現であってそれが(正確さは様々だが)人の振舞いに翻訳される、というわけではない。それらは人の振舞い、人の実践活動の産物であって、反省的思考は後からそれらに部分的で抽象的な表現を与えるのである。よいことや正しいこと、あるいは合理的振舞いと考えられることは、状況に先立って存在するかもしれない。しかしそれは、生まれつきによってではなく技芸によって決定されるさまざまの振舞いの可能性の一般化された形態としてにすぎない。つまり、道徳的諸理想の追求の道徳が元手にしている道徳的諸理想の資本は、いつでも習慣的振舞いの道徳が蓄積してきたものであって、それが抽象的理念の形をとって現われるのも、単にそれが反省的思考によって（出資金にあてるために）理念という通貨に換金されたからにすぎないのである(2)。むろん事態をこのように見るからといって、人間的習慣の批判者としての力を道徳的理想から奪うわけではない。その見方は反省的思考をおとしめて、それがすることは振舞いの原理にこの道徳的表現を与えることだけだとするわけではない。反省が何の役割も果たさない道徳には、全く疑いもなく欠陥がある。だがその見方は、道徳的諸理想の追求の道徳、あるいはそれが圧倒している道徳は、一見したところとは違ってそれ自体の足で立つことのできないものだ、ということを示唆している。そのような道徳においては、迷信から救いだす能力を持つものに、人の振舞いを生み出すという任務が与えられる——実際にはそれはこの任務を果たせないのだが。そしてこの種の道徳が突然に見苦しい崩壊を迎えるであろうことはたやすく予想しうる。個人の生においてはこの崩壊は必ずしも命取りになるとは限らない。だが社会の生においてはそれは取り返しがつかないだろう。というのは、社会とは共通の生き方だからである。罹患したメンバーたちにとってさえ必ずしも命取りにならない病気によってその社会が滅びてしまうかもしれない、ということは真理である。しかしそればかりではなく、社会を腐敗させるものがそのメンバーを腐敗させないかもしれない、ということも真理なのである。

5

読者は今日のキリスト教世界の道徳的生の形態について私と同じくらい知っておられるからには、以上のことすべてがどこに導いていくのかをお話しする必要はなかろう。もし私の言ったことが的外れではないならば、我々の道徳の形態は、自覚的に道徳的理想を追求する道徳の方が優越している混合物である、ということにおそらく同意が得られるだろう。何世紀にもわたって、我々の文明の道徳的エネルギーは主として（とはいえ、むろん排他的にではなく）

バベルの塔の建設に向けられてきた。そして道徳的理想に目をくらませている世界の中にいる我々は、公私においていかに振舞うべきかをそれ以前よりも知らない。愚か者のように、我々の目は地の果てをさまよっている。アリアドネの糸を失った我々は、迷宮の設計図に信頼を託し、設計図の解釈者たちの言うことに注意を払ってきた。道徳的振舞いの習慣を欠く我々は、その代替物として道徳的意見に頼ってきた。しかし我々が皆知っているように、自分たちが行っていることについて反省するとき、我々はそれは間違っているという結論をあまりにもしばしば出してしまう。孤独な人は安心を得るために、数少ない友人の才能を誇張する。それと同じように、われわれは自らの道徳的理想の意義を誇張して、我々の道徳的生の空虚さを埋めようとする。それは我々が行動の影である理想とともに祝ったうそ寒い結婚式である。疑いもなく我々の道徳的不安（それは今や何世紀にもわたるものである）の一部は、我々が道徳的諸原理そのものについて持っている疑念から生じている。分析と批判の努力すべてをもってしても、それらの中からただ一つを疑いの余地なく確立することにはいまだ成功していない。だがこれは問題の根源ではない。実はこの形態の道徳は、理想がいかなるものであれ、不安と道徳的不安定性しか育てないのである。おそらくこのことに部分的に気づいたために、いくつかの社会はその道徳的諸理想に人工的な安定性を与えたのだろう。これらの理想のうちのいくつかが選ばれ、権威ある規範と化して、そして立法の指針に、あるいは逸脱の暴力的迫害の根拠にさえされる。道徳的イデオロギーが設立され管理される。なぜなら社会のために不可欠の道徳的安定性を得るためにはそれしか方法がないように見えるからである。だが本当はそれは何ら治療ではない。それは単に意識の腐敗——自覚的に道徳的理想を追求する道徳に内在する道徳的不安——をおおいかくすにすぎない。しかしながらそれは、有益な道徳的逸脱の敵にならざるをえない方の種類の社会は、その道徳的組織化が理想の追求から生ずる社会だ、という真理の例証に役立っている。というのはそのような社会の道徳的生は、さまざまの道徳的逸脱の中からでたらめに選び出したものよりもましではないのだから。

さて、私は我々の道徳は自覚的な道徳的理想の追求という形の中に完全に閉じ込められていると主張しているわけではない。それどころか私の見解は、これは道徳的見解における理念上の極であって、それ自体としてはそもそも道徳が取りうる形ではない、というものである。私が示唆していることは、我々の道徳的生の形態はこの形態に内在する内面的緊張に苦しむ、ということである。確かに我々は道徳的振舞いの習慣を持ってはいる。だが自覚的な理想追求のために、我々はあまりにもしばしばその享受を妨げられる。自己意識が創造的であることを要求され、習慣に批評家の役割が与えられる。従属すべきものが支配することになり、その支配は悪政となる。時として緊張が表面に現われる。そしてこれらの際に我々はどこかが間違っていることに気づく。自分の説教することを実行しない人は我々を大して悩ませない。我々は説教は道徳的理想の問題であって誰もそれらを完全には実行できないと知っている。それは単に理想と達成との間のささやかな緊張にすぎない。だが人が「社会正義」(あるいはそれどころか、他のいかなる理想でも)を説き、そして同時に、当たり前の品位ある振舞い(我々の道徳に属してはいるが、幸いにも決して理念化されていない習慣)を明らかに欠いていると、私の語っている緊張は姿を現わす。そして我々がいまだにそれを見て取る能力を持っているという事実は、我々が抽象的理想の道徳の手に完全には落ちていない証拠である。とはいえ私の考えるところでは、誰でもこの事柄を考察した人ならば、我々が大部分この道徳に支配されていることを否定する気にはならないだろう。それは我々の過ちではない。我々はこの点について、ほとんどあるいは全く選択の余地がなかったのである。しかしながらそれは我々の不運である。そして結論として、それがいかにして生まれてきたのかを簡単に考察することには意義があるかもしれない。

ヨーロッパの道徳の歴史というこの題材について、私は新しく言うべきことを何も持っていない。私にできるのは単に、すでによく知られていることに注意を向けるだけである。今日の西欧の道徳の形態は遠い過去から我々のもとにやってきたものである。それは紀元後の最初の四世紀の間に決定された。我々の歴史のこの重大な時代に、我々の知的・感覚的な物の見方の大部分が発生し始めた。この時代にまかれた何か新種の種子からヨーロッパの道徳が発生した、と示唆するのはむろんばかげている。もしその時に何か新しいことがあったとしたら、それはそれらの世代の手に委ねられていた種子の混合物だった。その混合物は、まかれ、耕作され、そしてもう一度まかれて、そして最後にその特徴的な果実が定着した。当時は道徳的変化の時代だった。そのギリシア＝ローマ世界では振舞いの古い習慣はすでに生命力を失っていた。よき隣人であり、忠実な友であり、敬虔な市民であり、自らの行動を決定する慣習への確信がいまだにゆるがない人々も、疑いもなく存在はした。しかし一般には、道徳的振舞いの習慣の動力は使い果たされたように思われる――おそらくこのことは、諸理想による批判からあまりにもしっかりと絶縁した道徳の形態の欠陥の一例なのだろう。その結果として、当時は熱心な道徳的自己意識の時代であり、道徳的改革者たちの時代だった。避けられないことだが、彼らは理想追求の道徳を説き、様々のドグマティックな道徳イデオロギーを教えた。時代の知的エネルギーは理想の決定に向けられ、道徳的エネルギーはその理想の実践への翻訳に向けられた(3)。道徳的自己意識それ自体が一つの美徳になり(4)、本物の道徳は「哲学の実践」と同視された(5)。そしてよき生を達成するために、人は人工的な道徳的訓練、道徳的体育術であるアスケーシス（ἄσκησις）に従うことが必要であると考えられた。学習と規律が「素質（nature）」に付け加えられた。むろんこの時代は、道徳的理想の単に知的な理解にしか達していない人と理想を行動に翻訳するという事業に成功している人とを区別することはできた。だが道徳的生はピロンの言うように、「読書によって、瞑想によって、そして高貴な理想を思い起こすことによって」しか達成できないはずだ、ということは共通の基盤だった。要するにこの時期のギリシア＝ローマ世界が提供しなければならなかったものは、道徳的理想の自己意識的追求が優越している道徳だった。

そして我々の道徳のインスピレーションのもう一つの大きな源泉である初期キリスト教から我々が相続したものも、それに性格が似ていた。実際それは、この点については古代世界全体の遺産としっかりと分離することのできる遺産ではない。最初期においては、キリスト教徒であるとは、信仰によって魂をふき込まれ希望によって支えられる共同体――ある人物への信仰と、来たるべき出来事への希望――のメンバーであることだった。これらの共同体の道徳は、その信仰と期待の性質にふさわしい振舞いの慣習だった。それはその場と時代には、定式化された道徳的理想が存在しないことを特色とする生き方だった。そしてそれは、そこからの逸脱だけが共同体からの排除という罰をもたらす生き方だった。しかもさらに、それは極端な振舞いや実行しがたい理想を容認はするが要求はしない生き方だった。これらの共同体が知っていたもので道徳的理想に一番近かったのは、愛徳（charity）という理想だった。道徳的ルールに一番近かったのは、神と隣人を愛せよという教えだった。それは「主のならわし」というフレーズが特徴的な表現になる道徳だった。しかし二世紀間がたつうちに、これらの最初期のキリスト教共同体には大きな変化がやって来た。道徳的振舞いの習慣は、定式化された道徳的理想の自己意識的追求へと転換した――この転換は、一人の人物への信仰が、抽象的命題の集合である信経（creed）への信念に変わるのと並行している。この変化は様々の源泉から生じた。キリスト教徒の生活環境の変化、キリスト教徒が連れて行かれた異質の知的世界の重圧、自分に魂をふき込んだ「希望」に「理由を与え」たいという欲求、元来のインスピレーションを共有せず、キリスト教を外国語として学ばねばならないので文法を必要とする人々が理解できるような形にキリスト教的生き方を翻訳する必要――これらがその源泉だった。宗教としてのキリスト教を襲った思弁や抽象や定義への情熱は、道徳的生き方としてのキリスト教にもとりついた。しかし変化を促したものが何だったにせよ、三世紀半ばまでには、道徳的理想の自己意識的追求というおなじみの形態でのキリスト教道徳が存在し、そして聖アンブロシウスの時までには、この道徳の形態は、それをとり囲む世界の道徳――徳と悪徳と、諸理想の行為への翻訳とから成る道徳――の形態と区別がつかなくなったように見える。生き方という形をとったキリスト教道徳はむろん滅びたわけではない。そしてそれは今まで決して完全に消え失せてはいない。だがキリスト教史上その時から、道徳的振舞いのキリスト教的習慣（それはキリスト教的生の環境から発生した）はキリスト教的道徳イデオロギーによって押しつぶされ、人間行動の詩的性格は見失われてしまったのである。

紀元後の初頭におけるギリシア＝ローマ世界の自己意識的道徳も、二〜三世紀にキリスト教道徳を襲った変化も、避けることができるものだったと示唆するつもりは私にはない。前者は単に伝統的道徳が崩壊したあとの真空を埋めたにすぎない。そして後者について言えば、おそらく世界を改宗させるためには道徳を道徳的理想のたやすく翻訳できる散文に還元し、定義し、知的に首尾一貫したものにしなければならなかったのだろう——たとえその代償として自発性と自信を失い、強迫観念の危険が近づいても。しかしながら、西欧が古代世界の古典文化とキリスト教とから受け継いだ道徳の遺産が習慣的振舞いの道徳の賜物ではなく道徳イデオロギーの賜物だという事実は残る。何世紀かがたつ間に、この道徳の形態はある程度まで振舞いの習慣の道徳の方に戻ったということは事実である。道徳的理想が身近なものになり、行動に直接の圧力をかける習慣や制度として表現されて、単なる理想ではなくなるとき、確かにそのような改宗は可能である。そしてまた、侵入してきた野蛮人たちは理念の道徳よりも習慣の道徳に寄与したことも事実である。それにもかかわらず、近代ヨーロッパの道徳はそれが最初に発生した時にとっていた形態を振り捨てることは決してできなかった。そしてひとたび軽率にも道徳的諸理想の抽象的用語の中に自らを定式化してしまったからには、その批判者たち（彼らは決して長い間黙ってはいなかった）がこれらの理想を標的にすることも、またこれらを攻撃から守る際に理想が硬直して誇張されたものになることも、たやすく予想できたことだった。キリスト教道徳への重要な攻撃（たとえばニーチェのもの）は、どれもキリスト教的生の個別の道徳的諸理想への攻撃として誤解されてきた。ところがそれが持っている限りの威力は、攻撃の対象が理想の道徳——それは振舞いの習慣の道徳になることには決して成功しなかった——であるという事実に由来しているのである。

するとヨーロッパの道徳の歴史は、部分的には、最初から道徳的理想の追求が支配する形をとっていた道徳の維持と拡張の歴史である。これが強迫観念と内戦とに傾きやすい不幸な道徳の形態である限りにおいて、それは嘆かわしい不運である。それが今すぐには避けられない限りにおいて、それは何とか処しなければならない不運である。そしてもし今では理想の道徳が我々の持っているもののすべて、あるいは少なくとも最善のものであるとしたら、その欠点にこだわるには無分別な時機のように見えるかもしれない。だが避けられない状況を一番うまく処理するためには、我々はその必然性を感じるだけではなく、その欠点を知らなければならない。そして現在我々と我々の不運を乗り越える機会（ささやかなものではあるが）との間に立ちふさがっているものは、それを乗り越えるのは難しいと我々が感じているということではなくて、我々が自分たちの状況から引き出してきた誤った結論である。それは、我々の不運なるものは本当は不運などではなくて歓迎すべき状況であるという、最近数世紀のほとんどすべての知的潮流が励ましてきて我々をゆっくりと捉えてきた信念である。というのは、今日のヨーロッパの道徳について注目すべきことは、単に自己意識的な理想追求が道徳の形態を支配しているということだけではなくて、この形態が他の形態よりも優れており高級なものであると広く考えられているということだからである。振舞いの習慣の道徳は原始的ですたれたものとして片づけられる。道徳的理想の追求は（理想それ自体にはいくら不満があるとしても）道徳的啓蒙と同視される。そしてさらに、それは人々が探し求めてやまなかったあの到達点——「科学的」道徳——の可能性を差し出すように見えるので賞賛される（しかも十七世紀以降は特にその理由によって賞賛されてきた）。しかしながらこれら二つの外観のいずれにおいても、我々は哀れな誤解をしているのではないかと危惧しなければならない。道徳的理想の追求は信頼の置けない道徳の形態であり、実践的生の源でもなければ「科学的」道徳の生の源でもないことが（予想できた通り）明らかになっている。

西洋道徳の苦境は、私の見るところ次の通りである。第一に、我々の道徳的生は理想の追求によって支配されるに至っているが、この支配は確立した振舞いの習慣を破滅させるものである。第二に、我々はこの支配を、感謝すべき恩恵あるいは誇るべき業績と考えるに至っている。そして我々の苦境についてのこの検討がめざす唯一の目標は、この腐敗した意識、つまり我々を自分の不運に甘んじさせる自己欺瞞を暴露することである。

一九四八年

(1) 『エチカ』V. x.

(2) たとえば、儒教道徳における仁（他者への配慮）は、古代中国の道徳的振舞いの習慣を構成していた、子としての孝と年長者への尊敬とから抽象されたものだった。聖賢は（荘子によると）善や義務や道徳的振舞いのルールや理念を発明したのだが、彼らの活動は、習慣となった振舞いからなる具体的な道徳をふるい分け洗練するところにあった。しかしやかましすぎるアンソロジストと同じように、彼らはその材料の中で完全な水準に達していないものを投げ捨てた。だから残ったものは、文学を反映するものではなく、名作選にすぎなかった。

(3) エピクテトス『語録』第一巻四および三〇。

(4) 同上、二・一〇。

(5) ディオン・クリュソストモス、二・二三九。

（訳注） 著者の *On History and Other Essays*（1983）にも同じ題名の論文が収められているが、内容は全く異なる。

（森村　進訳）

合理的行動

合理的という言葉は近頃奇妙な具合に誤用されている。
コールリッジ『反省の助け』

理性という言葉とそれに関連する形容辞——合理的（*Rational*）と理性的（*Reasonable*）——には、曖昧さと混乱という遺産を受け継いできた長い歴史がある。鏡のように、これらの言葉は、この二千年におよぶ我々の文明から流れ出た世界と人間の能力についての可変的な諸観念を映し出している。我々には重なり合った像のために不明瞭な残像しか残されていない。〔それゆえ〕どのようにこれらの言葉を用いるべきか、特に人間の行動や政治に関してどのように用いるべきか、という問いに途方に暮れるとき、人は誰しも許されてよい。というのも、もとよりこれらの言葉は「議論」の諸属性として我々に提出されているため、これらの言葉を「行動」に適用する場合のアナロジーが難解になるからである。〔だが〕哲学者は、単にねじまげられているにすぎない思考から生じる混乱をうまく解きほぐすかもしれない。また歴史家は、その曖昧さについての来歴を語り、それら外来の助けつまり真理と誤謬のカテゴリーの助けを借りることなく、その意味を理解することに成功するかもしれない。本章における私の目的は、行動に関して合理的という言葉の満足のいく使用法を見出し、その過程で切り開かれる領域の一部を探究することである。それを駆り立てるものは哲学的であり歴史的でもある。

1

我々が人間の行為や物事の処理を「合理的」だと述べるとき、我々はそれを推奨するつもりであるという前提から、私はまず始めることにしよう。「合理的な行動」とは、それについて誰も恥じ入る必要のない何かである。行動を親愛に満ちたものにしたり気高いものにしたりするために、あるいは物事の処理を大成功させるために、「合理性」以上の何かが必要であると通常は考えられている。しかし、一般的に言って、「合理性」を称賛に値する特性だと見ること、あるいは少なくとも不合理性を回避されるべき何かだと見ることは我々の伝統である。そこで、我々は人間の行動に関して称賛を意味する観念について考えねばならない。確かに我々の文明は、〔これと対照的に〕「合理的」という言葉が中傷の言葉であるようなパラレルな語彙を獲得してきたが、この反動の根源は、作法の規準すべてに対する否定というよりも、むしろ人間の共感を狭隘にすることに対する反対、つまりその言葉に反映されるようになった称賛に値し行われるにふさわしいと考えられた事柄に対する制約である。

次に、「合理的」という言葉が人間の行動に関して用いられるとき、それはまず行為様式にかかわるが、ある行為に対してはそれが達成する事柄ないしそれが意図された事柄を成し遂げる成果に関して派生的にのみかかわるにすぎないと、私は仮定することにする。したがって、「合理的」に行為することは「知的」に行為することである。このような行為が実践的に成功するかどうかは、その「合理性」以外の諸事情に左右されるだろう。このことはまた言葉の用法にも一致する。つまり「狂人」――我々はその行為を「不合理的」だと認める――は、必ずしも自分の企図を成し遂げることに失敗するわけではない。また我々は、議論においてさえ、誤った推論にもかかわらず正しい結論が得られることがあることを知っている。

十八世紀以降、我々はその「合理性」のゆえにそれぞれ推奨された様々な行為形態ないし活動計画を提示してきた。「合理的な宗教」や「合理的な綴字法」は言うまでもなく、「合理的な教育」「合理的な農業」「合理的なダイエット」「合理的な服装」があった。たとえば、教育における男女間の差別待遇、肉やアルコール性飲料の飲食は、「不合理的」だと考えられた。ある有名な合理的な服装の主唱者は、パン一塊を差し込むスペースを空けていないシャツのえりは身体への空気の流れを不合理に制限するものだと主張した。また帽子の着用はしばしば「不合理的」だと言われた。しかし、「合理的な服装」という表現は、特にヴィクトリア朝時代において、自転車に乗る少女たちに好まれた風変わりな衣服に対して用いられたものである。その衣服は当時の『パンチ』〔週刊誌〕の挿絵に見られる。ブルーマーは自転車に乗る少女たちにとって「合理的な服装」であると主張された。それで我々自身の「合理性」の観念を明確にする一手段として、この衣服の合理性を主張した人々の考えていたことを考察するのも悪くなかろう(1)。

もとより彼らが考えていたことについては疑う余地は殆どない。彼らは自転車を進ませる活動にもっぱら注意を向けていた。ある一般的な設計からなる自転車と人間の身体の構造とが考慮され互いに関連づけられねばならなかった。これ以外の考慮はすべて、デザインされる衣服の「合理性」の決定に重要でないと考えられたがために打ち捨てられてしまった。特にデザイナーたちは、女性の衣服に関する当時の偏見・因習・民俗を断固として考慮しなかった。つまり、これらは「合理性」の観点からすれば状況を制限するものでしかないと考えられるに違いない。したがって、この目的のために「合理的」な衣服をデザインするという企画の第一段階は、心をすっかり空虚にすること、つまり先入観を意識的に払拭しようと努力することでなければならない。もちろん、ある種の知識――力学と解剖学の知識――は必要とされるが、しかし人間の思考の大部分はこの企画の障害物として、つまり無視する必要のある邪魔物として現れる。もしこの企画にデザイナーを雇いたいと思う投資者がいるなら、彼は英国人よりもたとえば中国人を考える方がよいかもしれない。なぜなら、〔そのようにすれば〕不適切な考慮によって悩まされることも殆どないだろうからである。それはちょうど南米の共和政諸国がベンサムに「合理的」な憲法を依頼するようなものである。さて、ヴィクトリア朝のデザイナーたちが求めた「合理性」は、永久普遍の特性、つまり意見だらけの世界から解放され確実性の世界に打ち据えられた何かであった。もしかすると彼らは間違いを犯したのかもしれない。もしそれが力学と解剖学上の間違いでなければ（そうした間違いではなさそうなのだが）、それは先入観からきっぱりと脱却していない心の、つまり未だ解放されていない心の間違いであろう。実際、彼らは一つの間違いを犯したのである。すなわち、彼らの心は偏見によって妨害され、「半ズボン」――それは明らかに彼らの選択した問題に対する回答をより一層完全なものにする――へと突き進む代わりにブルーマーのところで立ち止まったのである。だが、それは〔本当に〕間違いだったのだろうか。そうではなくて、おそらくそれは彼らをそこに立ち止まらせた「合理性」についてのより深い理解が十分に認識されていなかったためではないだろうか。我々は後でその可能性について考察しなければならない。

さて、我々が自問する問いはこうである。なぜブルーマーは自転車に乗る少女たちにとって「合理的」な衣服様式であると考えられたのか。また、なぜこのようなやり方が優れて「合理的」だと考えられたのか。概して、このような問いに対する回答は次のようなものである。第一に、これらの回答は状況に応じて採用されたものである――つまりブルーマーはその設定された特殊問題の正解だったのである。もし自転車が別の設計からなっていた（たとえば脚ではなく腕が推進機関であった）とすれば、「合理的」だと考えられる衣服は異なったデザインになっていたことであろう。第二に、その回答はその設定された問題の反省的な熟考からのみ生じた（あるいは生じると思われた）ものである。すなわち、ブルーマーをデザインするという行為（あるいはそれを着用するという行為）は、「不適切」な考慮によって攪乱されない独自の反省的努力という先行行為から生じたがゆえに、ブルーマーは「合理的」な衣服様式だったというわけである。要するに、鳴り物入りで宣伝された、行動における「合理的方法」の実例がここにあったのである。

2

我々が考察する見解(2)は、目的を行動の「合理性」の顕著な特徴として捉える。つまり、「合理的」な活動とは、予め別途に考えられた目的を追求し、かつその目的だけに規定される行為のことである。この目的は、達成される外的な結果であるかもしれないし、あるいは活動そのものを楽しむことであるかもしれない。勝つために(おそらくは賞を得るために)ゲームをすることも、ゲームそれ自体のためにゲームをすることも同様に目的志向的な活動である。さらに、「合理的」な行動は、定式化された目的を達成するために意図的に志向された行為のことであり、その目的だけに支配される。その行動からおそらく避け難い別の帰結ないし結果が生じるかもしれない。しかし、これらの結果は欲求されたものでも企画の一部でもないがゆえに、外来的で偶然的で「不合理」なものだとみなされるに違いない。ブルーマーは、ヴィクトリア朝の感性に衝撃を与えたり楽しませたり困惑させたりするためにではなく、まさにサイクリングに適する衣服様式を提供するためにデザインされたものである。デザイナーたちは、「何か娯楽に供するものを作ろう」と心の中で考えていたわけではなかったし、またその創作物の「ばからしさ」が多少なりともその「合理性」に適った特性であるなどと思っていたわけでもなかった。確かに「ばからしさ」は、この「合理性」という観念によって鼓舞されたデザイナーたちの作品すべてに共通した特徴であるので、普通それは成功の徴だと考えられうるであろう。さらにまた、「合理的」な行動は、通常、特殊な目的だけでなく単純な目的をも持つであろう。というのは、目的が実際に複雑な場合、活動がその目的を達成できるよう有効に方向づけられうるのは、その複雑さが単純な目的の連続(ある目的の達成が次の目的の達成へ、さらに最終目的へと繋がっていくこと)として与えられているときか、あるいは複雑な目的の中にある単純な構成要素がその活動の特殊な構成要素と関連していると考えられるときだけだからである。したがって、「合理的な行為」においては、追求されるべき目的の厳密な定式化が必要とされる。つまり、力学と解剖学にその注意を限定し他の考慮をすべて無視するというブルーマーを考案したデザイナーの決定が必要なのである。「合理的」な活動は、ある問いに対する明確で最終的な回答を探求する活動である。したがって、その問いにはこのような回答ができる、と言えるような仕方で問いを定式化しなければならない。

さて、特殊な目的を達成するために活動を意図的に方向づけることは、必要な手段が利用可能ないし入手可能であり、かつ利用可能な手段から必要な手段を見つけこれを専有する権力が存在する場合にのみ成功しうる。したがって、「合理的」な行動には、予め計画された達成目標だけでなく、予め別々に計画された採用手段の選択も含まれることになろう。そして、これはすべて反省とかなりの公平さを必要とする。目的と手段の計画的な選択は、乱雑な状況の流れに対する抵抗を含意しかつこれを準備する。一度に一歩ずつ、というのがここでの原則である。それぞれの一歩は次の一歩がどんなものであるかを知らずして踏み出される。そういうわけで、行動の「合理性」は、この見解によれば、行動する前に我々が行う何かから生じるということになる。つまり、活動はそれが一定の仕方で引き起こされるがゆえに「合理的」なのである。

このいわゆる「合理的」な行動のさらなる決定要素は、それが除去ないし反対する種類の行為の中に見出されうる。第一に、単に気まぐれなだけの行動、すなわち予め設定された目的を持たない行動が除去されるだろう。第二に、それは単に衝動的なだけの行動、すなわち欲求された目的の達成手段を反省的に選択するための必須の要素を欠く行動に反対するであろう。第三に、この「合理的」な行動は、次のような行動、すなわち意図的に受容された何らかのルール・原理・規範によって規制されず、かつある定式化された原理を素直に遵守することからは生じないような行動に永久的に反対する。さらに、それは伝統・慣習・行為習慣という吟味されていない権威から生じる行動を除去する。というのは、たとえある目的の達成が単なる伝統的な行動様式にはめ込まれうるとしても、その目的それ自体は解き放たれていないからであり、また人は追求された目的の命題定式についてまったく無知であっても伝統に忠実でいることはできるからである。たとえば、下院における一定の手続がある特殊な目的を実際に達成することがあるかもしれないが、これらの手続はこのような目的を達成するためにわざわざ定立されたものではなかったがゆえに、目的に対する手段としてのその性格はしばしば不明瞭で未定式のままである。最後に、その達成に必要な手段のないことが知られている目的を追求する活動は除去される、つまりこの種の行為は「合理的」でないと言い切ってしまわれうるように、私は思う。

その問題をもう少し深く探究してみよう。しかし、それを始める前に次のことが明らかにされなければならない。すなわち、我々が考察しているのは、単独に取り上げられるならば、一つの可能な（価値ある）行動様式つまり一つの行為方法として我々に提示されているのであって、単に行為についての思考方法として提示されているわけではないということである。人間はこの行動様式をそうたびたび達成するわけではない、ということが認められるかもしれない。また、大部分の人間の通常の行為がこの性格を持っているようには思われず、それは殆ど規律されていない何かであるということが、我々の考察している見解を損なうことなく、同意されるかもしれない。しかし、我々が吟味している見解は、これが一つの可能な行動様式であること、具体的な活動はこの仕方で起こりうること、そしてそれがこのような仕方で起こるがゆえに「合理的」だと呼ばれうることを主張する。そこで我々は次のように問いうる。この見解は何を前提しているのか。またこの諸前提を妥当なものにするのは何か。

第一の前提は、人々が物事を推論し諸活動についての諸命題を熟考しこれらの命題を整序づけて整合的なものにする能力を持つということであるように思われる。また、これは人間が持ちうる他のどんな能力からも独立した能力であり、人間の活動がそこから始まりうるところの何かである、ということがさらに前提されている。活動が「合理的」（あるいは「知的」）だと言われるのは、それがこの能力を行使することによって進められるからである。つまり、人間が行為する前に一定の仕方で「考えた」がゆえにそうなのである。「合理的」な行動とは、先行する「推論」過程から生じる行動のことなのである。ある人の行動が完全に「合理的」であるためには、彼が次のような能力を持っていることが想定されなければならない。すなわち、まずイメージしそれから追求すべき目的を選択する能力、その目的を明確に限定する能力、目的を達成するためにふさわしい手段を選別する能力である。この能力は、伝統とか人間の偶然的な世界経験という統御されない遺物だけでなく、この能力がそれに対して予備的であるような活動そのものからも完全に独立していなければならない。大多数の人々が共に「合理的」な行動を完全に享有するためには、彼らがこの種の能力を共通に持っているということ、そして彼らは皆それを行使することによって同じ結論へと至り同型の活動をすることになるということ、このことが想定されなければならない。

もちろん、この想定については、様々のよく知られてはいるが粗雑な定式化があるけれども、我々はこれにかかわる必要はない。当該能力は実体視され名前が与えられている。すなわち、それは「理性」と呼ばれる。また、人間の精神にはその構造上、「理性」という生まれつきの能力、その輝きが教育によってのみ曇らされるところの光、一個の誤謬防止装置、その呪文が真であるところの神託が含まれていると想定されてきた。しかし、この想定が賢明さを失い必要を越えてさらに押し進められるならば、人間の精神はその内容とその活動から分離されうるという想定が(この能力があるとすれば)不可避であるように思われる。精神を中立な道具として、また一個の装置として想定する必要がある。この一台の機械を最もうまく使いこなすために長く激しい訓練が必要であるかもしれない。大事に整備されなければならないのはエンジンである。にもかかわらず、精神は独立した道具であり、それを用いることから「合理的」な行動が生じるのである。

この仮説によれば、精神は経験を処理することのできる独立した道具である。信念、観念、知識、精神内容、とりわけ世界中の人間の活動のすべてがそれ自体精神として、あるいは精神を構成するものの一部として捉えられるのではなく、精神の外来的・後天的獲得物として、つまり精神が所有したり企てたりしたかもしれない、あるいはそうしなかったかもしれない精神活動の結果として捉えられる。精神は知識を獲得したり身体活動を引き起こしたりするかもしれない。しかし、精神はあらゆる知識を欠きいかなる活動も起こさないとしても存在しうる何かである。たとえそれが知識を獲得したり活動を引き起こしたりしたとしても、それはその獲得物ないしその活動表現とは無関係のままである。精神は不変で永久的であるが、その知識の内容は変動的でしばしば偶然的である。さらに、この永久的な精神的道具は出生のときから存在しているのだが、修練が可能であると想定されている。しかし、いわゆる「修練された精神」は、ユークリッドの定理に泣かされた生徒の涙のように、学習と活動の結果であって、それから引き出される帰結ではない。したがって、精神の修練は、(体操のように)純粋に機能的な訓練か、あるいはバスに間に合うために走るような、我々が偶然にもうまくやれるための訓練の、どちらかの形をとるかもしれない。精神は「ペルマン式記憶法」とかラテン語の文法学習によって修練されるかもしれない。最後に、精神は既得の性向ないし知識による偏見が最も少ない場合に最もうまく経験を処理するであろう、と想定されている。開放的で空虚で自由な精神、つまり性向なき精神は、真理を引きつけ迷信を払い退けそれだけが「合理的」な判断と「合理的」な行動の根源であるような一つの道具である。したがって、純粋に形式的な精神訓練は、通常、混合訓練よりも優れた種類の修練だと考えられるであろう。混合訓練とは、特定の「いかにして行うかに関する知識(knowledge how)」を含んでおり、既得の性向という何らかの遺物を後に残すことが避け得ない。すでに性向に染まった精神に対してまず第一に行う修練は、純化過程つまり集積された専門的知識や技能を除去する過程——純粋な公平さを再確立する過程——であろう。幼年時代というのは不幸にも、修練された精神が欠如しているために、信念、性向、命題形式をとらない知識などの雑多な寄せ集めをすべて受容してしまう期間なのである。大人がまず第一に行う仕事は、これらの偏見をその精神装置から払拭することである。そういうわけで、これは「知性」つまり人間の「合理的」な部分なのである。この「知性」の訓練が人間の活動に先行し、かつこの訓練によって人間の活動が引き起こされるならば、そしてその場合に、人間の活動は「合理的」だと考えられるのである。

3

さて、私が述べていることは、数人の変人にしか思いつかない風変わりな物の見方であるように思われるかもしれない。変人を真剣に顧慮する必要はないし、その主張も文字通り（au pied de la lettre）とってはならない。しかし、〔私が述べている見解は〕そうではない。それは哲学史に確固たる位置を占める一つの見解であり理論なのである。哲学者は一般人にこのような仕方で思考するよう大いに促してきた。何かこのような理論を持っていると思わせるような仕方で話をする多くの者が、その話し方を守っているうちにその理論を否認していることがよくあった、というのは本当のことである。しかし、彼らは自分たちが一体何を意味しているのかについて説明を求められるべきである。一つの見解としては、これはかなり平凡なものである。たとえば、この見解は教育の場において精神修養を説く未熟な唱導者たち全員が共有しているものである。それは次のような平凡な主張に意味を与える。すなわち、これこれの行為ないし手段は「論理的」であるとか、それは「論理的」であるがゆえに実行ないし着手されるべきであるという主張である。才能に開かれた職業（la carrière ouverte aux talents）の原理や、公務員は「自己の個人的能力以外の資格を一切持たない」ようにすべきだという考え、そして我々は子供たちに英文学を煩わしいと思わせることなく英語の使用法を教えるべきだという示唆は、この見解に属する(3)。我々が考察している見解は、思うに、私自身の作り事ではない。それはそれぞれの生活領域で支持されてきたものである。その見解は、行動の「合理性」をある明確な独立した道具の所産とみなし、物事を「合理的」に行う方法はこの道具の指針にのみ従ってそれを行うことであると主張する。

行動がこの「合理性」の観念に合致する場合にとりがちな外観には少しの疑いもない。〔つまり〕活動は予め考えられ定式化された諸目的を追求する行動を遂行するよう仕向けられるであろう。その行動は、追求される目的によってもっぱら規定された行動であり、偶然的で欲求されなかった結果が可能な限り除去されているような行動である。活動の狙いは、まず第一に一つの命題を確立すること、つまり追求されるべき目的を決定することであり、第二にその目的（それ以外の目的ではない）を達成するために用いられるべき手段を決定することであり、第三に行為することであろう。人間の行為は、解決されるべき一連の問題、達成されるべき目的、そしてこれらの目的を追求する際に遂行される一連の個別的行動に分解されるように見えるであろう。あらゆる企画についての偏見なき熟慮が政策についてなされるであろうし、先例と慣行は事業を決定することにおいて（可能な限り）回避されるであろう。また、信条を持っている人は、それを持っていない人を締め出すようになるであろう。

さて、我々に提出されている「合理的」な行動という理想に応じて生起すると考えられうる種類の活動について語るとき、〔その見解は〕抑制される必要がある。なぜなら、我々が考察しているのは、実は行為する仕方ではなく行為の理論だからである。私が示したいと思っているように、それは人間行為についての誤った理論であり誤った記述であるがゆえに、その理論に適する明確で偽りのない行為事例を示すことができないのである。もしこれが「合理的」な行為であるとすれば、それは単に望ましくないというだけではない。それは実際に不可能なのである。人々はこのようには行為しない。なぜなら、そうすることができないからである。確かに、この理論を考えた者たちは、自分たちが可能な行為形態を記述しているのだと思っていた。そして、それを「合理的」だと称して、彼らはそれを望ましいものとして推奨したのである。しかし彼らは勘違いしていたのである。また、疑いなく、この理論が通用する場合にはいつでも、行為はその理論が示唆するパターンと合致する傾向があるだろう。しかし、それはうまく行かないであろう。誤った理論が実際に孕んでいる危険は、その理論のために人々が望ましくない仕方で行為するようになるということではなく、それによって活動が誤れる方向へと惑わされ攪乱されるということである。しかし、我々が扱うのはその理論それ自体なのである。

4

行動の「合理性」に関するこの見解には少し遺憾な点がある。このことは秘密でも何でもない。批判の多くは細部に集中したが、そのいくつかはその理論の大規模な修正が必要になるほどの十分な説得力を有していた。私は細部の欠陥に注目するのではなく、主要な欠点だと思われるものにまっすぐ目を向けたいと思う。そして、その理論の正確な性格が看取されるとき、その理論は自らの不完全さのゆえに崩壊することが理解されるであろうと、私は考えている。私の見解は、この理論はどんな種類の行動についても満足のいく説明を与えないがゆえに、合理的な行動についての満足のいく考えではない、というものである。

この理論の核心部である「精神」と「知性」の観念から始めよう。その観念は次のようなものである。まず何にもかかわらず、「精神」と呼ばれるものがあるということ、この精神は信念・知識・偏見——要するに内実——を獲得するが、それにもかかわらず、それらは精神の単なる付加物にすぎないということ、精神は身体的な諸活動を引き起こすということ、そして獲得されたいかなる種類の性向によっても阻害されないとき精神は最もよく働くということ、以上である。さて、私の信ずるところ、この精神はフィクションであって、実体視された活動以上の何物でもない。我々の知っている精神は知識や活動の所産であり、もっぱら思考から成り立っている。思念という内実を獲得した後で、真と偽、正と邪、理性的と非理性的とを区別し、それから第三段階として活動を引き起こすというような精神を、人は最初から持っているわけではない。正確に言えば、精神はあれこれの特質から離れて、あるいはそれらに先立ってはいかなる実体をも有していないのである。あれこれの特質は獲得されたものではない。それらは精神を組成する要素なのである。人間の精神からあれこれの特質を消滅させてみれば、人間の「知識」（ないしその一部）だけでなく、精神それ自体も消滅してしまうだろう。後に残るのは中立で公正な道具つまり純粋な知性ではなく、完全な無である。私は精神を思考のための装置とみる考えは完全に誤りであると思う。それはそもそも行動の「合理性」という性質に関するこの特殊な見解の根本的な誤りなのである。それを除去するならば、その考えは完全に崩壊してしまう。

　しかし、さらにこのことから帰結されるのは、この種の「精神」を実体視することにより誤って記述される種類の活動の中に行動が常にその根源を持ちうる、すなわち行動に関する抽象的諸命題を考える能力から行動が常に生起しうる、と想定することが誤りだということである。そのような能力が存在することは疑い得ないが、その必要条件は行動それ自体なのである。この活動は行動に先立って存在しうるような何かではない。それは行動を反省した結果であり、それに続いてなされる行動分析の所産なのである。これは狭い意味での行動だけでなく、あらゆる種類の活動、たとえば政治や日常の生活の営みにおける活動と同様に科学者や職人の活動にもあてはまる。したがって、活動がこの種の思考から派生しうると主張することは、言葉の厳密な意味において、不自然である。また、活動がこの根源を持つように見えるときにのみそれを「合理的」だと呼ぶことによって、活動がこのように派生するのを勧めるのは賢明ではない。何かを行うということは、そのやり方を知っているということに依存しているし、そのことを示してもいる。そのやり方に関する知識の一部（決してその全体ではない）は、後で命題形式の知識（おそらくは目的・ルール・原理）に還元されうるけれども、これらの命題は活動の根源ではないし、また直接に活動を規制するものでもない。

　大工・科学者・画家・裁判官・コック、そして誰であっても、その日常の生活の営みにおいて、また他人との関係や彼を取り巻く世界との関係において、彼らを特徴づけているのは、彼ら自身や彼らの道具や彼らが働きかける原料についてのある諸命題からなる知識ではなく、ある諸問題をいかにして解決するかに関する知識である。この知識はこのような諸命題を立てる能力を行使するための条件なのである。したがって、もし「合理性」が活動の望ましい特質を表すとしても、それは活動が始まる前にその活動について予め別途に考えられた諸命題を持っているという特質ではあり得ない。また、このことは、他のどんな種類の命題にもあてはまるように、活動の目的ないし目標に関する諸命題にもあてはまる。ある活動の目的が予め明確に決定されていることを理由に、またそれが他のすべての目的を除いてその目的だけを達成することに関して、その活動を「合理的」だと呼ぶことは誤りである。なぜなら、実際のところ活動それ自体に先立って活動目的を決定する方法などないからである。仮にそうした方法があったとしても、活動の根源は依然としてその目的を追求する際にいかに行為すべきかを知っていることにあるのであって、単に追求されるべき目的をすでに定式化しているという事実にあるわけではない。コックとは、まず最初にパイを思い描きそれからパイを作り始める人のことではない。コックとは料理法に熟練した者のことをいう。彼の企図とその成果はともにその技能から生じるのである。「良い」英語とは、英語の書き方（すなわち英文学）に先立って存在する何かではない。これこれの構文はいいかげんで不明確だとか「文法的に間違っている」とかいう知識は、言葉の書き方に関する知識とは無関係に、かつそれに先立って知ることのできないものである。

さて、この意味で「合理的」な行動様式を発見するというこの企画は考え違いをしている、というのが私の見解である。道具としての精神は存在しないのである。仮に存在したとしても、それは常に具体的な活動を引き起こす能力をまったく欠いていることであろう。

にもかかわらず、人々はかなり長い間この意味で「合理的」に行為しようと意図的に試みてきた。このことは否定のしようもない。人々はこの種の「合理的」な行動に卓越した徳があると信じてきた。人々は行動の別の根源という厄介物を取り除くことができなかったことにしばしば気づいていたが、この「理性」の声だけに耳を傾けたのだと信じていたときにはいつでも自己満足していたのである。おそらく、幻想を説明するのに役に立つのは、それを幻想ではないと思わせるような、間違ってはいるがもっともらしい教育の理論であると、私は思う。我々は、ある活動がその活動に関する諸命題を予め考えておくことから生じうると想定することは不自然である、ということに同意するかもしれない。しかし、ある活動を教えるためには、それに関する我々の知識を一組の諸命題——言語文法、研究規則、実験と検証の原則、手際の良さに関する規準——に移し替えることが必要であるということ、またある活動を学習するためには、このような諸命題から始めなければならないということを、我々は信じがちである。もちろん、この方法が教育上の価値を有することを否定するのは愚かなことであろう。しかし、これらのルールや、活動に関する諸命題などは、その活動に関して教師が持っている具体的な知識を要約したものである（それゆえ活動それ自体の後に形成される）というだけでなく、これらを学習することはある活動の教育の最も見栄えのしない部分でしかない、ということが認められねばならない。これらは教えることはできるが、教師から学びうる唯一の事柄ではない。経験を積んだ科学者ないし職人と一緒に仕事をすることは、そのルールを学びとるだけでなく、どのように彼が仕事に着手するかについての直々《じきじき》の知識（とりわけ、何時どのようにそのルールを適用するかについての知識）を得る、一つの機会なのである。これが獲得されない間は、たいへん価値のある事柄でさえも学びとったことにはならない。しかし、我々がこれをルールそのものの学習と比較して重要でないと考えるとき、あるいはそれを本当の意味での教授ではない、つまり正式には知識ではないと拒否するときにのみ、ある活動を学習するということの性格が、活動それ自体はそれに関する別途に予め考えられた諸命題から生じうるのだという見解を支えているように思われるのである。

しかし、この「合理性」の魅力を説明しようとする者は、特にここ四世紀の隠されたヨーロッパ精神傾向史の深部に果敢に踏み込んで行かねばならない。確かに特殊な理由に着目してもむだなのだが、それでも私は、次の三つの状況が我々を引きつけるこの「合理性」の魅力に大いに貢献していたことが見出されるだろうと思う。第一に、精神的誠実さ、公平無私、そして偏見の不在が最高価値を有する知的徳目である、という称賛に値する確信があった。しかし、この確信は不幸にも奇妙な精神混乱に陥り、公平さは完全に自律的な精神(4)――すなわち既得の性向を欠いている精神――にのみ可能であるという信念と結びついてしまった。知的誠実さを重んじると同時に、その知的誠実さを「正直」であろうと特別に決意した活動と同一視すること、そして知的誠実さを一つの既得の技能（これについてはそれぞれその適切な状況に応じた様々のイディオムがある）として認めることは、この不幸な「合理性」という理想への第一歩なのである。

第二に、確実性――信念と行動の諸問題に関しての――への激しい欲求があった。それは次のような確信と結びついてしまった。すなわち、確実性はただ我々に「与え」られた何かに関してのみ可能となるのであって、我々が確かめた何かに関してではない、つまり確実性は恩寵という贈物であって、労働の報酬ではない、という確信である。確実性は、おそらく我々が出発点としなければならないものであるに違いない。活動とは無関係の命題的知識だけがそれを提供するように思われる。この種の誤謬なき確実性への切望は、思うに、知的誠実さへの欲求ほど信用のおけるものではない。確かに、道具としての精神はいくつかの点で魔術信仰の遺物だとみなされてもよいと、私は思う。

そして第三に、多くの生活領域、特に政治においては、物事への取り組み方がますます分からなくなっており、「新しい」と思われるがゆえに素早い処理手段が我々に準備できていない状況がよく生じるようになった。政治の場においていかに行為すべきかを知らないとき、人はこの種の知識の価値と必要性をけなし、活動に先立って知る能力を賦与されていると想定されている、自由で開放的な精神の価値と必要性を誉める傾向があるだろう。この事例はフランスのルイ十四世の時代の政治改革者たちに見ることができる。改革者たちの確信するところによれば、フランスの状態は絶望的であった。しかし、改革者たちが訴えることができ、また実際に訴えたところの、長い間すたれていた諸制度や物事のやり方が、フランスの統治の伝統の中に秘められていた。彼らはかつて物事がどのように行われたかについての知識を持っていたのである。そして、彼らはこの知識に基づいて自らの提案を決定したのである。〔一方〕ヨーロッパもまた絶望的な状態にあった。しかし、ここにはこのような知識は存在していなかった。ヨーロッパは彼らの知る限り一度も組織化されたことがなかった。必要なものは（彼らが考えたように）初めから創り出されねばならなかったので、ヨーロッパの平和に関する彼らの計画は純粋な知性の産物として提出されたのである。サン・ピエールの大修道院長によるフランスのための計画とヨーロッパのための計画との間には著しい相違がある。もちろん、行為の仕方に関する知識が決してないわけではない。こんなときに（あるいは、そんなときでさえ）人間は何か訴えるべきものを持っており、実際それに訴えかけるのである。誰かがこの意味における純粋に「合理的」な政治を達成することに成功するだろうという危険はない。しかし、人間の持っているそのような真の知識に頼ることがしばしば妨げられるのは、不幸にもこのようにして、精神の自由についての誤った理想や抽象的で稀薄な「合理性」に愛着することによってなのである。政治は特にこの「合理的」な理想の魅力にとりつかれた活動領域なのである。仮に人がボイラーないし発電機について単に「理解」しようと始めても、人はおそらく〔間違って引き起こした〕その爆発のために直ちにやめてしまうだろう。しかし、〔その場合〕政治の場で起こることと言えば、すべて戦争であり混沌である。人はそれを直ちに自分の間違いと関連させたりはしない。政治における教条主義者とは、追求されるべき目的に関する独自の命題的知識をその活動の根源とする者のことではなく、活動の真の根源が何であるかを認識できない者のことである。通常、この教条主義者は、政治の場でどのように行為すべきかについて一般に通用している知識を無価値だとして拒否し、他の諸活動の場でどのように行為すべきかについての彼自身の知識（必ずしも良い指針ではないのだが）に頼るような者のことをいう。ところが、誤って彼はどんな活動からも独立しかつ潜在的に無謬な何らかの「知性」によって提供される知識に頼ってきたかのように考えている。

この「合理性」観念の堅固な信奉者にとって、その〔合理性という〕規範から逸脱する（彼自身および他人の）人間行為の光景は、この種の「合理的」な行動が困難であるという彼の疑念を強めるだろうと期待されうるが、その可能性と望ましさへの彼の信頼を弱めるだろうとは期待され得ない。彼は規制されていない行動を遺憾に思うだろう。その行動は外部から規制されていないがゆえに、彼はそれを「不合理」だと考えるだろう。しかし、彼が次のような考えを抱くことは常に困難であろう。すなわち、彼が「合理的」な行動だとするものが実際に不可能なのは、それが「異常で不合理な、大部分の人の内部にある邪悪さの根源」によって圧倒されやすいからではなく、人間行動の性質に関する不実表示を含むからである、という考えである。彼は自分が幻想の犠牲者であったことを容易に認めるであろう。しかし、彼にはその幻想の正確な性質が分からないであろう。これに関する興味深い事例が、J・M・ケインズの論文「若き日の信条」(5)に見られる。この論文では、彼が行為の「合理性」に関してあまりにも狭すぎる観念だと看破したものに取って代わろうとする率直な試みが、「不合理性」の観念において同様の改革を成し遂げることに失敗したために潰え去るのである。結局、ケインズは依然として、別途に予め考えられた目的から生じる行動として「合理的」な行動を捉える考え方を保持しているのである。彼は最初からずっとこのような行動に愛着を抱いていたのだが、その行動が除去するもの（彼はそれを「一般大衆の情念」、「火山のように激しく、邪悪でさえある衝動」、「自然に起こる爆発」であるとしている）の多くは、依然として「不合理」であるにもかかわらず貴重であるということを認めることによって、その愛着を修正するのである。これは混乱した立場である。この種の混乱からは、行動における「合理性」の意味を決定する新しい試みは起こりそうにもない。我々が少しでも前進しようと思うなら、このことと、合理的な行動の可能性に対する今日の絶望（現在広まっている「非合理主義」）の両方を棚上げしておかねばならない。

5

ヴィクトリア朝の「合理的な服装」のデザイナーたちの活動と、そうすることで自分たちは「合理的」に行為しているのだと信じたがゆえにその服装を着用した人々の活動へと話を戻そう。我々は（いくつか根拠がないわけではないが）次のように想定してきた。すなわち、彼らが自ら行っていると考えていたことは、特定の目的つまり自転車を進ませるという目的に適った衣服をデザインするということであった、と。彼らは自分たちの目的を予め考えていた。また彼らは注意散漫になることなくそれを予め考えるために、一つの明確な狭い目的を選択した。そして、彼らは自らの活動をその企画の進め方のゆえに「合理的」だと称賛した。その活動が一組の予め考えられた目的を達成したがゆえに、そしてそれがこの理論化という先行行為から生じたがゆえに、その結果は「合理的」であった。しかし、彼らが自ら行っていると考えていたこと（そのために彼らは自らの活動に「合理性」という言葉を帰したのであるが）は、彼らが実際に行っていたこととぴったり一致していたのかどうか、このことを疑わしめる諸要素がその状況に存在していたことを我々は考察した。なぜ彼らの企画は「ブルーマー」で立ち止まり「半ズボン」にまで行かなかったのか。彼らは単に間違えたにすぎない、つまりこの停止点は「合理性」の失敗を示している、という回答はあまりにも単純すぎる。彼らの創案は、彼らが自分たちの選んだ企画に失敗したということではなく、彼らがそれを免れそのために「合理的」に行為していると信じていたところの熟慮によって実際は導かれていたということを、示していると考えられるかもしれない。ブルーマーは、ある設計からなる自転車を進ませる活動にはどんな衣服が最適かという問いに対する回答ではなく、どんな衣服がそれ自体の中に次のような諸特性を組み込んでいるかという問いに対する回答なのである。すなわち、その衣服が自転車を進ませる活動にうまく適合し、しかも万事を考慮すれば、一八八〇年にイギリスの少女たちが自転車に乗るときの姿が人々の見た目に適うという特性である。彼ら自身は気づいていないが、この問いに答えるという企画こそがデザイナーたちをつき動かしたのである。しかし、もし我々がすでに不満足だと気づいているところの「合理性」の観念を彼らが信奉していると考えるならば、我々は彼らがこの目的の追求活動を「合理性」の不足だとみなすだろうと考えるかもしれない。その活動は予め考えられた目的から生じ、その結果としてそれについて「合理性」という何らかの特質を有するであろう、というのは本当である。しかし、それは彼らが「合理的」と呼び慣れたものとはまったく異なる種類の活動であろう。それは原理上いかなる衣服デザイナーの活動からも区別できない活動であろう。これはそもそも「純粋な知性」によっては明確に答えられない問いである。それは道具としての精神を越えた何かを要求する。もちろん、第一の問い、つまり現にデザイナーの心の中にあると思われる問いについても同じことが言えるが、それが本当かどうかは不明瞭であった。なぜなら、この第一の問いに答えるために要求される操作は、主として精神の空寂化であるように思われるからである。しかしながら、ここでは何かより一層積極的なことが要求されている。分別のある資本家なら誰しもその企画を中国人に任せることなど考えないであろう。中国人が婦人の服装に関するイギリス人の好み・伝統・民俗・偏見を知らないということは、どうしようもないハンディキャップであろう。ここには予め考えられた追求されるべき目的があるけれども、それは非常に複雑な目的である。目的それ自体の中に緊張がある——おそらく、ある方向へ引っ張る解剖学的・機械的原理と、他方向へ引っ張る社会的慣習〔との緊張〕である。それは意見の査定を必要とするので、明確な回答を与えることのできない問いである。また、その問題は場所と時間とに拘束されているので一回限りでは回答できない問いである。要するに、これは、我々が今まで考察してきた「合理性」の意味において、決して「合理的」な問いであるとは言えない。だが、それは「合理的な衣服」のデザイナーたちが実際に答えようとしていた問いであり、彼らがブルーマーを作ったとき回答することに成功した問いであると、私は思う(6)。

ここで我々は具体的な人間活動の一部によく似たものに到達した。そこで我々の問いは、どのような点でこれは「合理的」な活動だと考えられうるのか、というものでなければならない。我々がすでに拒否しようとした「合理性」の観念に固執し続ける信奉者は、次のように答えるだろう。目的はここでは単純なものでも「知性」のみが予め考えうるものでもないのだが、それは予め考えられた目的から生じる活動であるがゆえに「合理的」である、つまり目的が活動から独立しているということは少なくとも疑わしいのだ、と。彼は、古い基準を破壊するものについてはまだ何も語られていない、つまりこれは予め考えられた「筋の通った」活動であるがゆえに「合理的」な活動であると主張するであろう。我々の最初の想定は、衣服デザイナーたちによって達成された目的は実際には彼らによって予め考えられたものではなかったというものであった（彼らが自分たちに課したのは彼らが達成したものよりもかなり狭いものであった）が、彼にポイントを与えておくことは賢明であろう。なぜなら、それが予め考えられなかったという理由が今のところないからである。しかし、そのポイントが有効なのは、我々がまだ人間活動についての具体的な見解に達していないという理由からにすぎない。つまり、途方に暮れながらも道具としての精神に固執する信奉者のような狭い抽象概念ではないが、我々は依然として抽象概念を論じているのである。

6

さて、歴史家・コック・科学者・政治家、ないし誰であっても、その日常の生活の営みにおける具体的な活動について考察するならば、各人がある種の問いにひたすら答えようとしていることや、彼がその種の問いに対する回答を見出すための方法を知っている（あるいは知っていると思っている）ことに彼の特性があるということに、我々は気づくかもしれない。しかし、彼が自分の活動に属するものだと知っている問いは、それに答えるという活動に先立ってこういうものだと知られているわけではない。つまり、他の問いではなくこれらの問いを追求する際に、彼は活動の外側から生じるルールを遵守したり諸原理に従ったりしているわけではない。彼が追求している活動は、概して彼がいかに追求すべきかを知っている活動なのである。問いに答える方法だけでなくその問いをも限定するのが、その活動それ自体なのである。もちろん、独自の活動がかかわっている問いを正確に限定しているように見える、ある一定の諸原理を定式化することは不可能ではない。しかし、このような諸原理はその活動から生じるのであって、活動がその諸原理から生じるのではない。たとえある人が自分の活動に関して何かこのような命題的知識を持っているとしても、その活動に関する彼の知識は常にこのような諸命題に含まれているものをはるかに越えているのである。さらに明らかなことは、このような人々の活動（私は他のすべての活動についても同様に言うであろう）は、まず最初に生じる何かであり、各人が徐々に各自の方法をその中に見出していく何かであるということである。決して彼はそれをまったく知らないというわけではない。また、これがそれだと示すことのできる始まりというものもない。もちろん、活動一般はそれを構成する諸活動に先立って存在するのではない。その活動はもっぱらある種の諸問題に取り組む方法を知っているということに存する。しかし、その活動は特定の科学者やコックが着手したかもしれない特殊な仕事に先立って存在するのである。さて次に（私が考えるのと同じくらいこのことが明らかであるならば）、いかにして我々は次のような幻想を抱くのだろうか。すなわち、様々な人々の活動は、活動それ自体から独立した予め反省しうる目的や目標ないしルールから生じ、かつそれによって支配されうる、という幻想である。しかもこの幻想は、この根源と支配のゆえにその活動は「合理的」だと呼ばれるべきだ、とするコロラリーを伴うこともありうる。

ある種の活動に従事する人は、それぞれ独自の問いを選択し、この問いに答えることを引き受ける。彼には独自の企画がある。たとえば、月の重量を測定すること、スポンジケーキを焼くこと、肖像画を描くこと、半島戦争（the Peninsular War）の物語に傷をつけるような調停を暴露すること、外国勢力と協定すること、息子を教育すること

――つまり、どんなことでもである。また、独自の仕事に従事している者は、直接自分にかかわらない事柄を扱うときには人並みの怠慢を示すとしても、彼は自分の活動が自分の企画から生じそれによってのみ支配されていると考える。独自の仕事に従事している者は誰しも、その仕事の文脈と含意の全体に主たる注意を向けない。活動は諸行動に分割され、諸行動は個々に独立しているという偽りの外観を呈するようになる。その上、我々の観察する対象が他の誰かの活動であるとき、通常この見方の抽象化は増大する。我々の仕事を除くすべての仕事は、もっぱらトリックと省略とから成り立っているように見える。そうすると、別途に決定された追求されるべき目的から、ある活動が生じうると想定されるようになりうるのはいかにしてか、これについては何の謎もなくなるのである。間違いは、単一の行動が構成する活動全体からその行動が抽象されているのに、活動全体に単一の行動の性格を与えることから生じる。たとえば、その作り手がコックではないと思われるのに、特別なパイを作るという性格を料理活動に与えることから間違いは生じるのである。

　しかし、もし例のコックや科学者が彼の独自の行動の含意を考えるならば、即座に二つの結論に達するであろう。第一に、彼が独自の企画を追求する際に、自分の行動が予め考えられた目的によってだけでなく、自分の企画が属する活動の伝統と呼ばれうるものによっても決定されている、ということに彼は気づくであろう。彼はこの種の諸問題に対する取り組み方を知っているがゆえにこそ、この独自の諸問題に取り組むことができるのである。換言すれば、彼の行動の根源と支配は、彼の技能に、彼の仕事の仕方に関する知識に、そして彼の独自の仕事がそれに関して一つの抽象であるところの具体的な活動への彼の参与に存する、ということに彼は気づくであろう。この具体的な活動（コックや科学者であることとからなる活動）への彼の参与は、時にはあるルールの適用とかある目的の追求という形式をとるように見えるかもしれないが、彼は即座に、このルールやこの目的はその活動から派生するのであってその逆ではないということ、またその活動それ自体は全体としては決して、その活動に先立って決定された目的の追求ないしルールの適用に還元され得ないということを理解するであろう。

しかし、たとえ逆に見えようとも、実際の仕事は決して別途に予め考えられた目的――解決するために提出された諸問題とか追求するために選択された企画――から生じたりそれによって支配されたりし得ないということ、また仮にこれがすべて本当であったとしたら彼の独自の活動は決して開始され得なかったであろうということ、これがもし彼の第一の所見であるならば、彼の第二の所見はさらに根本的なものとなるであろう。つまり、活動それ自体に先立って活動するための目的を企画することでさえ不可能だと彼は気づくであろう。この種の問題の解決にかかわる具体的な活動への彼の参与は、彼の独自の問題を解決する能力の源泉であり、かつそれを解決しようとする活動の根源である。だがそれだけでなく、この具体的な活動への彼の参与こそが問題そのものを提出してもいるのである。問題とその解決へと導く調査過程のいずれもが、すでにその活動の中に秘められており、抽象化過程によって初めて引き出される。人はある独自の企画に乗り出す前にそれをいかにしてやっていくかに関する知識（すなわち、すでに活動の中にある知識）を持つ必要があるが、また同様にある企画を定式化するためにも同種の知識を持つ必要がある。要するに、ある独自の行動は決してその独自性から始まるわけではなく、常にイディオムないし活動の伝統から始まるのである。まだ科学者でない者は科学的問題を定式化すらできない。彼が定式化するのは、専門家が即座に「科学的」問題ではないと認めるような問題である。なぜなら、それは「科学的」な仕方では考えられ得ないからである。同様に歴史研究の専門家は、「フランス革命は間違っていたか」というような問いは歴史的な問いではないと即座に認めるであろう。

さて、我々は最初に到達した結論に戻ってしまったが、それは一層根本的な形においてである。別途に予め考えられた目的から生じそれによって支配される活動というものはあり得ない。我々は、目的を予め考える能力、行動や活動それ自体に先立って行動のルールや行為規準を定式化する能力を手に入れることができない。したがって、活動の根源と支配を説くことは、それを誤って説明することである。活動がこの性格を持つべきであると示唆することや、それをこのパターンに押し込めようとすることは、活動に望ましい性格を付与することができずそれを崩壊させることなのである。「合理的」な行動のような行動について語ることは無意味である。なぜなら、それは行動などではなく行動の微弱な陰影でしかないからである。また、次のことにも注目されてよい。すなわち、行動が別途に予め考えられた目的によってもっぱら決定されていることをもって、それを「合理的」だと呼ぶことは愚かなことだと認めるならば、我々はさらに、行動がその目的を達成することに関して（すなわち）その成功に関して、それを「合理的」だと呼ぶべきではないということを認めなければならない。望ましい結果の達成は行動の「合理性」の徴標ではない。なぜなら、すでに見てきたように、行動はある特別な結果を達成したいという欲求から生じると想定しうるのは、無視と抽象化の過程によってのみだからである。

7

これまでのところ、我々の結論は主として否定的であるように見えるけれども、探究の過程を通して、私が行動の「合理性」に関する、より有益な見解だと考えるものが明らかになったことと思う。もし行動の「合理性」が行動に先立って生起した何か――目的ないし適用されるべきルールについて別途に予め考えること――に存しないとすれば、またもし行動の「合理性」が当該行動のイディオムの外部にある何らかの源泉から行動に与えられた何かでないとすれば、それは行動それ自体の一つの特質ないし特性であるに違いないと思われるであろう。

あらゆる現実的行動やあらゆる独自の活動は既存の活動のイディオムの中で生じる。私が「活動のイディオム」という言葉で意味しているのは、状況に応じた行為の仕方に関する知識のことである。科学的活動とは、科学的な問いを提出しこれに答えていく方法に関して科学者が持っている知識を探究することである。道徳的活動とは、善良な行為をする仕方に関して我々が持っている知識を探究することである。各事例の問いと問題は、その解き方に関して我我が持っている知識、つまりその活動それ自体から生じる。我々は実際に活動を起こす以外には、どんな方法をもってしても活動のイディオムを洞察することはできない。というのは、実際に活動を起こすことによってしか、我々はその実行方法に関する知識を獲得できないからである。我々が知っていることから——たとえば科学者としては、科学者の仕事の進め方に関して我々が知っていることから、また道徳的存在としては、善良な行為をする仕方に関して我々が知っていることから——我々は始める。もし何も知らなかったならば、我々は決して始めることができないであろう。我々は、徐々に多種多様な手段によって、活動を追求する方法に関する我々の最初の知識を改善し拡大するのである。このような手段（それは明らかに活動を追求する方法に関する我々の知識の一定レベルの達成に依存しているがゆえに、下位のものではあるけれども）の中には、活動の分析、その活動の中に本来備わっていると思われるルールや原理の定義、そしてこれらのルールや原理の反省が含まれる。しかし、これらのルールや原理は活動それ自体の単なる要約にすぎない。これらは、活動に先立って存在せず、活動を支配するとは正当には言えないし、活動を引き起こす刺激を提供することもできない。このような原理に完璧に精通していても、原理がかかわっている活動を全然遂行できないということはありうる。というのは、活動を行うということはこのような原理を適用することではないからである。また、たとえそうであったとしても、原理の適用方法に関する知識（活動の遂行の中に現に含まれている知識）は、原理に関する知識の中には与えられていないのである。

　さて、行動に関して「合理的」という言葉を用いる唯一重要な方法は、我々がそれを用いようとするときに活動それ自体の特質ないし特性（おそらく、望ましい特質ないし特性）を指し示すことである、ということが認められるならば、当該特質とは単に「知性」だけでなく、我々の従事する特別な活動を行う方法に関して我々が持っている知識への忠実さのことでもあると思われるであろう。「合理的」な行動とは、その行動が属する活動のイディオムの整合性が保持されかつ可能な限り高められるような仕方で行為することである。もちろん、これは活動の（発見されたとしてもごくわずかの）原理・ルール・目的への忠実さとは異なった何かである。原理・ルール・目的は、活動の整合性の単なる要約であり、我々は活動それ自体との接触を失うとしても、これらに忠実であることは容易である。また、「合理性」を特徴づける忠実さは、確立され完成された何かへの忠実さではない（というのも、活動を行う方法に関する知識は常に変動しているからである）。つまり、活動の整合性に自ら貢献する（単にこれを説明するだけではない）ことが忠実さというものなのである。この見解は次のような含意を持っている。第一に、いかなる行動・行為・一連の行為といえども、それらが属する活動のイディオムと無関係に「合理的」ないし「不合理的」であることはできない。第二に、「合理性」とは常に前方にある何かであって後方にある何かではない。しかし、それは望ましい結果ないし予め考えられた目的の達成に成功するということではない。第三に、活動のイディオムのすべてが単一分野の活動に包含されていると考えないならば、ある活動全体（たとえば、科学、料理、歴史研究、政治、詩など）について「合理的」だとか「不合理的」だとか言うことはできない。この見解が我々をどこに連れていくか、これについて考察しよう。

8

その見解はどのようにして我々が「科学」と呼んでいる活動に適用されるのか。科学的活動とは、予め決定された目的を追求することではない。つまり、誰もそれが到達するところを知らないのである。我々が現在の成果を判断する基準として設定しうるような、あるいはそれに関して現在の仕事が一つの手段であるような、我々の心の中で予め思い描かれる成果など存在しないのである。その整合性は、予め考えられうる全体目標が存在するということからは生じない。個々の研究者は、独自の目的を予め考え、独自の問題を設定するかもしれないし、通常はそうしているのである。にもかかわらず、我々が見てきたように、彼らの活動はこのような目的から生じるわけではないし、またそれらによって支配されるわけでもない。これらの目的は科学的研究の進め方を知っているということからの抽象として生じるのであり、別途に予め考えられているわけでは決してない。また、科学的活動の整合性は、科学者によって遵守される一群の諸原理ないしルール、すなわち「科学的方法」に存するわけでもない。このような諸原理とルールは確かに存在するけれども、これらもまた活動の要約にすぎないのである。活動はあらゆる点でこれらを越えているのであり、特にこれらを何時いかなる方法で適用すべきかを知っているという鑑識眼においてこれらを越えているのである。その整合性は、科学者が自分の研究を進める方法、すなわち科学的研究の伝統以外のどこにも存在しない。このような伝統は確立も完成もされていない。これらを単に現在の科学的意見にすぎないものと捉えてはならないし、これと指し示すことができる「方法」と捉えてもいけない。これらは各部門の科学的研究の指針であり、かつ同時に科学者が働くところならどこへでも拡大・拡張されているのである。このような伝統は、科学者が活動を始める前に彼の心の中で予め完璧に思い描きうる完成された成果（たとえば、「方法」はこのようなものとして考えられるかもしれない）ではないがゆえに、この伝統の遵守を科学における全体目標と同じものとして語ることは正当ではない。

　さて、私が推奨している見解は、科学者の行動が正当に「合理的」だと呼ばれうるのは、その行動が科学的研究の伝統に忠実であるからだ、というものである。「不合理的」な科学者とは、目的について別途に予め考えること以外の何らかの源泉からその活動を引き起こす人のことではない（誰もこの源泉から活動を引き起こすことはできないであろう）。また予め確立されたルールや原理によってその活動を規制されない人のことでもない（というのも、このようなルールと原理は存在しないからである）。さらにまた、何の観察も行わず、いかなる結果をも達成せず、何か自分の活動を示すものさえ持たないような人のことでもない。つまり、実のところ「不合理的」な科学者とは、科学に携わっている奇人・変人のことなのである。彼をそれと認めることができるのは、単に現在の科学的意見から彼が逸脱しているということによってではなく、科学的研究の伝統全体に対して彼が忠実でないということ、つまり科学的研究の進め方を彼が知らないということによってなのである――その無知さ加減は、彼の活動の結果において現れるのではなく、彼の活動それ自体の経過において、つまり彼が満足して与える回答だけでなく彼が提出する問いにおいても現れる。もし私が〔ここで〕考えている問題を考察するならば、我々は次のことに気づくであろう。すなわち、この問題は大抵のところ、我々がこの関連で「合理的」という言葉をどのように使い慣らしているかという問題である、と。もっとも、我々がこのように用いるとき、我々は何を排除してしまっているかについては、存在すべき明確さを必ずしも持ち合わせていないのだが……。

9

さて、その問題に関するこのような見解に共感している一般の人々の中には、それにもかかわらず、科学的活動は特殊事例であり、そこで真であっても他所では真でない、と疑う者もいるだろう。したがって、結論として私は、人間の一般的な道徳的・社会的行動と呼ばれうるものに対する、このような物の見方の妥当性を立証する試みをしなければならない。というのも、私は科学的活動がこの点で特殊事例であるとは認めていないからである。私が語ることの中に、もし独断的態度が現れているとすれば、それは私を納得させたいくつかの論拠をすでに私が明らかにしてしまっているからである。

その最も一般的な性格において、人間の行動はエネルギーである。それはエネルギーによって引き起こされない。

それはエネルギーを表出も表示もしない。〔つまり〕それはエネルギー〔そのもの〕なのである。エネルギーとして、それは食欲ないし欲求という形で現出するかもしれない——もちろん、未分化の欲望としてではなく一定の形をとった欲望としてではあるけれども。しかし、ここでもまた、欲求は活動の起因ではない。欲求は一定の仕方で活動している。すなわち、ある人を活動的にさせ、あるいは自ら活動の中に現れる「欲求なるもの」を、人は最初から持っているわけではない。人が何かに対して欲求を持っていると言うことは、人は一定の仕方で活動しているという別の言い方にすぎない——たとえば、熱湯の栓を閉めるために自分の手を伸ばすこと、頼み事をすること（「私に辞書を取って下さい」とか「国立美術館へ行く道はどれですか」など）、スコットランド行き列車の時刻を調べること、友人と会うことを夢想して楽しむこと、などのような活動の仕方である。このような活動は、先行する欲求状態の存在を前提したり、それを表出ないし表明したり、それを立証したりする諸活動ではない。このような活動それ自体が特徴的な欲求活動なのである。

さて、欲求活動は互いに分割も分離することもできない。欲求が向けられる対象は、アト・ランダムに移り変わったり、わけもなく次々と引き続いて起こったりはしない。ある人がある性格ないし性向を持っていると言うことは、とりわけ、彼の欲求活動が多かれ少なかれ整合的な全体から成っていると言うことである。新しい欲求活動は、すでに組織化された全体の内部以外のところでは現れない。それは、対象を付与されつつ外部から生じるのではなく、活動の既存のイディオムの内部における分出なのである。我々がそのイディオムについて持っている知識は、もとより欲求活動を統御する技能のことである。我々は、最初に欲求を持ちその後でそれを満足させる方法を発見しようとするのではない。我々の欲求の対象はそれらを求める活動において我々に知られている。

社会生活——人間の生活——とは、欲求活動のある傾向は是認され他の傾向は否認されるということ、つまりあるものは正しく他のものは間違っているということを知ることである。この是認と否認の基底にあると思われうる原理あるいはルールでさえもが存在しうるということは、あながちあり得ないことではない。厳格な知性は常に諸原理を発見するだろう。しかし、この是認と否認は、これらの諸原理やこれらに関する知識からは生じないのである。このような諸原理は、是認と否認それ自体が示す整合性を要約したもの、つまりそれを抽象的に定義したものにすぎない。また、是認と否認は、別途に予め考えられた達成されるべき目的によって支配される付加的な活動としても考えることはできない。別途に予め考えられた目的が道徳的活動に存在しないのは、それが科学的活動に存在しないのと同じである。すなわち、是認と否認は、欲求活動に続いて起こり行動規範を外部の何らかの源泉から導入する、一つの独立した活動ではないのである。それらは欲求活動そのものからは分離できない。是認と否認は、欲求活動を統御する仕方つまり行為する仕方に関する我々の完全な知識を記述する、抽象的で不完全な方法でしかない。要するに、道徳的判断は、我々が道徳的活動を行う前後いずれかにおいて断言する何かではなく、道徳的活動の最中に断言する何かなのである。

さて、人間の活動は常にあるパターンを伴った活動である。それは〔外部から〕重ね合わされたパターンではなく、その活動それ自体に内在しているパターンである。このパターンの諸要素は時折、比較的しっかりした輪郭をもって立ち現れる。このような諸要素は、慣習・伝統・制度・法などと呼ばれている。正確に言えば、この諸要素は活動の整合性を表すものではない。つまり、是認と否認をあるいは行為する仕方に関しての我々の知識を表すものではない。この諸要素は整合性〔そのもの〕である。それらは行為する仕方に関する我々の知識の内実である。我々は、まず最初に一定の行為が正しいとか望ましいという決定を下し、それから我々のその行為に対する是認を制度の中に表現するわけではない。善良な行為をする仕方に関する我々の知識がこの点では制度なのである。我々はこれについて存在すべき明確さを必ずしも持ち合わせていないからこそ、時として次のように考えてしまうという誤りを犯すのである。すなわち、諸制度（特に政治的諸制度）は、あたかも行動のイディオムの代わりに機械の一部でもあるかのごとく、あちらこちらに移転させることが可能である、と。

さて、社会的行動（すなわち人間の行動）に関する積極的な問題は、いかにして是認された欲求の満足を確保するかということである、と考えられるかもしれない。これは確かに通例の消極的な仕方――いかにして活動が望ましくない方向に走るのを防止するか――よりもずっと理に適った問題の記述方法ではある。にもかかわらず、これもまた、一つの独立した問題ではない。我々はまず最初に欲求を持ち、それからそれを是認し、その後それを他の是認された欲求と調和させる方法やそれを満足させる方法を探し求める、というわけではない。これは我々が以下のように想像した場合にのみ意味を持つであろう。すなわち、是認と否認を表明する際に、また満足の手段を見出す際に、我々はすでに我々の許に充分な欲求を持っており、その適否に関する問題を解決するためにその活動それ自体の外部にある何らかの権威に訴えている、と。しかし、このように想像するのは間違った想像をすることである。ここで線型過程とみなされているのは、実のところ、決してその部分のどこも欠いていない単一の全体のことなのである。

これまで私は道徳的活動の整合性を強調してきた。そこでまず初めにこれを扱うのが適当である。なぜなら、道徳的活動は（それがどこで始まるかをあえて言えば）整合性において始まるからである。我々は行為の仕方に関する知識から始める――もちろん、それは完全な知識でもあの世から賦与された知識でもなく、欲求活動と同時に存在する知識である。私がその活動に帰したのは、一定方向への流れ、趨勢、広く行き渡っている共感とでも呼びうるような何かである。その活動運動は何らかの外的な力を適用することからは生じないし、その方向は予め設定された目的によっては決定されない。このような考えに頼る必要があるのは、我々が次のようなものを想定するという先の誤りに陥った場合だけである。すなわち、第一に、それ以外のものから始まる活動（完全な無知から生じる「知識」）、第二に、特にこれといった方向をもたない活動（真偽ないし正邪が今なお区別される必要のある「知識」）である。しかし、〔今や〕その運動を妨げその方向を危くするものについて考える、つまり行為の仕方に関する我々の無知について考える時機にきている。

道徳的活動は、現在の道徳的成果の限界につけ込んで、現代における道徳的伝統全体の不整合性から一つのまとまった道徳的伝統の整合性へと訴えるべきであるということは、現代における整合性という旋回軸の周辺を廻るだけの活動と同様に標準的である。つまり、それらは行為の仕方に関する知識の展示のようなものである。いずれの場合にも、その運動は妨害されないし運動方向も危くされない。しかし、本当に妨害され危くされることはあり得ないことではない。それは道徳的活動の性格を考える際に考慮されるメリットにとっては、ごくありふれた出来事である。その状況は道徳的活動の伝統的傾向における信用の失墜として包括的に記述されるかもしれない。このことは活動それ自体における起動力の減退をもたらす。それは道徳教育（行為の仕方に関する知識の伝承）の有効性が崩壊する徴候であり、またその崩壊の状態でもある(7)。この状態の顕現を誘発しうる起因を調査することは不必要である。明白な諸原因のいくつか――地震、疫病、戦争、機械の発明――がどんなに些細なものであるか、これは驚くべきことであるが、各々は道徳的活動の現状を（いくぶん激烈に）粉砕する力を持っていたように思われるし、またそれを偶発の渦巻の中に四散させ地方の荒れ狂う洪水の中に消滅させる力を持っていたようにも思われる。しかし、これは科学的活動の歴史とは似ても似つかぬ状況であるということは注目に値する――もっとも、原理上このような弊害を免れさせるだけのものを科学は持っておらず、今でさえ攻撃に晒されているのかもしれないのだが……。

一般に、このような状態に対する救済策は、結果として自信を回復し起動力を再生するような施策でなければならないのは当然である。また一般に、このような施策は、被害者が持っているものの中でまだ損なわれていないものを利用しなければならない。行為の仕方に関する知識はまさに善のような何か他のものに永久的に取って代わられうるという考えや、患者は新しい確固たる基盤の上に立ってもう一度人生をやり直すために死ぬことを許され（あるいは奨励しさえされ）ねばならないという考えは、道徳的活動の性格についてまったく無知な者だけが抱く考えであろう。

通常このような場合に人気のある救済策は、理想・原理・ルール・目的を特別贅沢に混成したものを注入することである。この救済策が望ましい結果を持ちうる二つの条件がある。第一は、理想や原理などがその病んでいる道徳的伝統から、つまり（たとえるなら）患者と同じ血液型から引き出される場合、第二は、患者が注入された血液を同化しそれを彼の動脈の中で、善き行為についての諸命題によって成り立っている知識から、行為の仕方に関する知識へと変形させることができる場合である。この第一の条件は容易に満足させることができる。入手可能な原理と理想だけが、実のところ、行為の仕方に関する失われた知識を要約したものである。これらは何かより荘重なものとして――神から直接賜った恩寵のように――示され、この外観のゆえに迷信的な崇敬を受けるかもしれない。しかし、このように幻想に浸っていて、果たして効果的に治療する機会が増大するのかどうか、これは疑問である。第二の条件を満足させるのはこれほど容易ではない。道徳という乾燥した骨を一つの生き物に変えることは決して容易なことではない――確かに、もし我々の知識の総計が解剖学的なものならば、それはまったく不可能である。実際、善い行為についての諸命題によって成り立っている知識だけから、行為の仕方に関する知識を引き出しうる方法などないのである。結局のところ、治療は患者の生来の強壮さに依存している。つまり、それは行為の仕方に関して彼が損なわれていない知識の遺物を持っていることに依存しているのである。

我々は、健全な道徳的活動と病的なそれとに関して簡単に考察してきた。今や我々の問いはこうである。一体これのどこに「合理的」な行動があるのか。（すでに見てきたように）、行為の目的ないしルールについて別途に予め考えておくことから生じる（あるいは生じると思われる）行動には、優れて「合理的」な何かがあるということや、それが「合理的」なのは予め考えておくという先行過程のゆえにであり、かつ目的達成の成功のゆえにであるということが、一般に信じられている。もし我々がこの見解を受け容れたならば、道徳的活動はその病的な状態が治療されたときに優れて「合理的」なものとなるように思われよう。しかし、これでさえも、どちらかと言えば、正当な結論を越えるものである。実際のところ、せいぜい主張できる最大限のことは以下のようなものである。すなわち、行動が特に「合理的」であるのは、その病気が治療されているときであり、また治療の成功が次のような幻想に依存しているときである。つまり、病気を治癒するという注入物質の特性は、それが病的な道徳的活動の性格に汚染されていないことから導き出されるという幻想である——実際には相続した資産を費やしているだけなのに新しい自立した生き方を見つけたと思っている人のそれとよく似た幻想である。もちろん、行動の原理と目的を反省することは、治療目的以外にも役立つかもしれない。それには教育的な用法があるし、おそらくは予防的な用法さえある。しかしながら、重要な点は、それが一つの方策にすぎないということである。

しかし、我々はその問題に関するこのような見解の全部を拒否するのが至当だと考えてきた。この行動は「合理的」であるかもしれないが、もしそうであるとしても、その「合理性」の徴標は誤解されてきたものである。いたるところで我々は、具体的活動とはいかに行為すべきかを知っていることであるという結論に、そしてもし「合理性」が行動に正しく帰属させられるならば、それは行動それ自体の特性であるに違いないという結論に立ち戻るのである。この原理によれば、実際の人間行動は、善良な行為をする仕方に関する知識に対してその行動が忠実であるがゆえに、つまり道徳的活動というその伝統に対してその行動が忠実であるがゆえに「合理的」だと考えられうるのである。いかなる行動もそれだけで「合理的」であるというわけではないし、また先に起こった何かのために「合理的」であるというわけでもない。それを「合理的」にするのは、共感の流れ、つまり道徳的活動の趨勢においてその行動が占める位置である。我々がア・プリオリにどんな形態の行動をも排除してよいという理由はここにはまったくない。衝動的な行動、「自然に起こる爆発」、慣習やルールに従った活動、そして長い反省過程の後になされる行動は、同様に「合理的」であるかもしれない。しかし、これらの特徴があったり、あるいはこれらないしそれと同様の特徴がなかったりするがゆえに、それが「合理的」だったり「不合理的」だったりするわけではない。「合理性」とは、共感の流れの中で一つの位置を維持しうる行為ならどんな行動にでも我々が与える証明書、つまり活動の整合性のことである。それは生活様式を構成する。この整合性は、「理性」と呼ばれる能力ないし「共感」と呼ばれる能力の作用のことではない。それは別々に注ぎ込まれた道徳観念からも、道具としての意識からも生じない。実際のところ、調和を享有する諸要素やそれを求める諸要素から絶縁された、外的な調和力などまったく存在しないのである。調和を確立し不調和を見つけるのは、具体的な精神、つまり調和を求める活動からすべてが構成され、達成されたすべての調和レベルにあまねく関係づけられた精神なのである。

ここでもまた、我々はこのような仕方で「合理的」という言葉を使い慣れていることが指摘されうる。もっとも、我々はそれをこのように用いることの含意に必ずしも気づいているわけではない。ある人が特定の場合に「相当の注意（reasonable care）」を払ったかどうかについて裁判所が決定しなければならないとき、裁判所がかかわるのは、ある抽象的に「合理的」な分量の注意でも、あらゆる状況下であらゆる場合に払われるべき同量の注意でもないし、また彼が行為する前に彼の心の奥底で進行し続けた反省過程の長さと適切さを調べることでもない――裁判所がかかわるのは、行為それ自体についての結論に到達すること、つまりその人が持っていると考えられる行為の仕方に関する知識を、彼がその場合に用いたかどうかを決定することである。そして、その人が実際に何をなしたかを考慮することによってのみ判決は下されるのであって、彼が行為する前に何を考えていたかによってではない。「相当の注意」は、予め明確に知られうる何かではない。それは、英国の陪審（ないし裁判官）が一定の状況下で人並みの知識・洞察・機敏さを備えた英国人によって行使されることを期待するような程度の注意である。陪審ないし裁判官は、この場合、道徳的活動の趨勢の代弁者である。彼らは何かを申し立てるが、我々の生活様式に属する、善良な行為をする仕方に関する知識を越えた何かを申し立てるわけではない。要するに、人間活動は、それが当該活動のイディオムにふさわしい「知性」を示すときに、「合理的」だと言うことができよう。

一九五〇年

（1）ブルーマー夫人自らがこの主張をなしたのかどうか、あるいは他人が彼女の考案を代表して主張したのかどうか、私は知らない。
（2）ギンズバーグ教授は、*'Reason and Unreason in Society'* の中で、私がここで考察している見解について説明している。
（3）C. C. Darlington, *The Conflict of Science and Society*.
（4）この教説に関しては、スピノザの『エチカ』で述べられているもの以上に説得的な説明を見出すことは困難であろう。
（5）J. M. Keynes, *Two Memoirs*.
（6）トルストイの『アンナ・カレーニナ』の読者は、リョーヴィンとスヴィヤジェスキーの「合理的」な農業についての議論を思い出すことであろう。スヴィヤジェスキーにとって、「合理的」な農業とはもっぱら機械や正しい会計法などを導入することである。しかし、リョーヴィンは何かが忘れ去られていることに即座に気づくのである。つまり、機械の扱い方を知らず機械を軽蔑している農夫たちのために複雑な機械を導入することは「合理的」ではない、と。ドイツで「合理的」であっても、ロシアでは「合理的」でないのである。人は自分の農夫を教育し、自分の技術革新の水準を農夫の教育水準にあてはめねばならない。リョーヴィンは、ある活動が行為の仕方に関する知識に存することを知っている（しかしそれを説明する仕方を知らない）。スヴィヤジェスキーはこのことを知らないが、典型的な「合理主義的」立場を代表しているのである。『アンナ・カレーニナ』第三部第二十七、二十八章、第四部第三章。
（7）孟子はこの種の状況のためにこそ処方箋を書いたと思われる。

（玉木秀敏訳）

政治教育（1）

この講座の二人の前任者、グラハム・ウォーラスとハロルド・ラスキは、いずれも極めて卓越した人物であったから、彼らの後をつぐことなどとうてい私には望むべくもないことのように思われる。ウォーラスにおいては、経験と反省とが、ほどよく結合され、政治の、実践的であると同時に深遠な理解を生み出していた。彼は、体系というものをもたなかった思想家であるが、それでも誠実で忍耐強い探究の糸によって、彼の思想は強く結ばれていた。また彼は、その知性の力を人間の行動の非合理性への考察にふり向け、知性の理屈ばかりか、心の機微にも深く通暁した人であった。ラスキについて言えば、彼においては冷徹な知性の光と温かい情熱とがよき調和をなしており、学者の気質に改革者の熱意が結びついていた。私には、彼がそのはば広い学識と周到さで我々を幻惑し、その主張の大胆さで我々の共感をかち得、また彼の寛大さで我々に敬愛の念をうえつけたことが、つい先ほどのことのように思われるのである。彼ら二人に続くものにはおよぶべくもない、彼ら独自のやり方で、この二人は英国の政治教育の上に、あざやかな足跡をしるしたのであった。彼らはいずれも偉大な教師であり、うむことなく、信念をもって、彼らが教えなければならないことに献身したのである。だから、彼らの後を「私のような」一人の懐疑家が襲うとしたら、おそらくそれは、いささか忘恩のそしりをまねくかもしれぬ。懐疑家がうまくやるのは、どうやればいいのかを、既に彼がよく知っている場合にすぎないのである。しかし、彼の行動に対しては、これら二人の人物以上に、的確な、また好意的な証人は、何人も望み得ないであろう。それ故、私が本日の講演のために選んだ主題を、彼らも認めてくれるものと思う。

1

政治教育という表現は、既に不興をかこっている。我々の時代特有の、言語の恣意的で邪悪な堕落の中で、この表現もずっとまがまがしい意味を帯びてしまっているのである。ここ以外の場所では、それは、強制や警告によって、あるいはまた言うほどの価値もないことをはてしなくくり返す催眠術によって、心を洗脳するあの技術に結びついている。それによって、全人民は従順にされてきたのである。だから、二つのそれぞれまともな活動を結びつけたこの表現を、どう理解したらよいのか、頭を冷して考えなおしてみることは、無駄ではあるまい。そうすることによって、我々はいささかでもそれを悪用から救うことができるだろう。

政治ということで私が理解するのは、たまたまにせよ意図してにせよいっしょになった一群の人々を整序する活動一般に関わる行動のことである。この意味で、家族、クラブ、学会なども、それぞれの「政治」をもっているのである。しかし、このような行動が歴然としている共同体は、以下のようなものである、つまり、その多くは古代の血属で、またそのいずれもが、自分の過去・現在・未来を意識しているような世襲的な協同体、即ち我々が「国家」と呼ぶものである。大多数の人々にとっては、政治的活動は二次的活動であり、つまりは、彼らはかかる人々の整序化に関わる以外になすべきことをもっているのである。しかし、今日我々が次第によく理解するようになってきたように、この活動は、集団のどんな構成員にせよ、子供や狂人でもないかぎり、何らかの形で参加し、また何らかの責任を担わざるを得ないものなのである。我々に関するかぎり、それはある意味では、一つの普遍的な活動になってしまっているのである。

私がこの活動を「整序化に関わること」と言い、「秩序を作ること」とは呼ばないのは、これらの世襲的協同体においては、行動は、決して無限な可能性をもつ白紙状態で与えられることはないからである。いかなる世代でも、その最も革命的な世代においてすら、成立している秩序は意識されるべきものをいつもはるかに越えているのであり、とってかわり得る新秩序などは、手直しを受けて維持されるものと比べて、わずかしかないのだ。新しいものは、全体の内のとるに足らぬ割合しか占めていないのである。もちろん中には次のように言いたくなる人もあろう。

秩序など、さながら、
もっぱら改善されるためにのみある如く、

しかし、我々の多くは、行動形態を改善しようと決意するからといって、我々の所有する大部分は、ふりはらわれるべき重荷や夢魔などではなく、受け継がれるべき遺産であるということを認めるに、やぶさかではないだろう。ある程度のむさ苦しささえも、あらゆる真の便利さと切り離せないものなのだ。

さて、社会の整序化に関わるということも、他のすべてのものと同様、習得を要する活動である。政治は知識に訴えるものだ。だから、そこに含まれる知識の種類がどんなものかをたずね、政治教育の本性を探究することは、決して無駄ではない。とはいえ、私の提案は、我々が政治行動をはじめる前に、どんな情報を身につけておくべきかとか、政治家として成功をおさめるためには、どんなことを知っていなければならないか、を問題にしようというのではなく、我々が政治的活動に参加する時にはいつも、不可避に参照せねばならない知識の種類を問いただし、そこから政治教育の本性の正しい理解を獲得しようとすることである。

そこで、政治教育についての我々の思考は、政治的活動と、それが含むような知識についての我々の理解から、得られるものと考えられるかもしれない。そしてこの場合必要なものは、政治的活動の定義であり、そこからいろんな結論を引き出すことができるのだ、と思われるであろう。だがこれは、誤って我々の仕事を導くやり方であると、私は思う。必要なものは、政治教育の性格を演繹することができる政治の定義などではなく、むしろ政治に含まれる教育の要素を正しく認識するような、政治活動の理解を得ることなのである。なぜなら、ある活動を理解することは、それをこの具体的な全体として知ることであり、それはその活動を、自らの中にその運動の源泉をもつようなものとして、認識することである。その活動を、自らの外にある何物かに負うままにしているような理解は、その意味では十全な理解とは言えない。だからもし政治的活動が、ある種の知識とある種の教育なくしては不可能なものならば、この知識と教育は、この活動にとって単なる付加物などではなく、それ自体この活動の一部なのであり、それについての我々の理解の中に、織り込まれねばならないことになる。それゆえ、我々は政治の知識と教育の特性を演繹するための、政治の定義などを探すのではなく、むしろ政治的活動のどんな理解にも固有な、独特の知識と教育を観察し、その観察を使って、政治についての我々の理解を改善するようにするのでなければならない。

そこで私の提案したいのは、政治についての今流布している二つの理解を、それに含まれるそれぞれの知識や教育と合わせて、その妥当性を吟味し、それらに必要な改善を加えて、政治的活動ならびに、それに属する知識と教育双方の、よりよい理解と言えるものに至るということである。

2

ある人々の理解では、政治とはある経験的な〔受動的〕活動と呼ばれるものである。社会の整序化に関わることは、毎朝目をさまし、「私は何をしたいのか?」とか「誰か他の者（私が喜ばせようと望む人）は、何をされたいか?」と自問し、ただそれをすることである。政治的活動についてのこの理解は、政策なき政治と言い得るかもしれない。ごく簡単な考察だけでも、それは具体化の難しい政治の概念であることが明らかになろう。それは、そもそも可能な活動様式とも見えないのである。しかし、これに似たアプローチは、おそらくよく知られた東洋の専制君主の政治や、あるいは落書き屋や買収屋の政治にならば、見出すことができる。しかし、その結果は、気まぐれに取り入る以外には何も一貫したことのない、混沌でしかないと思われる。それらは、初代のリヴァプール侯に付された政治である。彼について、アクトンが言うことによれば「その政策の秘密は、まったくの無策ということであった。」そしてまた、あるフランス人の記述によれば、もし彼が世界創造に立ち会ったとしたら彼は「神よ、混沌を保ちたまえ」と言ったことであろう、ということである。だから、具体的な活動としても、経験的政治への近似と呼び得るものは、可能ではあろう。だが明らかに、たとえある種の知識がこのような政治行動の様式に含まれているとしても（そのフランス人の言葉に従えば、我々自身の知識ではなく、我々の欲望の知識にすぎないが）、それにふさわしい唯一の教育は、狂気の教育――受動的欲望だけに支配されることを学ぶことであろう。そしてこのことは、重要な点を明らかにしている。即ち、純粋に経験的な行動として政治を理解することは、それを誤解することである、なぜなら、経験主義はそれ自身、そもそも何ら具体的な活動様式ではなく、それが具体的活動様式での手助けになり得るのは、それが他の何かと――例えば科学でなら仮説と――結合される場合だけだから、ということである。政治のこの理解について重要なことは、ここに政治へのある種の関わり方が見られるということではなく、それが、具体的自己運動的な活動様態を、どの活動様式の中にもある一つの抽象的側面でしかないものへと、誤解してしまっているということである。もちろん政治は、望まれるものまたその時望ましいものを、追求することである。しかしそうであればこそ、政治は決して、一瞬一瞬望ましいと思われることだけの場あたり的な追求ではあり得ないのである。望むという活動は、こんな道をたどりはしない。気まぐれは、決して絶対的ではない。従って、実践的見地から、我々は純粋な経験主義に近い政治のスタイルを、狂気への接近をそこに見るゆえに、非難してよい。しかし、理論的見地からするならば、純経験的政治は、接近するに困難なものでも、排除されるべきものでもなく、ただ不可能なものである。それは誤解の産物である。

3

このように、純経験的活動として政治を理解することは、そもそも具体的な活動様態を、把えそこなっているゆえに、十全なものではない。それにそれは、往々にして不幸な結果をまねくような、あるスタイルでの社会の整序化への関与を追求するように、無思慮な人を導くという、附随的な欠点ももっている。もともと不可能なことをしようとするのは、破産的な企てと決っている。我々にできるものなら、これに改善を加えねばならないのだ。改善する要求は「この政治理解が見て取ることができなかったのは、いったい何か？」と自問することによって、その方向を見出すことができる。大雑把に言って、それが見すごしており、もしそれがつけ加えられさえしたら、政治が自己運動的（または具体的）な活動様式であるものとして、示されることになるような、そんな理解をもたらすであろうものとは、いったい何であるのか？ しかし、この問いに対する答は、問いが定式化されるや否や、手に入れることができるように思われる。この政治理解に欠けているものとは、経験主義を実際に働かせるようにできるもの、科学においてちょうど個々の仮説にあたるようなもの、単なるその場その場の欲望よりも広い射程をもつような追求目標に他ならないことが、知られるだろう。またこれは、単に経験主義のよき相棒にとどまるものではなく、それなくしては、経験主義がまったく機能し得なくなるものであることが、見て取られるはずである。そこでこの示唆をさらに検討しよう。そしてその要点を明らかにするために、以下のような命題の形に、それを言い表すことにしよう。即ち、政治が自己運動的な活動様式として現象するのは、経験主義にイデオロギー的活動が先行し、それによって先導される場合である、ということである。私は、政治のいわゆるイデオロギー的なスタイルを、望ましいまたは望ましくない社会整序化への関与として、それに関心をよせるわけではない。私はただ、政治的イデオロギーが、経験主義（やりたいことをなすこと）にとって不可欠な要素として加えられた時、はじめて自己運動的な活動様式が現われ、従って、これこそ原理的に十全な政治活動の理解と見なされ得るのだ、という主張を問題にするだけである。

私の理解するかぎりでは、政治的イデオロギーとは、ある抽象的な原理または諸原理の関連せる組合せを意味し、あらかじめ個々の経験から独立に考案されたものである。それは、社会を整序することに関わる行動に先んじて、追求されるべき目的を定式化し、そうすることによって、いっそう鼓舞されるべき諸要求と抑圧または修正されるべきものとを、区別する手段を提供してくれる。

最も簡単な政治的イデオロギーと言えば、自由、平等、生産性極大、人種的純潔、幸福といった、単一の抽象観念である。そしてその場合、政治的行動は、社会の整序化が、選択されたかかる抽象観念に合致するように、またはそれを反映するように、配慮する試みとして理解される。とはいえ普通は、単一の観念よりも、関連する諸観念の複合した、一つの図式の必要が認められるものであり、そのような観念体系の例を示せば、「一七八九年の諸原則」とか「リベラリズム」「民主主義」「マルクス主義」「大西洋憲章」といったものである。これらの諸原理は、（しばしばそう考えられるように）絶対的なものとか、確固不壊のものと見なされる必要はない。ただそれらの価値は、あらかじめ考案されてしまっているということにある。何を追求すべきかということを、いかに追求すべきかということから独立に、それらは理解させることができなければならない。政治的イデオロギーは、「自由」とか「民主主義」とか「正義」が何であるかという知識を、前もって与えると自認し、このようにして、経験主義が実際機能し得るようになる前提を作り上げるのである。このような一連の原理は、もちろん議論や反省のまとになり得る。それは、人々が自分自身で考案し、後になって思い出したり、記録したりしたようなものである。だが、それら一連の原理が自分に割りあてられた役割を果し得る条件とは、それに服する行動から、それが何も借り受けていないことである。「共同体の真の善を知ることは、立法についての学問の本分である。技は、その善を実現するための手段を見出すことにある」とベンサムは語った。そこで、我々が今問題にしている主張とは、経験主義が機能し得るのは（そして、具体的な自己運動的活動様態が現われるのは）経験主義に、この種の先導が付け加わった場合、即ち欲求に加えて、欲求だけからは生じ得ない何かがそこにある場合、というものである。

さて、政治的活動がこのように理解される時、求められる知識の種類については、何の疑いもない。まず第一に要求されるものは、選ばれた政治イデオロギーについての知識——追求されるべき諸目的の知識、我々がなそうと欲することの知識などである。もちろん、我々がこれらの目的を成功裏に追求し得るためには、他の種類の知識もまた必要とするだろう。例えば、経済や心理についての知識など。しかし、求められる知識全ての種類に共通した特徴は、それらが、社会の整序化に関わる活動に先んじて保証され得る、または保証されるべきだ、ということである。そして、それに適った種類の教育とは、その中で選ばれた政治的イデオロギーが教えられたり、学習されたりし、また成功するために必要な、諸々の技術が獲得されるようにする教育、ということになろう。そしてまた、（もし我々が、イデオロギーという点でまったく何の持ちあわせもない、ということになれば）我々が、自分自身でそれを作り上げるのに要する、抽象的思考や考量の技を教育するものでなければならない。我々が必要とするであろう教育とは、政治的イデオロギーを説き聞かせたり、擁護したり、行動に移したり、また時には、発明したりすることができるように、我々を教えるものである。

かかる政治理解が、自己運動的な活動という本性を呈示するということを、説得的に証明しようとする場合、ある政治事例がまさにこのようなやり方で遂行されているということがわかれば、我々の労も報われよう。少なくともそれは、我々が正しい道にのっていたということのしるしとなるであろう。思い出していただきたいが、政治を純粋に経験的〔受動的・場あたり的〕な活動と理解することの根本的な欠点は、それが何ら活動様態とは言えず、単なる抽象の産物であるということであった。この欠陥は、それへの単なる近似としての政治スタイルしか我々には見出し得ないという点に、はっきりと示されていた。イデオロギーと結びついた経験主義という政治理解の方は、この点ではどのようにうまく切りぬけるのであろうか？　過信することはできないが、これによってなんとか我々は、目的の岸にたどりつくことができるように思える。というのは、このような政治理解に対応する政治活動の事例を難なく見出せるように見えるからである。控え目に見ても、世の中の半分は、まさにこのようにして取りしきられているように思われる。さらにそればかりか、たとえ我々がある特定のイデオロギーに同意しない場合でさえ、望ましい政治スタイルとして我々を説得する人々の著作の中に、何の技術的不合理も発見しないというようなことも、明らかに可能な政治スタイルではなかろうか？　少なくとも、その擁護者たちは、彼らが何について語っているのかということは知っているように思われる。即ち、彼らは活動の様態のみならず、それが織込んでいるような知識や教育をも、理解しているのである。ノーマン・エンジェル卿は書いている。「ロシアにおいては、学校の生徒は皆、マルクスの教説によく通じており、その公教要理を暗唱することができる。イギリスの生徒の内どのくらいの連中が、自由についてのミルの比類なき作品で宣言された諸原理について、何か同様の知識をもっているであろうか？」E・H・カー氏は言う。

「子供が、その国の公式のイデオロギーの中で教育されるべきだ、という主張に反対する人は、もはや多くはない。」つまり、もし我々が、イデオロギー的活動に先導された経験的活動としての政治理解が十全な理解であることを示すためのしるしを探し求めるならば、それを手にしていると考えてもほぼまちがいはない。

しかしそれでも疑いの余地はある。まず第一に、この政治理解が、原理的に自己運動的な活動様態を呈示するものとなっているかどうか、という疑いであり、また従って、この理解にまさに対応する政治のスタイルの例として同定されたものが、適切に同定されているのか、という疑いがある。

我々が今問題にしている主張は、社会の整序化への関わりは、あらかじめ考量されたイデオロギーをもってはじまる、つまり追求されるべき目的についての、経験とは独立に得られた知識をもってはじまる、というものである(2)。そこでは、政治的イデオロギーは、知的な予備考察のたまもの、と考えられており、それ自身は、社会を整序することへの関わりという活動から得られるのでないような、一まとまりの原理であるから、その活動の方向を規定し先導することができるのだ、と考えられている。しかしながら、政治的イデオロギーの性格をより詳細に検討するならば、ただちにこの想定が誤っていることを、見て取ることができるのである。政治的イデオロギーは、政治的活動の、神にも似た生みの親であるどころか、せいぜいのところその世俗的な継子にすぎない、ということになる。それは、追求されるべき目的についての、あらかじめ独立に考案された図式というかわりに、人々が、その社会の整序化への関わりという仕事に関して、これまで慣れ親しんできた様態から抽出された観念の体系ということになる。どんな政治的イデオロギーも、その由来は、政治的活動に先んじてあらかじめ考案されたものではなく、むしろ政治の様態についての考察に基づくものであることを示している。つまり、政治的活動がまず第一にあり、その後に政治的イデオロギーが来るのである。だから、今我々が検討している政治の理解は、厳密には、本末転倒という欠点をもっているのである。

まずはじめに、科学的仮説との関係で、問題を検討してみよう。仮説は、科学的活動において、いくつかの点で政治におけるイデオロギーの役割に似た役割をはたしていると私は見てきた。もしもある仮説が、自ら科学の活動に何も負うところなき自発的なうまい思いつきであるとしたら、仮説によって統御された経験主義も、自己充足的な活動様式をなすと考えることもできたであろう。しかしこれは、明らかに仮説の性格ではない。実際には、すでに自ら科学者である人のみが、科学的仮説を立てることができるのである。即ち、仮説とは、科学的探究を導くことのできる〔探究から〕独立した創案というわけではなく、既に存在している科学の活動の中から、抽象によって立ち現われる〔探究に依存した〕想定なのである。さらに、たとえ特定の仮説が、このような仕方で立てられた場合でも、それが抽象された科学的探究の様々の伝統をたえず参照することなしには、研究への手引としてそれはうまく機能しない。経験主義を始動させる特定の仮説が、科学の探究をいかに導くべきかを知るものとして認識されてはじめて、具体的な情況が現われるのである。

あるいは、料理を例にとって考えてみよう。その心得のない人でも、調理材料と料理の本といっしょにすれば、料理することと呼び得る、ある自己運動的（具体的）活動に必要なものとなる、と考えられるかもしれない。しかし、これほど真実から遠いものはない。料理の本は、料理がそこから発生するような、独立した生成の原点ではない。それは、どのように料理すべきかについての、人の知識からの抽象でしかないのである。それは、活動の生みの親ではなく、せいぜい継子というところである。本は本なりに、人が食事をもりつけることの手助けはしてくれるであろう。しかし、もしそれしか案内がないのなら、人は何も実際には始められないであろう。本が役に立つのは、そこからどんなものを期待することができるかを既に知っていて、従ってまたどのようにそれを理解すべきかをも心得ている人にとってだけである。

さて、料理の本が、いかに料理すべきかを知っている人を前提としており、その使用が、いかにそれを使うべきかを既に知っている人を前提としているのと、まさに同じように、そしてまた科学の仮説が、科学的探究をいかに行うべきかに関する知識から発し、この知から分離されてしまえば、経験主義をうまく働かせる力ももたないのと、まさに同様に、政治的イデオロギーということに関しても、それを政治活動のために独立してあらかじめ考量された発端と考えるのではなく、社会の整序化へ関わる具体的様態からの（抽出され発生した）知識として、理解しなければならないのである。追求すべき諸目的をかかげる公教要理は、それらの目的を既に秘匿しているある具体的な行動様態を縮約して表現するものにすぎない。それは、政治的活動に先んじて存在するわけではないし、それだけでは決して十分な案内役をはたし得ないのである。政治的企て、追求目的、うち立てられるべき秩序、（政治的イデオロギーの、通常の全ての成分）は、社会の整序化への関わりの様式に先んじて、あらかじめ考量され得ない。何を我々が為すか、さらに何を我々が為したいと思うかは、我々がどのように自分の仕事をかたづけることに慣れているか、ということによって決まる。実際それは、しばしば何事かを為す能力が発見されたということを反映しているにすぎず、その後で、それを為すべきだと権威づけられた目標へと、翻訳されることになるものである。

一七八九年八月四日に、フランスの混乱をきわめ破綻に瀕していた社会的、政治的体制は、『人権宣言』によっておきかえられた。この文書を読むと、我々は誰かがある思考を行ったのだと結論したくなる。ここには、簡潔な文章によって表現された、ある政治的イデオロギーが存在する。即ち、権利と義務の体系——正義・自由・平等・安全・財産など——諸価値の図式、それらが史上初めて実践に移されるべく、準備され待機しているのである。しかしはたして「史上初めて」であろうか？ 決してそういうわけではない。このイデオロギーが政治的活動に先んじて存在しているわけではないのは、料理の本が、いかに料理すべきかを知ることに先んじて存在しているわけではないのと同様である。確かにそれは誰かの考察の所産ではあった。しかし、それは政治的活動に先行する考察の所産というわけではない。なぜなら、実際にここには、イギリス人のコモンロー的諸権利が、表明され、抽出され、縮約されており、それらは独立のあらかじめの考案や神からのたまものなどではなく、幾世紀もかけて、歴史的な社会の整序化へ、日々関わりつづけてきた結果なのである。あるいは、ロックの『市民政府二論』を考えて見ればよい。それは十八世紀のアメリカとフランスで、実践へ移さるべき抽象原則を述べたものとして読まれ、そこでは政治的活動への前書きのように見なされたものである。しかしそれは前書きであるどころか、むしろ後書きというしるしを色濃くもっており、もともと実際の政治的経験に由来するようなある力をもって、我々を導くものなのだ。ここには、イギリス人が自らの秩序化への関わりという仕事についてやりなれた様式についての、簡潔な概観――イギリス人たちの政治習慣に関する見事な要約が、抽象的な言葉でつづられているのである。また、次のような表現を、現代のヨーロッパの著作の中から引用して検討してみるといい。「自由は、ヨーロッパ人達を不安にさせ、動揺させている。彼らは自由を得ようと望みながら、同時に自分がそれを得ていないことを知っている。彼らはまた、自由が人権として人間に属しているということを知っている。」追求されるべき目標が設定されてしまえば、政治的活動とは、この目的の実現だと表象される。しかし、追求されるべき「自由」は、独立して予備考量された「理想」とか夢などではない。それは科学の仮説のように、具体的活動様態の中で既に暗示されている何ものかなのである。自由は、ゲーム・パイの作り方と同様、うまい思いつきではない。それは、人間の本性に関する何かの思弁的概念から演繹されるべき「人権」ではない。我々が享受する自由とは、ある種の整序化・手続き以外の何ものでもないのである。つまり、イギリス人の自由は、『人身保護令状』の手続きの中に例として表現された何ものかなのではなく、その点に関して言えば、まさにそのような手続きを取ることができるということそのものである。また、我々が享受したい自由とは、我々の政治的経験とは独立にあらかじめ考案された何らかの「理想」なのではなく、その経験の中で既に示唆されているものなのである(3)。

従ってこのような解釈にもとづけば、我々が「イデオロギー」と呼ぶ抽象観念の体系は、ある種の具体的活動からの抽象であることになる。ほとんどの政治的イデオロギー、そしてとりわけその中で最も有用なもの（というのは、イデオロギーは疑いもなく、有用性をもっているのだから）は、ある社会の政治的伝統からの抽象である。しかし時には、政治的経験からの抽象ではなく他の何らかの活動様態——例えば戦争とか、宗教とか、産業の経営など——から抽象された、政治への指導原理そしてイデオロギーが提供される場合がある。そしてこの場合、我々に示されるモデルは、単に抽象的であるのみならず、それが抽出されたもとの活動が的はずれなものであることになる。私の意見では、これはマルクス主義のイデオロギーが提供するモデルの欠点の一つである。しかしいずれにせよ重要なことは、イデオロギーはせいぜいのところ、具体的活動のある様態からの縮約にすぎないという点である。

今や我々は、政治のイデオロギー的スタイルと呼び得るものの性格をより克明に観察し、その存在は、イデオロギーにのみ導かれる経験主義という政治活動理解が、十全な理解であると考える根拠を、何ら提供するものではないということを、見て取ることができるものと思われる。政治のイデオロギー的スタイルは、混同されたスタイルである。適切に言ってそれは、社会の整序化に関わるある伝統的様式が、追求さるべき諸目的に関する一つの教説へと縮約されたものであり、その縮約が（必要な技術的知識と共に）もっぱらそれにのみ頼るべき指導理念として、誤って受けとられてしまう場合である。ある場合にはこの種の縮約も有益ではあろう。それによって、たまたま適切なものと思われる政治的伝統の正確で厳密な輪郭が得られることもある。ある様式の整序化への配慮が、それが生い育った社会から、もう一つの社会へと移植されるべきである時、（もちろん、それは常に反対意見の起り得る企てだが）、イデオロギーの単純化ということは便利なものと見られるかもしれない。たとえばもし、イギリス流の政治が、世界の他のどこかに移植されるべきものであるなら、それを荷作りして船出される前に、「民主主義」とか何とかいうものへとまず縮約してしまうことが、何といってもやりやすい仕事であろう。もちろん、他の方法がないわけではない。例えば、伝統の縮約型ではなく、その細部までを輸出して、その様々の道具立てと共に、それを操作する人々をも船でおくり出すという方法——つまりはかつて大英帝国というものを作り上げていた、あの方法である。だがそれは、時間も金もかかる方法である。それに、特にせっかちな人々を相手にする場合、要約を手にしたプログラム人間が、常に優位に立つものである。彼のスローガンは、たちまち人々を魅惑してしまうのに、他方現地の行政官というものは、ただ奴隷制の象徴とのみ見なされがちなものである。しかし、イデオロギー的なスタイルの政治の場合、その見かけ上のもっともらしさがどんなものであろうと、それと結びついた政治的活動の説明の欠陥は、それが信じさせようとする類の知識や教育が、社会の整序化への配慮という行動を理解する上で十分なものであるかということを考察する時には、次第に明らかとなる。なぜなら、それが示唆しているのは、選択された政治的イデオロギーに関する知識が、政治的行動のある伝統を理解するのに、とってかわることができる、ということだからである。指揮棒や本が、単なる力の象徴としてではなく、それ自身力をもつものであるかのように見られることになる。社会の整序化は、行動の様態とは見られず、自動的に世界へ移し置かれるべき機械的装置、と見るように強いられる。伝統のもつ複雑さは、縮約の過程でわきの方へ押しやられ、まったく重要性をもたないものと受けとられてしまう。かくて、「人間の諸権利」は実際の社会の整序化のあり方から切り離されて存在するもの、と観念されるのである。しかし実際には、縮約というものは決してそれだけでは十分な指導原理たり得ないものであるから、我々はともすればそれを補完するために、疑念の多い我々の政治的な実体験ではなく、他の（しばしばお門違いに）具体的と考えられた諸活動——例えば戦争とか、産業活動とか、労組交渉とか——から引き出された経験に、頼ろうとすることになるのである。

4

かくて政治を、独立に考案されたイデオロギーの導きの下に、社会の整序化に関わる活動と理解することは、それを純粋に経験的な活動と理解するのと同じくらい、誤解であるということになろう。政治が他のどこにはじまるものであろうと、それはイデオロギー活動にはじまるものではあり得ないのだ。そして、かかる政治理解を改善しようと企てる時、理解し得る概念を手に入れるためには何が認められねばならないかということについて、我々は既に原理的には、見て取ってしまっているのである。科学の仮説が、既に存在している科学的探究の伝統の中にでなければ、現われることも機能することもまったく不可能であるのと同様に、政治的活動の諸目的の体系も、我々の整序化へいかに関わるべきかという既存の伝統の中にのみ現われ、またそれに結びつけられる場合にのみ、評価し得るものとなるのである。政治においては、見出し得る唯一の具体的活動様態とは、経験主義と追求さるべき諸目的の双方が、いずれも伝統的行動様式に、その存在および機能において、依存していると見なされるようなものである。

政治は、人々のあるまとまりを整序することと一般に関わる活動であるが、その人々は、整序化のある様態の認知を共有しているという点で、単一の共同体を構成していなければならない。あるまとまった人々が、何ら行動の伝統と認められるものをもたないような状態を想定したり、あるいは、どんな変化の方向も暗示せず何の注意も喚起せずに整序されている状態を想定すること(4)は、政治の能力を欠いた人々を想定することに等しい。政治という活動は、その時々の欲求からも一般原理からも、自動的に発生するものではなく、存在している行動の伝統自体から発するものである。また政治活動が取る形とは、多くの伝統の中で暗示されたことを探究し、追求するによって、すでに存在している秩序に手を加えるということである。というのはそれ以外の形はあり得ないのだから。政治的活動を為し得る社会を構成している整序化は、それらが習慣であれ、制度であれ、あるいは法や外交的決定であれ、整合的であると同時に、不整合的でもあるものである。それらは、あるパターンをなしているが、同時にそれらは、完全には現われていないものに対する、ある共感を暗示してもいるのである。政治的活動とは、この共感を探究する試みである。だから、意味のある政治的推論とは、存在はしていてもまだ十分には把握されていないある共感を、説得的なやり方で呈示することであり、今こそそれを認知すべき絶好の時であることを、説得的に証明することであろう。例えば、我々の社会における婦人の法的地位は、長い間（そして多分今日でもなお）比較的まぎらわしい状態にあった。それは、それを構成していた権利と義務の体系が、はっきりとは承認されてはいなかった諸権利と義務を、にもかかわらず既に暗示していたからである。そして、私が示唆しようとしている見方にもとづけば、婦人の「解放」（参政権）を法技術的におし進めるための、唯一の的を得た理由とは、すべての、また大部分の他の重要な諸点では婦人達が既に解放されていたということであった。抽象的な自然権から、また「正義」から、または女性の人格に関するある一般的概念から引き出される様々の議論は、お門違いであるか、あるいは次のような一つの妥当な議論を、不幸にして歪めた形だと、見なされねばならない。つまりそれは、それまでの社会の整序化にある種の不整合があったのであり、それが矯正策の必要を、説得的なものとして押し出させることになったのだ、という主張である。かくして、政治においては、いかなる企てもある帰結としての企てであり、夢や一般原理の追求ではなく、暗示された意味の追求であることになる[5]。我々は、論理的含意とか必然的な帰結関係などに比べればはるかにゆるやかな帰結関係で満足しなければならない。しかし、たとえ行動の伝統が暗示する意味が、論理的含意や必然的関係ほど厳めしいものでなく、またもっと把えどころのないものであるにしても、だからといって重要性が劣るわけではない。もちろん、最も追求する価値がある暗示的意味を、我々が引出すために役立つ誤りをまぬがれる論理的装置など、何もありはしない。また、我々はこの領域で、しばしば大きな判断の誤りをするばかりではなく、満たされた欲求の効果の全体は、ほんのわずかしか予想されないので、修正という我々の行動は、しばしば我々が望みもしなかった方向に、我々を導くことになってしまうことにもなるのである。さらに、企ての全体は、経験主義に近いものが権力の追求の中に侵入することによって、常に歪曲をこうむることになる。これらが、決して取り除き得ない特徴として、政治的活動の性格に属しているのである。しかしもし我々が、政治とはそもそも暗示的意味の追求以上の何ものかである、という幻想から逃れることができれば、理解の誤ることは少なくなろうし、また致命的なものでもなくなるだろう。それは、論議によって結着するのではなく、会話によって追求するのである。

さて、知的活力をもつどんな社会も、時にはその行動の伝統を縮約して、抽象的諸観念の体系にしてしまいがちである。そして時には、政治的議論が（『イリアス』の中の討議のように）個別的な相互交渉に、あるいは（トゥキュディデスにおける演説のように）政策や行動の伝統に関わるのではなく、一般原理に関わることもあるであろう。そしてこのこと自体には何の害もない。それればかりか、おそらく何か積極的利点もあるであろう。ものをゆがめて写すイデオロギーという鏡が、ちょうど戯画が顔の潜在的特徴を明らかにするように、伝統の中にかくされた重要な細部を明らかにする、ということもあり得る。そしてもしそうならば、ある伝統が、一つのイデオロギーへと還元された場合、どのように見えるかということを知る企ても、政治教育の有用な部分とはなるであろう。しかるに、政治的伝統の暗示的意味を探究するための、一つの技巧として縮約を利用すること、即ちそれを、あたかも科学者が仮説を使用するように使用することと、政治的活動自体を、社会の整序化があるイデオロギーの予見に合致するように修正する行動として理解することは、まったく別のことであり、後者はまったく不適切なものである。なぜならその場合、まったく支持しがたい性格づけが、イデオロギーに対してなされることになり、実際我々はまったくまちがった、誤解を生じやすい手引きに引きずられていることになるからである。それがまちがいであるというのは、縮約ということはたとえいかにたくみになされたとしても、その場合、ただ一つの暗示的意味だけが過度に強調され、無条件の目標と見なされがちであり、戯画的歪曲が何を明らかにするかを観察することによって得られる利点も、もし歪曲自体が、規準の役割を負わされてしまえば、消え去ってしまうからである。また誤解を生みやすいというのは、縮約それ自身は、実際には決して、政治行動で使われる知識の全体を提供するものではないからである。

政治的活動のかかる理解に、一般に同意はしても、それがひょっとして正常なものと必要なものとを混同しているのではないか、そして（今日大きな意味をもつ）重要な例外を、性急な一般化の中に見落してしまっているのではないか、という疑問をもつ人もいるかもしれない。政治の中に行動の伝統の含意する暗示的意味を探究し追求する活動を観察するのは、まことに結構なことだ、しかしこのことは、例えばノルマン人によるイギリス征服とか、ロシアにおけるソヴェート体制の樹立のような、政治的危機に対しては、いったいいかなる光を投げかけてくれるのか、と言われるかもしれない。もちろん、深刻な政治的危機の可能性を否定することは、馬鹿げたことだろう。しかし、現行の行動の伝統をまったく削除してしまうことによって、当面政治に終焉をもたらした純然たる激動といったもの（それはたしかに、アングロ・サクソンのイングランドやロシアに起ったことではない(6)）を除外するならば、（また当然そうせざるを得ないのだが）、最も深刻な政治的激変でさえ、我々のこの政治理解の枠を起えるようなものがあるという主張には、あまり根拠がないことになろう。行動の伝統とは、固定的な、融通のきかない行動様式ではない。それは共感の流れである。それは、時として外国からの影響が侵入して、中断するかもしれない。またそれは、向きを変えたり、制限されたり、押しとどめられたり、また枯渇したりすることもある。また、そこにあまりに深く矛盾が根をはっていることが明らかになって（たとえ外国の助けがなくても）危機が出来することもあろう。もしこれらの危機に対処するために、何らかの確固たる不変の、独立した指導原理が存在し、社会がそれに訴えることができるのならもちろんそれは結構なことであろう。しかしそんなものは存在しない。危機が、手をつけずそのままに残しておいた、我々の行動の伝統の断片とか、遺物とか、なごりといったものの外に、我々はいかなる手立てももたないのである。なぜなら、我々が他の社会の伝統から、（または、多くの社会に共有された、より漠然たる伝統から）得てくるような助けさえも、それらを我々自身の整序化と、我々の整序化への配慮の様態とに同化することができるということに、条件づけられているからである。飢えて、助けを必要とする人が、もし缶切りで、その危機をのり越えることができると考えるとしたら誤りである。彼を救ってくれるものは、どのように調理すべきかに関する、他人の知識なのであり、それを彼が活用し得るのは、彼自身そのことをまったく心得ていないわけではないからである。つまり、政治的危機は（それが制御できない変化によって、社会に強制されたように見える場合でさえ）、常に政治的活動のある伝統の中に、現象するものであり、「救済」も、伝統自体の、まだ損なわれざる資源からやってくるのである。変化する諸状況の中で、自らの同一性と持続性の生きた意味を保持している社会（自分自身の経験の中に、それをぬぐい去りたいという欲求を喚起させるような、憎悪をもたないもの）は、幸いだと思われる。それは、他がもたないものを所有しているからではなく、どんな社会といえども、それをもたぬものはなく、また実際それに依存しているものを、既に十分に活用しているからなのである。

かくて政治的活動においては、人々ははてしなく底も知れない海を行くのであるが、そこには、停泊できる港もなければ、投錨するための海床もない。また、出航地点もなければ、目ざされる目的地もない。そこでの企ては、ただ船を水平に保って浮かびつづけることである。海は、友でも敵でもあり、船乗りの仕事は、行動の伝統様式という資産をうまく使いこなして、すべての敵対的状況を友好的なものへ転化することである(7)。

もともとおよびでない粗雑な決定論の要素などを、そこに読み込むといった誤りを犯さない人々からさえ、私の主張に対して、何とも意気消沈させるような教えを説くものだ、と言われるかもしれない。だが、行動の伝統とは、我が不自由で満たされない人生を、むりやり送るべく定めおかれているわだちなどではない。Spartam nactus es; hanc exorna（スパルタを汝は得たり、ここをととのえよ）。しかし、主としてその意気消沈は、誤った希望を排除して、指導原理が超人的な英知や技能をもつことを拒否し、実際はそれがもっと別の性格をもつものであることを発見することから生じたものにすぎない。たとえこの教説が、我々が行動を近似させるべく天上にすえ置かれたモデルを、我々から奪うにしても、そのことによって我々がただちに、全ての選択が同様に善であり、または同様に遺憾である、という泥沼へ陥らねばならないわけではない。そして政治は、めまいにうちかつ人だけのものであることを示唆しているとすれば、このことで意気消沈するのは、ただおじけづいた人々だけであるにちがいない。

5

学者の犯しやすい罪は、彼がなかなか問題の核心に至らないということである。もっとも、時には彼ののろまさには長所もある。彼が提供すべきものは、結局のところたいしたものではないかもしれないが、少なくともそれは未熟な果実ではない。誰でもその気になれば、すぐにそれをむしり取ることができよう。そこでいよいよ我々は、政治的活動の中に含まれている知識の種類と、それにかなった教育ということについての考察に着手しよう。もし私が推賞してきた政治の理解が誤解ではないとすれば、政治に属する知識と教育に関して、ほとんど疑いはないであろう。それは、政治的行動の我々の伝統に関する、できるかぎり深められた知識ということになる。確かに、他の知識も付加されるに越したことはない。しかし、これこそそれなくしては、他のどんな知識を学ぼうとも、それらを我々が活用することができなくなってしまうような、枢要の知識なのである。

さて、行動の伝統は、それを捉えようとする場合、はなはだやっかいなしろものである。実際、それは本質的に捉えがたいものだとさえ、思われるかもしれない。それは固定されたものでも、完成されたものでもない。変らざる中心があって、それをめざして理解を深めればよい、というものではない。知られ得る主要目的など、何もないし、発見されるべき不変の方向も、ありはしない。また、模倣すべき範型もなければ、実現すべき理想や、従わねばならぬ規則もない。そのある部分は、他の部分よりゆっくりと変化するかもしれないが、不壊の部分などはどこにもないのだ。すべては変遷する。それにもかかわらず、行動の伝統は、もろく捉えにくいからといって、同一性を欠くわけではない。そのすべての部分が同時に変るわけではなく、それがこうむる諸変化がすでにその中に潜在しているという事実によって、それを知識の対象とすることができるのである。伝統の原理とは、連続性の原理である。権威は、過去と現在と未来、古いものと新しいものと、やがて現われるものとの間に分散されている。それが安定しているのは、それがいつも変化しているにもかかわらず、決して全面的に動揺することがないためである。それはまた、静寂ではありつつも、決して完全には休止することはない(8)。伝統に属するかぎり、どんなものも完全に失なわれはしない。我々はいつでも、英気をやしなうために過去をふり返り、伝統の中でも最も遠くへだったた要素からさえ、何か時局に適ったものを得るのである。また一方、伝統の内のどんなものも、長い間まったく変化を受けないままでいるわけではない。すべては推移するが、どれも恣意的に変るわけではない。すべては、そのとなりに偶然あるものとの比較によってではなく、全体との比較によって現われてくる。そして行動の伝統は、本質と偶有性の区別の余地を残さないから、それについての知識は、不可避にその細部についての知識たらざるを得ない。要点だけを知るのでは、何も知ったことにはならないのだ。習得せねばならないのは、抽象観念や一連の技巧ではないし、儀式的作法でさえない。具体的で首尾一貫した生活の様態を、その錯綜そのままに習得することが問題なのである。

そこで明らかに、我々はこの困難な理解を、簡単な方法などによって獲得できるなどという期待は、つつしまねばならないことになる。我々が求めている知識とは、地域的なものであって、決して普遍的なものではなく、そこに至る近道など存在しないのである。さらに、政治教育は、単に伝統を理解するに至るということだけでなく、どのようにして会話というものに参加すべきか、を習得することを含んでいる。つまりそれは、我々が生涯不動産権をもつ遺産の伝授であると同時に、その暗示的意味の探究でもある。政治的行動の伝統が、いかに習得されるのかについては、常にある神秘がつきまとうであろう。そしておそらく、それをいったいいつの時点で学びはじめたのか、というはっきりした点が存在しないということだけが、確実なところである。共同体の政治は、その言語と同様に個性的なものであり、それらは同じ仕方で習得され、実践される。我々は母国語を、アルファベットや文法を学ぶことで、習いはじめるわけではない。我々は、単語を学ぶことではじめるのではなく、使用される言葉を学ぶことではじめる。我々は（読む場合と同様）簡単なことからはじめて、もっと難しいものへと進む。学校以前に、ゆりかごで学びはじめるのである。我々が話す内容は、いつも我々の話し方から生れるのである。そしてこのことは、我々の政治教育についてもまた真である。政治教育は、伝統を享受し、我々の先輩たちの行動を観察し、模倣することにはじまる。我々が目をあけた時、我々の前にひろがる世界の中で、このことに寄与しないものは、ほとんどあるいはまったく存在しない。我々は、現在を意識するや否や、過去と未来を意識する。我々は、政治についての本に興味をもつ年頃よりもずっと以前から、我々の政治的伝統に関する、かの複雑・錯綜した知識を獲得しつつあり、それなくしては、いつか本を開いてみても、それを理解することなどできないであろう。また、我々が思い描く様々な企画は、もともと我々の伝統の所産である。だから、我々の政治教育の大部分――おそらくは最重要部分――は、我々が生れおちた自然的・人為的世界で、己の道を切り開いていく際、偶然に獲得していくものであり、これを獲得する他のいかなる方法もありはしない。もちろん、もし我々が幸運にも、豊かで生き生きした政治的伝統と、政治的によき教養をつんだ人々の間に生まれたとしたら、もっと多くのものを獲得できるし、それも、より容易に獲得できたであろう。政治的活動の特徴は、より早くから際立ったものとなるだろう。しかし、最も乏しい社会や窮屈な環境ですら、なおいくばくかの政治教育を提供することができるし、我々はそこから受け取ることができるものを手に入れるのである。

しかし、もしこれが我々の出発点でのやり方であるとしても、さらに深く探究すべき資源がある。政治は、学問研究にとってふさわしい主題である。つまりそこに考えるべき何かがあり、適切なものについて考えることがとりわけ重要である。ここでもまた、他のすべての場合と同様、中心的なことは、我々が理解することを学ばなければならないものは、政治的伝統であり、行動の具体的様態なのだ、ということを考慮することである。そしてそれ故、学問的な水準では、政治の研究は、一つの歴史研究たるべきであり、――それもなによりまず第一に、それが過去に関わるべきだから、という理由からではなく、我々が具体的な細部を問題にせねばならない、という理由からである。たしかに、深くその根を過去の中におろしていないようなものは何も、政治的活動の伝統の現在の表層にも現われはしないし、それが存在するに至るのを十分に観察しなければ、その重要性への手がかりをしばしば見落すことになるだろう。だからこそ、本格的な歴史研究は、政治教育の不可欠の部分をなすのである。だが、同じように重要なのは、ここかしこに起ったことではなく、起ったことについて、人々が考えたこと、述べたことである。即ち、政治的諸観念のではなく、我々の政治思考様式の歴史である。どんな社会でも、その歴史の本の中で強調の下線を引かれることによって、今日でも通用するそれ固有の遺産について、ある伝説を作り上げている。その中にこそ、その社会の政治の、自己理解がかくされているのである。そして、この伝説についての歴史的探究――その誤りをあばき出すためではなく、その先入見を理解するため――は、政治教育の卓越した部分でなければならない。かくて、本来の歴史研究の中で、また過去へとふり返ることによって現下に起りつつある諸傾向を見て取る、この準歴史研究の中でこそ、政治的活動についての現在広がっている最もひどい誤解の一つから、のがれ得ると期待できるのである。つまり、その誤解の中では、諸制度や手続きが、あらかじめ設定された目標を達成するために、設計された機構の一部分であるように考えられ、もともとの文脈から分離されてしまえば無意味になってしまう行動の様態とは見られないのである。例えばミルが、「代議制」と呼ばれるものこそ、彼が「文明」と呼ぶ一定の水準を達成したどんな社会にとっても望ましいと考えることのできる、唯一の政治の「形態」だと確信した時、同じような誤解に陥っているのである。つまり、その誤解の中で、我々は我々の秩序や制度を誤って理解し、最終目的などなにも知らなくても、どの方向に足を向けなければならないかは心得ていた政治家や思想家たちの足跡よりずっと重要な何ものかであるかのように、それらを受けとってしまうのである。

しかしながら、自分自身の政治的活動の伝統に注意を向けるだけでは、十分ではない。その名にふさわしい政治教育とは、現代の他の様々の社会の政治についての知識をも包含するものでなければならない。そうでなければならぬわけは、我々の政治的活動の少なくともいく分かは、他の人々のそれに関係づけられており、彼らが自身の整序化に配慮しつつどのようにやっているかを知らないならば、彼らがどんな筋道をたどろうとするだろうかを知り得ないであろうし、我々自身の伝統の中で、いかなる資源をほり出さねばならないか、ということにも気づかないだろうからである。そしてまた、自分の伝統しか知らないということは、本当はそれをさえ十分には知らない、ということだからである。だがここでもまた、二つのことを確認しておく必要がある。第一に我々は、やっときのうから、隣人たちとの関係をもちはじめた、というわけではないということ。だから、これらの関係をとり結ぶため何らかの特別な方式や、単にその場しのぎの方便を見出すために、常に我々の政治の伝統の外に出向く必要などはない。せりふを忘れてしまった俳優のように、我々がその場しのぎのアドリブを余儀なくされるのは、我々の伝統に属する理解と指導の源泉を、かってに、または怠慢にも、忘却してしまう場合だけである。また第二に、他の社会の政治に関して、知る値うちのある唯一の知識とは、我々自身の伝統に関して、我々が追求するものと同じ種類の知識だということ。ここでもまた、「真理はニュアンスの中に宿る」である。そして例えば、制度の比較研究が、このことをあいまいにするならば、理解したという幻想の感覚を与えるだけで、その対象は実際には依然として秘密のままなのである。他の人々の政治の研究は、我々自身の政治の研究と同様、行動の伝統についての生態的研究でなければならず、機械的装置の解剖学的研究とか、イデオロギーの研究ではない。そして、我々の研究がこのようなものである場合にのみ、我々は他の人々のやり方から有益な刺激を受けながらも、幻惑されないような道を見出すことであろう。他人の実践や目的から、「最善のもの」を手あたりしだい選び出すために世界をあさることは（折衷主義者ゼウクシスは、ヘレネよりもさらに美しい顔を造形しようとして、それぞれに完璧さで際立った部分部分をはり合わせた、と言われるが、それと同様に）堕落した企てと言わねばならない。それは、人の政治的平衡感覚を失わせる最も確実な方法の一つである。だが他方、他の人々がその整序化に務める仕事に関する具体的な在り方を探究するならば、さもなくばかくれたままになっている、我々自身の伝統の中のいくつかの重要な筋道を明らかにしてくれるであろう。

政治についての学問的研究には、なお考察されねばならない第三の部分があるが、私はそれを、より適切な名前がないので、哲学的研究と呼ぶことにする。政治的活動についての反省は、様々の水準でおこなわれ得る。即ち例えば、ある情況に対処するために、我々の政治的伝統はどんな手段を提供するのか、を考察したり、あるいは、我々の政治的経験を一つの教義に縮約して、それを、ちょうど科学者が仮説を使うように、その暗示的意味を探るために使用することもできる。しかし、これらおよび他の政治的思考様式を越えて、我々の経験全体の地図の上で、政治的活動自体の位置を考察する、というような反省の仕方がある。この種の反省は、政治的意識をもち知的活力をもったいかなる社会においても、これまで遂行されてきたものである。そして、ヨーロッパの社会に関するかぎり、そのような探究によって、各世代が各様に定式化し、それぞれ自分が活用し得る技術的手段を用いて取りくんできた知的諸問題が、明らかになっている。また政治哲学は、確固たる結論を積み上げたり、さらなる研究が安んじて依拠し得る諸結論に到達したりすることによって「進歩する」科学とは、見なし得るものではないから、その歴史は、とりわけ重要なものとなる。実際ある意味では、それは歴史以外の何物でもないのであり、それも、諸々の教説や体系の歴史ではなく、哲学者が、一般の思考法の中に見出した不整合や、彼らが提案したその解決法などからなる、一つの歴史なのである。この歴史の研究は、政治教育の中で重要な位置を占めると考えねばならないし、また現代における反省がそれに与えた展開を理解しようとすることは、なおいっそう重要である。政治哲学が、政治的活動において成功を収めるための、我々の能力を増強するなどということは、期しがたいことである。それは、よい政策と悪い政策とを区別することを助けることなどできないだろうし、我々の伝統のもつ暗示的意味を追求しようとする場合に、我々を案内したり導いたりすることもできない。しかし、政治的活動と深く結びつくことになった、様々の一般概念——例えば、自然とか人為、理性、意志、法、権威、義務など——を忍耐強く分析することは、我々の思考からいくらかの歪みを取り除き、諸概念のもっと経済的な使用へと導くことができるかぎりは、過大にも過小にも、評価されるべきではない活動である。しかしそれは、実践的活動としてではなく、あくまでも説明的活動として理解されねばならない。そして我々がその活動を引き受ける時望み得る唯一のことは、あいまいな主張や見当はずれの議論によって、あざむかれることを減らすことができるということである。

Abeunt studia in mores（日々のはげみは性格へと移行する）。政治教育の成果は、我々が政治について考え語るやり方の中に、現われるだろう。そしてまたひょっとしたら我々が自らの政治的活動を引き受ける仕方の中にも、現れるだろう。この予想される収獲から、いくつかの事柄をとり出すことは常に危険であり、その内何が最も重要かということについては、意見が分れるに違いない。だが私自身としては、二つのことを希望したい。政治的活動についての我々の理解が、深まれば深まるほど、それだけいっそう我々は、もっともらしいが誤った類推にほんろうされることが少なくなろうし、またそれだけ我々は、誤ったトンチンカンなモデルに誘惑を感じることも少なくなろうということ。そしてまた、我々が自らの政治的伝統を、より根本的に理解すればするほど、それだけいっそう、その資産全体は、我々に利用されやすくなるのであり、無知で不用心な人々を待ち受ける幻想にとらわれることも、より少なくなるであろう。その幻想とは、政治において我々が行動の伝統なしでやっていけるとか、伝統の縮約がそれだけで十分な指導原理となるとか、政治の中で、どこかに安全な港とか、到達すべき目的地とか、発見すべき進歩の筋道があるとか、の様々なものである。「この世界は、すべての可能的世界の中で、最善のものであり、その中のいかなるものも必要悪である」。

一九五一年

暗示的意味の追求

(1)　私が明らかにしようとしたこの表現は、以下のように書かれた情況の中で、政治的活動とは、実際になんであるかを記述することを目指していた。即ち、その情況とは、「その多くは古代の血属で、またそのいずれもが、自分の過去・現在・未来を意識しているような世襲的な協同体、即ち、我々が『国家』と呼ぶもの」と書かれたものである。これが、あまりにも特殊な記述であると思って、それが現代政治史の中の最も重要ないくつかの筋道を、まったく考慮していないと思った批評家も、もちろんそれなりに意味のある指摘をしてくれている。しかし、この表現が、全てのいわゆる「革命的」情況と、全てのいわゆる「理想主義的」政治での試みとの関係を考慮すると、無意味なものであると考える人々に対しては、それが政治家の動機を記述しようとするのでも、彼らが実際に何をしていると納得しているのかを記述しようとするのでもなく、彼らが実際に何をすることに成功しているかを記述しようとするものだということを、もう一度思い出していただきたい。

私は、政治的活動についてのこの理解を、さらに二つの命題と結びつけていた。即ち第一に、もしその理解が正しいとすると、それは我々がどのように政治を学ぶのかということ、即ち政治教育ということに何らかの関わりをもつと考えねばならない、ということであり、第二に、もしその理解が正しいとすると、我々自身政治的活動においてどうふるまわねばならないかに、それが何か関わりをもつと考えねばならないということである。つまりおそらくはそこに現実になされていることと適合した、思考や語り方や議論での、ある優位性があるということである。この内の第二の命題は、大して重要とは思われない。

(2)　政治的活動のこの理解は、政治活動を「予感で行動すること」「衝動に従うこと」へおとしめてしまうものと、またそれは、すべての議論を意気阻喪させるものと、ずっと言われてきた。私自身は、こんな結論を保証することは、何も言ったつもりはない。この関係で私が引き出した結論と言えば、もしこの政治活動の理解が正しければ、ある形の議論（例えば、自然法とか抽象的「正義」と、政治的提言とを合致させるように、工夫された議論）は、お門違いということになるか、さもなければ、他の有意味な問いを無器用に定式化したものであり、単に修辞的で説得上の価値しかもたぬものと解されねばならない、ということである。

(3)　政治的活動についての私の理解は、正しい政策と悪い政策を区別するために、あるいはあることを他のことよりもむしろ実行するように決定すべきかどうかという点で、何の規準も提供していない、と言われてきた。これもまた、私が述べたこととの不幸な誤解の一つである。「すべては、その隣にたまたまあるものとの関係によってではなく、全体との関係によって、現われる。」すべてのものを「正義」とか「連帯」とか、「福祉」とか、あるいは他の抽象的諸原理との関係で、判断しがちな人々、そしてそれ以外の思考法や語り方を知らない人々は、ためしに控訴裁判所での弁護士が、彼の客に対して請求された賠償額が妥当でないことを実際どのように論ずるか、考えてみてほしいものだ。彼ははたして、「これはまぎれもない不正だ」と言っただけで終りにするだろうか？　あるいはむしろ、請求された賠償額は、「現在名誉棄損事件で請求される賠償額の一般水準から、著しくずれるものである」と言うことなどが、求められるのではなかろうか？　そしてもし彼がこのようなことを言うなら、彼は何も論じることもせず、何の規準ももたず、ただ「かつて行なわれたこと」に言及するばかりだと言って、責められるべきなのであろうか？（アリストテレス『分析論前書』Ⅱ・23参照）　さらに、例えば、N・A・スワンソン氏は、クリケットの投手が少し変な投球をした場合、それでも彼はボールを「投げた」ものと認められるべきだ、といういささか革命的な主張に対して、次のように議論する時、途方にくれなければならないだろうか？　即ち「今の投手の行動は、下手から腕を回して上手に至るまで、異端的なやり方を連続的に立法化することによって、一連の動きとして展開された。さて私は『投球』がこの動きの中では為されてはいない、と主張する。」あるいはまた、G・H・フェンダー氏が、「投球」は、この動きの中で、起っている《いる》し、承認されるべきだ、と主張する時、彼は規準も持たず議論をし、あるいは単に「感じ」を表明しているだけなのだろうか？　ここで、また他のところでなされていることを、情況全体の「暗示的意味の追求」と記述することは、いったいそれほど牽強付会であろうか？　そして、我々が自尊心の満足のために何を言おうとも、これは、何かの設計デザインに変化が起る時のあり方ではないだろうか、例えば家具とか、衣服とか、自動車とか、政治的活動の可能な社会などのデザインに。もし我々が情況を排除して、それを「諸原則」の言葉に翻訳し、例えば、投手が投球するための「自然権」について議論することにでもなれば、そのことで全てはずっとわかりよくなるのであろうか？　またその場合ですら、我々は情況を排除できるのであろうか？　もし上腕投球の権利が、彼に認められていなかったとしたら、いったい投球の権利という問題が存在するだろうか？　いずれにせよ私は、倫理的ならびに政治的「諸原則」が、行動の伝統的様態を縮約したものである、という私の見解を操りかえすことが許されよう。特定の行動を「諸原則」へとゆだねることは、それがそう見せているようなことではない。（即ち、それを偶然を欠くために信頼できる規準、つまりはいわゆる「適正価格」のようなものへと、帰着させるように見えるのであるが）

(4)　政治には「全体情況」は存在しない、とこれまで主張されてきた。「ブリテンと呼ばれるこの領土の中に、……たった一つの社会が、たった一つの伝統をもって存在すると、どうして考えねばならないのか？　なぜ二つの社会が、……それぞれに固有の生活をもって存在してはいけないのか？」より深い批評家の理解の場合なら、これは短い答では解き得ない哲学的問題ともなることであろう。しかし当面は、次のように言うだけで十分である。第一に、等質性がないことは、必ずしも単一性を破壊しないということ。第二に、我々がここで考察しているものは、法的に組織された社会であり、我々の考察は、その法的構造（その不整合性にもかかわらず、競合者をもつとは考え得ないもの）が、修正や改善をこうむる仕方に、向けられているということ。そして第三に、私は〔本訳書一四三頁において〕「単一の共同体」で何を意味するかを述べ、これを私の出発点にする理由を語っている(訳注)。

(5) 最後に、私は「一般原理」を拒否するから、不整合性を発見したり、改革の予定表をどうすべきかを決定するために、何の手だても提供していない、と言われてきた。「我々はいかにして、社会が暗示するものを発見するのか?」しかしこれに対して、私は次のように答え得るだけである。「政治の中にあなたは、他のどこでも確かに存在していないもの、即ち為すべきことを決定するための、誤り得ないやり方といったものが、存在すると言ってほしいのか?」と。例えば科学者は、彼の前にある現在の物理という条件を使って、どのように有効な成果を期待し得る方向を決定するのであろうか? 中世の建築家が、あたかも木で建築するかのように、石で建築することは不適切だ、ということを発見した時、彼の心にはどんな考察がかけめぐったことであろう。批評家が、ある絵が不整合的だとか、芸術家のある個所のとりあつかいが、他のところのあつかいとは、おり合いが悪い、といった判断に到達するのは、どのようにしてであろうか?

J・S・ミルは(その『自伝』OUP pp. 136~7, 144~5 で)政治的活動における信頼すべき導きとしても、また満足のいく説明手段としても、一般的原理に言及することを放棄した時、そのかわりに、「人間の進歩の理論」と「歴史の哲学」と彼が呼ぶところのものを置いた。私がこの論考で表現した見解は、このミルの考えを押し進める知的巡礼の、新たな段階を表するもの、と受け取られてもよいだろう。即ちそれは、「原理」(それが、単なる具体的な行動の指標になってしまったため)も、また社会的変化の性格や方向に関するいかなる一般理論も、説明に対しても実践に対しても何ら十全な指示を与えないように思われる場合に、やっと到達される段階を表すものである。

(1) 最初この論文がロンドン・スクール・オヴ・エコノミクスの就任講演として発表された際、様々の観点からの批評を受けた。私は今いくつかの注を加え、本文にも多少の変更を行ったが、それはこの講演がひきおこした誤解のうちのいくつかを取り除くためである。しかし全体として読者に覚えておいていただきたいことは、本論が行っているのは、私見によれば政治教育の本来の対象である政治的活動の理解あるいは説明だ、ということである。人々が政治的活動の中で計画すること、そして政治的行動の種々のスタイル、これらはここで考察されているが、その理由は、第一に単にこれらが政治的活動の理解のされ方を明らかにすることがあるからにすぎず、そして第二に説明が行動の根拠になると通常（しかし私の考えるには、誤って）考えられているからである。

（2）これは例えば、自然法の場合がそうである。それが政治活動の説明として、または不適切にも政治的行動形態への手引きとして、受けとられるにしても、いずれにせよ。

（3）「実体法は、手続きのすきまの中に、だんだんと分泌されたもの、という一見したところの見かけをもっている。」メイン『初期の法と慣習』三八九頁参照。

（4）例えば、法が神からのたまものと信じられていたような社会。

（5）末尾注参照。

（6）本書一五七頁〔本訳書一八四〜一八五頁〕に引用したメイトランドの文章を参照せよ。ロシア革命（実際にロシアで起ったこと）は、レーニンや他の革命家がスイスで考え出した、抽象的計画の実行などではなかった。それはロシアの諸情況の変形であった。またフランス大革命は、ロックやアメリカよりは、旧体制とずっと深く結びついたものであった。

（7）自分が直接目的（つまり、達成されるべき人間の状況の社会条件）を明確に把握していると、思い込んでいる人々、またこのような条件が万人にも課せられるべきだと、確信している人々にとっては、これは、政治的活動についての、不当に懐疑的な理解であると思えるであろう。しかし、彼らはそれをどこから得たのか、また彼らが「政治的活動」がこの条件の達成と共に終焉に至ると想像しているのかどうか、彼らに問わねばならない。そしてもし、そこで何かさらなる目的が明らかになるはずだ、ということに彼らが同意するなら、このような情況は、政治を、私が描いてきたような、開かれた目的をもつ活動として理解することを帰結するのではなかろうか？　それとも、彼らは政治を、自分たちは「救われ」つつあるという、とっておきの考えをいつも持っているような、破綻者の群れにとって必要な秩序を作ることと考えるのであろうか?。

（8）この個所に「いくらか神秘的な性質」を見出す批評家がいようとは、私は当惑せざるを得ない。私にはこれは、およそ全ての伝統――例えば、英国のコモンロー・いわゆる英国憲政・キリスト教・近代物理学・クリケットのゲーム・造船術など――の特徴を、まったくありのままに記述したものにすぎないと、思われるのである。

（訳注）実際にはこれは極めて不十分にしか語られていない。なぜなら一国内で「整序化のある様態の認知を共有して」いない場合が考慮され

ていないからである。一般に伝統の解釈学的多様性が重視されているとは思えない。例えば、聖書解釈をめぐって、キリスト教の伝統自体が争い合う場合を考えよ。いずれにせよ、共通の法体系の下で異なる解釈をめぐって争われ得るのである。

（田島正樹訳）

歴史家の営為

1

営為《アクティヴィティーズ》は、子供が自分たちだけで創り出した遊戯と同じように、自然《ナイーヴ》に出現するものである。どの営為も最初は、あらかじめ熟慮を重ねた何らかの達成目標に対する反応としてでなく、その先がどういう事態に至るか、予感すら伴わずに追跡される注意の方向として現れる。天文学者、会計士あるいは歴史家であるということがどんなことか（結局どんなことになったか）を純朴なわが祖先が、いったいいかにして知ったというのか。いや、まさしく戯れに我々をその道に踏み入れさせた者、彼こそが、現在はっきりと専門化されているこれらの営為に行き着くことになった者なのである(1)。というのも注意の方向は、追跡されるにつれて、おのずからある性格を穿ち、「慣行《プラクティス》」の中に固有の形をとるに至るだろうから。やがて営為に参与する者は、彼の成し遂げる結果によってでなく、その「慣行」の作法を遵守する性向により、認識されることになろう。さらに営為が相当確固とした性格を獲得した場合には、それは謎として現われ、したがって反省を喚起するかもしれない。なぜならそのとき、我々は、問題の営為を成り立たせている技を修得し行使したいと思うだけでなく、その（固有の形をとるに至った）営為の、他の営為に対する関係の論理を見極め、その位置を人類の営為の地図上に確かめたいと願うかもしれないからである。

現在、歴史家の営為（訳註1）として理解されているものは、このようにして生まれたのである。無心《ナイーヴ》に追い求められる注意の方向に始まったそれは、発現した「慣行」に忠実であることにより、その参与者が識別されるような固有の営為の状態に達している。最近二百年程の間、この営為については多くの反省がなされてきた。

反省は二つの方向を取った。まず追求されたことは、現に確定するに至った歴史家の営為についての一般的で満足のいく記述である。当の営為それ自体が歴史的発現であり、またそれの現在達成した特定化（specification）の程度が、それを世界についての一貫《コヒーレント》した思考方法としてみなすのに十分である、そういう考えがここで前提されている。かような探求がもし成し遂げられたなら、現状における歴史的思考が世界に付与する理解可能性の種類、またこの営為が（発現の過程で）自らを分離することに成功した他の営為との区別の方法が明らかにされるであろう。疑いなくこれは困難な探求である。しかしいくつかの成果を生み出すことが可能であるように思われる探求である。

第二の探求の方向は、第一のそれから（必然的にではないにしろ）生じると言えよう。歴史家の営為の現状について、十分な記述が達成されていると仮定しよう。すると、問われる問題は次のようになる。その営為の現在の特定化を細かい点で修正するだけでなく、定義的特徴を生み出すような、より以上の特定化の可能性をこの現状から、窺えるか（あるいは、一般的な諸理由からそのような可能性を仮定すべきではないのか）。そしてもしそうならば、この特徴とは何か。私は、この種の探求にはほとんど関わらないつもりである。となるとおそらく、それについて、話題から外す前に一言述べておくべきだろう。それは、こう考えているように思われる。すなわち歴史家の営為は過去を理解するという営為である。しかるに現状の方法では、過去を完全に理解するなど望むべくもない。ならば、欠陥を免れており、現状の「歴史」の目指す極点とみなせるような、過去理解の方法が別に（原理上）存在するに違いない、と。さて、提案されていない他の方法がまだあるかもしれないのはもちろんだが、しばらくの間最も支持を受けている候補は、過去の事象を一般法則の例として表わすことにより、それを理解しようとする探求である。この種の思考がどのようにして実りある帰結に達し得るのか、私自身はわからない。しかし少なくとも明らかなのは、それが自明とは到底言えない諸前提に依拠していることである。したがってはたしてそれが結局実りある方法であり得るかどうかは、我々が納得するほど、その諸前提が裏付けられるか否かに懸かっているだろう。さらに、ここで求められているのは、現状の歴史的思考では過去が完全に理解されるなど、原理上あり得ないという論証だけではない。現状の「歴史」を凌駕すると同時にその代わりを務め得る、過去に関する思考法も求められているのである。この点も注意しなければならない。

2

それでは、歴史家の営為の現状に関する、現在通用している反省の方法とその成果を検討することとしよう。論じられるのは、現に確立するに至った限りでの営為の一般的記述を、そしてその営為が世界に与える理解可能性の種類の確定を追求する反省である。

第一の段階としては、歴史家は、彼の注意の方向によって、つまり過去を扱うという点で、区別されると理解されている。〔実は〕歴史家は、自分を取り巻く世界に関心をもってはいるのだが、その世界が、もはや現存しない世界の証拠と見なされるのである。それで歴史家の営為は、「過去」を探求し、「過去」について言明をなすという営為と認識される。ところが過去に関する探求と言明は極めてありきたりの営為であり、我々が生活上日々携わっていることである。例えばそれは、ものを思い出す営為に、つまり「君はどこであの帽子を買ったか」というようなごく単純な探求に表れる。そこで次の段階として、〔なおこの問題に〕興味を抱いている限りでの話だが、「過去」への関心を歴史家と共有する他の人々の営為から歴史家の営為を区別するのに役立つ、何か特別な徴表を捜し出そうと、あれこれ工夫する次第となる。こうしてこの問題について考察してきた多くの人々は、以下のような結論に到達したのである。

過去に注意を払い、過去について質問し、言明するものは誰でも、程度の差はあれ、歴史家の顕著な関心である営為に参加しているのである。過去に関する言明はすべて、ある意味で「歴史的」言明である。しかし歴史家というものは、自己の言明を検証するのに払う気遣いの点で区別される。「歴史」は、「真理」への純粋な関心がありさえすればいつでも、過去に対する特定されておらず漠然とした関心から、固有の営為として発現する。「歴史的」事象（event）とは、何にせよ、記述された有様で起きたと、（それがある探求方法の帰結であることにより）信憑するよう保証された出来事（happening）なのである(2)。かくして過去を探求し、それについて言明するという営為は、過去へ向かう諸態度のヒエラルキーと見える。この諸態度の階層の頂上に立つのが「歴史家」である。「歴史家」は、「真理」に対する関心、「真理」を引き出す技量によって、またおそらく過去に関するある観察を、つまりある事象を他のそれよりも有意義であると評価する傾向によって特定される。このようにして歴史家の営為は、誰もが仕事のうちにしろ余暇のうちにしろ、ときどき参与する非公式の過去の探求からだけでなく、（例えば）年代記作者や記録者らの営為からも区別される。後者の発言を生み出す元の探求が、歴史家の探求よりも広くも批判的でもないと認められるからである。

右の一般的な説明には、推奨すべきところが多い。少なくともそれは、「歴史家」を（「慣行」ゆえに）特殊な営為に従事していると認めている。疑いなくそれは不完全な説明である。またたしかに哲学的に素朴でもある。しかしそれには、さらに進めるべき研究を禁じていないという長所がある。それどころか、今後の探求方向が二つ指し示されているのが観て取れるだろう。というのも、その不完全さと哲学的素朴さは、「歴史的」研究の種差を探知することとして問題を定式化した点にあるのでなく、単に到達したその結果にあるからである。

上の説明は第一に、「歴史家」の「慣行」の細部についての理解という点で一層緻密になるよう促す。実際、この示唆に応えて、歴史研究の発見法を引き出し、「歴史家」の「慣行」を一群のルールに還元する種々の試みがなされてきた。しかしよく考えてみたなら、事前に気付いて然るべきだったのだが、これは結局、とりたてて実りある企てというものではないことがわかった。だから私はこの企てをここで追求するつもりはない。

しかしながらこの問題の定式化が示唆する、別の探求方向が存在する。それは、はたして歴史家の営為が彼の尋ねる問いの種類と、過去について彼のなす言明の種類との観点から、より精確に特定されるか、検討するように挑発しているのである。しかもこの探求方向においては、約束されたのだが、いまだ果たされていない利益が残されている。そうである以上、この探求方向がどこに行き着き、どのような帰結をさらに生み出し得るかを検討するよう私は提案する。

この道をたどった研究者たちは既に、いくつかの結論に到達している。彼らは例えば、過去に対する探求が、何が起こらざるを得なかったか（*must*）、あるいは何が起こり得たか（*might*）、あるいは何が現に起こったか（*did*）と問う形式を取るだろうことに注目してきた。大抵の場合、彼らは、歴史家というものは何が現に起こったかに専一の関心を持つことで区別されると結論してきた。またさらに言えば、「自然的」世界と「人間的」世界との間に区別がなされた。歴史家が関わる事象は、人間行為に帰せられる可能性のあるもの、および（地震や天候の変化のように「自然的」世界に属しはするが）固有の人間行為を条件付けまた決定したと、信憑すべく裏付けられたものである。実際、以上の考えを洗練したコリングウッドは、「歴史」の事績は、人間行為一般でなく、ただ「反省的」行為、すなわち追求されるある目的から発生する行為のみであると考えた。さらには、現在の世界の何らかの特徴の「起源」に対する探求を触発するような、過去に対する態度は、歴史家にはふさわしくない態度であると示唆されてきた。同様にして、ごく最近の過去は「歴史的」研究には不適当であると考えられてきた。そして（最後の例だが）歴史家は人間行為の道徳上の正邪に関与する者でなく、道徳的是非・賞賛非難の言明は歴史家の著述においては不適当であると、「歴史家」の営為を探求した何人かは結論した。

さて以上の示唆はすべて、「歴史家」に対し尋ねることが適当であるような種類の疑問を、また彼が過去について述べることが適当であるような種類の言明をより精確に決定しようとする試みと認めることができよう。それらは、過去に対してとる特殊「歴史的」な態度を他の現にある、またあり得る態度から区別し、そうして歴史家の営為をより正確に特定しようとする試みである。それぞれの示唆は何らかのもっともらしい理由付けにより支えられている。「歴史家」の仕事から排除される問題は、それ自体答えることが不可能な問題か、あるいは「歴史家」の証拠または技術が歴史家に答えを提供しないような問題としてみなされる。あるいはそれらは何らかの別の理由から排除される〔かもしれない〕。そしてここまでのところ、「歴史家」の営為を漸進的に解明するこのやり方を擁護するために述べるべきことが多くある。それには穏健と経験主義という長所が具わっている。

にもかかわらず、この漸進的排除の手続きには不満足なところが残っている。たとえそれぞれの排除を支持する理由付けの力が、しばしば現にそうであるよりも強いものであったとしても、あくまで状況をあますところなく展望しようとする姿勢の欠如は、消すことのできない恣意性の外観をそれぞれに与える。どの排除も、過去についての「歴史的」探求に適するような探求や発言の種類に関するいかなる概観にも関連していないゆえに間違っているかあるいは不十分になりがちである、その場限りの理由付けに支持された、ばらばらの排除（あるいは禁止）なのである。結局、「歴史家」の営為を探求する、現在通用しているやり方は次の課題を我々に課していると言ってよい。すなわち歴史的探求領域の輪郭を描こうとする漸進的試みの論理を識別すること、これである。

現在通用している見解の前提になってはいるが完全には検討されていない想定は、こういうことであろう。すなわち、過去について述べられる可能性のある言明の様々な種類のうちで、それを述べることが「歴史家」の固有の領域であるような言明の種類をいくつか、あるいは一種類にまで、突きとめ、特定することが可能である。（たとえある意味で「真」であるということを否定できないにしろ）「歴史的」でないが、それにもかかわらず我々が過去について全く正当に述べている言明が数多く存在する。「歴史的」事象は、それが生じたと信憑すべき裏付けの具わっている出来事一般ではなく、特定の種類の疑問に対する答えに現われる特有の種類の出来事である。以上がこの見解において確信されている前提である。我々の課題は、これらの諸前提を解明することである。その結果、それらが含意する「歴史家」の営為の見解は、より十分に明るみに出され、そしておそらく一層確実な基礎を得るようになるだろう。

3

我々を取りまく世界に対する態度から議論を始めるのが適当であろう。「過去」を探求するということは、この世界の構成要素に対してとる、ある態度の表れだからである。我々が目の辺りにする出来事はどれでも、我々がそれに注視するかぎり、反応を引き起こす。しかもあらゆる出来事は、多種多様の反応を引き起こす可能性がある。例えば、私がある古い建物の倒壊を観察するとしよう。その場合、私の反応は——破片を避けるという——自己保存の動きだけかもしれない。しかしながら私の反応は、もっと複雑な反応であり得る。私は起こっていることを野蛮な行為と認識し、憤激するか沈み込んでしまうかもしれない。あるいは私はそれを進歩の証拠と理解し、心浮き立つかもしれない。あるいは実に光景全体が、邪念(arrière pensée)なく、映像として、すなわちそれを目にすると喜悦を感じるよう構想されたイメージとして観照されるかもしれない。要するに、目前に起きていることを注視するというのは、常に、自分のためにそれから何かを作り出すこと(to make something of it for ourselves)である。見るとは即ち、見る対象をあれかこれかと認識することである。だからもし連れがいたなら、私は彼に自分の見つつあることについて言明を何か述べるかもしれないが、その言明の語法《イディオム》には、私が現にそれに注目し、それを理解している仕方が窺えるだろう。

こうして目前に進行する事柄は、どれも極めて多様な解釈を受け得る。しかし概ね、世界に対する反応には二種類あるように思われる。直接眼前にあるもの以外検討するのは全く許されず、何らの推論も触発されることがない、そのような仕方で、我々は世界を見るかもしれない。そうでなく、眼前に進行していることを、例えばその原因や影響を考慮して、それ自身は現れていないものの証拠として我々は見なすかもしれない。このうち最初の反応は、単純で、多様化することはない。私はそれを観照(*contemplation*)の反応と呼ぼう。それは優れて芸術家と詩人の反応である。彼らにとって、世界は、兆候や前兆として認識される諸事象からでなく、是認も否認も喚起せず、「現実の(real)」や「空想の(fictitious)」といった範疇がいずれも適用不可能であるような、無原因の喜悦の諸「イメージ」から構成されている。他方、第二の反応は、その内部で細分し得るのであって、それぞれ実践的(*practical*)反応と科学的(*scientific*)反応と呼びたい、二つの基本的な語法がそこに区別できる。

第一に、我々は起こっている事を自分自身、そして自分の財産・欲求・諸営為に対する関係において認識する。これは最も普通の種類の反応である。この反応から自分を解放することは難しく、その虜になることはたやすい。私は、これを実践的反応と呼ぶ。この反応と組になるのは、実践的事象の知覚である。

我々は生まれつき能動的である。能動的でなければ生きているとは言えない。世界に対して抱く我々のまず第一の関心は、その世界が棲みやすいか、世界が我々の欲求や企てにとって友好的か敵対的かである。我々は世界において不安なく暮らしていたい。そして（部分的にだが）ことの成否は、自分が出来事から被る影響の態様を探知しうるか、そしてその影響に何らかの制御をなしうるか、に懸かっている。

かような任務はまず、感覚により遂行されている。「見る」、「聞く」、「味わう」、「触れる」、これらにおいて、我々は、起きていることと馴染みになる。同時に我々は、自分と起きていることとの間に一定の距離を置き、適当と判定する仕方で行為する機会を作る。「見る」ことは、自分と事象との間に最も大きな時空上の間隔を置く。「聞く」ことは、より小さいが、なお有益である間隔を置く。「味わう」においては、間隔はさらに縮まり、「触れる」においてはほとんど無に減ぜられる。

しかし自分との関係において世界を理解するためには、我々はいくつかの概念的区別をも利用する。事象は、友好的か敵対的な事柄か、食用か毒か、有用か無用か、安いか高いか、等々と認識される。たしかに、すべてでないにせよ、たいていのこれらの区別は、実践的生活における認識の事例であって、その認識の対象は、「原因」と「結果」と呼べるであろう。というのは実践的生活においては、事象を「原因」と認識するのは、他の事象が続くだろうという兆候ないし信号としてそれを理解することだからである。ある事象を友好的と理解するのは、その事象の後に他の一定の種類の事象が続くと期待することである。ある商品を「安い」と認識するのは、他の事象が生じるという信号としてそれを認識することである。この意味での、「原因」として事象を認識する能力により、我々は世界に対する非常に高度の支配力をたちまち手にする。つまりそれにより、いまだ起きていない諸事象を予想し得るようになり、かくしてそれらの事象から被る衝撃を制御する機会の追加を我々は得るのである。

さらに言えば、我々の是認と否認の判断、道徳上の賞賛と非難は、世界に対するこの実践的態度に属するのである。「正しさ」と「間違い」、「良い」と「悪い」、「正義」と「不正義」等々といった範疇は、世界を我々自身に対するその関係という点において、（すなわち）その棲みやすさという点において、組織化し理解することに関連している。「英雄」と「悪者」は、大ざっぱな範疇であるが、それらの位置は実践的営為の世界の内にある。実際、「悪徳」を非難し「有徳」を賞賛する際に、我々は人間の行為と性格において何が望ましく何が望ましくないかに関する信念を表出しているのである。

したがって実践的態度は我々をあるディスコースの世界に入れる。しかしそれは、我々が利用し得る唯一のディスコースの世界ではない。それには、科学的態度と呼んだものの中に、交替でことにあたるパートナーがいるのだ。こちらの方で我々が関わるものは、自分自身やこの世界の棲み易さに対する関係における出来事ではなく、自分自身から独立しているものとしての出来事である。要するにここでの態度は、俗に「客観的」態度と呼ばれているものである。そしてこの「客観性」は、我々の観察する出来事について述べる諸言明の語法に反映されている。猟師は動物を危険か友好的か認識する（あるものを特別に「人食い」と指示して）。また家事をなす主婦は、商品をその価格において区別する。料理人は、材料をその味において知っている。道徳家は、是認か非難かの言明で自分の考えを表現する。これに対して、科学者の範疇は、ものごとを異なる仕方で——決して自分または自分の財産に影響を及ぼすものとしてではなく、自己から独立しているものとして——配列するのである。

科学者の世界に対する関心の一般的特徴は、「原因」と「結果」という彼の観念の中に現れている。実践者が事象を「原因」と認識する場合、彼はそれを、何か他の事象が続いて生じると予期されるような兆候（*sign*）として認識している。そして彼の認識の基礎は、自分との関係における世界に関する彼の経験である。他方、科学者にとっては、「原因」はずっと正確で、より限定された観念になる。そうした科学者の意味する「原因」は、決定するのが非常に困難であるので、実践的有用性に欠けている。それは、仮定的状況の必要かつ十分な条件なのである。つまり「原因」と「結果」は、一般的で必然的な関係を指示するのであって、それに注目することが結局実践的に有益であると分かるような関係を指示するのではない。

世界に対する実践的反応と科学的反応との対照は、次のように例示できよう。すなわち自分自身と世界の棲み易さとに対する関係において事物に関わる場合、「見る」は「聞く」よりも、自分自身からはるかに遠くに事物を置くと述べるのは、適切である。実際それゆえ耳が聞こえないよりも盲目であることの方がより大きなハンディキャップであることは、我々の認めるところである。しかし自分自身からの独立性の点において事物に関わる場合、我々はそうでなく、光の速度は音の速度よりも大であると述べる。「光」と「音」は、言ってみれば、「見る」と「聞く」という実践的営為の「科学的」等価物なのである。

さらに別の例を挙げよう。「〔私は〕暑い（I am hot）」ともし述べるならば、実践の語法で話していると認識されるだろう。自己との関係において、世界に関する言明を述べているのである。そしてその言明を述べる仕方はきっと満足か不満足かの何れを示唆しているに違いない。「暑い日ですね」ともし述べるならば、やはり自己との関係において、世界に関する言明をなしているのである。その指示は遥かに遠くに及んでいるが、その言葉は間違いなく実践の語法である。「航空省の屋上の温度計がグリニッジ標準正午に華氏九〇度を示した」ともし述べるならば、実践的態度から自分を完全には解放していなかったかもしれないが、自己との関係における世界についてでなく、自己からの独立性における世界について言明をなしているのではないか、と少なくとも疑う余地がある。最後に「水の沸点は摂氏一〇〇度である」と述べるとき、「科学」の語法に達したと承認され得る言明をなしている。その述べられた状況は仮定的であり、その観察は自己との関係における世界についてではない。

こうして実践的・科学的両反応においては、世界（the world）は「事実」からなる〔抽象的〕一世界（a world）

〔訳註2〕として現れる。前者の場合は「実践的」真理で、後者の場合は「科学的」真理であるにしろ、「真理」や「誤謬」は〔事実と〕関連する範疇である。またこの二つの態度いずれにおいても、我々は現存しないものを捜すように触発される。事象は「原因」の「結果」であり、生起すべき〔他の〕事象の前兆である。他方、観照の態度は、単なる「イメージ」からなる一世界を我々に開示する。これらの「イメージ」が喚起するのは、事象の出現の誘因や条件についての探求でも思索でもなく、ただ事象の現れたことの喜悦だけである。

4

これまで眼前に起こるものとしての事象を検討してきた。そしてかような事象は種々様々に解釈できると結論した。何を見るかは、どのように見るかに関わるのである。さらに歴史家が「過去」に関心を持っていることに同意した。いまや観て取らなければならないのは、「過去」が、眼前に起こる事象から我々が自分で作り出す構成物であるということである。ちょうど現在の事象をこれから起こるだろうことの証拠として理解するときに「未来」が現れるように、今の出来事を既に起こったことの証拠として理解するとき、「過去」と呼ばれるものが現れる。要するに（我々の直接の関心に話を限定するならば）「過去」は、現在の世界をある特定の仕方で理解した結果である。

検討してみよ。我々の眼前にあるものは、建物・家具・硬貨・絵画・書物の一節・法律文書・石に刻まれた碑文・現に通用している振舞いの作法・記念の品である。これらはどれも現在の事象である。そしてこれらの事象に対する（もちろん唯一可能な反応でないにしろ）一つの反応が、既に起こった事象の証拠としてそれらを理解することなのである。それどころか、このように見られる余地のないものは、現在の世界には存在しない。もちろんこのようにしか見られないものも存在しないが。

このように「過去」とは、「現在」を読むひとつの方法である。しかしそれはもちろん既に起きた事象の証拠として現在の事象を理解するような世界の読み方なのだが、同時に過去の事象に対する様々な態度を表示している読み方でもある。そこで（過去の事象について話し書いた人々の発言を導きとすべきならば）我々にとり利用可能な三つの重要な態度が実践的、科学的そして観照的と呼ばれるだろう。そしてこれらの態度各々に適合する、過去の事象についての話し方が存在する。

第一に、もし過去の事象をひたすら自分自身と自分の現在の営為に対する関係においてのみ理解するならば、その態度は「実践的」態度であると述べられるだろう。

例えばこれは、実務に従事する法律家が、過去の事象に対してとる態度である。過去の事象が起きたと彼が結論するのは、既に起きた何事かの証拠として、ある現在の事象（目の前に提出された法律文書）を理解することによるのだから。彼は、その過去の事象を現在の結果に対する関係という一点において検討し、その上で依頼人に対してこんなふうに述べる。「この遺言では貴方は千ポンド相続することになりましょう。」あるいは「この契約の有効性については法廷弁護士の意見を仰がなければなりません。」これ以上言うまでもないが、彼の関心は現存する実践的帰結をもつたぐいの過去の事象、それだけなのである。

ところで生起しつつあるのを目のあたりにする事柄に対してとる最も普通の態度は実践的態度だったが、ちょうど同じように、既に起きたと（現在の経験の証拠に基づいて）推断する事柄に対して最も普通にとるのは、実践的態度である。通常我々は、かような過去の出来事を自分自身や自分の現在の営為とに対する関係において解釈する。我々は後向きに、現在からあるいはより最近の過去から過去を読む。その中に、自分の周囲に知覚するものの「起源」を捜し出すのである。我々は過去の行為に関して道徳的判断を下す。現在に関連する発言という形で語りかけるよう過去に求めているのである。そこで現れてくるのが実践的過去である。つまり過去に関し我々の尋ねる問いと我々の述べる言明は、あの実践的態度に適合している。以下のような言明がそれであろう。


おまえ、とても元気そうに見えるぜ。休日には何処に行ったんだ。

一九二九年夏はわが生涯で最良のときであった。

彼は早く死にすぎた。

ジョン王は悪王であった。

ウィリアム征服王は不慮の死を遂げた。

もしフランス革命が起こらなかったならば、その方がよかったろう。

彼は無益な一連の戦争に財産を費やした。

教皇の干渉は事件の成行きを変えた。

議会の発達
大英帝国における産業社会の発展
一九世紀初頭の工場法は二〇世紀の福祉国家において頂点をきわめた。

大陸における英国商品市場の喪失は、ナポレオン戦争の最も深刻な結果であった。

ボーア戦争の効能は、英国陸軍の根本的改革の必要を明らかにしたことだ。

次の日、解放者（the Liberator）は、ダブリンにおける大集会の演説をした。


以上、いずれの言明の語法も、実践のそれである。

第二に、我々が過去に起きたと推論する事柄に対する我々の態度は、一般的に言えば、私が「科学的」態度と呼んでいるものであろう。ここでは、我々は、自分自身と世界の棲み易さに対する関係においてでなく、自分自身からの独立性という点において、過去に関わっている。実践的態度は、どの党派であれともかく党派の反応であるが、科学的態度において現れるのは、自分自身に同化することのない過去、過去のための過去である。

しかし一般的に、自己からの独立性の点における過去の事象に対する関心を指示するのに、「科学的」という語を正当に使用しうるにしろ、二点留保しておく必要がある。第一に必要十分条件に対する「科学者」の関心は、彼が過去について話す語法に反映されるだろう。彼が述べる傾向のある類の言明の典型は、ヴァレリーの次の文に見出されるはずである。「一九世紀の革命はすべて、集中化された権力構造を必要十分条件としていた。その構造のおかげで……決起したものは誰であれ、最少の力と時間で一撃のもと、国家全体を掌中に収めることができた。」結局、「科学」という語により厳密な意味が付与されるかぎり、現れる言明においては、過去が現在に同化されずにとどまっていることはなく、事象は一般的法則を例示していると理解される。したがって第二に、より一層厳密に言うならば、過去に対する「科学的」態度など、事実あり得ない。科学理論に現れる世界は、無時間的な世界、すなわち現実の諸事象からでなく仮定的な諸状況からなる世界だからである。

最後に我々の態度――したがって我々が過去の出来事を認識する仕方と我々がその出来事についてなす発言――は、私が「観照的」態度と呼んだものかもしれない。これは、いわゆる「歴史」小説家の作品に例示されている。「歴史」小説家にとって、過去は実践でも科学的事実でもなく、単なるイメージを蓄えた倉庫である。例えば、トルストイの『戦争と平和』においてナポレオンは一個のイメージなのであって、彼について「ナポレオンはどこで生まれたか」、「ナポレオンは本当にああいうふうだったか」、「ナポレオンは実際にこうしたのか、ああ言ったのか」などと尋ねるのは適切でない。それは、シェークスピアの『十二夜』におけるイリリアの公爵オーシーノウについて同様の質問をするのが不適切なのと同じことである（訳注3）。しかしここでひとつ留保を要する。「過去」そのものは、「観照」において現れ得ない（この態度は直接に現れないものを求めるような態度ではない）から、過去の事象を「観照」することは、正しく言えば、従属的営為だろう。その観照される対象は、過去の事象ではなく、（現在に対する何か別の態度に基づいて）起きたと推論された〔結果としての〕(have been concluded) 現在の事象である。記憶を思い出すことと、観照することは二つの異なる経験ということになる。前者においては過去と現在は区別されるが、後者においてはそのような区別はなされない。つまりちょうど有益な対象（船や鋤）が「観照」される場合、その有益性は顧みられないのと同じように、他の態度において過去の事象と認識されるものが「観照」される場合、その過去性は無視されるのである。

以上、「過去の事象」と呼ばれるものは、現在生起する事象を既に起きた出来事の証拠として理解する働きそのもの（あるいは理解し終えた状態）の産物である。過去は、どのように現れるにしろ、現在の読み方の一種である。現在の事象が我々の中に喚起しうる態度はすべて、我々が現在の事象を他の事象の証拠と見なすときに現れる事象によっても――すなわち我々が「過去の」事象と呼ぶものによっても――喚起されうる。結局、唯一の現在がないのだから唯一の過去もない。あるのは、「実践的」過去、「科学的」過去また（表面上）「観照的」過去であり、それぞれは、論理上相互に区別される論議領域 (a universe of discourse) である。

5

さて現在の事象を既に起きた事象の証拠として見なす者のうちで、「歴史家」は比類がないと人々に思われている。事実そうであろう。実践者はしばしば現在に対してこの態度をとるのが有益だと気付くし、また科学者も（一般的にだが）詩人もそれぞれそうする（あるいは他の人がそうした結果を利用する）ことがないわけではないのだが、「歴史家」は、もっぱらそれだけに没頭するのだから。歴史家の営為は優れて、現在の事象――眼前に存する事物――を過去の出来事の証拠として理解する営為である。現在に向かう彼の態度には、過去が常に現れている。だが歴史家の営為を完全に理解するためには、次のことをたださなければならない。「実践的」過去、「科学的」過去や「観照的」過去とは別の、特殊に「歴史的」な過去が存在する、そう結論するための保証となるような特徴を、過去に対する「歴史家」の態度の中に、また彼が過去について述べ慣れている類の言明の中に、見つけることがはたしてできるだろうか。

探求の行く手を遮っているように思われる障碍がひとつ存在する――もっとも本当は見かけの上の障碍なのであって、やがて除去されるだろうが。過去を理解する方法のうち、実践的な方法は、人類と同じくらい古い。(過去に起きたと信じていることを含めて)何事をも自分自身との関係において理解することは、最も洗練されていることの少ない、最も素朴な世界理解の方法である。さらに他の方法で過去の事象と認識された事柄に対する観照的な態度もまた、概して原初以来のものであり、広く見出せる。それは周囲の事情により隠されるかもしれない。たしかに、その態度に慣れ親しんでいる人々においてさえ、それは他の何かの態度を引き立てるために覆いをかぶせられ、わきに押しやられるかもしれない。しかしヨーロッパや東洋の諸民族の壮大な叙事詩は、他の観察の語法においては過去の事象として知られている事柄が非常に早い時代から「事実」としてでなく、観照の「イメージ」として認識されていたことを示している。日蔭者ジュード〔Jude the Obscure、トマス・ハーディの同名タイトルの小説の主人公〕について尋ねるのが適切・不適切な疑問は、ホーマーのユリシーズあるいはローランとオリヴァーについて尋ねるのがそれぞれ適切・不適切である疑問と同じなのである。結局、人々が過去について述べ慣れてきた類の言明を検討するとしたなら、膨大な部分が実践的語法かまたは芸術的語法になることに疑いはない。したがってもし(過去の事象に不断の関心を示しているゆえに)「歴史家」とレッテルを貼られている著述家のところへ行き、あなたは過去について述べるのにどんな種類の言明に慣れているかと尋ねるならば、圧倒的な実践的・芸術的言明を見出すだろう。かくして我々の探求は、この観察のために失敗に終わるように思われる。というのは、我々はこう質問されるだろうから。歴史家であることがどういうことがを発見するため、過去に対して不断の関心を示してきた人々の慣行以外のどこへ行けるのか。たしかに、そこに行くしかないとすれば、我々を待ちかまえているのは、次のような解答だろう。すなわち、歴史は実践的語法と観照的語法が圧倒的な位置を占めているような、過去についての発言の寄せ集めである、と。まっとうには「歴史家」と到底呼べないような架空の人物を創作する覚悟がないかぎり、もはや言うべきことは何も残っていない。

しかしながらこの困難は必ずしも我々を当惑させるものでない。というのは、この探究を挫折から回避させる事柄が二つ存在するのである。第一に、「歴史」を検討する場合、その対象が、(多くの他の営為と同じように)次第に姿を現し最近になってはじめて明確な性格を獲得し始めた営為であることが思い出されなければならない。天文学者の営為、というよりむしろ天文学に携わっていると現在解されている人々から期待できるような言明は、その営為の特定が現在ほど厳格でなかった頃の言明と多くの点で異なっている。これは我々が抵抗なく認めるところである。星について今まで述べられてきた様々な言明(あるいは様々な「真なる」言明に限っても)すべてがすべて、「天文学者」として我々が承認する人々が述べるのにふさわしい言明であると、我々が見なすわけがない。実際、我々はこれらの言明の少なからぬ部分を、天文学者の営為として現在認識されているものと明らかに無縁であるとして排除している。確かに同様の推論を歴史家の営為に適用するに際して、我々はこれまで幾分慎重であったが、二つの営為はこの点において似通っているのである。さらに歴史家の営為が特定されるに至った過程が、探究により相当詳細に明らかにされている。すなわち情報源を批判的に取扱う技術が新たに発展する。次いで体系化を果たす一般的な諸概念が生み出され、批判され、実験され、却下されあるいは再定式化される。——こうした(我々が今日理解している「自然科学者」が出現した過程と類似の）過程である(3)。しかもこれらのどの局面においても順調な進歩などなかった。価値のある業績はしばしば忘れ去られあるいは廃れるままにされた挙げ句、歴史記述の趨勢の転回点がそれを思い出したとき再び回復された。そしてまた歴史家の営為は、偶然的事情で分けられたさまざまな研究分野にわたって散らばっている。したがって歴史家の営為においては、しばしばいくつかの分野で一層綿密な特定化が達成され、その後ようやく他の分野で（しばしば伝播の過程により）それが見られるということになった。そういうわけで、この特定化の先駆者は聖書史家や教会史家であって、これらの分野でなされた前進が漸次他の分野に広まったと言うのは、概して正しい。また例えば、最近八十年のうちの中世史家の急速でかつ驚くべき業績は、しばしば古代史家のより早い時代の技術的業績があってこそ可能となったのである。要するに、我々は歴史家の営為の中に何か固有の徴表を捜し当てたいと望むかもしれないが、歴史家であることの必要十分条件を求めているのではない。問題の営為は、それが現にそうなったそのままの営為（what it has become）であり、我々の現在の分析は、現に達成されてあること（what has been achived）で始まりかつそれで終るのである。

そこで第二に、もし過去に対し関心を絶えず見せてきた人々、特に最近の著述家の発言に注視するならば、実践的言明や観照的言明に混じって、別の語法とおぼしき言明が見出されるはずである。もとよりかような別種の言明が、大体のところ、「歴史家」として現在普通に認められている人々の著述にのみ見出されるというのである以上、特殊に実践的でも科学的でも観照的でもなく、「歴史的」と呼ぶことが適切であるような、過去に対する態度を窺わせるものをその著述が提供しているかどうか、検討に値すると考えても大過あるまい。

6

以上のようなことがらを念頭におけば、おそらくいまや我々は、歴史家の営為とは何かという問題に取り組むのにより有利な位置にいるのであり、筋の通った帰結に到達できると、これまでよりも期待できるだろう。

我々は最初に、「歴史家」とは、自己の眼前にある世界の事象を既に起きた事象の証拠として理解するものであるということを見た。他の種類の探究もまたこれをするにはする。「歴史家」は他の事を決してしない点で特異なのである。だが「歴史家」は、そのようにして現れる過去についてどんな種類の言明を述べるのか。（過去に関わる別の種類の著述家でなく）「歴史家」が（常にでないにせよ）しばしば述べるような、過去についての言明の特徴は何であるのか。

その第一の特徴は、その言明が事実に関しても欲求に関しても、過去を現在に同化するように設定されていないということである。つまり過去に向かうその態度は、私が実践的態度と呼んだものではない。

実践者は過去を後向きに読む。彼は現在の営為に関係付けることのできる過去の事象だけに関心を抱き、それだけを認識する。彼は、自分の現在の世界を説明し、正当化し、あるいはそれをより棲みやすい、より不可解さの少ない場にするために過去を見る。その過去は、後続する事物の状態に寄与的か非寄与的か、あるいは望ましい事物の状態に友好的か敵対的か、と識別されるべき出来事からなっている。庭師のように、実践者は過去の出来事の中に雑草と差し支えのない植物とを区別する。法律家のように、実践者は嫡出子と非嫡出子とを区別する。もし彼が政治家であるなら、彼は自分の政治的偏好を支持するように見える過去のものは何であれ肯定し、それに敵対的なものは何であれ否定する。もし道徳家であるなら、彼は過去に道徳的構造を押し付けて、人の性格の中に徳と悪徳を、人間行為の中に善悪を区別し、前者を肯定し後者を非難する。観点が広い視野を与えるなら、彼は事象のさらに深い動因の中に有害であるものと有益であるものを見分ける。彼の肩入れする事業計画に彼の行動が決定されているなら、過去はその事業計画に関連する事象や行為の衝突として現れる。要するに、実践者は現在を扱うように過去を扱う。過去の行為や人間に関して実践者が述べる傾向にある言明は、彼が関わっている現在の場面に関して述べる傾向にある言明と同じ種類のものなのである。

しかし（歴史的な著述家に特有のものとして私の念頭にある種類の、過去に関する言明の中に表現されるような）特殊に「歴史的」である態度においては、過去は現在との関連において眺められるのではない。つまりあたかもそれが現在であるかのように扱われるのではない。証拠が表現し、また指し示すものはどれも固有の位置を有しているものと認められる。何も除外されないし、何も「非寄与的」であると見なされない。ある事象の位置は、後続する事象との関連によって決定されるのではない(4)。ここで求められているのは、後続のあるいは現在の事物の状態についての正当化でも批判でも説明でもない。「歴史」においては、早く死に過ぎたり、不慮の死を遂げた者はない。そこには成功もなければ、失敗もないし、非嫡出子もいない。それに関して是認が作動し得るような、望ましい事物の状態など存在しないのだから、何ものも賞賛されない。もちろん何ものも非難されない。この過去は、実践者が彼の現在から彼の過去へと転送する道徳的・政治的・社会的構造を持たない。教皇の干渉が、諸事象の流れを変えたのでなく、教皇の干渉こそが事実の流れだった。とすれば教皇の行為は「干渉」ではなかったのである。Xは「早く」死に「すぎた」のではない。彼は死んだときに死んだのである。Yは一連の無益な戦争に財産を浪費したのではない。その戦争は、何か想像上の不適法な流れにでなく、事象の現実の流れに属しているのである。ダブリンの集会で演説をしたのは「解放者（the Liberator）」ではない。ダニエル・オコンネルである。要するに、「実践的」態度とはっきりと異なるような、過去に対する態度がそこに見出し得る。そしてこの態度は、過去に対する持続的で排他的な関心ゆえに「歴史家」と呼ばれてきたような人々の特徴（もちろんいくつかの留保付きでだが）なのであるから、それに対応するものは、特殊に「歴史的な」過去と呼んでかまわないだろう。なおこの点の状況理解に関して付言すれば、過去についての実践的語法の言明は、「真でない」言明として認識すべきでない。（なぜならその言明本来の論議領域内部でなら、真であることを禁じるべき事由は何ら見出せないからである。いやしくも「不慮の」死というものがあるのなら、ウィリアム征服王は確かにそのようにして死んだのである。カール五世の政策に関して言えば、教皇は干渉したことはした。）だがそれは、過去についての「非歴史的」言明と認識するにとどまるべきである。

かような「歴史的」過去と「実践的」過去との間の区別は、さらに観察を進めることにより強化される。実践者の注意が過去に向けられるのは、彼の現在の関心、野心や行為の方向ゆえに彼にとって重要であるような、現在の出来事の寄せ集めによってであるか、あるいは偶運が彼の行く手に置いたような、また人生の浮沈がたまたま彼を巻き込むような現在の出来事によってである。換言すれば、「それは過去についてどんな証拠を提供するのか」と彼が尋ねるところの素材は、偶然か無批判的な選択かのいずれかにより、彼のもとに至る。要するに、彼の証拠すなわち彼がそれから始めるものは、彼が自分の周りの出来事から受け容れた何かにすぎないのである。彼はそれを「積極的に」捜し求めることなく、提供されたものは何であれ拒絶することはない。しかし歴史家に関して言えば、事態は異なる。歴史家の過去に対する探究は、現在の出来事との偶然の遭遇により決定されてはいない。適当性と完全性の考慮により決定される、（文書など）現在の諸経験からなる一世界（a world）を歴史家自身が進んで集める。「歴史的」過去が現れるのは、現在の諸経験からなるこの世界からである。

以上のように状況を読むならば、「歴史家」の営為は（それが過去に対する実践的態度から解放されているゆえ）過去の事象に対するそのもの自体のための関心を、あるいは後続のまたは現在の事象から独立したものとしての過去の事象に対する関心を、表現していると言われるかもしれない。要するにそれは、私が一般的な意味で過去に対する

「科学的」態度と呼んだものとして認識されるかもしれない。実際、このため我々は世界に対する「科学的」態度と一般的に呼ばれるようなものと、過去に対する「歴史的」態度とが一緒に、しかも相互に関係し合って、近代ヨーロッパに出現したことを観察しても驚かない。というのも、「科学者」の営為の特定化と「歴史家」の営為の特定化はともに、原初的でかつてはほとんど排他的であった、人類の実践的態度からの解放の過程で達成されたものだからである。さらに例えば、実践的関心から解放された、したがって実践的語法でなく「科学的」語法の(5)言明と提携している、星に関する探究が、過去に対する探究での類似の解放に先んじて出現したとしても、それは驚くべきことではない。人類の過去の選択と行為は、あたかも現在にあるかのように見なされ話されるのに極めてふさわしいので、また過去は実践的営為における非常に重要な構成要素であるので、この態度から自己を解放することは、途方もなく困難な――我々の眼前にある世界を我々の現在の欲求や企てとの関係だけでいつも理解はしないという同一方向の偉業よりもはるかに困難な――偉業と認められなければならないのである。

にもかかわらず、世界に対する「科学的」態度と過去に対する「歴史的」態度との間のこの類似性の観察は、躓きのもとであった。科学者の営為が(より狭く特定されるようになるにつれて)どこに到達するのであろうと、歴史家の営為がこれに追随するのは正当である、と考えるような傾向をそれは喚起するのである。そして特に、一般的原因や必要十分条件に対する科学者の関心は、「歴史家」の従い得る限りで最良の模範と受け取られる。忘れられたのは、「科学者」のこのような関心の条件がそれの仮定的場面への適用であることであって、それは、つまり何であれ「歴史家」に固有に帰せられ得たものから「科学者」の営為を隔てるものとして直ちに認識されるべきだった条件なのである。しかしながら科学者の(一般的な関心と区別されるような)より特殊な関心に歴史家が陶酔した期間は短かかった。それは百年ほどしか続かなかった。逆説的だがその陶酔は、既に実践的関心からの解放により自己を特定する過程にあった営為に、実践的態度のなした時代遅れの侵入と見なされなければならない。というのも、一般的諸原因を過去の事象であるという点で区別するのは、過去を現在と未来にもう一度同化しようとする試み、つまり過去を現在に対し忠告するようにさせる試みとして、したがって実践的方向への退歩として、見なされるべきだからである。

「歴史家」が事象を理解する際にはちょうど何も「事故」でないように、何も「必然」でも「不可避」でもない。歴史家が彼の特徴的な探究や発言においてなしていると我々が観察し得ることは、一般的原因や必要十分条件を抽出することでなく、ある周囲状況を別の周囲状況へと媒介する（確定し得るかぎりの）事象を我々の前に揃えることである。科学者は、「燃焼」や「酸化」という表現で指示される仮定的場面の必要十分条件を構成する、諸条件の集合を突きとめるかもしれない。つまりこれらの条件が存在し、その作用を阻止するものが他に何も存在しないならば、燃焼が生じるというような。しかし「歴史家」は、戦争の勃発のことを「大火」としばしば書くけれども、戦争の必要十分条件と正当に呼び得るような条件の集合を知らない。我々は、彼から異議を受けることなく、こう信じて疑わないままでいられる。完全に述べられたとしても、この戦争の勃発が「事故」でも「奇跡」でも、必然的な事象でもなく、単なる理解可能な〔事の〕生起であると思われるようにするにとどまる一群の出来事を、「歴史家」は知っているにすぎない。これは例えば、トクヴィルが『アンシャンレジーム (L'Ancien Régime)』で行ったことである。そこではフランス革命が起こったことが述べられているが、その性格は、先立つ事象の必然的で不可避的な結果としてでなく、人間の選択と行為の収斂として示されている。

あるいは次のメイトランドからの一節を検討してみよ(訳注4)。

土地は〔すべて〕究極的には国王から保有しているということの理論は、ノルマン人の征服でわが法の理論となる。この理論はドゥームズデイ・ブック (Doomsday Book) ……で、その調査の基礎として前提、しかも暗々裡に前提されている。他方征服以前においては、この理論がイングランド法の理論でなかったということは確実に言える。

しかしかかる理論にイングランド法がそれまで長い間傾きつつあり、しかも事実の論理がこの観念を生む時期が、急速に近づきつつあったという可能性がきわめて高い。すなわち、当時の事実ないし現実の法関係は、「土地はすべて究極的には国王から保有している」という幅広い原則がその事実ないしは法関係を大きく乱さないようなものであったのである。にもかかわらず、この原則はまだ進展していなかった。それは海外から我々の所へやって来たのである。しかしながらこの原則は暗々裡の前提という装いの下でやって来た。いかなる法も被征服国に対してこの原則を強制しなかったし、いかなる法も必要でなかった。ノルマンディでは土地は公から保有されており、公はまた国王から保有していた。したがってイングランドでも事態は当然同じはずであった。それ以外の制度は考えられなかったのである。没収の過程が征服王にこの理論を事実上も真実にする機会を豊富に与えた。王が報酬として没収地を与えた従臣は当然王から保有したのであろう。またその土地を返還してもらったイングランドの大土地所有者も当然王から保有したであろう。より小身の人々については、ノルマン人にとって自然な観点から見れば、彼らは既に大身の人々の下の保有者だったのであり、したがって大身の人々がその権利を没収された際には、ただ単に領主の交替があっただけということになった。この前提は時には充分当たっていた場合もあるし、ひょっとして他の場合には全く当たっていなかった場合もある。しかし多くの場合においては、それは単に新しいしかもより単純な用語法を導入しただけのように思われたであろう。かつては人的に領主に結びつけられていた土地所有者(*landowner*)であった者が、領主から土地を保有している土地保有者(land tenant)になったのである。立法は全くなかったし、年代記作者は誰もこの新理論の導入に言及していないと私は信じている。後の法律家、グランヴィル(Glanvil)やブラクトン(Bracton)について言えば、彼らは一度もこの新理論を表現しなかった。彼らは、土地はすべて国王から保有しているということを、注目に値する事実としては一度も述べていない。そんなことは当然なのである。

ここで明らかにされているのは、変化の過程である。メイトランドは一般的な原因や必要十分条件に関心を持っているのではない。彼は我々に一つの出来事（今の場合は土地についての考え方）を見せている。彼は、この出来事を理解可能にさせるために、諸事象がいかに収斂してこの出来事を惹起するかを示しているのである。

そこで手短に言えば、この難しい主題の決定的意見とするつもりはないが、次のようになると思われる。すなわち、漸進的にしかも多くの障碍にもかかわらず出現してきた、過去に対する態度が存在する。その態度においては、過去の事象は、単なる「イメージ」ではなく、「事実」として理解され、後続の事象や現在の周囲状況や欲求から独立したものとして理解され、また必要十分条件を決してもたないものと理解される。つまり特別の種類の探究や発言を誘発するが、実践的態度でも科学的態度でも観照的態度でもないような、過去に対する態度が存在するのである。他の態度にいささかも逆戻りすることなくこの態度を保持し、過去へ向かう探究者は僅かしかいないかもしれない。だが我我は、この態度があくまで固持されているのを見出すとき、それを注目すべき偉業であると認める。実際、それを特殊に「歴史的」な態度として表示することの適切さは、二つの観察に依拠している。第一に、この態度は我々が「歴史家」と呼び習わしている著述家の探究や発言の中に常に示されているわけでないけれども、その著述家によってのみ示されている。そして第二に、歴史家の営為は、ある日思いがけずに下賜される天のたまものでなく、人類が成し遂げるもの（an achievement）なのである。それは、現在の事象を過去の出来事の証拠として理解するような営為の集積から次第に現れてくる。この特定化の過程で姿を現したと思われるものが、私が記述したような態度である。

けれどもそれが過去に対して、したがって世界に対して、特に不確かで中間的な種類の理解可能性を与えていることは認めざるをえない。我々はそれを越えた向こう側を見る気にされている自分に気付くのである。それ自体は原初的な「科学的」性格を示しており、過去の事象が一般的法則の事例として認識されるような、より包括的に「科学的な」世界理解を目指しているようにしばしば思われる。しかしこのより厳密に「科学的な」理解の追求は、一方で魅力的であって、歴史的理解における企てとして我々が現在認めるものから注意を（しばらく）逸らす可能性があるが、他方でそれが（その概念構造を一貫したものにすると同時に適切な情報を獲得する際に）遭遇するであろう困難は大であろう。たしかに前者が（たとえ結論らしきものに達したとしても）後者に取って代わることをいかにして証明し得るか、容易には分からない。

7

私の主張は以下のようになる。すなわち現在行われている反省においては、「歴史」の性格をより精確に特定する企ては、「歴史家」からいくつかの種類の探究やいくつかの種類の発言を除外していく方針を採ってきた。しかし歴史家であるとは現在どういうことかについて一致した理解がないことから、我々はそれらの除外の的確さや各々の除外を支持する理由付けの適切さを判定することができないでいる、と。他方、私が読者に提示した、歴史家の営為に関する見解には、どんな欠点が伴うにしろ、我々が以前なし得なかったことを許容するという長所が少なくともある。（はたしてその見解により、適切になし得るようになるかどうかは、もちろん別の問題である。）というのも通例の反省の示唆してきた除外は、全部でないにしろたいてい、過去の事象に対する「実践的」態度と私が呼んだものから「歴史家」の営為を絶縁するように意図されているといまや見えるからである。実際、この二百年間になされた史料編纂の技術上の業績のほとんどすべての要点はここにあった。ところが「歴史的」探究の性格を決定するについて、断片的に行う方法においては、この眼目が見失われてしまった（あるいは一度も正当に現れることがなかった）ので、その除外は、しばしば不完全に特定され、しばしば見当ちがいの推論により支持されてきたのである。

例えば、歴史の探究を「起源」への探究とする考えについて我々の抱く疑いは結局のところ正当な疑いだが、通常挙げられる理由のためにそうであるわけではない。「歴史家」は、「起源(origins)」を追求する研究を断わる傾向にあるが、それは「起源」という表現が曖昧だ(「原因(cause)」と「始まり(beginnig)」とを混同することにつながるおそれがある)からではない。また「起源」が発見の及ぶ範囲の内にないからでも、重要でないからでもない。「起源」を探究することは、歴史を後向きに読むことであり、したがって過去を後続の、または現在の事象に同化することだからである。それは、既に特定された場面の「原因」や「始まり」に関する情報を提供するために、過去に目を向ける探究である。そしてこのような限定された目的に操舵されるこの探究は、過去を単にこのような場面の中に表されるかぎりで認識するのであって、過去の事象に恣意的な目的論的構造を押し付けている。例えば、過去に対する探究を「起源」の追求と見なそうとするのは、実務に従事する法律家であって、メイトランドではない。要するに「フランス革命の起源」、「キリスト教の起源」、あるいは「トーリー党の起源」といった表現は、過去に対する後向きの読み方、つまり「歴史的」探究と言われるべきものに対する実践的態度の不法侵入のしるしなのである。ある具体的場面が別のそれに媒介される仕方を発見するように探究者に仕向けるのではなく、その探究は研究者を単に過去に関する抽象的見解、つまり彼が調査対象として選び取った、その抽象化の符合物へと向けるだけである。

さらに、最近の過去の事象に対する真正の歴史的探究が可能かどうかについて疑うよう、我々は既に警告を受けていた。また我々は、過去に対する「公的」探求から期待すべき「歴史的」性格の限界に関しても、警告を受けてきている。ここでもまた私の提案した「歴史」に関する見解がこれらの警告を強化する。実際、私の見解はこれらの警告の有効な範囲を拡大する。しかし同時に私の見解は、それらの警告を通常支持するのに使われる理由付けを単に確証するというよりもむしろ変容させるのである。最近の過去に対する探求、また過去に対する「公的」探求が「歴史的」研究の地位に達するとは期待し得ないと信じるについては、様々な理由が挙げられている。最近の事象は、焦点を合わせるのが特別困難であるとも、偏見の残存が離れた立場に立つことを妨げるとも、押さえるべき証拠は量が膨大であるとともにしばしば意気阻喪するほど不完全であるとも言われる。また過去の「公的」探求は、「真理」の発見以外の関心の現存により、制約されがちであるとも言われる。たしかに以上のことはどれもよく観察されている。しかし我々の懐疑の本当の根拠は、次のように観て取れる事実にある。すなわち常に過去はまず最初、実践の語法で我々のところに現れるのであり、その上で「歴史」の語法に翻訳される。そこで周囲状況の変化、時間の経過や無関心さの無理な押し付けなどが全くあるいはほとんど助力にならない場合、「歴史家」がこの翻訳という課題を達成するのは、特に困難となる。対象は問題の企てに対して有用性や関連性のないことにより絶縁され、囲いを巡らされているものの方が「観照」しやすいし、冗談は自分をからかうのでないものの方がわかりやすい。ちょうどまったく同じことで、過去は、非歴史的態度を積極的に誘発することのないようなものの方が、そこから「歴史」を作ることが（他の事情が等しいかぎり）容易だろう。

さらに言えば、以上のように事態を読むと、我々の懐疑がより確かな根拠に基づくことになるだけでなく、その懐疑の範囲が二つの方向へ向けて拡大することになる。第一に、ある場面に関わるありとあらゆる人間や利害に広い同情を抱いている（つまり偏向がない）としても、それだけでは決してその場面の「実践的」説明を「歴史的」説明に転換し得ない。ここで扱われているのは、二つの分離した論議領域なのである。そして第二に、「歴史的に」理解することが難しいのは、最近の過去だけでないように見えることである。どんな時代でも状況でも、付随的な事情によっては実践的関心を誘発するものである。それほど前のことではないが、ヨーロッパの「中世」と呼ばれるものが、実践的態度を誘発するにおいては群を抜いていた。この時代の事象を後の時代、そしてまた現在とあれやこれやの方法で同化させずにいるのは、途方もなく難しいことだった。実際、「中世」という表現は（「古代」、「現代」、「ルネッサンス」、「啓蒙」、「ゴシック」等といった表現と同様に）、「歴史的」でなく「実践的」表現としてこの世に生を受けたのであって、控えめながら「歴史的」有用性を獲得し始めたのは、つい最近のことにすぎない(6)。中世の研究は封建社会の諸制度の政治的崩壊という影の下で開始されたのであって、その影から逃れるには長い時間がかかった。我々の過去の他のほとんどの時代に比べても、イングランドの一七世紀の経験、またおそらくアイルランドのノルマン人から受けた経験は、現在我々にとって、実践的(政治的ないし宗教的)態度から隔離することが容易でない過去であって、これを「歴史的に」眺望するのは難しい。こう信ずるには確かに十分な理由がある。ベルギーで、アルヴァ公に対する「歴史的」態度なるものを達成するのは、現在においてすら難しい。スペインの著述家にとって、ムーア人のイベリア文明を「歴史」の語法に翻訳すること、つまりそれをあたかも不当かつ悔しむべき侵入であるごとくに著さずにいることは、やさしくはない。要するに、準同時的な「歴史」を著すのが困難である真の根拠があらわにされるとしたら、その根拠は、過去の「歴史的」研究〔一般〕におけるより広い領域の困難の根拠であることがわかるのである(7)。

しかし道徳的判断(一般的に言う場合の、道徳的語法による行為の記述ではもちろんない)をその発言から排除するよう歴史家に勧告することは、「歴史家」の営為を特定する我々の通常の仕方の有用性と欠点両方の最良の例を提供する。私の提案した営為に関する見解によると、是認と非難の表現の排除、並びに過去の行為の道徳的価値を決定すると言われている表現の排除は確証される。だがこの排除を支持する通例の推論は大部分間違っているかまたは的外れと見られる。様々な理由が挙げられている。〔例えば〕次のように言われる。過去の行為の道徳的評価は、絶対的な道徳的標準の適用を伴う、と(けれどもそのような標準について見解の一致などない)。あるいはそれは、その行為が遂行された場所と時期において通用していた標準の適用を伴う、と(だがこの場合探求者は、その時代の道徳家が言ったであろうことを引き出すだけのことであって、彼は現実に述べられたことを引き出すことに携わり、そうして自分の探求を道徳的意見の「歴史」になす方がずっとよいであろう)。あるいは例えば現代のような何か別の場所と時代の規準の適用を伴う、と（だが「歴史的」には、我々の座標点としてある時代と場所を別のそれに優先して選ぶ理由はまったくないのであって、その営為全体が恣意的で余計なものとして表される）。またさらに次のようにも言われる。行いの道徳的善悪は、行為の動機に関連しているのであり、動機は常に心の奥に隠されているのであるから、過去のにしろ現在のにしろ、行いに関してこの種の道徳的判断を宣言し得る証拠は常に不足しているだろう、と。もっとも以上の論証は、「歴史家」の著述から道徳的評価でなく単に道徳的非難を排除しているにすぎない。その意図は両方を排除することにあるのだが。しかしながら実のところ、「歴史的」な探求や発言から道徳的判断を排除する根拠は、適用すべき標準について一致することの困難さにも、証拠の不存在と言われているものにもない。その根拠は、行いの道徳的価値について宣言することが、つまり道徳的構造を過去に押し付けることが、過去の研究への実践的関心の侵入を意味するというところにある。というのも既に見たように、この関心が侵入するならば、他のものの余地はないのである。よき振舞いの擁護者として現れるような過去の研究者は、単に実践的な過去を我々に提出できるにとどまる。我々は、過去の行いの道徳的価値を判断する場合、ちょうど過去の行いの価値や有用性を他の観点から（例えば「無益な」戦争と）判断する場合と同じように、その行いをあたかも現存するように扱っている。この理由だけで、「歴史家」の営為から道徳的判断を排除するためには十分である。要するに、過去の行いの道徳的価値を探求するのは、過去に対する実践的態度に堕落することである。もし仮にこの点で堕落が許されるならば、他のどの点でも堕落が正当に禁じられることはあり得ないだろう。

　こうして「歴史家」の営為を特定する現在通用している方法は、総合するとその営為の輪郭を描くところまで相当に近付いていた数多くの所見をもたらしたように見える。しかしこれらのばらばらの所見の論理が検討される段になると、その論理は、当の所見を確証あるいは却下する手段を提供するだけでなく、より確かな根拠を我々の特定に付与する、修正と拡張をも示唆することになる。

8

このような歴史的営為の読み方から引き出されるように思われる多くの結論がある。次のことがわかるだろう。すなわち「歴史家」の課題は、過去を想起または再演することとしては正当に記述し得ず、ある重要な意味で、「歴史的」事象はいままで一度も起こらなかった何かであり、「歴史的」行為とは、いままで一度も遂行されなかった何かであり、「歴史的」人物は、いままで生きることのなかった誰かである、と。出来事の語法は常に実践的語法であり、出来事の記録はたいてい実践的語法で書かれている。ところが「実践」と「歴史」とは、論理的に異なる二つの論議領域なのである。かくて「歴史家」の課題は、翻訳の手順により創造すること、つまり過去の行いや出来事をその時点でそれらの理解されていた仕方とはまったく異なる仕方で理解すること、行為や事象をその実践的語法から歴史的語法に翻訳することである。もっとも私は、これらの細かい帰結の一つ一つを取り挙げることをせずに、現在歴史家であることとの困難に関するより一般的な所見でもってこの稿を締めくくることにしたい。

（他の営為と同じ仕方で）歴史家の営為は今や相当の特定化を達成していると、信じられるに至っている。おそらくそのとおりであろう。だが我々は、過去に対する「歴史的」態度の敵をいくつか認識できるようになったにしろ、さらになおその敵を打ち負かすところまで行かねばならない。この問題についての今日有力な反省を私が正しく理解しているとすれば、我々は、歴史的探求が「科学」の導きの下に迷い込んでしまった袋小路から、自分が（百年近くにもわたっている知的努力の結果）やっとのことで抜け出したと思っている。そして我々は、過去に対する「実践的」態度と私が呼ぶものを、「歴史」の手ごわい主要な敵（もっともこれに関する混同と躊躇というものがまだあるのだが）と認めるに至っている。しかしその態度を打ち負かすことが非常に難しいことをも我々は認める。この対決における我が方の困難のひとつは、過去に対する実践的態度、そして過去について話す際の実践的語法の使用が、確かに単に誤用であるとしては片づけられないことに、我々が気付いていることから生じている。誰に対してその態度を禁じるべきか。我々の過去を我々の現在に同化することにより、自分がこの世にくつろげるようにするという太古からある営為がどんな根拠で排斥されるのか。これは多分大きな困難ではない。（過去の行いについての道徳的判断を含む）実践的過去は人類の敵なのでなく単に「歴史家」の敵であると認めるとき、その困難は切り抜けられる。しかし次の事実から生じるもっと深刻な困難が残されている。すなわち実践的語法は過去に対する探求すべてに非常に長い間押し付けられてきたので、その支配力は容易に緩めることができない。また「実践」を常用する世界であるゆえに「歴史」に対して著しく敵対的な知的世界に、我々は生活しているという事実である。

過去に対する「歴史的」態度はいまや以前そうであったのと比べてずっと普通のものになっているという信念。現在は重要な意味で特殊に歴史的な精神の時代であるという（実際述べられているような）信念。我々はこのような誤った希望により決して自らを慰めるべきでない。このようなことは幻想であると私は思う。たしかに我々の時代の性向は、眼前に起きた事象を過去の事象の証拠として見ること、つまり前者を「結果」として理解し、その原因を発見するために過去に目を向けることにある。しかしこの性向は、過去を現在に同化するというもうひとつの同様に強力な傾向に結合されている。我々の圧倒的な関心は、「歴史」ではなく回顧的政治に存する。実際、いまや過去はかつてなかったほど、まるで日曜日の午後、牧草地でホイペット犬をそうさせるように、我々の道徳的意見や政治的意見を運動させる場になっている。さらに（多少ましなことを期待してよかったはずの）例の理論家たちでさえ、重要なのは特定の種類の「現在」なのであって、過去と「実践的」現在との結び付きを緩めることこそ「歴史家」の任務であると注意を与えようとはしていない。むしろ彼らは過去と現在との結び付きの解明に熱中しているのである。

「歴史家」というのは過去を恋い慕うものである。だが以前に比べて今日の世界では、過去を愛する人々のための場が多分少ないだろう。実際、今日の世界は、事象が安全に過去に入っていくことを許さないように決定づけられている。つまりこの世界は、事象を人工呼吸の方法で生かし続けるように、あるいは（必要なら）そのメッセージを受領するため死者の手から事象を呼び戻すように決定づけられているのである。というのは、この世界は過去から教訓を得ることだけを望んでいるからである。この世界は、言うように仕込まれた発言を見せかけの権威を持って繰り返す「生きている過去」を構築する。だが「歴史家」にとって、こんなことは唾棄すべき降霊術の一例にすぎない。彼の敬慕する過去は死んでいる。〔ところが〕この世界は、死んだものを愛しもしないし、尊敬もしない。死んだものを再び生き返らせることを願っているだけである。この世界は、過去がもっともなことを喋り、一般民衆の「運動」や参加におあつらえの何か述べるべきことをもっていると期待して、人を扱うように過去を扱う。しかし「歴史家」にとっては、過去は非難のしようのない死者であると同時に女性でもある。「歴史家」は、彼女に飽きることなど決してないが、彼女がまともなことを喋るなどと期待することも決してない。そういう愛人として、「歴史家」は過去を愛するのである。かつて「歴史的」過去の出現を邪魔していたのは宗教であったが、今日では政治である。だがそれは、同じ実践的性向であることに変わりはない。

こうして「歴史」は、もはや現存しない何かを暗示することによって我々を取り巻くものに対する素朴な関心から最近出現した、世界に関する厳格で洗練された思考法の産物である。「歴史」は美的享受も「科学的」認識も実践的理解も表現しない。「歴史」はこれらと同様に夢ではあるが、別の種類の夢なのである。偶然のもの、二次的なもの、未決のものがすべて排除されているドラマである過去、つまり伝説と叙事詩の過去が存在する。その過去は、明確な輪郭、感情の統一性を備えている。そこでは時と場所を除いてすべてが精確である。非必然的事象(contingencies)が、必要十分条件の産物として、また一般的法則の作用の例として認識されることにより解消されてしまったような過去が存在する。さらに構成要素がすべて知られており、それと望ましい現在との関連が分かっているような過去が存在する。しかし「歴史的」過去はこのような過去とは別の種類の過去である。それは感情の統一も明確な輪郭もない入り組んだ世界である。そこでは事象は全体にわたるパタンや目的など決して持たないし、何の役にも立たないし、世界の望ましい状態が何であるかを指示することもない。また実践的帰結を支持することもない。「歴史的」過去は全く非必然的事象からなる世界であって、そこでは非必然的事象は、それが解消されたからでなく非必然的事象間に確定している周囲状況的関係のゆえに理解可能である。歴史家の関心は原因（causes）ではなく機会因（occasions）にある。「歴史的」過去は多くの異なる尺度に基づいて描き出された一枚の絵である。真正の歴史的著述は各々それ固有の尺度を持っているのであり、歴史的思考の独立の事例と認められるべきである。歴史家の営為は、他のすべてを排除して「真」と呼ぶことが許容される、諸事象の唯一理念的な整合性《コヒーレンス》の解明に資するというような営為ではない。それは、著述家が過去のための過去に関心を抱き、選択された一尺度に従って研究することで、同じような等級の非必然的事象の集まりの中に整合性を引き出す営為である。かように新しくかように微妙な企てにおいては、著述家が伝説の語法に譲歩したい気持ちに陥っている自分に気が付いたとしても、それはおそらく他の方向に逸脱するのに比べて害が少ないというべきなのだろう。

一九五五年

（1）参照、プラトン『法律』六七二B。

（2）例えばキケロは、「歴史的」過去を「真理」に関わるもの、「想像された」過去を「楽しみ」に関わるものとして、前者を後者から区別した。

（3）H. Butterfield, *Man on His Past* (p. 98) に引用されているノートの一節(Add. 5436, 62) において、アクトンは、「言語の成長・国家の生理学・民族心理学・教会の精神・プラトン主義の発展・法の連続性——これらは現代の精神活動の半分を占めている諸問題であるが——、これらの表現は、一八世紀の人々——ヒューム、ジョンソン、スミス、ディドロ——には理解できなかった」と述べている。しかし、こう述べることも全く同様に正しい。最近八十年の間、これらの概念のすべてでないにしろ、大半が拒絶されている、つまりそれらは再び理解不能になった、と。

(4) 法律文書に対するメイトランドの態度を、実務に従事している法律家のそれと比較せよ。

(5) 星に対する「科学的」探究ということで、私はもちろん（例えば航海と関わる）役に立つ情報を得ようとする欲求により触発されたのでない探究を意味しているのでもないし、役に立つ情報を提供する余地がその性格上全くあり得ないような探究を意味しているのでもない。私が意味しているのは、星が人の運命を決定したり表現する力を持っているというので、星を興味深いものと（かつて現にそうであったように）見なすようなことのない探究である。むしろ実際、星が我々自身からの独立性において理解されるような星に対する態度は、（例えば航海における）役に立つ情報を生み出し得た探究のどれにも通じる条件である。

(6) ホイジンガの次のような見解を思い出す価値はある。すなわち歴史的著述におけるこれら（例えば「カロリング朝の（Carolingian)」・「封建的（feudal)」・「キリスト教の（christian)」・「人文主義の（humanist)」）また類似の表現は、証明されるべき仮説としてでも、あるいはその上に巨大な構造物が構築されるだろう基礎としてでもなく、どんなちっぽけな理解可能性や啓発性であれその表現の含んでいるもののためにたやすく使用され得る用語として、見なされるべきである［、という見解を］。

(7) 「政治的な人々が闘争するといういわば現代史の事実が、まさに我々自身の関わっている事実そのものの一部であるということは、その歴史の価値に二つの方向で影響を及ぼす。それは一方で我々の関心を高めると同時に、他方で我々の目を見えなくし歪めるのである。古代史やかなり昔の時代に関してさえも、その時代と現在との間になんらかの類似性があるとするなら、我々はその時代を公平に見ることはほとんどできないだろう。後の方がどの程度起こりがちかは、この事実から判断し得る。それゆえ、歴史の対象において相当の距離をおくことは、我々の現在の偏見に相似する偏見に対し常に効き目があるというわけでないが望ましく、また事物に関する我々の偏向を被った現在の見解を歴史に実際に混入させてしまう危険を防ぐため非常に必要なことである。歴史が我々から相当に離れることを、我々は十分な理由から欲するものである。」John Grote, in *Cambridge Essays*, 1856, p. 111.

(訳注1) 原語は（標題と同じく）'the activity of being an historian' である。

(訳注2) M. Oakeshott, *Experience and its Modes*, Cambridge, 1933 参照。「世界（a world）により、私は複雑で統合的な全体またはシステムを意味している。」(ibid. p. 28.)

(訳注3) 『十二夜』は一六〇一年の正月、イギリスを訪問中のトスカナの公爵ヴィルジニオ・オーシーノウをエリザベス女王が招待した十二夜（一月六日）の宴のために作られたらしいことが、ある学者によって本論文の直前に指摘された。

（訳注4） メイトランド（Maitland, 1850-1906）は英国の法制史家。原文には出典が明示されていないが、H. A. L. Fisher ed. *The Constitutional History of England: A Course of Lectures delivered by F. W. Maitland*, Cambridge, 1908, p. 155-6 に該当箇所が見出される。なお訳については、小山貞夫訳『イングランド憲法史』創文社、一九八一年、二〇八―九頁を参照した。

（杉田秀一訳）

保守的であるということ

1

保守的であると認められている行動様式から一般的な説明原理を引き出すのは不可能である（あるいは、不可能ではないにせよ、大した成果は期待できないので試みるに値しない）、と通常は考えられているが、私はこれには与しない。保守的な行動様式は一般観念による明確化が直ちに可能なものではなく、その結果、この種の解明に取り組むのに何かしら抵抗があったというのは、間違いではないかも知れないが、この種の解釈に対して、その価値はともかく、保守的な行動様式が他と比べて特に不適格なものだと決めてかかるべきではないのである。とは言うものの、本稿で私が行おうと企てているのはこのことではない。私の取り上げるテーマは信条や教義ではなく、或る性向である。保守的であるということは、思考や行動が或る様式を持つ傾向にあるということであり、或る種の行動様式や人間をとりまく環境の或る状態を他よりも好むということ、或る種の選択を行う傾向にあるということである。そして本稿における私の構想は、現代の特徴をまとったままの姿でこの性向を解釈するということにあり、それを原理という一般的な言い回しへと移し換えることにあるのではないのである。

この性向が有する大体の特徴は、しばしば見誤られてきたとはいえ、見分けるのが困難なものではない。その中核をなすのは、何か手もとにないものを望んで捜し求めるのではなく、手にすることができる限りのものを利用して楽しみを得ようとする傾向、かつてあったものや将来あるかも知れないものではなく、現にあるものから喜びを得ようとする傾向である。もしかすると、現にあるものに対して感謝することがふさわしく、従って、過去からの贈り物ないし遺産に対する感謝の念もふさわしい、ということが反省によって明らかにできるかも知れないが、そこには過ぎ去った昔のものへの盲目的崇拝は少しもない。大切にされているのは現在なのであり、そしてそれが大切にされる理由は、遠い古代とのつながりがあるということでも、他の可能な選択肢よりも賞賛に値すると認められているということでもなく、それに親しんでいるということにあるのである。「とどまれ、お前は実に美しい」というのではなく、「私のもとにとどまれ、私はお前に愛着があるのだから」というわけである。

もし現在が貧弱なもので、利用して楽しみが得られるものをわずかしか、ないしは少しも提供しないならば、この性向は弱いものであるか、存在しないであろう。現在が著しく不安定ならば、それはもっと堅固な足場を求め、それゆえ、過去に頼り過去の中を探って歩く姿をとって現れるだろう。しかし、そこに楽しみを見出すことのできるものが豊富な時は、それは自らの特徴を充分に示すし、さらに、明らかな喪失の危険がこのものと結びついている時、それは最も強くなるだろう。この性向が適合的な人間とは、簡単に言えば、自己の大切にしてきたものを失うおそれがあることを鋭敏に悟っている者、楽しみを見出す機会に或る程度は恵まれているが、喪失に対して無頓着でいられるほどにはそれに恵まれていない者である。この性向は、若者よりも老人に多く見られるのが自然であるが、その理由は、老人の方が喪失に対して敏感であるということではなく、彼らの方が自分達の世界の資源について知悉していることが多く、従ってそれらを不充分だと考えることが少ないということにある。或る人々においてはこの性向は弱いが、その唯一の理由は、自分達の世界が彼らに提供できるものについて、彼らが無知であるということにある。彼らにとっては現在とは、楽しみを見出す機会の存在しない残り物としてのみ現れてくるものにすぎない。

さて、保守的であるとは、見知らぬものよりも慣れ親しんだものを好むこと、試みられたことのないものよりも試みられたものを、神秘よりも事実を、可能なものよりも現実のものを、無制限なものよりも限度のあるものを、遠いものよりも近くのものを、あり余るものよりも足りるだけのものを、完璧なものよりも重宝なものを、理想郷における至福よりも現在の笑いを、好むことである。得るところが一層多いかも知れない愛情の誘惑よりも、以前からの関係や信義に基づく関係が好まれる。獲得し拡張することとは、保持し育成して楽しみを得ることほど重要ではない。革新性や有望さによる興奮よりも、喪失による悲嘆の方が強烈である。保守的であるとは、自己のめぐりあわせに対して淡々としていること、自己の身に相応しく生きていくことであり、自分自身にも自分の環境にも存在しない一層高度な完璧さを、追求しようとはしないことである。或る人々にとってはこうしたこと自体が選択の結果であるが、また或る人々にとっては、それは好き嫌いの中に多かれ少なかれ現れるその人の性向であって、それ自体が選択されたり特別に培われたりしたものではない。

さて、こうしたことがすべて現れてくるのは、変化と変革に対する一定の態度においてである。なお、ここで変化とは我々がそれを受け容れざるを得ない場合のことを、変革とは我々がそれを意図的に実行する場合のことを、指している。

変化とは、我々が適応していかねばならない環境である。そして保守的性向は、その適応が困難であることを示すものであり、また同時に、我々がそれを行おうと試みる際の手段でもある。変化の影響が及ばない人もいないわけではないが、それはただ、何事にも気を留めることのない者、自己の有するものについて無知で、自己の環境に対して何の感情も抱かない者だけに起ることである。また変化が無差別に歓迎されることもあるが、そんなことをするのは、大切に思う物事が何もなく、愛着がすぐに消えてしまう者、愛情や愛着に無縁な者だけである。保守的性向からはこのいずれの状況も生ずることはない。現在手にすることのできる限りのものの中に楽しみを見出そうとする傾向は、無知や無感情とは逆のもので、愛着や愛情を育む。従って、それは変化を嫌うのである。なぜなら変化とは常に、まず剝奪として現れるのだから。嵐が茂みを吹き払ってお気に入りの眺めを一変させてしまう、友人が死亡する、友情が終焉を迎える、慣習的な振舞い方がすたれる、お気に入りの道化役者が引退する、亡命を余儀なくされる、不運な事が起こる、持っていた能力が失われて他のものがそれに取って代わる——これらは変化であり、いずれもその埋め合わせがないわけではないかも知れないが、それでも、保守的な気質の人はこれらを残念な事と思わずにはいられないのである。しかし、彼がそれらの変化をなかなか受け容れられない理由は、彼がそこで失ったものが、他のいかなる可能性よりもそれ自体として良いとか改良の余地のない最高のものであったとかいうことではなく、またそれに取って代わろうとするものが、本来そこに楽しみを見出すことの不可能なものであるということでもない。本当の理由は、彼の失ったものが、彼が実際そこに楽しみを見出し、その楽しみ方を身につけていたものであるということであり、そしてまた、それに取って代わろうとするものが、彼が何の愛着も覚えたことのないものであるということなのである。従って彼は、急速で大きな変化よりも緩やかで小さな変化の方が耐えやすいと思うであろうし、継続性の現れはいかなるものでも高く評価するであろう。確かに、何の困難ももたらさないような変化もないわけではないだろうが、ここでもその理由は、それが進歩であることが明白だからというのではなく、単にそれが適応の容易なものだからなのである。季節の変化の場合にはその繰り返しが慰めとなっており、子供の成長の場合にはその連続性が慰めとなっている。そして、保守的な気質の人が一般に適応しやすい変化とは、或るものが、その内部に消滅の原因が存在しないように見えていたにもかかわらず崩壊してしまう、という場合よりも、予想を裏切ることなく変化が生ずるという場合の方であろう。

さらに、保守的であるとは、単に変化を嫌うということ（それは一つの性癖かも知れない）だけではなく、変化への適応というすべての人間に課された活動を行う、一つの方法でもある。というのは、変化とは同一性に対する脅威であり、あらゆる変化は滅亡の兆しだからである。ただし人間の自己同一性（あるいは共同体の同一性）とは、環境に左右された個々の偶然的事象が途切れることなく続いたものにすぎず、しかも各事象の持つ重要度は、我々がどれほどそれに慣れ親しんでいるかに応じて異なっている。同一性とは、我々がその中へと退却できる要塞ではないのであり、我々が変化という敵対的な勢力に対抗してそれ（即ち我々自身）を守るすべは、我々の経験という、遮るもののない広野の中にしかないのである。即ち、我々が新たなものを自らそれと気づきながら同化していくとき、我々は目下のところしっかりと立っている方の足に体重をかけて、慣れ親しんだもので直ちに脅かされることのないものであれば何であろうと、それを固く守っているのである。マサイ族は、かつての故郷からケニアにある現在のマサイ族居留地へ移動させられたとき、新たな土地の丘や平原や川に、かつてのそれと同じ名前をつけた。そして、著しい変化を受け容れざるを得なくなった人や民族はみな、まさにこのように何らかの形で、何ら変わりがないかのごとく言い繕うことによって、滅亡の恥辱を免れているのである。

このように、変化とは受け容れざるを得ないものであり、保守的な気質の人（即ち、自己の同一性を保とうとする傾向の強い人）は、それに対して無頓着ではいられない。彼は変化を大概、それに必ず伴う異状に従って判断し、他のすべての人と同様に、自己の資源を動員してそれに対処する。これに対して変革の理念は進歩である。それでもその保守的な気質の人は、自ら熱烈に変革を唱えることはないであろう。まず、彼は、大きな変化が起きていなければ何事も生じてはいないなどと考えようとはせず、従って、変革が行われていないからといって気をもむことはない。さらに彼は、彼の心の大部分は、ものをあるがままの姿で利用して楽しみを得ることへと、向けられているのである。

実際には必ずしも変革がすべて進歩だというわけではない、ということを知っており、従って、進歩なき変革は、意図的な、あるいは不注意による愚挙だと考えるであろう。それだけでなく、或る変革が間違いなく進歩であるかのように自らを売り込んでくるときでさえ、彼はそれを認める前に、その宣伝文句を繰り返し調べるであろう。彼の見方からすれば、すべての進歩には変化が伴うのだから、我々はその必然的帰結としての混乱を、期待される利益と常に突き合わせなければならない。しかもこの点について納得した後も、考慮されるべき点がまだ残っているであろう。変革とは常に、端的な評価が下しにくい企てなのである。つまりそこでは、利益と（慣れ親しんだものを失うということを除外しても、なお残る）損失とが非常に緊密に織り合わされており、そのため、最終的な成果を予想することは極めて困難である。但し書きなしの進歩などというものは、存在しないのである。なぜなら、変革という活動は、追求されている「進歩」なるものばかりでなく、新たに複合的状況をも生み出すのであり、「進歩」なるものはその構成要素の一つにすぎないからである。変化の総体は意図された変化よりも常に広範なものであり、帰結として生ずる事柄をすべて予測することも、その範囲を画定することも不可能である。そういうわけで、変革が行われる場合はいつも、意図されたものよりも大きな変化が生まれてくることは確実であるし、利益とともに損失も生じ、影響を受ける人々の間で、その損失と利益とが平等に分配されはしないであろうということも、また確実である。そして、得られる利益が意図されたものを上回る可能性もあるが、悪化した分によってそれが帳消しにされてしまう危険も、あるのである。

これらすべてのことから、保守的な気質の人はいくつかの適切な結論を導く。第一に、変革による利益と損失は、後者が確実に生ずるものであるのに対し、前者はその可能性があるにすぎない、従って、提案されている変化が全体として有益なものと期待してよい、ということを示す挙証責任は、変革を唱えようとする者の側にある。第二に、変革が自然な成長に一層似ていればいるだけ、（即ち単にそれが状況に対して押し付けられたというのではなく、そのもっと明確な兆しが状況の中にあればあるほど)、損失の方が利益を上回る結果となる可能性は低くなる、と彼は思う。第三に、何らかの特定の欠陥への対応としての変革の方が、つまり、何らかの特定の不均衡を是正するための変革の方が、人間の環境の状態を一般的に改善するという観念から生まれた変革よりも、望ましく、またそれは、一つの完璧な未来像から生まれた変革よりはずっと望ましい、と彼は考える。その結果、彼は、大規模で無限定な変革よりも小規模で限定的なものの方を、好ましく思う。第四に、彼は、変化の速度は急速なものよりも緩やかなものの方が良い、とする。そして彼は、目下のところ何が帰結として生じているのかを、立ち止まって観察し、適切に順応していく。最後に彼は、変革の行われる時機が重要だと考える。彼が変革にとって最も都合が良いと考える時機は、計画されている変化が意図された範囲に限って実現される可能性が最も高く、望んでいない制御不可能な帰結によってそれが汚染される可能性が最も低い、という時である。

以上のように、保守的性向は、現にあるものの中に楽しみを見出すことに対しては好意的・肯定的であり、それに対して、変化や変革には冷淡で否定的である。これら二つの傾向は互いに他を照らし出し、支え合っている。保守的な気質の人は、良いとわかっているものは、それより良いかも知れないというだけのもののために軽々しく引き渡すべきでない、と思っている。彼は、危険で困難なことを愛好したりせず、冒険が嫌いである。彼は、海図にない海へ船を進めようとする衝動を感じたりしない。彼にとっては、方角がわからなくなった時、途方に暮れた時や船が難破した時に救ってくれる魔法の力などは、存在しないのである。もし未知の海を行くことを余儀なくさせられたならば、彼は、一インチ進むごとに水深を測るために測鉛を投ずることを、無駄だとは思わない。他人から臆病とみなされてもおかしくはないことを、彼は理に適った思慮深さだと自認している。他人から消極性と解釈されるものを、彼は現にあるものを取り尽くすのではなく、そのままの姿でそこから楽しみを得ようとする性向だと認めるのである。彼は慎重であり、同意または不同意を絶対的な言い回しで示すのではなく、程度の問題として表す傾向がある。彼が状況を眺める際にとる視点は、彼の慣れ親しんだ世界の姿形を、それがどれだけ乱してしまう傾向を持っているか、というものである。

2

このような保守的性向は、通常所謂「人間の本性」なるものに非常に深く根差したものであると考えられている。変化とは疲れるものだし、変革には努力が必要であるが、人間は、活力があるというよりもむしろ怠惰になりがちなのである（と言われる）。この世界の中で生きていくために自分の見出した方法が満足のいかないものでないならば、彼らはわざわざ災難を招くようなことをする気にはならない。彼らはその本性上、未知のものに不安を抱き、危険よりも安全を好む。彼らは自ら望んで変革を行うことはないし、また、変化を受け容れはしても、その理由は彼らが変化を欲しているからではなく、（彼らが死を受け容れる理由としてロシュフーコーが述べたことと同じく）それが避けられないからなのである。変化は人間を陽気にするのではなく、悲しくする。天国とは完璧な世界の夢であるが、それに劣らず、それは変化のない世界の夢でもある。勿論、「人間の本性」なるものをこのように読み取る人々は、このような性向が人間の唯一の性向ではないということに異を唱えるわけではなく、彼らが主張しているのは単に、人間の有する諸傾向のうちでそれが極めて、恐らくは最も強いものだ、ということにすぎない。そしてその限りで、この考えにもいくらかの言い分はある。というのも、もし人間の抱く選好の中に保守的な要素が多く含まれていなかったならば、間違いなく人間の環境は現在のそれとは非常に異なったものとなっていたであろう。未開の諸民族は変化を嫌い、慣れ親しんだものを手放さないと言われているし、古代の神話は変革を行うことに対する警告に満ちている。我々の生き方に関する民間伝承や諺の名句にも、保守的な格言が多い。また、子供達は望んでもいない変化への適応を強いられて、どれほど多くの涙を流すことであるか。確かに同一性が確固たるものとなっているところでも、また同一性が不安定な均衡の上にあると感じられているところでも、保守的性向は強まりやすいであろう。しかし他方では、青年達はしばしば、圧倒的に冒険や実験を好む性向を持っている。若い時分には、我々には、危険を冒すこと以上に望ましいことは何もないように思われる。「虎穴に入らずんば虎児を得ず」である。また、確かに、長期間にわたって変化から逃れるのに成功したように見える人も、いないわけではないが、他方では、大胆で劇的な変革期をいくつか経てきた人も、いるのである。結局、「人間の本性」なるものは我々の知っているもののどれと比べても、恒常的なものだとは少しも言えず、それについて思いをめぐらせても、得られるものは多くはないのである。我々の目的にもっと適っているのは、現代人の特徴について、即ち我々自身について考察することである。

そこで我々に関して言えば、保守的性向が特に強いなどとは到底言えない、と私は思う。実際、公平な第三者がこの五世紀ほどの間の我々の行動様式から判断したとしたら、我々は、変化を愛好し変革のみを欲求しており、また、あまりにも我々自身への共感に欠け、あるいは自己の同一性に対してあまりにも無頓着なために、同一性を少しも考えない傾向にある、と思われてもおかしくないかも知れない。慣れ親しんでいるものの持つ快適さよりも、新たなものの魅力の方が、概してはるかに強烈に感じられている。我々は、大きな変革が行われているのでない限り、何も重大な事は生じていないのだと考えがちであり、また、進歩の過程にないものは後退しているに相違ないと考えがちである。我々は、まだ試みられたことのないものを良いものと思い込んでいる。我々は、変化とはすべて何かしら良い方向へのものだ、と信じてしまいやすいし、我々が変革を行ったために生じた帰結はすべて、それ自体が進歩となっているか、あるいは少なくとも我々の望んだものを手に入れるために支払わねばならないだけの適切な代価なのだ、とあっさり納得してしまう。保守的な人が賭けをせざるを得ない状況になったとしたら、彼はすべての馬に賭けることであろうが、我々の方は、ほとんど予想も立てず、思いつくままに賭けてしまいがちであり、それでいて負ける不安も感じないのである。我々は貪欲と言ってもよいほど欲張りであり、未来という鏡の中に拡大されて映っている骨が欲しくて、今くわえている骨を落としてしまいがちである。我々の世界では、何もかもが止むことなく進歩させられており、生ずべき進歩によって消滅させられるおそれのないものは一つもなく、人間自身を除けばすべてのものが、その寿命を絶えず縮めている。敬虔さははかないものであり、忠実さも束の間のものである。また変化の速さは、我我が何に対してもあまり深く愛着を抱かないよう警告している。我々は何事でも、その帰結が何であろうと一度は進んで試みようとする。個々の行動様式は競って「最新の」ものであろうとし、まるで自動車やテレビのように、道徳的信念や信仰が棄てられている。我々の目は、常に最新型のものへと向けられているのである。ものを見るということは、即ち、今あるものの場所にこの先何が来ることになるのだろうか、と想像することであるし、ものに触れるということは、即ち、その形を変えることである。この世界が今持っている形状や性質は、いかなるものであれ、我々の望むほどには長続きしない。また、先頭を進んで行く者達の持つ進取の気性や活力は、後ろの者達にも伝わっていく。「我々はみな、同じ一つのところへ追いたてられていく」のであり、足が軽やかさを失ってしまった時でも、その集団の中に自分自身のいるべき場所を見出すのである(1)。

勿論、我々の特徴の中には、変化へのこうした渇望以外に他の諸要素も存在してはいる（大切にしてそのまま残そうという衝動が、我々に生じないというわけではない）が、それが抜きん出ていることは、ほとんど疑い得ない。そしてこの状況に対しては、保守的性向が我々の主として「進歩志向的」な物の考え方に代わり得るものとしての意味を有する（あるいはさらに、それが理に適っているようにさえ見える）、というのは似つかわしくないように思われる。むしろこの状況に似つかわしいと思われるのは、進行中の動きを不適切にも妨害するものとして保守的性向が現れるということ、または、それが博物館の管理人として現れて、新しい物に取って代わられたかつての業績の風変わりな見本を、子供達がそれに見とれていられるように保存しておくこととか、まだ消滅するには機が熟していないと考えられるものの保護者として、それが時折現れることとかである。もっとも、これらの物事を、我々は（まことに皮肉なことに）生活の潤いと呼んでいるのであるが。

保守的性向とその現在の境遇に関する我々の説明は、これで終わりだと予想されるかも知れない。つまり、この性向の強い人は、以前には流れに逆らって泳いでいるのを目撃されたのだが、今では無視されており、その理由は、彼の言おうとすることが必然的に誤っているからというのではなく、それが何の問題でもなくなってしまったからである。彼は不利な立場に追い込まれているが、それは彼本来の欠点のゆえではなく、単に状況に押し流されたからにすぎない。彼は、懐古にふける、衰弱した臆病な人物であり、見棄てられた者としては憐れみを誘い、反動主義者としては軽蔑を引き起こす、というわけである。それにもかかわらず、私は保守的性向について言うべきことはもっとあると思う。物事一般に対する保守的性向が、このように明らかに軽んぜられている状況においてさえ、この性向が単にふさわしいというばかりでなく、最高にふさわしいという場面が依然としてあり、また、心が保守的な方向へと向いてしまうことが避け難いような、人との結びつきがあるのである。

第一に、もっぱら保守的性向のおかげで携わることのできるような、或る種の活動が存在する（それはまだ消滅してはいない）。即ち、これらの活動で追求されているのは、現在の楽しみであり、そのような経験それ自体に加えて利益、報酬、褒賞または成果までもが追求されているわけではない。そして、これらの活動の中にこの性向が映し出されているのを認めたとき明らかになるのは、保守性とは、人間の行動の全領域を包含することのできる「進歩志向的」な態度に対して、偏見にとらわれた敵意を示すものではなく、広範で重要な領域における人間の活動に対して、唯一適合的な性向なのだということである。また、この性向が抜きん出て強い人は、もっぱら保守性のみが適合的であるような諸活動に携わることの方を好む者として、現れてくるのであり、自己の保守主義を人間のあらゆる活動に対して無差別に押し付けようとする傾向を有する者として、現れてくるわけではない。簡単に言えば、仮りに我々が

(我々の多くがそうであるように)、保守主義は人間の行動一般における適合的な性向ではない、としてこれを斥ける傾向を持っているとしても、この保守的性向が単に適合的であるだけでなく必要条件でもあるような、或る種の人間の行動が、依然として存在するのである。

勿論、人間の諸関係の中には、保守的性向が特に適合的だというわけではないものも、数多く存在する。つまりそこでは、差し出されたものそれ自体の中にのみ楽しみを見出そうとする性向は、特に適合的だというわけではない。例えば、主人と使用人、地主と管理人、買い手と売り手、本人と代理人、といった関係がそうである。ここでは、当事者はそれぞれ、何らかの利便の提供または提供された利便への何らかの見返りを求めている。例えば、店の客は、自分の求めている物を商人が提供できないとわかれば、彼を説得して仕入れを広げるようにさせるか、どこかよそへ行くのであり、客の要望に応えられなかった商人は、自分が提供できる別の物を彼に買わせようと試みる。代理人が役に立たなければ、本人は別の人を捜す。召使いは、自分の仕事に対する報酬が悪ければ賃上げを求めるし、仕事の条件に不満があれば〔その〕変更を求める。これらの諸関係においては、簡単に言えば、すべて何らかの成果が追求されており、各当事者は、相手がその成果をもたらすことができるか否かに関心を持っているのである。求めているものがなければ、その関係は消えていくか断たれてしまうであろう、と考えられるのである。もっとも、これらの諸関係においてさえ、それが需要供給の関係に限定されてしまい、慣れ親しむことから生ずるような信義や愛着の立ち入る余地がない時は、何かその関係にふさわしいものが欠けているようには思われる。しかし、このような諸関係の場合にまで保守的な態度をとるのは、「一億玉砕」型の保守主義という、非合理な傾向を露呈する行動なのである。即ち、現在手にすることのできる限りのものでは求めていることを何も実現することができないのに、それが気に入っており、それに親しみを感ずるようになっている、という理由だけでそこに楽しみを見出すというのは、保守性以外の何らかの性向の発揮されることが必要であるような諸関係を、すべて拒否することに他ならないのである。

しかし、人間の関係にはもう一つの種類があり、そこでは、当事者達はいかなる成果も追求せず、その関係にそれ自体として携っている。この関係は、それがもたらすもののゆえにではなく、それ自体として楽しみを与えているのである。例えば、友情がそうである。ここでは、親しみが何となく伝わることによって愛着が生まれ、相互の人格的交流によってそれが維持されている。好みの肉が手に入るまで肉屋を次々と変えていくとか、要求されたことを行うようになるまで代理人を指導し続けるとかの行動は、それぞれの関係にふさわしからざるものではないが、友人が期待通りに振る舞わず、また要求に適うように指導されることも拒んでいる、との理由でその人との関係を断つという行動は、友情というものの性格を完全に誤解した者のすることである。友人達が互いに関心を持っている点とは、相手をどうすることができるかということではなく、ただ相手の中に楽しみを見出すということだけなのであり、この楽しみを可能にする条件は、あるがままのものを喜んで受け容れ、それを変えたり改良したりしようとする願望を一切抱かない、ということである。友人とは、或る振る舞い方をすると信頼された人のことではないし、何か求めているものを与えてくれる人、役に立つ或る能力を持っている人、その美点が単に或る感じの良いものであるにすぎない人、或る好ましい意見を持っている人、のことでもない。友人とは、取り結んだ関係だけのせいで想像力を引きつけ、思索を刺激し、関心、共感、喜び、そして誠実さを呼び起こすような人のことである。一人の友人を別の友人で置き換えることはできないし、友人が死亡した場合と馴染みの洋服屋が廃業した場合とでは、世界は全く異なっているのである。友人という関係は、劇のようなものであり、功利的なものではない。その結びつきは親しみによるものであって、有用性に基づいたものではない。そこで発揮されている性向は保守的なものであり、「進歩志向的」なものではない。そして、我々の経験する物事の中にはこの他にも――例えば愛国心や会話のように――、そこから楽しみを得るための条件としてそれぞれに保守的性向の必要とされるものがありそれらに対しては、友情について当てはまったことが、全く同様に当てはまるのである。

さらには、人間の諸関係を伴わないような活動の中にも、見返りのためにではなく、それが生み出す楽しみのために人が携わることのあるようなものがあり、そして、それに唯一適合的な性向は保守的性向なのである。釣りを考えてみよ。もしあなたの目的がただ魚を捕えることだけにあるのならば、あまりに保守的になるのは愚かなことであろう。あなたは最高の道具を捜し出すし、うまくいかないことがわかったやり方はやめるし、特定の場所への無益な愛着にはとらわれないであろう。敬虔さははかないものであろうし、忠実さも束の間のものであろう。さらにあなたは賢明なことに、進歩の希望をもって何事も一度は試みるかも知れない。しかし釣りという活動は、獲物という利益を求めてではなく、人がそれ自体のために携わることがあるものなのであり、従って釣り人は夕方手ぶらで家に帰って行く時でも、魚の獲れた場合と比べて少しも不満足ではないこともある。このような場合には、その活動は儀式のようになっており、保守的性向が適合的である。もしあなたが釣れるかどうかを気にかけないのなら、何故、最高の道具のことで思い悩んだりするのか。大切なのは、腕前を発揮するという（あるいはもしかすると、単に時間を過ごすというだけの(2)）楽しみなのであり、これを得るために必要な道具は、ばかばかしいほどに不適合なものでない限り、慣れ親しんだものであればどのようなものでもよいのである。

そうだとすると、いかなる活動でも、そこで追求される楽しみが、その企ての成功によってもたらされるものではない場合、即ちそれに携わることに慣れ親しんだということから生ずるものである場合には、保守的性向がそこに映し出されていることになる。そして、そのような活動は数多く存在するのである。フォックスは、賭け事は、勝つ楽しみと負ける楽しみという二つの最高の楽しみを与えてくれると言ったが、そのとき、彼は賭け事を、そのような活動の一つと見なしたわけである。実際私も、この種の活動で保守的性向を必要としないと思われるものは、一つしか思い浮かべることができない。それは、流行への愛着であり、即ち、何が生まれようと、気紛れな変化をそれ自体として喜ぶことである。

しかし、我々がもっぱら保守的性向のおかげで携わることのできる活動は、今述べたようにかなりの領域にわたっているが、それだけでなく、他の諸活動を行う際には、保守的性向が最も適合的な性向だという場合もある。実際、何らの点でも保守的性向を必要としないような活動は、ほとんど存在しないのである。保守的性向が他のいかなるものよりも常に適合的になる場合とは、進歩よりも安定性の方が有益なとき、憶測よりも確実性の方が価値のあるとき、完璧なものよりも慣れ親しんだものの方が望ましいとき、真理であるかも知れないがそのことが論争の的になっているものよりも、誤謬だということで意見が一致しているものの方が優っているとき、治療よりも病気の方が耐えやすいとき、期待そのものの「正当性」なるものよりも期待を満足させることの方が重要なとき、そして、規則が全くなくなるおそれがあるよりは、何らかの種類の規則のある方がよいとき、であろう。そして、人間の行動をどのように見たとしても、環境の中でこれらの条件が当てはまる領域は、無視できない広さを持っているのである。保守的性向を持っている人がいるとき、この人が圧倒的な状況の流れにただ一人逆らって泳ぎ、これと戦っているように見えたとすれば、その観察者は、人間の広大な状況領域が視野の中に入って来ないように自分の双眼鏡を合わせてしまったのだ、と考えられるべきである。(このことは、通俗的には「進歩志向的」な社会と呼ばれているところでさえ、言えることなのである。)

人が或る活動に携わるのに、それ自体のためにそうするのではないというときは、それを或る平面で観察すれば、ほとんどの場合、目的として始められたことと、手段として動員されたものとの区別が、現れてくる。それは即ち、その企てと、それを達成するために使用される道具との、区別である。勿論、この区別は絶対的なものではない。諸目的は、手に入れることのできる道具によって呼び起こされたり制限を受けたりすることがしばしばあるし、道具の方も、特定の目的に合わせるつもりで作られたものであることは、むしろ稀である。また、或る場合には目的であるものが、別の場合には道具ともなる。そのうえ、両者の区別に対しては重要な例外が少なくとも一つ存在する。即ちそれは、詩人の営為である。しかしながら、そうした相対的な区別には、有用性があるのである。なぜならそれは、状況を構成するそれら二つの要素に対して、それぞれ異なった態度をとるのがふさわしいということへと、我々の注意を向けてくれるからである。

一般に、諸々の道具に関する我々の性向は、諸目的に対する我々の態度よりも保守的であり、それは両者の区別にふさわしいものだと言うことができる。言い換えれば、道具は目的よりも変革を受けにくいのであり、その理由は、道具とは、稀な場合を除けば、まず特定の目的に合わせて作られ、しかるのちはほったらかしにされる、というものではなく、諸目的全体に合うように作られたものである、ということにある。そしてこのことが理解されるのは、ほとんどの道具にはそれを使う腕前が必要とされ、その腕前とは、その道具を実際に使うことやその道具に慣れることから切り離すことができないものだからである。良い腕前を持っている人とは、水夫であれ調理師であれ、会計士であれ、手持ちのいくつかの道具を使い慣れた人のことである。実際、大工は、大工達の間で広く使われている種類の道具であっても、自分のものでないものを使うよりは自分自身の道具を使った方が、普通は腕が揮えるし、弁護士は、ポロックの『組合法』にせよ、ジャーマンの『遺言法』にせよ、(書き込みを入れた) 自分自身の蔵書の方が、他のどれよりも容易に使いこなすことができる。道具の使用の本質は使い慣れることにあり、それゆえ人間は、道具を使用する動物である限り、保守的性向を有するのである。

広く使われている道具は、その多くが、何世代にもわたってずっと変わらないできているが、中には、工夫が加えられて、その形にかなりの修正を経てきたものもある。また我々の手もとにある道具は、新たな発明によって常に増え続けており、また新たな工夫によって改良され続けてもいる。実際、台所や工場、作業場、建築用地、事務所といった場所に備え付けられているものを見ると、それが、長い試練と新たな発明との混ざり合った独特のものであるということが、明らかになる。しかし、それはどうであれ、我々が現に何かの事を行っている時は、我々は、それが、使用する道具に関して保守的な態度をとることが特にふさわしい場合なのだと、認めているのである。いかなる種類の事であれ、我々が特定の目的の追求に携わっている時は――それがパイを焼くことであろうと馬に蹄鉄を打つことであろうと、公債を発行することであろうと会社を起こすことであろうと、お客に魚を売ることであろうと保険を売ることであろうと、船を一隻建造することであろうと洋服を一着仕立てることであろうと、小麦をまくことであろうと芋を掘ることであろうと、ポートワインを貯蔵することであろうと弾幕砲火を浴びせることであろうと――、道具に関しては保守的な態度がふさわしいのである。追求されている目的の規模が大きければ、我々は、それに必要とされる知識を持っている者をその責任者とし、彼がその部下として、自分自身の職分に長けていて手持ちの道具を使う腕前の優れた者を、雇うことを期待する。道具の使い手達から成るこの階層のどこかの段階では、他ならぬこの仕事を行うためには、今ある手持ちの道具に対する追加や手直しが必要であるとの提案が、出されるかも知れない。そのような提案が出てきそうなのは、その階層のどこか中程のあたりである。というのも我々は、設計者ならば「私がこの仕事を続けるには、その前にここを離れて、或る基礎的な調査を行わねばならず、それには五年かかるだろう」などとは言わないだろうと思っている（道具の入った彼の鞄は知識の集成であり、我々は、彼がそれを手近に置き、その中身に通じているものと思っている）し、その階層の最も下にいる者ならば、その手持ちの道具が、他ならぬ自分の役目に必要とされる事柄を満足させられないなどということは、ないだろうと思っているからである。しかし、たとえそのような提案が出されて実行に移されるとしても、だからといって、保守的性向の適合性が覆されるわけではなく、現に使用されている手持ちの道具全体に関して、保守的性向は依然として適合的なものであろう。実際あまりにも明らかなことだが、そうした提案が実行に移されるという場合でも、仮りに自分の道具に関する我々の性向が、一般的に言って保守的なものではなかったとすれば、どのような仕事も行えず、どのような小さな事も処理できないであろう。そして、我々のほとんどの時間は何らかの種類の事を行うということで占められており、また何らかの種類の道具もなしに行えるような物事はほとんどないのだから、我々の性格の中で保守的性向の占める場所が大きくなるのは避けられないことなのである。

例えば、大工が仕事をしに来るとき、もしかすると彼は、以前には全く同じ仕事に取り組んだことはないかも知れないけれども、彼は使い慣れた道具の入った鞄を持って来るのであり、その仕事を行える唯一の可能性は、自分の持ち物を意のままに使いこなす腕前の中にあるのである。配管工が道具を取りに行くとき、仮りに彼の目的が、新しい道具を考え出すとか古い道具を改良するとかであったとすれば、彼が戻って来るのは、普段の場合よりもずっとおくれるであろう。市場の中では、貨幣の価値を疑う者は誰もいない。チーズを一パウンド測ったり、ビールを一パイント注いだりしようとしても、仮りに、重さや量のまさにこれらの尺度が他のものよりも比較的有用だということが、それまでに確立されていなかったとすれば、決して何も行うことはできないであろう。外科医が手術を行っているとき、彼はその最中だというのに、手を止めて器具を作り直したりはしない。MCC〔メリルボン・クリケット・クラブ〕は、英豪決戦の最中だというのに、バットの幅や球の重さ、三柱門の長さを新たに公認したりはしないし、それは、クリケットのシーズンのさなかでさえそうである。人は、自分の家が火事だというのに、新しい器具を考え出すようにと火災予防研究所に連絡したりはしない。ディズレイリが指摘したように、狂人でもなければ、人は教区の消防車を呼ぶのである。音楽家は、演奏は即興で行うかも知れないが、仮りに同時に楽器まで即席で作るように期待されたとすれば、彼は自分がひどい扱いを受けたと思うことだろう。実際、職人は、特に手際のいる仕事をしなければならないときほど、自分の完全に使い慣れた道具を、選んで使おうとすることが多いものであり、新たに考案された道具で、その使い方をまだ習得していないものは、自分の鞄の中に入っていても避けるものである。無論、時と場合によっては、そのようなものに関して革新的になって、我々の用いる道具に改良を加えたり新機軸を出したりすべきこともあるけれども、保守的性向を発揮すべき場合は明らかに存在するのである。

さて、諸目的と区別された手段一般について当てはまることは、広く使われている或る種の道具については、明らかに一層よく当てはまる。即ちそれは何かと言えば、行為に関する一般的規則のことである。金槌とペンチについて、またバットと球について、それを使い慣れているということがふさわしいのならば、そしてその慣れということは変化を相対的に免れているために生ずるものであるならば、例えば職場での仕事の手順については、慣れているということが最高にふさわしいと言えるのである。仕事の手順は、改善されることも無論あるとはいえ、慣れてくればくるほど、役に立つようになるものなのである。仕事の手順について保守的性向を持たないというのは、明らかに愚かなことである。勿論、その手順に従わないことが必要となるような例外的な場合の生ずることは、あるにはあるが、仕事の手順について疑問の余地なくふさわしいのは、やはり保守的性向の方であって、改革志向ではない。公的な会での行為、庶民院での討論の規則、あるいは法廷での手続を考えてみよ。これらの取り決めの持つ主たる利点は、それらが変更を受けず、人がそれに慣れているということにある。それらは或る期待の裏付けとなり、かつそれを満足させるのであり、論題に関係のあることなら何でも適切な順番で言えるようにし、無関係な衝突を防いで、人々の精力を浪費から守るのである。それらは、典型的な道具である――異なってはいるが類似点もあるいろいろな仕事に対して、使うのに適した道具である。それらは熟慮と選択の産物であり、神聖不可侵なところは何もなく、変更や改善が加えられることもある。しかし、もしもそれらに関する我々の性向が、一般的に言って保守的なものでなかったならば、即ち、我々が機会あるごとにそれらについて言い争い、変更を加えようとしたならば、それらは急速にその価値を失うであろう。そして、それらを一時的に停止した方が有益な場合も、稀にはあるとは言え、それらが実際に行われている間は、それらの変革を行ったり改善を加えたりしないことが、何よりもふさわしいのである。あるいはまた、試合の規則を考えてみよ。これも熟慮と選択の産物であり、現在の経験に照らして再考するのが適当だ、という場合も存在する。しかし、それに関して抱かれる性向が保守的なものではないとすれば、それは何であれ不適当なものであるし、一度にそれを全部そっくり作り直そうと考えるのも、適当ではない。さらに、勝負の熱気と混乱のさなかにそれを変更したり改善を加えたりするのは、最も不適当なことである。実際、双方とも勝負に熱がこもってくればくるほど、頑として曲がらない一連の規則は、その価値を高めるのである。勝負の最中には、各人は新しい戦略を工夫し、その場で攻撃・防御の新しい方法を編み出すであろうし、相手方の予想を裏切る行動を選択すれば、それが何であろうと実行するであろうが、新たな規則を作り出すことだけはしない。そうした活動に打ち込むのは、別の時に、しかもシーズン・オフだけにすべきなのである。

保守的性向には重要性があり、我々の場合のように、主としてそれとは反対の方向に向かいがちな性格の中においてすら、それが適合性を持っている、ということについては、さらになお多くのことを述べることもできるであろう。私は、道徳や宗教については何も語っていない。しかし、これまでに述べたことから、次の点は恐らく充分に示されたであろう。即ち、いかなる場合にも保守的態度をとり、人間の間のいかなる結びつきにおいても保守的であるということが、たとえ、我々の物の考え方からはあまりにもかけ離れており、我々にとってほとんど荒唐無稽なことであったとしても、それにもかかわらず、わずかしかない例外を除けば、我々の活動はどれも、いかなる場合にも保守的性向の協力を必要とし、場合によってはそれを上位の協力者と認めることもあるのであるし、また、我々の活動の中には、保守的性向の支配を受けるのが当然なものもあるのである。

3

それでは、政治に関する保守的性向については、我々はどのように解釈すべきであろうか。なお、このことを探究する際に私が関心を抱いているのは、単にこの性向が、いかなる状況の流れの中でも意味あるものとして理解できるものなのかどうか、というだけの問題ではなく、それが現代の我々自身を取り巻く状況の中でも意味あるものとして理解できるものなのかどうか、という問題である。

この問いについて考えてきた論者達が我々の注意を向けさせたところには、世界一般や人類一般、人間の結合一般に関する信条があったり、さらには宇宙に関する信条すらもあったりするのが普通である。そして彼らが言うには、このような種類の或る信条を反映したものとして、政治における保守的性向を理解するときにのみ、我々はそれを正しく解釈することができるのである。例えば、政治における保守主義とは、人間の行為に関する一般に保守的な性向と、対をなすにふさわしいものだと言われる。仕事または道徳、宗教について革新的でありながら政治については保守的であるというのは、一貫していないことであるかのように言われるのである。あるいはまた、政治に関して保守主義者でいられるのは、宗教上の或る信仰を抱いているからだとも言われる。その信仰とは、例えば、自然法が人間の経験を通して知られるものとして存在するとともに、神の意志を映し出す神的秩序も自然と人間の歴史に内在しており、人類には行為をそれに合致させる義務があり、そこから逸脱することは不正を意味し災難を招く、というものである。さらに、政治における保守的性向は、人間社会に関する「有機体」説と呼ばれているものを反映していると言われたり、またそれは、人格には絶対的な価値があるという信条とか、人類には罪を犯す原初的傾向があるという信仰とかに、結びついていると言われたりもする。また、イギリス人の「保守性」は王党派や国教会と結びつけられてきた。

さて、政治における保守的性向をこのように位置づけて説明することに対しては、取るに足らない不満も言いたくなるかも知れないが、それらを脇にどけたとしても〔なお〕、私には、それは一つの重大な欠陥を抱えているように思われる。確かに、政治的な活動に関して保守的性向を有する人々が、これらの信条の多くを抱いてきた、ということは間違いではないし、これらの人々がさらに、自分達の性向がそれらによって何らかの仕方で強化され、あるいはそこから基礎づけさえ得ていると信じてきたということも、間違いではないかも知れない。しかし私の理解するところによれば、政治における保守的性向は、我々がこれらの信条を正しいと考えているということを必然的に伴うわけではないし、また、我々がそれらを正しいと想定しているということすら伴うものではない。実際、宇宙あるいは世界一般、人間の行為一般に関するいかなる特定の信条とも、それは必然的に結びつくものではない、と私は思う。それと結びついているのは、本当は、統治という活動と統治の手段とに関する或る信条なのであり、また、他ならぬこれらの問題に関する信条という観点からこそ、それを意味あるものとして見えてくるようにすることができるのである。そして、私の見解を詳細に展開する前に手短かに述べておくと、次のようになる。政治における保守的性向に意味を与えるものは、自然法や神的秩序とも、道徳や宗教とも何ら関係がなく、それは現在の我々の生き方を、統治に関する次のような特定の信条と結びつけながら観察することにある。即ちその信条（我々の観点からすれば、それは仮説にすぎないものとみなされるべきである）とは、統治は特殊で限定的な活動であり、その任務は、行為に関する一般的な規則を提供し保護することだ、というものである。その規則は、固有の意味を持った諸活動を押し付けるために計画されたものとして理解されるのではなく、人々が自分自身の選択した活動を行いつつ、その失敗が最小になることを可能にする道具として、従って保守的に対応することがふさわしいものとして、理解されているのである。

出発点として私が適切だと信じているのは、最高天の中にあるようなものではなく、現在かくあるに至った我々自身であるので、そこから始めることにしよう。私及び私の隣人、同僚、同胞、友人、敵対者、そして私にとってはどうでもよい者、といった人々が携わっている活動は、極めて多様なものである。考えられるどの問題についても、我我の抱く見解は多様なものとなりやすいし、そのうえこれらの信条に飽きたり、それが役に立たないとわかったりすれば、我々はそれを変えてしまいやすい。我々は各人が自分自身の道を進んでいるのであり、いかなる目的の追求も、それに携わる者が一人も見出せないであろうというほどに見込みのないものではないし、またいかなる企ても、それを始める者が一人もいないであろうというほどに愚かなものでもない。或る人々は、国教会の教理問答の冊子をユダヤ人達に売ろうとしながら、人生を送っている。また、世界の半分は、もう半分がこれまで決して不足を感じたことのないものを彼らに欲しがるようにさせる、という試みに携わっている。我々は皆、自分自身の関心事が何であれ、即ちそれが、ものを作ることであろうとそれを売ることであろうと、あるいは仕事であろうとスポーツであろうと、宗教、学習、詩、酒、麻薬であろうと、それに対して情熱的になる傾向を持っている。我々各人には、その人自身の選択の好みがある。或る人々は、選択を行うべき（数多くの）機会に招かれたとき、喜んでそれに応ずるが、他の人人は、それをそれほど熱心に受けたりはしないし、あるいはさらに厄介なことだとさえ思っている。新たなより良い世界を夢見る者もいるが、歩き慣れた道を進もうとする傾向の方が強い者もいるし、あるいはさらに、怠けていようとする傾向の者さえいる。急速な変化を誰もが認識してはいても、それを嘆き悲しむことの多い者もいれば、喜ぶことの多い者もいる。確かに時には、我々は疲れてきて眠り込んでしまうこともある。つまり、店のウィンドウに見入っても欲しいものが何も目に入らないということが、むしろ有難い救いなのであり、我々の注目をはねつけるというだけの理由で、我々が醜さに感謝することもある。しかし、我々の幸福追求の大部分は、相互に他方の源泉となりながら尽きることなく生じてくる諸々の欲望を、満たそうとすることによって、行われるのである。我々の取り結ぶ諸関係は、その基礎に、利害、情緒、競争、協力、保護、愛情、友情、ねたみ、憎悪があり、また、長持ちするものもしないものもある。我々は、互いに約束を交わしもするし、互いの行為について期待を抱きもするし、賛成や不賛成であることを示したり、無関心であったりもする。このように、活動やら見解やらが多種多様であるため、衝突が生じがちである。我々は他人の道を横切る形で自分の道を進んでおり、皆が同種の行為を是認しているわけではない。しかし我々は、時には譲歩し、時にはしっかりと自分の道を固守し、時には妥協することによって、概して互いにうまくやっているのである。我々の行為を構成している活動は、他者の活動と同化するように調整されており、しかもその調整は微小なもので、かつその大部分は、控え目で目に留まりにくいものなのである。

こうしたことすべてが何故そういうものなのか、という点は重要ではない。それは、必然的にそうなっているわけではない。人間の環境が異なった状況にある場合も容易に想像できるし、また、時代や場所によっては、活動がはるかに多様性や変化に乏しく、見解もはるかに多様性に乏しくて衝突を生じにくいという状況にもなる、あるいはそうであったこともあるということを、我々は知ってもいる。しかし、概して我々は、これを我々の状況だと認めているのである。その状況は、誰もそれを企図したとか、他のすべてのものに優先してそれを特に選択したとかいうわけではないが、それにもかかわらず人間が獲得したものである。それは、自分自身で選択を行うということへの愛を身につけた人間が、それに衝き動かされて生み出したものであって、「人間の本性」が解き放たれてできたものではない。そして、それが我々をどこに連れて行こうとしているのかについて我々が知っていることと言えば、帽子の流行が二十年経てばどうなっているかとか、あるいは自動車のデザインがどうなっているかとかについて我々の知っていることと、全く同じだけの量しかないのである。

この情景を見渡して、或る人々は、秩序と統一の欠如がその顕著な特徴であるかのように思い、そのことに刺激されてしまう。つまりそれは、その無駄の多さ、その失敗、それによる人間の精力の浪費であり、さらに、目的地が予め計画されていないというだけでなく、いかなる進行方向も識別すらできないということである。その情景は、自動車レースと似た興奮をもたらすが、そこには、何らかの仕事上の企てを見事に遂行したときに得られる満足は、少しもないのである。このように思った人達は、現在の乱雑さを大げさに捉えがちになる。彼らにとっては、計画の欠如があまりにも著しいので、混沌を抑制するには微調整では足りないし、それどころかもっと大がかりなしくみですら役に立たないと思われている。彼らは乱雑さを不便なこととしか感じず、そこに温もりを感じることはないのである。だが、彼らの観察能力に限界があるということは、重大ではない。重大なのは、彼らの思考の転回である。彼らの感ずるところによれば、この所謂混沌を秩序へと変えるために行うべきことがあるはずであり、それというのも、合理的な人間は決してこのようにして人生を送っていくべきではないからである。彼らは、まるで、ダフネの首のあたりに垂れた髪が乱れているのを見たときのアポロンのように、ため息をつき、「もしそれがきちんと整っていたとしたら、どんなだろう」と一人言を言う。そのうえ彼らの言うところによれば、彼らは夢の中で、衝突が生じないという、全人類にふさわしい栄えある生き方を、目にしたことがあり、彼らの理解によれば、現在の我々の生き方を特徴づけている多様性とか衝突の生ずる場面とかを、除去しようとすることが、この夢によって正当とされる。勿論、彼らの見た夢のすべてが全く同様なものというわけではないが、次の点は共通している。即ちどの夢に現れた光景を見ても、そこでは、人間の環境は衝突の生ずる場面が取り除かれた状況になっており、人間の活動は協調的で、単一の方向へ進むようにさせられており、またどの資源も充分に利用されているのである。このように考えるのだから当然のことながら、そうした人達の理解によれば、統治者の職務とは、そうした人達の夢を、人間の環境の当該の状況の下で統治に服する人々に対して、押し付けることだということになる。統治するということは、私的な夢を、強制できる公的な生き方へと変えることである。こうして、政治という活動は夢と夢のぶつかり合いと化し、そこにおける統治者は、自らの職務に関するこうした理解に正確に従い、またそれに適合した諸々の手段の供給を受けるのである。

こうした光り輝ける政治の様式においては、統治とは、人間の精力という資源を単一の方向へと集中させるためにまずそれを買い取ろうとして、買い占めの入札に永遠に参加し続けることであると理解されているが、私はこの様式への跳躍を批判しようとしているわけではない。それは少しも荒唐無稽ではないし、我々の環境の中には、その原因となっているものも多い。私の目的は、統治についての全く異なる理解が、他にも存在するということ、そしてそれが前者に比べて少しも荒唐無稽でないばかりか、恐らくは何らかの点において、我々の環境にもっとふさわしいものであるということ、を指摘することなのである。

統治するということと統治の諸々の手段とに関する、この後者の性向——保守的性向——の源泉は、人間の環境の現在の状況を受容するという態度の中に見出すことができる。その状況とは、私が描写したように、我々には自分自身で選択を行い、かつそうすることに幸福を見出そうとする傾向があるということ、各人は情熱をもって多様な企てを追求しており、また各人は多様な信条を、それだけが正しいとの確信とともに抱いているということである。そこでは、創意工夫がなされ、絶えず変化が起こり、いかなる大がかりな計画も存在せず、過剰、活動の行きすぎ、そして形式にとらわれない妥協があった。そして統治者の職務とは、それに服する人々に対してそれぞれの抱いている信条やそれぞれの行っている活動とは別のものを押し付けることではないし、彼らを教育したり育成したりすることでも、他のやり方で彼らをもっと良くしたり、もっと幸福にしたりすることでもないし、また彼らに指図することでも、彼らを行動へと駆り立てることでも、いかなる衝突の場面も生じないようにと彼らを指導したり、彼らの諸活動を整序したりすることでもない。統治者の職務とは、単に、規則を維持するだけのことなのである。この活動は特殊で限定的なものであり、他の活動と結合させられるや、それが何であろうとすぐに自らの本来の姿を損なってしまうものであり、しかも、我々の環境においては不可欠のものである。規則を維持する者の典型は、試合において規則を働かせることを仕事としている審判員、あるいは、既知の規則に従って討論を司りはするが、自分はそれに加わることのないという、議長である。

さて、政治に関するこうした保守的性向を有する人々は、人間の環境の現在の状況に対する統治者の態度としてふさわしいのはそれを受け容れることである、という信念を擁護するにあたっては、或る一般観念に訴えるのが普通である。即ち彼らの主張とは、人間の行う選択が自由なものであるということには絶対的な価値があるとか、(選択の象徴たる)私的所有は自然権であるとか、見解や活動の多様性を享受することによってのみ、正しい信条や良き行為とは何なのかが明らかになるものと期待することができるとかいうものである。しかし私の考えでは、これらの事柄やこれと似たいかなる事柄を信じることも、この性向に意味を持たせるために必要だというわけではない。これほど大げさではなく、ずっとささやかなことであっても、充分間に合うのであり、次のようなことに気が付けばよいのである。即ちそのこととは、人間の環境のこの状況は現在における事実であり、しかも我々はそこに楽しみを見出すようになっており、それへの対処の仕方を身につけているということであり、また、我々は大人であって、面倒を見なければならないような子供ではなく、自分自身で選択を行うことの方を好んでいることについて、正当化を行う義務を自分は少しも負ってはいないと考えているということであり、そしてまた、為政者達は卓越した英知を授かっていると想定し、それが、彼らに対して一連のもっとすぐれた信条や活動を開示し、それにより、統治に服する人々に各人の生き方とは全く異なるものを押し付けるための権威を、彼らに付与するなどと想定するのは、人間の経験を超えるものだということである。要するに、「何故、統治者達は、彼ら自身の夢を統治に服する人々に対して押し付けることでなく、現在の見解や活動の多様性を受け容れることの方を選ぶべきなのか」と問われたならば、この性向を有する者は、「何故それではいけないのか」と答えるだけで充分なのである。彼ら統治者達の夢は他の誰の夢と比べても違っているというわけではないし、他人の夢がくどくどと語られるのを聞いていなければならないというのが退屈なことならば、それをもう一度演じさせられるなどというのは、我慢のならないことである。我々は、一つの事に熱狂してしまうような人に対して寛容であり、それは習慣としてそうなのであるが、だからといって、何故、我々は彼らに支配されねばならないのか。或る人達が、何かお得意の義憤のために自分達の精力や富を費して、それをすべての人に押し付けようと努めている時、統治に服する人々をそうした迷惑から保護するにあたって、それと同類の他者の活動に味方して迷惑者の活動を押さえ込むというのではなく、誰もが発することの許される騒音の量に対して限度を設けることにするというのは、統治者の職務として荒唐無稽なことなのか（、と保守的性向を有する者は尋ねるのである）。

だがそうは言っても、統治に関する保守的性向の源泉がこうした現在の状況の受容にあるのならば、保守主義者が、統治者の職務とは何も行わないということだ、と考えていることにはならない。彼の理解に従えば、なされるべき仕事というものがあり、それを行うことができるのは、ただひとえに、現在の諸々の信条を、それが現在のものだというだけの理由で受容し、現在の諸々の活動を、それが現在行われているというだけの理由で受容しているから、つまり本物の受容を行っているからである。そして、彼が統治者の職務としているのは、簡単に言えば、信条や活動のこうした多様性から生まれてくる衝突を、いくつか解決することであり、また、平和を維持するのに、選択それ自体とか選択が行われた結果である多様性とかを禁止して、画一的な内容を押し付ける、というのではなく、統治に服する人々の誰にも等しく、手順に関する一般的な規則を守らせる、ということである。

そういうわけで、この問題に関して保守的である者の理解に従えば、統治の始まりとは、何か別のもっと良い世界を思い描くことにあるのではなく、自己の企てにおいては情熱をもって行為する人々でさえ自律的な統治を実践している、という事実に気づくことにある。その始まりは、形式にとらわれずに利益を互いに調整することであり、それは、衝突を起こしがちな人々を、衝突のために相互に目的追求が失敗してしまうことから解放する、という目的を持ったものである。この調整は、互いに相手の通り道には立ち入らない、という両当事者の合意にすぎないこともあるが、時には海上衝突防止のための国際的取り決めのように、もっと広範に適用され、かつもっと長持ちする性質のものであることもある。要するに、統治なるものを暗示しているものは、儀式の中に見出すことはできても、宗教や哲学の中に見出すことはできない。即ちそれは、整然として争いのない振舞いを楽しむことの中には見出されても、真理や卓越性を追い求めることの中には見出されないのである。

しかし、自己の信条と企てに関して情熱的な人々によって行われる自律的統治は、それが最も必要とされる時に失敗に終わりがちである。解決すべき利益の衝突が比較的小規模のものであれば、そうした自律的統治でも充分なことが多いのであるが、これを超えたものについては、それはあてにできないのである。我々の生き方から生じがちな大規模な衝突を解決し、我々が脱け出せなくなりがちな大きな挫折から我々を救い出すためには、そう簡単には本来の姿が損なわれないような、もっと精緻な儀式が必要となる。この儀式を保護する者が「政府」であり、その者によって課される規則が「法」である。勿論、統治者が、利益の衝突の生じた場合に仲裁人としての活動に携わるにもかかわらず、その職務を行うにあたっては法の助けを借りることがない、という事態も想像できないことではない。それはちょうど、規則抜きで行われる試合における審判員というものが考えられるのと同じであって、彼は、争いが生じて判定を求められた場合、期待を裏切られた当事者達を争いから救い出すために、そのたびごとに自分の判断で、その場限りの方策を工夫するのである。しかし、そうしたしくみでは無駄が多いということは、あまりにも明らかであり、そうしたことを行っている人達が、仮りにいると考えることができるにしても、それは、為政者には超自然的な霊感が宿っているのだと信ずる傾向のある人達とか、為政者の職務として全く異なること——指導者、教育者、あるいは経営者の職務——を考えている人達ぐらいのものでしかない。いずれにせよ、統治に関する保守的性向の根底にある確信によれば、統治の基礎がそれに服する人々の現在の諸々の活動や信条を受け容れるということにある場合には、唯一適切な統治の仕方とは、行為に関する規則を作り、それを守らせることである。要するに、行為の規則に関しては、保守主義がふさわしいと我々は既に認めているが、統治に関して保守的だということは、それを反映したものなのである。

そうすると、統治することとは、保守的な者の理解によれば、次のようなことになる。即ちそれは、目的追求をくじく利益衝突という結果に至る可能性が、当該の環境において最も低いような行動様式を支えるために、法的な制約を提供することであり、また、他人がこれに反した振舞い方をしたので被害を受けたという人のために、補償やら埋め合わせの手段やらを提供すること、規則におかまいなく自分自身の利益を追求する者に対して、時には罰を加えること、そして勿論、この種の仲裁者としての権威を充分に維持できるだけの力を、提供することである。このように、統治は特殊で限定的な活動として認識されるのである。それは、それ自体が一つの企ての遂行なのではなく、自分で選択した、それぞれにきわめて多様な企てに携わっている人々の、活動の枠組となる規則を維持することなのである。統治が関わりを持つのは、具体的な人間ではなく諸々の活動であり、しかもその関わりは、それらが相互に衝突する傾向を持つという点のみにおけるものである。統治は道徳的善悪とは関係がないのであり、人々を善きものにしようという目的で行われるものではないし、人々を比較的善いものにしようという目的ですら行われるものではない。統治が欠くことのできないものである理由は、「人類が本性上、堕落しがちな存在であること」にあるのではなく、人間には現在のところ、度を越してしまいがちな性向がある、ということにある。統治者の仕事とは、それに服する者達が、それぞれ自己の幸福を追求するための活動として選択したものに携わりつつ、互いに折り合っていけるようにすることである。そして、こうした見方に伴う一般観念が何かしら存在するとすれば、それはあるいは次のようなものであるかも知れない。即ちそれは、統治者は、その統治に服する者達の忠誠心を維持しないのであれば、価値がないということであり、そしてまた、(古いピュリタンの言い回しで)「真理のために指揮する」統治者は、実際にはそうすることができない(なぜなら、その統治に服する者の中には、その「真理」なるものを誤謬であると信じる者がいるであろうからである)のに対して、「真理」にも「誤謬」にも等しく無関心であって、ただ平和を追求するだけの統治者は、必要な忠誠心を得るのに、いかなる障害も生み出さない、ということである。

さて、統治についてこのように考える者は誰でも変革を嫌うものだ、ということは少しも不可解ではない。統治者は行為に関する規則を提供しており、そして規則というものについては、慣れ親しんでいるということが最高に重要な価値なのである。しかしそれでも、彼には、変革について他の考え方を受け容れる余地があるのである。人間の環境の現在の状況においては、(新発明を起源とすることが多い)新たな諸活動が常に出現し続け、それが急速に自己を拡大しているし、諸々の信条は、絶えず修正を施されたり棄てられたりしている。そして、現在の諸活動や諸々の信条に対して規則が適合していなければ、それは、規則が慣れ親しまれたものではない場合と同じ位に、無益なことなのである。例えば、事務の処理に関して、様々な発明や相当な変化があったため、今や、現行の著作権法は不充分なものになってしまったようである。また、新聞や自動車や飛行機はみな、解決すべき迷惑な問題を生み出してきたのだが、まだイングランド法においては、どれもしかるべき扱いを受けてはいない、と思われるかも知れない。あるいはまた、我々の政府は前世紀の末に、我々の法の多くの部分を法典化するという大規模な仕事に取り組み、それにより、法が当時の諸々の信条や行動様式と密接な関連を持つようにし、我々のコモン・ローの働きの特徴である状況への微調整というものから、法を切り離したのだが、これらの制定法の多くは、現在では時代遅れで、どうしようもないものになっている。そのうえ、(海運法のような)重要で広範な活動部門を規制する、さらに古い議会の立法もあり、それは現在の状況に対しては、ますます適合性に欠けたものとなっているのである。そういうわけで、諸規則を、それが規制する諸活動に対して常に適合的なものにしておこうというのならば、変革が必要とされることになる。しかし、保守主義者の理解によれば、規則の修正は、それに服する者達の諸々の活動や信条における変化を常に反映したものでなければならず、決してそうした変化を押し付けることがあってはならない。またそれは、決していかなる場合でも、全体の調和を破壊してしまうほどに大がかりなものであってはならないのである。従って保守主義者は、単なる仮定の上での事態に対処する目的で行われる変革には、関係がないであろう。彼は、新たな規則を考え出すことよりも、既に手にしている規則を守らせることの方を選ぶだろう。彼は、規則の修正は、それが反映しようとしている状況の変化が、いくらか固まってきたということが明白になるまでは、始めないでおくのが適切だと考えるだろう。彼は、状況の要求するものを超えた変化の提案には、疑いの目を向けるだろうし、為政者が大きな変化をもたらすために尋常ならざる権力を要求し、その発言が「公共の福祉」とか「社会正義」とかといった一般的な事柄に結びついている場合や、よろいをまとった社会の救済者が、退治すべきドラゴンを捜している場合にも、それに疑いの目を向けるであろう。彼は、変革を行うべき時機について注意深い考慮を払うことが、妥当だと考えるだろう。要するに彼は、政治というものを、価値ある道具を新しく永遠に備えつけるための、機会だとみなすのではなく、一組の価値ある道具を時々修繕しては調子を維持していくという、活動だとみなす傾向があるであろう。

以上に述べてきたことすべては、統治に関する保守的性向に対して意味を持たせるのに、役立つことであろう。そして、詳細な議論を展開することによって、例えば、統治者のもう一つの大きな仕事である外交政策の遂行というものを、この性向の人がどのように理解するのか、という点も示すことができるかも知れないし、何故彼が、我々が「私的所有制」と呼ぶ一連の複雑なしくみに大変高い価値を置くのか、という点を示すことも、また、政治とは経済の投ずる影にすぎないという見解を彼が拒否するのが、適切なことだという点を示すことも、また、何故彼が、統治者にふさわしい活動で特に経済に関するもののうち、主たる（恐らくは唯一の）ものは、通貨を安定的に維持することであると信ずるのか、という点を示すことも、できるかも知れない。しかしこの場面では、他に言うべきことがあると私は思う。

或る人達にとっては、「政府」とは権力の貯蔵所として現れてくるものであり、彼らはそれに刺激されて、それをどのように利用することができるだろうかと、夢を見るのである。彼らは、様々な要素を含んだお気に入りの企てを持っており、それが人類の利益に適ったものであるということを、心から信じている。そして、人を統治するという冒険として彼らが理解していることとは、権力のこの源泉を獲得し、必要であればそれを増大させ、そして、彼らのお気に入りの企てを仲間達に押し付けるのに、それを利用するということである。このように彼らは、統治というものを情念の手段として認識する傾向があり、政治の技術とは、欲求に火をつけ、それを監督することにあるとされる。要するに統治とは、他のいかなる活動とも——或る銘柄の石鹸を作って売ることとも、或る地域の資源を開発することとも、あるいは住宅団地を開発することとも――少しも異なるものではないと理解されており、ただ、統治の場合には、権力が（ほとんどの場合）すでにかき集められている、というだけのことであり、統治という企てが目立つ理由は単に、それが独占を狙っており、ひとたび権力の源泉を獲得してしまえばその成功が約束されている、という点にあるにすぎないとされるのである。勿論、今日では、この種の私企業型の政治家が成功することが仮りにあったとしても、それは、人々の側における欲求があまりにも漠然としていて、そのような政治家の提供しようとしているものを請い求めるように、促すことができるほどだという場合であるか、あるいは、人々の欲求があまりにも独立心に欠けたものであって、自分自身の責任において選択して活動する機会があることよりも、豊かさのもたらされる見込みがあることの方が良いと思っている、という場合であろう。また、その航海は必ずしも一見したほどに順風満帆ではなく、この種の政治家は状況判断を誤ることがしばしばある。そしてその時、我々は民主政治においてすら、簡単に言えば、らくだが御者のことをどう思っているのかを知るに至るのである。

さて、政治に関する保守的性向においては、統治という活動についての全く異なった見方が、反映されている。この性向の人の理解によれば、統治者の仕事とは、情念に火をつけ、そしてそれが糧とすべき物を新たに与えてやるということではなく、既にあまりにも情熱的になっている人々が行う諸活動の中に、節度を保つという要素を投入することなのであり、抑制し、収縮させ、静めること、そして折り合わせることである。それは、欲求の火を焚くことではなく、その火を消すことである。そして、すべてこうしたことの理由は、情熱的であるのが邪悪なことで、温和であるのが有徳なことだからというのではなく、情熱的になっている人々が、相互に目的追求の失敗という状況に陥って脱け出せなくなるのを免れるためには、節度を守ることが不可欠だからなのである。この種の統治者のことを、恵み深い摂理の代行者とみなす必要はないし、道徳法則の守護者であるとも、神の秩序を映し出すものであるともみなす必要はない。統治者が提供しているものは、その統治に服する人達が（実際、もし我々のような人々であれば）その価値を容易に認めることのできるような事柄である。実際それは、彼らが通常の仕事や娯楽の活動をする中で、自分達で或る程度は行っている事柄である。セクストゥス・エンペイリコスの伝えるところによれば、古代ペルシア人は、王の死後五日間すべての法を無効にして恐ろしい日々を送ることにより、それが不可欠なものであることを定期的に思い出すことにしていたというのであるが、保守的統治に服する者は、それが不可欠なものだということをそのようにして思い出す必要は、ほとんどないのである。一般的に言って、彼らは、こうした便益の提供に対して穏当な代価を支払うことを、嫌うものではない。そして、彼らがこの種の統治者に対する態度としてふさわしいと認めるのは、忠誠（それは、自信に満ちた忠誠のこともあるし、あるいはシドニー・ゴドルフィンのような、気の重い忠誠のこともある）、尊重、および幾分かの懐疑であって、愛情、献身、ないし愛着ではない。このように、統治とは第二次的な活動であると理解されているのであるが、それはまた、特殊な活動であるとも認められており、他のいかなる活動とも軽々しく結合させられるべきではないとされている。なぜなら、他の諸活動は（情勢を単に見つめるだけの場合を除けば）すべて、何かへの肩入れということを必ず伴っており、中立性を放棄したものだからである。（こうした物の見方からすれば〕中立であることがふさわしいのは裁判官だけでなく、立法者においてもそうであり、後者も法を司る職務につくものと理解されるのである。こうした統治に服する人達は、それが力強く機敏であり、決然としていて無駄のないものであることを要求し、また、その活動が気紛れになったりも出過ぎたりもしないことを要求する。彼らは、規則に従って試合を進行させることをしないような審判員には、あるいはまたえこひいきをしたり、自分自身の試合をしてしまったり、いつも笛を鳴らして試合を止めたりするような審判員には、用がない。結局のところ大事なのは試合なのであり、そして試合で競技する際には、我々は保守的である必要はないし、現在のところそういう傾向にもないのである。

しかし、こうした様式の統治の中に見て取ることができるものは、慣れ親しんだ適切な規則によって制約が課されるということ以外にも、まだ何か存在する。勿論、こうした様式の統治は、伯父のように優しい内務大臣とか、威嚇的な大蔵大臣とかのような、法以外の手段による統治に対しては、それがほのめかしによるものであれ、甘言によるものであれ、他のいかなる手段によるものであれ、好意的になることはないであろう。しかし、統治に服する人達の有する諸々の信条や、それぞれが固有の意味づけを与えて行っている諸活動に対して、こうした統治が中立的であるという、その光景自体が、節度を守ろうとする習慣を生み出す原因となるかも知れない、と予想されるのである。この種の統治は、我々の戦いの熱気の中に、諸々の信念の激しい衝突の中に、また、隣人達ないし全人類の魂を救済しようとする我々の熱狂の中に、次のような諸要素を注入する。即ちそれは、理性の要素ではなくて(一体どのようにして我々はそれを期待すればよいのか?)、悪徳をもう一つの悪徳によって中和しようとする皮肉の要素であり、また、それ自体は賢明さを標榜せずに行き過ぎをくじく揶揄の要素、緊張を散逸させる嘲笑の要素、そして不活性の要素と懐疑の要素である。実際、我々は、自分で懐疑を実践する時間も傾向もないので、我々に代わってそれを行ってもらうためにこの種の統治を維持しているのだ、と言ってよいのかも知れない。それは、夏の最も暑い日ですら平原の中で感じられる、山のひんやりとした肌触わりのようなものである。あるいは暗喩を抜きにして言えば、それは、エンジンの諸々の部分の動く速さを制御することによって、それがばらばらに壊れてしまわないように保つ、「調速器《ガヴァナ》」のようなものである。

そうすると、統治に関するこうした見解を保守主義者に取る気にさせるものは、単なる愚かな偏見ではないということになる。また、この見解を生み出したり、それに意味を与えたりするのに、誇大な形而上学的信念は、何も必要ではない。それと結びついているのは、単に次の事実を見て取るだけのことである。即ちその事実とは、活動が冒険的な企てへと傾いているところでは、それに対応するものとして、抑制の方に傾いたもう一つの種類の活動が不可欠であるということ、そして後者の活動は、それに割り当てられた権力がお気に入りの計画を推進するのに利用されてしまう時には、腐敗する（実際、その効力をすっかり喪失させられる）のが避けられないものである、ということである。「審判員」が同時に競技者の一人でもあれば、それは全く審判員などではないし、「規則」に対して我々が保守的性向を有していないのであれば、それは規則ではなく、無秩序への誘因である。夢を見ることと統治することを連結すると、それは圧政を生むのである。

4

以上のことからすると、人々が冒険好きで進取の気性に富む傾向にあっても、つまり変化を愛好し、自分が心を寄せている事柄に対して「進歩」なるものの観点から理屈づけをしがちであっても、政治的保守主義は、そうした人々の中で全く意味を持たないわけではないということになる(3)。また、「進歩」なるものを求めようとする信条は、あらゆる信条のうちで最も残酷で実りのないものであり、貪欲さを生じさせながらそれを満足させることがない、などという考えを持たなくても、統治が目立って「進歩志向的」であるのは不適切なことだ、と考えることはできるのである。実際、統治に関して保守的性向を有するのがきわめて適合的だと思われる人々とは、まさに自分の責任において行ったり考えたりする事柄があり、技能を身につけたり知的財産を作ったりするつもりのある人々なのであり、また、情念に火をつけてもらう必要もなく、欲求を引き起こされたり、より良い世界の夢を吹き込まれたりする必要もない人々なのである。そのような人々は、秩序は課すが各人の企てについては指図することのないような規則が、つまり義務を集約することによって各人が喜びを追求する余地を残しておくような規則が、価値あるものだということを知っている。彼らは、法的に確立した教会の秩序にすら、我慢して従うつもりでいることもあるかも知れないが、仮りにそうだったとしても、その理由は、議論の余地ない何らかの宗教上の真理をその秩序が表している、と彼らが信じたからというのではなく、単に、その秩序が宗派間の見苦しい争いを抑制し、そして（ヒュームが述べたように）「あまりに勤勉な聖職者のもたらす災い」を軽減するから、ということにすぎないのである。

さて、これらの信条が理に適ったものであるということを、またそれらが我々の状況や、我々の為政者の中に見出されることの多い諸能力にふさわしいものであるということを、自ら売り込んでいようがいまいが、私の見解によれば、それらの信条やそれらと似た信条は、政治に関する保守的性向に意味を与えるものである。仮りに状況が我々自身の場合と異なっていたとしたら、この性向はふさわしいものだろうか、という問いや、統治に関して保守的であるということは、人々が冒険を嫌い、だらしなく生気のないような状況だったとしても、同一の重要性を有するのだろうか、という問いに対しては、我々は答えようと試みる必要はない。我々に関係があるのは、あるがままの我々自身なのである。私自身は、仮りに一連の状況がどのようなものであったとしても、統治に関する保守的性向は重要な位置を占めるだろうと思っている。しかし、私がこれまでに明らかにすることができたのではないかと思っているのは、次のことである。それは即ち、統治に関して保守的であり、かつ、他のほとんどすべての活動に関して革新的であったとしても、それは少しも一貫性を欠くものではない、ということである。そして私の考えでは、この性向については、バークやベンサムからよりも、モンテーニュやパスカル、ホッブス、ヒュームからの方が、学ぶべきことが多いのである。

こうした物の見方に必ず伴う事柄については数多くの指摘ができるかも知れないが、そのうちの一つに触れておこう。それは即ち、政治とは若者には適していない活動であり、その理由は、彼らの欠点にあるのではなく、私が少くとも彼らの美点だと考えているものにある、ということである。

こうした政治の様式において必要とされる、中立性を保とうとする気持ちについては、それを獲得ないし維持するのが容易であるかのように見せかける者は、誰もいない。自分自身の信条や欲求を抑えること、物事の現在ある姿を認めること、自分の手の中にある物の釣り合いを取ること、嫌なことに対して寛容であること、犯罪と倫理的な罪とを区別すること、誤りへと導かれそうに見える時でさえ形式性を重んずること、これらのことは成し遂げるのが困難であり、またそれらは、若者の中に成し遂げられているのを見出すことができないものなのである。

若い時期というのは誰の場合でも、一つの夢であり、喜びに満ちた狂気、甘美な唯我論である。そこでは、形状とか価格とかが固定されてしまったものは一つもなく、あらゆるものが可能性の中にあり、そして我々は信用貸しを受けて幸福に暮らしている。守るべき義務は何もなく、貸し借りを清算する必要もない。予め特定されているものは何もなく、あらゆるものはどのようにでもすることができる。世界とは、我々がそこに自分自身の欲求を映し出そうとする鏡である。激烈な感情の魅力には、逆らうことができない。我々は若い時は、世界に対して譲歩しようとしない傾向があり、自分の手の中にある物の釣り合いを——それがクリケットのバットでなければ——決して取ることはない。我々は、自分の単なる好みと好意的な評価とを区別しようとはせず、切迫性を重要度の基準としているし、また我々は、月並みなものといえども必ずしも軽蔑すべきものではないということが、なかなかわからない。我々は、制約を受けるのは我慢がならないし、シェリーが思ったように、習慣を形成したということは失敗したということなのだ、と信じやすい。私の考えでは、これらの事柄は我々が若い時には、我々の美点の中に入っているものである。しかしそれらは、私の描いてきた様式の統治へと参加する人が有するにふさわしいような性向からは、どれほどかけ離れたものであることか。人生とは一つの夢であるから、政治は夢と夢とのぶつかり合いでなければならず、その中で我々は自分自身の夢を押し付けることを望むのだ、と我々は（もっともらしいが誤った理屈で）論じる。人々の中には、ピット（滑稽なことに「小《ヤンガー》ピットと」呼ばれている）のように、生まれながらの年寄りで、ゆりかごの中にいても政治に携わる資格があると言ってもよいような、運の悪い人もいるし、また、恐らくそれほどには不運でなく、人の若い時期は一度しかないという言いならわしとは反対に、決して大人にならないような人もいないわけではない。

しかし、これらは例外である。ほとんどの人にとっては、コンラッドが「暗い境界線」と呼んだものが存在し、それを越えると、堅固な物の世界が現れ、そこでは、個々の物は固定された形状、固有の重心、それに価格を持っているのである。その世界は、詩的な想像ではなく事実の世界であり、そこでは我々は、一つの物に費したものを別の物に費すことができない。その世界に住んでいるのは自分自身だけではなく、そこには、自分自身の感情の単なる反映へと還元することができない他者も、住んでいる。そして、この平凡な世界になじんだ時、もし我々にそうした性向があり、考えてみるべきもっと良いことが他に何もないならば、我々は、保守的性向を有する者が政治だと理解している活動に、携わる資格を得るのである。(これは、「政治科学」なるもののいかなる知識も、決して与えることができないものである。)

一九五六年

(1) 或る現代人は次のように尋ねる(が、そこには一点の曖昧さもない、というわけではない)。「動きのない社会と熱気に満ちた創造的な社会とでは、我々はどれほど不安な気持ちになろうと、絶対に後者の方を受け容れるであろう。そうでない者が一体いるであろうか。」

(2) 文王が視察旅行で臧という地にいる時、ある老人が釣りをしているのを見かけた。ところが、彼の釣りは本当の釣りではなかった。というのは、彼は魚を獲るために釣りをしていたのではなく、ただ楽しむためにそうしていたからである。そこで文王は、彼を登用して統治を行わせたいと考えたのだが、自分の大臣達や叔父達、兄弟が反対するのではないかと思った。他方で文王は、もし彼をそのまま放っておくとすれば民が彼の感化を受けられなくなってしまう、と考えるのも耐えがたかった。(『荘子』)

(3) それならば、何故我々は、自分達の状況に適合した事柄を少しも顧みず、空想的活動家を現代の政治家の典型としてきたのであろうか。私は、この問いを自分に向けて発するのを忘れてきたわけではないし、別の場所でこれに答えようと試みたこともある。

(石山文彦訳)

人類の会話における詩の言葉

1

哲学者の中には、人間のすべての発話が、ただ一様のものであると受け合う者がいる。表現にある種の多様性を認め、発話に様々に異なった調子を弁別することにやぶさかではないが、それでも彼らは、ただ唯一真正の言語だけを聴き取ろうとするのである。そしてそれも、人の寿命が短く娯楽にも乏しく、またあらゆる発話が（宗教的儀式や魔術の呪文さえ）実践的意味合いをもっていたと考えられるような段階にある、何らかの原始的状態を考察するのであれば、たしかにこのような見解を支持して何事かを述べることもできよう。しかし今日、人類が自らのために、他の様々の語りの形式を発明して、すでに長きを経ているのである。たしかに、実践的活動の言語こそ、最も一般的に耳にされるものかもしれないが、それとても、異なる語法に属する他の種類の言語を引きつれている。それらの中でも、最も顕著なものは、「詩」と「科学」の言語である。しかし、さらに近年では、「歴史」もまた真正な言語とそれ特有の語法を獲得したか、または獲得しはじめたように思われる。かかる情況の中で、人間の発話の単一性を主張するようなことは、より困難なものになっている。にもかかわらず、バベルの塔がきっかけとなって人類の上へふりかかった呪いから我々を解放することが、哲学者の仕事であるという見解はなかなか死に絶えることがなく、有意味な人間の言葉に、ともすれば単一的性格をおしつけるという傾向は、いぜんとして根強い。例えば我々は、すべての発話を我々の住む世界と我々自身についての研究、または研究間の論争への貢献（それぞれ異なってはいても比較し得る長所をもつ貢献）と見なすように促されるのである。しかし、人間の活動とかかわりあいとを一つの研究と考えてしまう、かかる理解は、多様な諸言語の調停という主張に訴えているものの、実際には唯一の言語、即ち、議論の言葉「科学」の言語を認知しているだけなのであり、他のすべての言語は、ただこの言語をどの程度模倣する適性をもつか、という観点から認められるにすぎない。とはいえ、現在の人間のかかわり合いを作り上げている発話の種々の用語法が、ある合流点をもち、ある種の多様性を構成していると考えてみることはできよう。そして私が理解するかぎり、この合流点というイメージは、研究とか議論というものにあるのではなく、会話ということにある。

会話においては、参加者達は、研究や論争にかかわるのではない。そこには、発見されるべき「真理」も、証明されるべき命題や、めざされるいかなる結論もない。彼らは、互いに知識を伝達したり、説得したり、論駁したりすることにたずさわるのではなく、したがって彼らの発話の適切さは、彼らがみな一律の用語法で語るということに依存しているのでもない。彼らは互いに異なっていても、あい入れ得ないわけではない。もちろん、会話が議論の言葉を含んでいてもよいし、論証が話者に禁じられているわけでもない。しかし、推論は力ずくでもなければ、それだけで孤立しているものでもない。会話それ自体が議論から構成されるものではないのである。例えば会話で女の子がある結論を逃れようとして、一見まったく無関係に思える発言をするようなこともあろうが、そんな場合彼女がしているのは、そろそろ退屈だと感じてきた議論をうち切って、もっと彼女にとって得意の話題へと話を転じることなのである。会話では「事実」は現われるたびごとに、それが生じてきたところの諸可能性の中へともう一度解体されるのであり、「確実性」は、他の「確実性」や懐疑と照らし合わされることによってではなく、また別の系列の諸観念の存在によって点火されることによって、その可燃性が示される。通常は互いにひどくへだたった諸観念の間に、いろいろの近似が現われるのである。種を異にする思考が互いの動きに呼応したり、新しい刺激を喚起したりしながら互いのまわりを飛びめぐる。それらがどこから来たかとか、どんな権威にもとづいているかなどを問題にする者はいない。それらがそれぞれの役割を演じている時に、それが何になるだろうかなどに気をまわす者もない。座長や裁定者などはいないし、入会資格を鑑査する門番さえいない。加入者はみな額面通りに受け取られ、相場の流れの中へと自ら身を投じ得るものは、何でも受け入れられる。また、会話の中で語る言語は序列を型づくりはしない。会話は決して、外的な利益を産み出すべくくふうされた企てでもないし、賞をめぐって勝ち負けを争う競技でもなく、また、経典の講釈でもない。それは、臨機応変の知的冒険なのだ。会話においても、賭ごとの場合と同様、勝ったりすったりすることにその意味があるのではなく、かけること自体に意味があるのである。適切に言うなら、話言葉の多様性がなければ会話は不可能である。即ち、その中で、多くの異なった言葉の世界が出会い、互いに互いを認めあい、相互に同化されることを要求もされず、予測もされないような、ねじれの関係を享受することになる。

私は、これこそ人間の関わり合いについての適切なイメージであると思う。適切と言うのは、それが人間の発話の諸性質と多様性ならびに固有の関係をとらえているからである。我々が文明化された人間であるのは、自分自身と世界についての研究や蓄積された知識の相続人であることによるのではない。むしろ、原初の森の中ではじまり、いく世紀もかかって拡張され、徐々に分節化されていった会話という伝統の相続人であることによるのである。会話こそ、公共の場でも、我々各人の中においても、なおも存続しているものなのだ。もちろん、議論や研究や知識は存在するが、これらが有益であるのは、それらがこの会話の中の言葉とみなされ得るかぎりでのことであり、おそらくそれらは〔会話における〕最も魅惑的なものでさえないだろう。人間を動物から分かち、文明人を野蛮人から分かつものは、この会話に参加する能力であって、正しく推論したり、世界についての様々な発見をしたり、よりよい世界を考案するといった能力にあるのではない。実際、人間の祖先がかつて猿の類であった頃、あまりに長々とすわり込んで話をしたので、ついにはその尻尾がすり切れてしまったというように、我々人間が現在あるような姿になったのが、この会話（話が結論に至る事なく続く会話）への参加によるというようなことも、あり得ないことではないように思える。もともと教育とは、この会話の技術《スキル》や参加資格への入門のことであり、そこで我々は様々の言語を認識し、発話の適切な機会を弁別することを学び、またそこで我々は会話にとってふさわしい知的ならびに倫理的な習慣を獲得するのである。そして、すべての人間の活動と発話に、最終的に場所と役割をふりあてるものは、この会話である。「最終的に」と私が言うのは、もちろん倫理的行動のさしあたり直接の領域は、実践的企ての世界であり、知的行動の成果は、まず第一には、多様な言説空間それぞれの中に現われるものだからである。しかし、善き行動が我々にそなわっているのは、実践的企てが、それ自身孤立した行動としてではなく、会話における相手として認知されるからであり、また知的な業績にしても、それらを判定する最終的尺度は、すべての言説空間が互いに出会う会話にとって、それらがそれぞれどのくらい寄与したかということに存するのである。

各言語は、それぞれ人間の活動の反映（反省）であり、それがいずこへと我々を導くのかの予想もなしに始まるけれども、それに関わる過程で、その言語活動自身について語るある特別の性格や様式を獲得していく。そして、発話のそれぞれの様式の中には、さらなる変異型が認められることになる。だから、この会話に参加する言語の数は、決して固定されているわけではないが、中でも最も一般的なものといえば、「科学」および「詩」という実践活動の言語であろう。哲学は、各言語の性質と文体を研究し、ある言語と他の言語との関係について反省をうながす要求であるから、もとより寄生的な活動と考えられるべきである。それは会話から生じる。それは会話こそ、哲学者が反省を加えるものであるからであるが、哲学は会話に対して、何も特別の貢献をするわけではないのだ。かかる会話は、人類がなしとげたすべての成果の内で、最も偉大であるばかりでなく、最も維持することの難きものである。たしかに、人間の活動とかかわり合いについて、このような理解をもっていた人々はこれまで決していないわけではなかった。しかし、それを何の留保も懸念もなく信じた人は少なかった。それゆえこの意味で、そうした人々の中でも最も特筆すべき人として、ミシェル・ド・モンテーニュの名をあげるのは、適切なことである。とはいえ、大部分の場面では若者の教育についての我々の思考が、人間の活動とそれら相互の意味についてのこの考えから、今やますますへだたってしまうように見える。そのような中で会話は、かろうじて生き残ってきたにすぎないのである(1)。それればかりか、言語のあるものにおいては、会話を維持することを難しくする、野蛮性へ向う生来の傾向が存在しているのである。

言葉はいずれも語りの作法であると同時に、特定の発話である。語りの作法としては、そのどれもまったく会話可能である。しかしある言葉が陥りやすい欠陥は、言われたことをその発話の作法から遊離させ、また分離さえすることである。そしてそうなると、その言語は、到達した諸結論(教説)のかたまりのように見え、かくて論争本位の物になり、会話不可能なものになってしまう。例えば「科学」は、知識の百科全書の中に再録される一様式(常にほとんど誤りすれすれの形で再録されてしまうある様式)である。他方哲学の言語は、比類なく会話可能なものである。哲学には、実際に哲学するという活動から切り離されてしまうような「知識」などはない。そこで、哲学の反省というものが、至高の文明的特質をもつというヒュームの理解が成り立つのであり、またそれ故に、科学者も実業人も、いったい哲学が何に関するものなのか理解することが困難であり、ともすれば彼らがそれをもっと自分に親しみやすいものに変形してしまおうとすることが起るのである。しかしさらに、会話は単に、諸言語の論争的傾向の介入によって破壊され得るばかりではない。それは、その参加者の一人または何人かの悪い作法によって打撃を受けたり、一時的に中断されることになるかもしれない。というのは、各言語はとかく傲慢になりやすく、つまり自ら自身の発話に排他的関心を払いがちであり、その結果自分を会話そのものと同一視することになり、自分の話を、あたかもひとり言の話のようにしてしまうからである。そして、こんなことが起る時には、それと共に野蛮が一世を風靡するのが認められるのである。

会話としての人間の活動とかかわり合いのイメージは、おそらく一見軽薄なものと見えると同時に、むやみに懐疑的とも思われるだろう。活動を構成するものが、結局のところ、首尾一貫性をそなえていない冒険の数々であって、それらはしばしば、他日役に立つべく蓄積されるが、決して結論には至らず、また、遊び仲間としてそれに参加する者たちも、誤りや不完全が漸次減少するという信念によって動かされるのではなく、ただ互いに対する信頼と友情に動かされるだけであるという、このような活動理解はひょっとしたら、例えば科学や実業をいつもおし進めている情熱やまじめさを無視するものであり、それらが生み出した記念すべき諸業績をもかえり見ないものだ、と思われるかもしれない。そしてまた、諸言語間の階層秩序を否定することで、単にヨーロッパ思想（そこではすべての活動が、観想的生活との関係で判断されていた）の最も顕著な伝統の一つから、離反するのみならず、懐疑論に塩をおくるようなものと思われるかもしれない。しかし、ある程度の懐疑論という疑いはまぬがれ得ないとしても、軽薄という見かけは、会話についての誤解にもとづくものだと、私は思う。私の理解するかぎり、会話の卓越性は（他のものの卓越性と同様）まじめさと遊び心とのある緊張から生じるのである。どの言語も、ある真剣な関わりを表現している（単にそれが約束する諸結論を求めて遂行されているという点でだけ、真剣なのではないが）。そして、この真剣さがなければ会話は勢いを欠いたものとなるだろう。しかし、会話への参加を通じて各言語（発話者）は遊び心を学び、自らを会話的に理解し、自らを多くの発言（言語 voice）の一つと認識することを学んでいくのである。子供は偉大な会話家であるが、彼らにあっては遊び心は真剣であり、真剣さは究極的には、遊びにすぎない。

ここ数世紀の内に、公の場でも我々自身の中においても、会話というものがだんだん退屈なものになってしまっているのは、それが、実践的活動の言語と「科学」の言語という二通りの言語にだけ没頭してきたためである。つまり、認識することと発明することが、我々の他を圧する関心事とされているのである。もちろん、この点ではこれまでいくつかの浮き沈みがあった。だが、情況を大きく変えたのは、十七世紀になって、知的世界をこれら二つの主要な活動へと分離しようとする明白な傾向が現われてきたことである。その傾向は、それ以来ますます顕著に、自己を主張するようになってきているのである。そしていろんな機会にしょっちゅう耳にするのは、科学の言語が、実践的活動の変異態、即ち我々が「政治」(2)と呼ぶものの言語とくつわをならべて、ただ声高に論じあう声である。しかし、会話にとってはそれが一つか二つの言語によって専有されてしまうということは、油断のならない陥穽である。というのも、それは時がたつにつれ美徳の見せかけを取るものだからである。どんな発言でも、まるで問題に関与しないものであってはならないが、会話においては、この関わりということは、会話の流れ自体によって決定されるのである。それは何ら外的規準に求められはしない。従って、話を独占する風潮が確立されると他の言語に耳をかそうとすることが困難になるばかりでなく、耳をかすべきではないとさえ思われてくるであろう。つまり、それははじめからお門違いなものという刻印を押されてしまうことになる。こうなるともう、この袋小路から抜け出るのは容易ではない。排除された言語（意見）はそれでも風にさからって進もうとするかもしれないが、そうすることで会話を論争に変えてしまうという危険をおかすことになるだろう。あるいはそれは、独占者の言語を模倣することによって耳をかしてもらおうとするかもしれないが、そこで聴かれるのは、まがいものの発話にすぎないだろう。

会話を、それがはまり込んでしまったぬかるみから救い出し、会話に、失われていた自由な運動を回復させるためには、私は何よりもある深い哲学を提供しなければならないことであろう。しかし、おそらくは同様にやりがいのある、もう一つのよりつつましい仕事がある。私が提案するのは、詩の言語を考察しなおすということであり、それを会話において語られるものとして考察するということである。これがまことに時宜を得た企てであるということは、会話に関心をよせる人なら誰も疑わないだろう。たしかに、詩の言語は全面的に排除されたことは決してない。けれども、しばしばそれは、もっと真剣な討議の合間合間に享受される娯楽を提供するものとしか考えられていないし、それが政治や科学の言語を模倣するはめになってしまったという事実は、それが自分自身の特性そのままで耳を傾けられることが、今日困難であるということのしるしと受け取ることができよう。そしてもし、今日必要なことは、これまであまりに長きにわたって政治と科学に専有されてきた会話の単調さから、いくばくか自由になることであるとするなら、詩の言語の特質と重要性を探求することは、このためにいくらか役立つかもしれないと考えられるのである。しかしそれは、単に時宜を得たものであるだけではなく、「哲学的」なものでもある。というのは、詩の考察が哲学的になるのは、詩的想像が、人間の諸活動の多様性の中で、単にある必要な場所をもつのではなく、ある特別の場所をもつことが示される時だからである。いずれにせよ、反省を好む人にして、詩の言語に耳を傾ける喜びを見出した人ならば、その喜びの本性について省察をめぐらすという誘惑を禁じ得ない。そしてもし、彼がその省察を秩序立ったものにしようという衝動に身をまかせるならば、彼は、その言語の特性と、他の言語との関係を理解するために最善の努力をしていることになるのだ。そしてまたこの最善の努力が十分である時に、彼は詩のために何事か価値あることを言い得るであろう。

とはいえ、過度の期待はつつしまねばならない。詩人や詩の批評家は、私が言おうとすることを聞いても、別に彼らの仕事の足しにはあまりならないと言うかもしれない。もちろん詩人は、自分自身と自分自身の活動に対して、何にもとらわれる必要はない。また、批評家にしてみても、彼らの仕事は、詩の言語に対する我々の理解を容易ならしめ、詩のもつ様々な特性について研究するということである。この点では、哲学者か何かであることは、別に悪いことではない。哲学的反省はおそらく、批評家が無関係な問いを立てたり、詩について不適切な態度で考えたり語ったりすることをふせいでくれることだろう。そしてこれは(別に我々を大したところに導いてくれるわけではないけれども)否定されるべきことではない(3)。しかし、哲学者には、他の資格も必要であり、この領域であまりに泳ぎなれた批評家は、しばしばすぐに自分の本来の対象を見失うことになってしまっているということになりがちである。というのは、ここで哲学が関わるのは、もっぱら会話の中で話されるものとしての詩的なものの領域であり、詩の言語への我々の理解を拡大することだからである。それは、時として会話を領導するかもしれないが、会話の中でそれが孤立していることは決してないのである。

2

私の理解するかぎりでは、現実の世界とは経験の世界であり、その中で、自己と非自己はそれぞれ反省に対して露呈されてくるのである。おそらく、この区別はあいまいでまた流動的であろう。つまり、相関するどちらかの側にしか原理上属さないようなものを見つけるのは、たとえ不可能でないとしても困難である。しかしいつでも、周辺部では不確かさが残っているとしても、この区別をすること自体には、我々はためらわない。そして、どんな場合にせよ、自己と認められるものは、それを現在の非自己から分離することによってそう認められるのであり、つまり自己と非自己とは互いに相関的に生起するのである。

自己が現われるのは、活動としてである。それは、活動することもなし得る「もの」とか「実体」といったものではない。それは端的に活動そのものなのである。そしてこの活動性こそ原初的なものであり、何もそれに先立つものはない。それはさまざまの程度の強さや弱さを呈示するかもしれないし、それは生き生きしているか無気力であるか、注意集中的であるか夢遊病的であるか、することもあろう。それはまた、教養があるか比較的素朴であるか、するかもしれない。しかし活動が始まる以前に存在していた静止という状態とか、それによって克服されるべき受動性というようなものなど存在しない。だからこの自己というものを、あるいはからっぽな、またあるいは内装をほどこされた部屋のように、あるいはまただんだんに内装をしつらえつつある部屋のように考えることは適切ではない。むしろそれはただ、あざやかな手なみであるか、それともぎこちないか、あるいは鋭敏であるか、それとも鈍重であるか、などと言われるのがふさわしいものなのである。さらに、どんな場面でもこの活動はある特定の様態の活動であり、活動的ではあるがどんな個別的な活動でもないとか、巧妙ではあるがどんな具体的な巧みさでもないとか言うことは、自己がそもそも活動的でないことが不可能であるのと同じくらい不可能なことである。

私は、この活動を「想像すること」と呼びたい。

即ち自己は、イメージを作り、それを認め、またそれらの間を、それらの性格にかなったようなやり方で、また多様な能力をもって動きまわるのである。かくて、感覚、知覚、感情、欲求、思考、確信、瞑想、想定、知識、選好、評価、笑い、泣き、踊り、愛し、歌い、草を干したり、数学の証明をしたりなどなど、これらそれぞれが、想像することと、一定の種類のイメージ群の間を適切に動きまわることとの、それぞれ特定し得る様態であり、あるいはそこに生起するものである。そして我々はその場その場で我々の想像が属するような言説空間に、常に（あるいは、しばしば）気づいているとはかぎらないが、想像は決して不特定のものではない（実際には混同されることはあるとしても）。なぜなら、想像は常にある特定の技巧に対応する考慮の諸要点に支配されているものだからである。

それゆえ、非自己は諸々のイメージから構成されていることになる。しかし、これらのイメージは、自己に対して、「与えられ」たり「呈示され」たりするのではない。それらは、期待をもったり、もたなかったりする自己の網の目を、それらが通り過ぎる時にその網にとらえられるような、独立した実在なのではない。イメージがこのようなものでないのは、それは、自己との関係を離れては何ものでもないからである。そしてこの自己とは活動そのものなので

12月の新刊

シリーズ　数理・計量社会学の応用 2

私たちはなぜ家を買うのか

後期近代における福祉国家の再編とハウジング

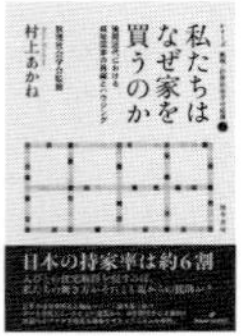

村上あかね

なぜ私たちは家を所有しようとするのか。どのような人が、いつ家を買っているのか、その背景にある要因とは。住宅格差を読み解く。

四六判並製 240 頁　定価 2750 円

ISBN978-4-326-69843-1

12月の重版

知識とは何だろうか

認識論入門

ダンカン・プリチャード 著
笠木雅史 訳

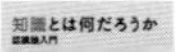

伝統的な難問から

認識的不正義

権力は知ることの倫理にどのようにかかわるのか

ミランダ・フリッカー 著
佐藤邦政 監訳
飯塚理恵 訳

知識を伝達し経験

サーキュラーエコノミー

循環経済がビジネスを変える

梅田 靖・
21 世紀政策研究所 編著

サステナブルな社

会話分析入門

串田秀也・平本 毅・
林 誠 著

人と人のやりとり

四六判上製 304 頁　定価 3630 円
ISBN978-4-326-29937-9

A5 判上製 512 頁　定価 9020 円
ISBN978-4-326-30335-9

著作権法詳説［第 11 版］

判例で読む 14 章

三山裕三

実際の法を理解するため必須となる膨大な判例を網羅のうえ整理分析し、実務の運用にも言及。全面改訂を施した最新版。

A5 判上製 820 頁　定価 11000 円
ISBN978-4-326-40434-6

スタートダッシュ経済学［第 2 版］

伊ヶ崎大理・大森達也・
佐藤茂春・内藤 徹 著

大学 1 年生対象の概論的内容テキスト。経済学部の教員ではない執筆者による経済学部以外の学生が初めて経済学を学ぶためのテキスト。

A5 判並製 224 頁　定価 2420 円
ISBN978-4-326-50500-5

ポジショナリティ

射程と社会学的系譜

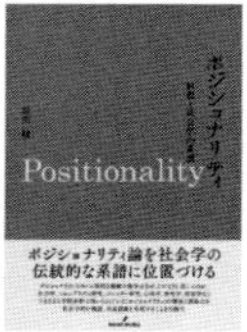

池田 緑

批判理論の文脈で解釈されることが多かったポジショナリティ論を社会学の伝統的な系譜に位置づけ、共通認識を形成することを目指す。

A5 判上製 568 頁　定価 10450 円
ISBN978-4-326-60364-0

児童養護施設のエスノグラフィー

「実践」からみる子ども生活の社会学

三品拓人

現代社会が適切な養育の前提としている「家庭的な養育環境」とは。フィールドワークを通じ問題のメカニズムを社会学的視点から検討。

A5 判上製 208 頁　定価 4950 円
ISBN978-4-326-60365-7

ある。イメージは作られる。にもかかわらず、自己と非自己、想像することと想像されるイメージは、それぞれ原因と結果であるのでもなければ、意識と意識内容であるのでもない。つまり、自己とは、イメージを作り、イメージの間を動く活動の中で、構成されるものなのである。さらに、これらイメージは何か他の、まだあまり規定されていない素材（印象とか感覚 sensa）から作られるわけでもない。なぜなら、こんな素材が利用可能な所はないからである。またそれらは他の実在の表象、つまり「物」のイメージであるわけでもない。例えば、我々が「物」とよぶものは、それが一定の仕方でふるまい、我々の問いかけに対して適当な反応をするために、かかるものとして認知された、ある種のイメージにすぎないからである。さらにまた、イメージというものは、あるいはしばしばあいまいであり、漠然とした見かけをもっているかもしれないが、その性格という点では、常に特定のものである。即ち、それは特定の想像様態に対応しており（我々がその様態を判明化しようと望むなら）いかなる種類の質問が、そのイメージについてふさわしく問われることができるかを確立することによって、それを判明化することができるのである。つまり、それについてどんな種類の探究でも有効になし得るようなイメージなどは、存在しないのである。そして最後に、一つのイメージがそれだけ孤立して存在することは、決してない。それはいつも、非自己を構成している世界あるいは諸々のイメージの領域に属しているのである。

そういうわけで、想像する活動は、アリストテレスの言う「ファンタジア」(訳注1)でもなければ、ホッブスの言う「根源的な想像」(訳注2)でもないし、コールリッジが「第一の想像力」(訳注3)と呼んだものでもない。またそれは、カントが構想力と呼んだ、感性と悟性との間の橋渡しをする「盲目で不可欠のきずな」でもない。それは特定の活動に先立ち、そのための素材をなしているような一般的な活動ではない。それは、そのすべての現われを通じて、特定の確証し得る諸々の要点に統御されているのである。それは思惟の条件ではなく、思惟はその諸様態の一つにすぎない。

3

かくて、私が人類の会話と呼ぶものは、多種多様な想像の様態の合流点ということになる。それゆえこの会話の中には、それ固有の用語法をもたないような言語はなにもない。諸言語はいずれも、ある理想的な没個人的な語りの様式からの様々な逸脱なのではないのだ。従って、一つの言語の用語法を特定することは、それが他のものから、どのようにして区別されるのか、またどのような関係にあるのかを、明確にするということである。だが、詩の言語にとって最も気心の知れた仲間は、実践活動の言語と「科学」の言語なのだから、私はさしあたりこれら二つについて何ごとかを言うべきだろう。

実践的活動は、想像活動の最も一般的な様式である。我々がそこから完全に離脱するのは困難であり、離脱したとしても我々は容易にそこにあともどりしてしまう。その中で自己は、ある種のイメージを作り出し、それを認知し、その間を泳ぎまわるのである。実践的想像作用の中で、まず第一に我々の注意を引く側面は、欲求と反発としてのその性格である。実践の世界は、意欲の相の下での (sub species voluntatis) 世界であり、それを構成するのは、快と苦のイメージである(4)。もちろん、欲求することは、今まで非活動的である自己の中に活動をよび起す原因なのではない。我々ははじめに、休止の状態から一つの運動へと移行させるような「欲求を持っている」わけではないのだ。つまり、欲求するということは、ただある特定の仕方で活動的であるということなのであり、例えば手をのばして花にふれてみるとか、ポケットの中に銅貨をさぐるとか、ということなのである。また我々は、最初に欲求をもって、それからそれを満足させるための手段をさがすというわけでもない。我々の種々の欲求は、ただ欲求するという活動の中でのみ知られるのであり、欲求することは、ある満足を求めることなのである。おそらく、多くの場合に我々は、自動機械のように行動し、特定の選択にもとづいてではなくただ習慣によって、想像している。だがこれらの習慣は、実践的活動においては、欲求と反発の習慣なのである。これまでのところ、実践的活動における企ては、我々の世界を快のイメージでみたすことである。

しかしさらに、欲求することの中でめざされているものは、単に快のイメージではなく、「事実」であると認められた快のイメージである。そして、このことは、「事実」と「非事実」との間の区別を前提しているのだ。架空のイメージの世界ですら、この区別を前提しているというのは、架空性とは、「非事実」であると認められるものに、それにもかかわらず「事実」の性格を付着することであり、それは、この観念的な付着が与える喜びを享受するためである。また「非事実」は幻想と同一視するわけにはいかない。幻想とは「事実」を「非事実」と誤って受け取ったり、「非事実」を「事実」と受け取ってしまうことである。私の理解に従えば、「事実」と「非事実」との区別は、異なる種類のイメージ同士の間の区別であり、イメージではない何物かと、単なるイメージとの間の区別なのではない。そしてそれ故、我々には時にはあるイメージを「事実」と認めるべきか否かはっきりしないことがあり、それが疑わしい時には、我々は結論に至るために、ある一連の問いを自問してみるのが常である。にもかかわらず、この種の反省による決定がいつも必要なわけではない。実際もし「事実」と「非事実」とが既に認定されてしまったようなイメージの世界に精通しているのでなければ、そんなことは不可能であろう。自己は、無規定のイメージの世界に目覚め、しかる後それらのあるものを「事実」として弁別しはじめるというわけではない。「事実」の認定は、一般により原初的なイメージ生成活動の上に随伴するような活動ではない。それは、何ら特別のはじまりをもたず、我々がさしたる反省を加えもせずにそこへと常に関わっている活動であり、この点に関して我々がいかに教育を積もうと、決してこの関わりのための装置を欠くことはないのである。そればかりか、「事実」として認知された一連のイメージは、すべてがすべて同じ種類の「事実」として認知されるのでもない。例えば「実践的事実」の決定要因は、一般的に言って実用的なものである。つまり、イメージが「事実」であるのは、それが（快であれ苦であれ）欲求する自己のさらなる活動のために定め置かれた「事実」として認定されることによるのである。欲求の停止としての死は、すべての反発の象徴である。一言で言えば、実践的活動に知識は存在するが、それは力のための知（scientia propter **potentiam**）なのである。

かくて実践的活動においては、すべてのイメージが、自分の世界を構成し自らに快を与えるようなやり方で世界を再構成しつづけるのに関わる、欲求する自己の反映なのだ。ここで世界というのは、食べるによきものと毒性のもの、親しきものと敵対的なもの、扱いやすきものとそれに抵抗するもの、などから成り立っている。そしてどのイメージも、使用されたり、利用されたりする何ものかとして、認知されるのである。ある作家はヴィクトリア湖のオーウェン瀑布への旅行を思い出しながら、次のように言っている。「我々は滝が落ちるのを見守りながら、またその力を手なずけ利用するために図面をあれこれひねりながら、二三時間ほども費してしまったに違いない。かくも容赦なく浪費される巨大な力、人の住んでいないこんな見晴しのよい地点、未だ掌握されざるアフリカの天然の諸力を制御する、このようなハンドルは、いやが上にも我々の想像力を刺激せざるを得ないのである。」これはまさに実践的なイメージであって、「科学的」なイメージでもなければ、キーツが次のように歌ったような詩的イメージでもない。

人の世の岸辺をぐるりとめぐって清らかに洗う海水の、僧侶の如き働き

しかるに、実践的に活動するということは、様々の自己（人間の存在）の中の一つの自己としてのあり方である。にもかかわらず、諸々の自己が他の諸自己として認知されるイメージに対する関係は、当面は、「物」として認知されるイメージに対する関係と異なっているわけではない（その方がより扱いにくいとはいえ）。他の自己（他我）は、

私が生産したものの消費者として、また私が消費するものの生産者として、あるいは私の企画におけるいろいろな形の手助けをする者、また私の快楽への奉仕者として、知られる。つまり、欲求する自己は、他の自己（他我）の存在する「事実」は認めるが、それを複数の自己としては承認せず、それらの主体性も認知しようとしないのである。即ち、その活動は、それをどう利用しようかという観点でのみ認識される。各自己は自分自身の世界に住み、イメージの世界はその自己固有の諸欲求に関係している。この活動の中では、他の自己をまさに他我として認めることが各自己にできないという意味での孤独は、まったく本有的なものであって、単なる偶然ではないのである。かかる自己たちの間の関係はまさに不可避に、「万人の万人に対する闘い」にならざるを得ない。

欲求と反発ということにおける技巧とは、いかにして実践的自己を解体から守るのかを知ることであり、その技術によってこそ、適当な水準で「事実」が認知され、幻想からのがれ、苦より快を経験することができるのである。そして最少のエネルギー消費でもってその目的を達成しようとすることが、この技巧に属している。このような意味で経済的であるということは、それ自体、欲求する自己と死との間に、より大きな距離を置くことであり、それ故、エネルギーをためこむことは、決して余計な仕事なのではない。エネルギーの単なる浪費（ただそれを享受するための出費）は、欲求する自己には縁のないもので、自己が認めるのは、ただ成就の満足か、失敗の無念さだけである。しかしもし、この経済（節約）がいかなる場合にも適用されるべきものであるのなら、欲求する自己が他の自己と出会う場合には、とりわけそうであろう。というのは、いかなる実践的イメージの中でも他の自己というのは、もっともあつかいにくいものであり、最もエネルギーを消耗させやすい場、敗北を与える最も顕著な機会を成しているからである。他の自己を自らの欲求へと鳩合するためには、特別の技巧を必要とする。強制とか威圧的な命令だけで、他の自己と私の諸目的に動員するために十分である状況もあるかもしれない。だが、それが私の目的を達成するための最も確実であったり、あるいは最も費用の少ない方法であるような場合は、めったにない。むしろよりしばしば起ることは、他の自己の主体性を承認してはじめて、欠陥が除去されるということであり、それは、奴隷として扱われることを拒否する者と協調することを含んでいる。例えば、報酬を約束することなどであって、それ自体主体性の承認に他ならない(5)。かかる協調はつかのまのものかもしれないし、あるいは比較的長期的に存続し、行動の定着した様式、または制度化された手続きに属し、欲求する活動において自己維持の一般的手段によく合致したものであるかもしれない。

しかしながら、この協調の限界——状況的にではなく、欲求する自己の性格によって定められた限界について、誤解があってはならない。それは関わっている自己相互の主体性の、事実上の承認ということにのみ、もとづいている。この承認をしないということは、活動の成功をさまたげ得る幻想の一種なのである。欲求する自己は、互いにいかなる義務の拘束ももたないし、いかなる権利も認めてはいない。彼らが互いに他の主体性を承認するのは、自分自身のためにそれを利用しようとするためにすぎない。それ故それは主体性の不誠実な承認である。「万人の万人に対する闘い」は、他のやり方で存続しつづけているわけだ。

しかし、実践的活動の世界は、単に意欲の相の下での世界であるのみならず、規範の相の下での世界でもある。即ち、それは単に欲求と反発のイメージから成るのみならず、是認と否認のイメージからも構成されている。是認とは欲求するのと同じ活動ではない、また否認も反発と同一視され得ない。例えば、死はすべての反発の象徴であるが、すべての否認の象徴であるわけではない。即ち、我々は常に、我々自身の死を忌避するが、我々がそれを否認せず、それに従って行為するかもしれないような情況が存在するのである。にもかかわらず、これら両次元の認識を欠いた実践的活動は、なお抽象的なものにとどまっている。実際、他人の活動の中にこれらの倫理的カテゴリーの働きを知覚することはできても、それらを自分の欲求の充足のためにこれらの自己たちから期待できる手助けや妨害への手引きとしか見なさないような人を想定できよう(6)。しかし、それはあくまで単なるイメージにとどまり「事実」としての資格は欠いている。時には、是認は欲求の活動と合致するように見える。例えば、オーウェン瀑布の観察者は（何もそれについて言ってはいないが）明らかに、彼の欲求のイメージの性質についていかなる疑問もいだいてはいない。他のいろいろな場合でも、是認と否認は、欲求や反発の批判者として現われる場合が多く、第二の現実の中で（**in an *actus secundus***）働く。しかし、たとえどう現われようとも是認または否認された欲求や反発というイメージは、ただ是認したり否認する活動の中でのみ知られるのに変りない。そして、是認と否認という次元が認められるなら実践的想像という活動とは、欲求されかつ是認されたイメージでもって我々の世界を満たすことを目標にするものと言えよう。

このような倫理的態度は、実践的諸活動に従事する主体相互の間の関係に関わっている。だが単なる欲求する自己は、他の自己（他者）の不誠実な承認以上には決して進むことができない。他方規範の相の下における世界では、他の自己の真正な、かけ値なしの承認が存在する。すべての他の自己は、目的それ自体として認められ、我々の目的のための単なる手段とみなされることはない。つまり、私は彼らの技能を採用するかもしれないが、その際そのために私が支払うのが（単に必要であるばかりでなく）正当であると承認される。そして、ホッブズが見たように、人がかかる倫理的態度を達成するのは、「他者の行為を自分のと比べてみて、彼らの方が重すぎる場合、それをつりあいの他方に加え、自分のを彼らの方において、自分の感情や利己心をその衡量に少しも加えないようにする」(7)場合である。言葉を変えて言えば、倫理的行動における自己は、諸々の自己が構成する共同体の平等な構成員なのであり、是認と否認とは、この共同体の構成員としての彼らに属する活動なのである。実践的活動における倫理的技能——ars bene beatique vivendi（正しく幸福に生きる技）とは、かかる自己として承認された自己たちとの関係において、いかにふるまうべきかという知恵なのである。

かくて一般に倫理的活動は、それぞれ目的であって他の者の欲求の単なる奴隷ではないと、他者によって承認された欲求する自己達の、さまざまの要求の間で適当な平衡を保つことであると、言えるだろう。しかしこの一般的性格は、常にある特定の平衡として現われるのであり、ある「倫理性」は他の倫理性とこの平衡が成り立つ水準という点で、また平衡の質という点で、異なるのが常である。例えば「ピューリタン」の倫理では、自己の自立性の水準と平衡の質は、ともすれば非難をかうほどであり、定められた平衡からほんのわずかはずれることも拒否し、共感の領域を少しでも拡大することを許容するようないかなる傾向をも排除するように見える。

実践的活動における自己の発話は、その大部分がそれ自体行為である。それは自らを行動の中に呈示するのである。しかるに、実践的世界の諸イメージの中を動きまわる際に、ある時は我々が何を為しつつあるかを釈明しながら、またある時は我々が為しつつあることや他人にさせようとしていることに明確な趣旨(force)を与えたり、より判明な規定を与えたりしながら、言葉をしゃべりもする。このような話の性格と狙いは、実践的自己の必要に応じたものである。それは我々が他の自己の注意に与る手段であり、それによって我々は、欲求と是認のイメージを同定し、記述し、また説明し、議論し、教え込み、交渉する。あるいは忠告し、勧告し、威嚇し、命令する。あるいはまたなだめ、勇気づけ、安らげ、慰める。この言語という手段によって、我々は相互に欲求や反発、選好、選択、要請、是認および否認などを理解させあい、約束したり、義務を認識したりし、希望や恐れを告白し、ざんげとゆるしを表明するのである。

実践的生活に関わる仕事を遂行する言語は、記号的言語である。その言葉と表現は、多くの同意にもとづく記号であり、比較的固定的な厳密な用法をもつがゆえに、また共鳴的でないがゆえに、信頼できる意志疎通の手段として役立つのである。模倣によって学ばれねばならないものが、その言語である。その単語の音(それらが聴取される様式)もその形(それらがつづられる様式)も、認知されないかぎりは、それ自体では無意味である。多くの場合に、他の記号、身ぶりや動きは、言葉に置きかえることができ、言葉はこれらの記号よりも、より微細な区別を表現することができるという点でのみ、優位にある。さらに、これら他の記号（うなずく、微笑む、まゆをひそめる、手招きする、肩をそびやかす、など）は、それ自体記号である。それらも学習せねばならず、異なる社会では異なる意味をもつかもしれない。これらの言葉や記号を使う時、我々はそれらの意味を拡大しようとか、言語的反響のなりゆきを定めようとか意図しはしない。実際、この言語は、通貨のようなもので、その構成要素の価値が固定され、不変なものになればなるほど、それだけいっそう交換の媒体として有益になるのである。つづめて言えば、ここで語りと言うのは、イメージを表現したり、伝達することであり、それ自身イメージ作成なのではない。もし私が「哀しい」というと、この「哀しい」という語に何か新しいニュアンスをつけ加えようとしているのではない。ただこの言葉が何のねじまげも困難もなく理解されるのを期待しているのであり、「何を言ってるのか?」というような応答ではなく「どうしたの?」とか「元気を出せ」などという応答を期待しているのである。もし私が「それはバケツの中に入れよ」と言うなら、私の言葉は「バケツ」という言葉が何を表すか知らない子供を面くらわせるかもしれない。しかし、この記号的言語に熟達した大人なら、例えば、「どこにバケツがあるの?」というような答をすることが期待されよう。このような記号の結合が無意味になるのは、それらが互いに不整合なイメージを表現する時――「沸騰する氷」とか「液状の樹」などのような――である。そしてもし私が、この言語で誰かを欺こうとするなら、誤った言葉を使ってそうするのである。ビジネスマンの手紙のきまり文句は、異議を入れようのないものであり、実際その簡潔さが好まれるとしたら、それは、それらがより親しまれており、より純粋に記号的になっているからである。この種の言語に関するかぎり、もし単一の記号体系が全世界を通じて流通していれば、疑いなく結構なことであったことだろう。つまり、この種の万人に理解されるある「基本的な」言語が可能であると同時に望ましいのである。そして、また、売りに出される商品が誤って表記されていないように監視するのが政治家の義務であるとしても理由のないことではない。すべての言葉がそれぞれ正しい指示体と意味をもっているために、このようなことをするのも、少なくとも言語の本性からは不可能ではない義務となる。

それゆえ、これは実践的活動であり、これこそ実践的言語と実践に関する言語用法の本性である。それは休みなく激しくしゃべりまくるものではない。それは情報のみならず親愛の情をはこぶ。それは命令するのみならず議論もする、そしてその言語は概念的イメージの中でも視覚的イメージの中でも同様に活動する。しかし実践の言説――実践的活動における自己たちの間に生じ、実践の言葉によって会話へともたらされた言説――は、常に欲求と反発、是認と否認というイメージへのその関わりと、それが認知する「事実」と「非事実」の特定の水準によって条件づけられているのである。

4

我々が学生として「科学」に最初に出合う時には、それは世界についての情報を伝えてくれる百科全書のように見え、それは科学を学ばなかった場合、我々が世界に起っていると想定するだろうこととは驚くほど違っている。静止する地球のイメージは、静止する太陽のそれによって置きかえられ、鉄は電子と陽子の配列へと解体し、水は二つのガスの結合であることがわかり、音のイメージのかわりに、空気の疎密波という概念が場をしめる。そして我々は、もはや我々のなれ親しんだ世界には何の対応物もない、異なるイメージへと導かれる。例えば、速度、慣性、潜熱の概念など。これらがいわゆる「科学の驚異」である。そしてそれらと共に、我々は、そのイメージがもはや欲求と反発のそれでなく、是認も否認もよびさまさないような世界に立ち入るのである。そこでは、「事実」と「非事実」が区別されるが、それも実践的活動の世界のプラグマティックな原理とは違ったある原理にもとづいて区別されるのである。学知（scientia）「事実」と「非事実」の認知には、既に我々はなじんでいるが、今までのところそれは scientia propter potentiam（力のための学）——いかに欲しいものを手に入れるかの知識、是認され、快を与えるイメージの世界をいかにくふうするか——ということにとどまっていた。他方それとは異なる種類の学知（scientia）が問題であるように見える。即ち、我々の希望や欲求、選好や野心とは独立した観点で理解される世界、全く異なる素性をもち、異なる欲求をもって、どこか宇宙の違う場所に住んでいるような者たち（例えば火星人たち）でも、彼の注意が我々と同じような方向にふり向けられ、同じような観点を考慮することになるとしたら、我々と共有することができるようなイメージの世界、そして、めくらの人でも、目あきの人と同様たやすく立ち入ることができ、また同様に自由に立ちまわることができる世界である。さらに、この「科学」の世界は、ただ我々の実践関心から独立したイメージから構成されているばかりではなく、順々に因果的に結びついた概念的イメージの体系であることが示されたのであり、我々が住んでいる世界の合理的説明として、普遍的に受け入れられることを要求しているのである。かくて、学知（scientia）は、驚くべき発見の配列とか、世界についての確定した教えとして理解されるのではなく、言説の世界として、想像するやり方ならびにイメージの間を動きまわるやり方として、目下の成果によってよりもそれが導かれる仕方によって特徴づけられるような活動、探究として理解されることになった。またその言語は（はじめに我々が考えていたような）百科全書の教師風の言葉ではなく会話可能な言語であり、それ固有の用語法で語られはするが、会話の中へ参加することもできるものである。

科学的探究、科学者であるという活動は、関係する諸概念から合理的世界を構成し、研究することから生じる知的満足を求める存在ということである。その世界の中にこそ、この探究の用語法中有意味な「事実」とみなされるすべてのイメージは、場所と解釈を与えられているのである。科学的探究の推進力は、それが与える快とか、それが喚起する倫理的是認とかのために望ましいイメージをもつ世界を作り上げることではなく、因果的にならべられた概念的イメージの合理的世界を作ることにある。科学者の「自然的世界」は、実践的活動の世界におとらず人工品である。

しかしそれは、異なった原理にもとづいて構成され異なる推進力に対応する人工品である。そして適切に言って、学知（scientia）とは、我々が合理的理解を求めるこの衝動に身をまかせる時に起るものである。即ちそれが存在するのは、ただこの衝動が、それ自身のために開発され、権力や繁栄への欲求の介入によって妨害をされないところでだけである。だから世界へのこのかかわりの所産（つまり諸発見）が価値ありとされるのが、ただそこから何が発明されるか、という尺度でのみ評価される場合、学知はまだほんの影しか姿を見せてはいないのである。もちろん、欲求と是認、そして快の期待さえも、この活動の発生には、果すべき役割をもってはいる。しかしそれらは、実践的世界の構造へ入り込むようには、この言説の世界の構造へは入り込むものではない。つまり、快は、その際妥当な成果の保障ではないし、その ratio cognoscendi（認識根拠）でさえもなく、単にこれこれの知的操作がうまく行ったという信念に伴う自己満足にすぎない。

科学的活動において、自己がはじめから十分考えぬかれた目的とか、既存の探究方法とか、一群の与えられた問題をもっていると考えるべきではない。いわゆる科学的探究の「方法」なるものは、活動の過程の中で現われてくるものであり、それは科学的探究に付属するすべてを説明するものではない。また科学的思考に先んじて、何か科学的諸問題が存在しているわけでもない。「自然の合理性」という原理さえ、純然たる前提であるわけではない。それは、学知（scientia）を発生させる衝動を描き出す、もう一つの言い方にすぎないのである。科学的探究に先んじて存在するものは、知的満足を与える世界のイメージを達成するという要求でしかないのである。思考が科学的となる過程は、大学なるものが、はじめは既定の教説の教師をめざす者を育てあげるための学校として出発しながら、それがもともともっていた宗派的性格をしだいにぬぎ捨て、共有された教説によってではなく、学習と教育に参加する作法によって卓越した学者たちの社交体（societies）に成っていった過程と、酷似している。しかし、学知（scientia）を特徴づける解放は、ある教義（dogma）からの解放なのではない。それはむしろ、実践的想像作用の権威からの解放である。実践的想像作用の諸イメージをせいぜい最も経済的に取りまとめたものにすぎないと考えるのは、科学的知識についての誤った理論である。それは、概念の経済という考えが科学理論にとっては具合が悪いからではなく、その諸イメージが、実践の世界のイメージではないからである。ひっきょう、科学者であるしるしは、現在の科学理論を自由に駆使し得る力量（これが彼の出発点だから）、その不合理性を呈示するようなあいまいさや不整合性を見落さない能力、有効な前進の見込める方向に狙いをつけ予測を立てる力、重要なことと瑣末なことを区別し、有意味で明確な帰結を生み出せるように彼の推測をおし進める能力である。そしてこの点に関していえば、科学的探究のあらゆる細部は、より大規模な、またより一般的な科学理論の場合に、探究と解明がおし進められたやり方のミクロコスモス（縮図）なのである。

実践的活動では、各自己は、それぞれの快を追求する。「各人は、それぞれ自分にとっては全てである。なぜなら、自分が死んでしまえば、すべては自分にとって無いも同然だから。」(chacun est un tout à soi-même, car lui mort, le tout est mort pour soi.)(8) しかるにこの快の追求は、他の自己への適応を含んでいる。したがって実践的活動は、少なくとも断続的には、協同的であり、自己同士の間の一定水準のコミュニケーションを必要としている。他方学知は本質的に協同的な企てである。普遍的な合意をめざして概念的イメージからなるこの合理的世界の構成に参加する人はすべて、あたかも一人の人間であるかのようであり、彼らの間には、意志疎通の厳密さが必須である。実際科学とは、このイメージの世界の構成に参加するすべを心得た人々が、相互に享受する理解のことに他ならない、と言うこともできよう。科学者たちは、世界について我々に知識を与えるべく、ますます最善をつくしているけれども、学知というのはそれ自体活動であって、知識であるわけではない。そしてこの活動の原理は、個人的なもの、秘教的なもの、あいまいなものは、すべて排除するということである。また、意志疎通の厳密さというこの要求に答えるために、諸々のイメージは、共有された尺度に合致する計測になり、その諸関係は数学的比率であり、位置は数の座標で指示されることになる。つまり、科学の世界は、量の相の下での（sub specie quantitatis）世界として認知される。

かくて科学の言語は、本質的に説教風ではない。それは会話可能な言語であるが、その話される言語体系は、実践の言語よりもいっそう厳密に記号的なものであり、その発話の範囲は、よりせまく、またより精密である。実践活動における言葉が、しばしば身ぶりよりただわずかに精密であるだけで、比較的たやすく身ぶりに移しかえ得る代替物であるにすぎず（言葉も身ぶりも同様に記号的であるから）思考を表明するためにも、またつつみかくすためにも用いられてさしつかえないのに対して、科学的発話の言葉は、もっと精密に記号化されていて、最大限洗練される場合には、それらはもはや身ぶりに置きかえることはできず、もっぱら技術的表現に、つまり、寸分のあいまいさのなごりも追放してしまったため、たがいにより厳密に類似し、またより緊密に関係する、数学的その他の記号に翻訳され得るものである。即ちそれらは、知られた規則に従って、それらに関してなし得ることを表現している。記号はチェスの駒のようである。即ちそれらは、知られた規則に従って、それらに関してなし得る記号でなされたある言明は、普通の言葉へと翻訳しなおすことはできない。科学的発話の用語法は、実践的発話の用語法に、表面的な類似や対応をもつだけである。即ち、例えば両方とも「事実」と「非事実」との区別を認めているとか、いずれも自分がイメージ製作をするとは言わないとか、一方が論争的でなければならないとすれば、他方もそうであり得、またどちらにおいても、知識、意見、推測、仮定は別個のものと認められているなど。しかし、これらの類似はただ表面的なものにすぎない。「事実」と「非事実」は、それぞれの活動では、異なって規定されるし、学知は、因果的に関係づけられた概念的イメージの合理的世界を構成する衝動によって、一貫して条件づけられ、この衝動は、実践の言説とは異なった言説空間を構成するのである。

5

「詩」ということで私が言わんとするのは、ある種のイメージを作り上げ、それらの性格にかなうやり方で、それらの間を立ちまわるような活動のことである。絵画、彫刻、演技、舞踏、歌唱、文学、作曲などはいずれも、詩的活動のさまざまな種類である。もちろん、カンバスに描く人のすべて、石をきざみ、または手足をリズミカルに動かし、歌をうたい韻文や散文をしたため、詩的な語用で語る人のすべてがそうだというわけではなく、あるやり方でこれら、および類似した働きにかかわる人々のみがそうなのであるが。詩の言語は、この活動の用語法で語る言語である(9)。どのようにそれを特徴づければよいのだろうか?

実践とも科学とも違っていながら、にもかかわらず我々にとってよく知られた形で活動するやり方を想起してみよう。私はそれを「観想する」とか「楽しむ」と呼ぼう。この活動は、他のすべての場合と同様、ある種のイメージを作り、その間を適切なやり方で動きまわることである。しかるにこれらのイメージは、さしあたり単なるイメージとして認知される。つまりそれらは「事実」としても「非事実」としても、あるいは(例えば)生起したり、しなかったりする「出来事」としても認知されない。イメージを「事実」として認知すること、あるいは「これは『事実』だろうか『非事実』だろうか」と自問することは、観想する以外の何らかの形——実践的、科学的、または歴史的な形態——での活動に関わっていることを自ら告知することである。「このイメージは『事実』であるかもしれないし、ないかもしれないが、それを観想するさい、私はそれの事実的性格の可能性を無視するのだ」と言うだけでは、決して十分ではない。なぜならイメージは、決して中立的ではなく、この仕方ででも、あのやり方ででも考察され得るものではないからである。それは、その性格を決定するどんな可能な考慮でも受け入れることができるわけではない。イメージは常に、懐疑的な種類の想像と相関しているのである。ところが、想像が「観想すること」に向う場合には、「事実」と「非事実」とは現われない。またしたがって、これらのイメージは、幻想や見せかけのイメージがそうであるようには「可能的」とも「蓋然的」とも認められ得ない。というのも、これらのカテゴリーはいずれも「事実」と「非事実」との間の区別へと遡及するものであるから。

さらに、観想のイメージは、単に存在しているだけで思惑を喚起することもなければ、それらが現われる状況や条件について研究をひきおこしもしない、ただそれらが現われたことによる喜びを喚起するのである。それらは、何も前提や帰結をもたない。それらは他の何かのイメージがそれに後続するべき原因とか、条件とか、きざしとして認知されないし、それ以前に起ったことの結果とか所産として認知されることもない。それらはある種の事例でも、ある目的のための手段でもない。それらは「有用」でも「無用」でもないのだ。観想的イメージは、それら相互の間につながりをもっているかもしれないが、歴史はもっていない。つまり、もしそれらが歴史をもつなら、それは歴史的イメージということになってしまうだろう。実践的活動においては、イメージは、非永続的なものだと言うことができる。なぜなら、常にそれは死によってしか結末のつかぬある必然的に終りのない過程の中の、つかの間の安定点だからである。それはある政策や方針の実行の一段階であり、使用され、改善され、また変形されるべきものなのである。そして同様のことは、科学理論の概念的イメージに関しても真である。というのは、それは諸帰結や論理的連関をもつものとして認知され、適当な機会があれば、探究の道具として使用されるべく、用意され、また改善され得るものであるから。他方において、観想に伴うイメージは、永遠的であると同時に独自なものという見かけをしている。観想は、そのイメージを使用したり、つかいはたしたり、すりへらしてしまったり、あるいはそれらに変化を導入したりしない。それはイメージの中に安んじて、後ろも前も見わたさない。しかし、永続的であるというこの見かけは、推移せず持続するように見えるということを意味するのではない。他のすべてのイメージと同様、観想に伴うイメージも、不注意によって破壊されることもあれば、失われたり、解体されることもある。それが永遠的であるのは、ただ変化や破壊が、その内に潜在していないためにすぎず、それが独自であるのは、他のどんなイメージも、その場所を満たすことができないからである。

さらに、観想におけるイメージは、快適でも、苦痛でもない。それは、倫理的是認または否認を引きよせはしない。快も苦も、是認も否認も、欲求と反発のイメージに特徴的なものであるが、欲求と反発の相関者は、観想の相関者たることはできない。

にもかかわらず、あるより上位の「実在性」または重要性が、観想的想像のイメージに、ふさわしく述語づけられるかもしれないと考えるべきではない。そしてこのことに関連して、私は観想ということで意味しているものを、もう一つのそしておそらくはより親しみのある観念から峻別せねばならない。何人かの著者は（彼らの思考の様式は、我々の知的習慣に深い刻印を残したのだが）観想を、独自であっても推移するイメージの世界とではなく、永遠の本質の世界と、我々が関わる経験として理解していた。つまり、観想することは、「普遍者」を観照することであり、感覚や情念や思惟のイメージは、その単なる写しにすぎないのである。かくて、これらの著者にとっては、観想とは「真実在」への、特別の直接的な接近のためのよすがであることになる。プラトンがこれに類した考え方をしていたということは、確からしいことであるように思える。スピノザは、このような性格を彼が直覚的知識と呼んだものに与えていたように見える(10)。そして、ショーペンハウエルは、観想の中に、自己と実在的観念（species rerum）との一致を見出した(11)。そして私は、どのようにしてプラトンが、観想（テオリア）のかかる概念に達したかということに関して、何ら疑問の余地はないと思う。人間ならびに神の活動を、彼は製作として、職人の活動として理解していたのである。そして「作る」ことは、理想的なモデルを、時空のうつろいやすい素材で写しとり、再生産し、または模倣することであった。従って活動は、まず最初の段階で、写しとられるべき原型の「姿」（vision）を前提するものと理解された。そしてこの経験のことを、彼はテオリアと呼んだのである。それゆえ、観想の観念（イメージのではなく、実在的エイドスのこの直接経験の観念）が現われるのは、職人の活動というものが、模写の仕事と共にはじまると想定することによってであった。そしてプラトンの教説の中では、テオリアの言語は、それが職人的な関心から自由であるがゆえに、人類の会話で優越するものと認められていた。職人的諸関心は、反復的でありがちなため、またいずれにせよ単に模倣的なイメージ製作の業と考えられていたために、卑しいものと見なされていたのである。

何世紀にもわたって、ヨーロッパの知的世界では、観想は実在的対象の純受動的経験として理解され、人間の諸経験の位階秩序の中で、最高の地位をしめてきた。科学的探究は、せいぜいのところ観想への準備でしかなく、実践的関わりは単なる気晴しと見なされた。それでも近年になって、観想はこの至高の地位を（有益な知識への通俗的関心によって）しだいに譲りわたしたのみならず、それと相容れないような活動理解が現われることによって、疑問視さえされるに至っている。理想的範型の模写という、プラトン的な活動理解（従ってまた、それは模写されるべき範型の「映像」を含意しているが）は、「創造的」活動の概念によって、影を失いつつある(12)。それは、理想的範型とか、これらの範型の単なる模写でしかないイメージとかを受入れる余地がないので、この種の観想をもうけつけないのである。しかし、テオリアというこの観念にはもともと内在的な困難があるのであって、観想の歴史的遺産を破棄する試みは、それをただ部分的に示しているにすぎない。テオリアは、観察にもとづいて得られる人間の経験の状態を反映しているはずである。ところが、この反映が普通考えられているように、真に忠実なものかどうかには、疑問の余地がある。そして私は、感覚様態からまったく解放された経験とか、イメージの世界ではなくいかなる考慮関心にも支配されない「対象」の世界とかを、いったいどこに位置づけたらよいのか理解できない。のみならず、こんな種類の経験を至高のものとすることは、卓越した探究とか卓越した「真理」と「実在」というカテゴリーへの信仰を必然的に伴うものと思われるが、私はできればこんな信仰はごめんこうむりたい。しかし何はともあれ、これは、私が今探し求めている観想の観念ではない。私が理解する観想とは、活動であり、イメージ製作である。そして、観想的想像のイメージは、科学的ならびに実践的いずれの想像のイメージからも区別される。それも、それが「普遍的」であるからではなく、むしろ個体として認知され、どこか他のところでも生起し得るような諸性質の具体化（ちょうど石炭でも、薪でも燃料として通用したり、二人の人間がある技能の習得という点では比較可能であるように）でもなければ、他の何かの記号とかしるしと見られるわけでもないことによる。そして私は、これこそ結局のところテオリアのプラトン的概念の内、今なお生きのびることができるすべてであると考えたい。

観想におけるイメージは、実践的および科学的活動の相関者であるイメージとは、性格を異にしているので、これらのイメージの組織化もまた異なることになろう。実践的世界のイメージ相互（それは、快適と苦痛、是認と否認、「事実」と「非事実」、期待されると期待されない、選択されると拒絶される、のような区別によって組織されているが）の整合性の大本は、それらが欲求の産物であることにある。また、科学的イメージの世界は、相互に理解可能であることをその秩序原理としている。いかなる形で観想のイメージが組織され、いかなる仕方で観想する自己はそれらの間を動きまわるのであろうか？

観想の中で自己が眼ざめる世界は、うす暗く、そのイメージはぼんやりしたものかもしれない。またその活動が無関心と隣接しているかぎり、現われてくるものは、一つ一つゆるい連合でつながった、ただのイメージの連鎖で、そのそれぞれが現われる瞬間ごとに固有の歓びをもつが、どれも保持されたり探究されたりしないようなものであろう。しかしながら、これは観想の最下底をなすもので、あるイメージが（それの提供する優越した歓びのために）注意の焦点となり、またそこから増殖がはじまる活動の核となる時、観想的自己が立ち現われるのは、そこからである。核となったイメージは、他のイメージを呼び寄せ、互いに結んで、さらに大きな複雑な構成を取るに至る。しかしこの構成でもって最後というわけではない。それは、同じ種類のもう一つのイメージにすぎない。この過程で、諸々のイメージはつぎつぎと生れ、互いに変形し、融合し合うが、それはいずれもあらかじめ定められた計画が遂行されるものではない。ここでの活動は明らかに推論的なものでも論争的なものでもない。そもそも解かれるべき問題とか、調査されるべき仮定とか、克服されるべき欲求とか、かちとられねばならない是認など存在しないのだから、「こうだからああ」といったものはなく、イメージからイメージへと、その各手順がいちいち解明や企画の遂行となっている移行過程など存在しないのである。また、このイメージの迷路からの脱出をめざしているのではないのだから、どんな道案内もお呼びでないことになろう。どの場面でも、活動を促し、何であれそれが所有し得る整合性をそれに与えるものは、観想する自己とその諸イメージの間の、このたえず拡大していく相関関係の中に与えられ生じてくる歓びに他ならない。

そういうわけで、観想とは、実践的ならびに科学的想像とは異なった、ある特定の想像様式であり、イメージの間を立ちまわる様式である。それは、単なるイメージを製作し享受する活動なのだ。実践でも科学でも、「活動」は否定されるべくもない。一方には、満たされるべき必要、いやされるべき渇きがあり、飽満の後にはいつも欲望がやってくる。消耗はあっても安息はない。また他方にあってはそれ固有の用語法にかなった、同じようなたゆみなさがある。完全に知解可能なイメージ世界を眺望する、すべての探究成果は、新たな活動への序曲にすぎないのだ。しかし、観想には、現われないものの調査もなければ、現存しないものへの欲求もないので、それはしばしば非活動性とまちがえられてきた。しかし（アリストテレスがそう呼んだように）それを非労働的活動と呼ぶ方が適切である。即ち、それが遊戯的で職業的でないゆえに、また論理的必然と実用的要請から解放され、心配からも自由なために、非活動性の性格に与るように見えるような活動である。にもかかわらず、閑暇つぶし（σχολή）というこの見かけは、決して無気力のしるしではない。それは、その活動に参加する各人が享受する自足性に由来するのであり、その活動があらかじめ定められたような外的目的を欠いていることによるのである。どの時点で観想が中断されようとも、それは常に完結している。従って、私が観想に結びつけている「歓び」は、この活動にもとづく報酬とか労働に支払われる賃金とか、科学的研究によって得られる知識とか、あるいは死やアヘンの注射の後にやってくる解放とかと同じように考えることはできない。「歓び」は単に「観想」のもう一つの名前なのである。

想像作用のどの様相も、他のいかなる言説空間にも現われ得ない、特徴的な性格をもつ一群のイメージとの、相関的活動である。従って、十分特定化されていないとされるイメージや、あるいは異なる言説空間に属するイメージを「転換」したり「変形」したり「再構成」したりするというようなものとして想像の様式について語るのは、（一般的ではあるが）誤りである。十分特定化されていないイメージとは、非存在の別名でしかない。そして一つの言説空間に属するイメージは、それとは異なる想像様式に（たとえ素材としてにせよ）利用することはできない。例えば、「水」という語は、実践的イメージを表現している。だが科学者は、はじめ「水」を知覚して、しかる後それを H_2O へと還元するわけではない。学知は「水」が背後にほっておかれる時にはじめて、成立するのである。H_2O を「水の化学式」と語ることは、混同した語り方である。つまり、H_2O は、「水」という記号をすべる規則とはまったく違ったふるまいとするような規則に服す記号なのである。また同様に、観想的活動は決して、実践や科学のイメージを、観想されたイメージへと「転換」したものではない。それが現われることができるのは、ただ実践的想像と科学的想像が、それら固有の権威を失った時である。

にもかかわらず明らかに、想像の一様式が他のものに場所を譲り、とって替られることもある。だからもし我々がどのようにしてこのようなことが起るかを理解すれば、異なる言説空間同士の関係が明らかになるであろう。あらゆる想像様式の中でも、実践的活動こそまぎれもなく、大人の人間たちの間で最も一般的なものであろう。そう考えられるのは、死の回避こそ、すべての種類の活動の前提条件だからである。この活動からの離反はいつも、見知らぬ国への遠足のように見えるだろう。このことはとりわけ観想について言える。それは間歇的な活動以上であることは、とうてい考えられない。それではどのようにして、実践から観想への移行が起るのであろうか？　一般に、実践的活動の肯定的な流れを中断する機会、欲求の喫緊性を弱め、野心の意欲を緩和する機会、あるいはまた道徳的評価の刃を鈍らすものは何でも、観想的活動が現われるための誘いを提供する。観想は、それ自体無気力ではないが、実践的活動が無気力なものとなる時には、その出現の機会を見出すことがある。欲求する自己が自分のものにし損ねたイメージは（もしそれが反発のイメージにならないなら）、いわば観想的歓びのイメージによって乗り越えられやすい。幻滅とか、あるいは「宿命論」の実践的態度であるより持続的な諦観などは、一般に実践での無関心をもたらす（あるいは、おそらくその別名でしかない）のであり、それは観想に属する気晴らしの模倣をふくんでいる。さらに、ある実践的イメージが情況によってその世界から遊離したり、分離して形造られたり（例えば、もはや住むに耐えない家とか、航行に耐えない船とか、報われない愛とかのように）、あるいは、あいまいな実践的性格をもったイメージの場合（例えば、彩色されたパンとか、石像の人とか、友達か恋人かはっきりしない場合など）は、一瞬実践的活動を中断するものであり、そこへ観想が流れ込んでくることがある。実際どんな実践的イメージにせよ、その現われる情況が普通でないことから、驚きをもたらす場合には、それが好奇心（scientia）へと移行してしまわないかぎり観想の世界の扉を開き得るのである。また、観想がより容易に制覇し得るのは、実践的イメージが記憶のイメージである時であるように思われる。というのは、記憶された経験に関するかぎり、欲求や反発はより静穏になりやすく、是認や否認はあまり執拗ではなく、「事実」と「非事実」の区別の要求さえ、減少するからである。もっとも記憶と観想される記憶とは、それぞれ異なった言説空間に属するイメージではあるが。つづめて言えば、一般に、いかなるイメージも、それ固有の言説空間を離れては存続し得ないけれども、一つの様式での活動が縮退したり中断したりする時には、もう一つの様式が現われる機会を生み出すことがある。そして、観想という困難な歓びを享受する人々は、好機や情況によって彼らの前に開かれたどんなドアーからでも入る用意があるのである。

6

観想的活動という活動様式に私が注意をうながしてきたのは、私の理解するかぎり、詩的想像がまさしくこのような活動であるからである。私は、詩的想像が他のものと並んで観想的想像の一種であると言いたいのではない。観想の言語は詩の言語なのであり、それは他の発話をもたないということである。そしてまさに、実践の活動とは、欲求し獲得することであり、また科学の活動が、探究し理解することであるのと同様に、詩は観想であり、観想の歓びである(13)。

詩における活動が想像作用であり、イメージを作り、その間を立ちまわることであるということは、ほとんど疑問の余地はないので、すべての活動は(記号的発話以外は)想像作用であるという私の考えに同調しない人でさえこのことは否定しないのがふつうである。しかし私の考えでは、詩が現われるのは、想像が観想的想像である時であり、つまりもろもろのイメージが、「事実」または「非事実」として認められない場合(14)、それらが倫理的是認も否認も呼び起さない場合、それが記号として、また原因・結果として、あるいは窮極目的のための手段として読まれないで、作り出され、作り変えられ、観察され、振り返られ、楽しまれ、瞑想され、歓ばれる場合であり、イメージがただより複雑なイメージであるような、より大きなパタンへと構成されるけれども、何ら結論になど至らない場合である。詩人が自分のイメージを操りならべるのは、ちょうど少女が花束を作る時、それらの花が互いにどう見えるかということしか考えないのに似ている。彼がしなければならないのは、もろもろのイメージにふさわしい配列を与えることだけである。花束というのは、詩と同種のもののもう一つのイメージにすぎない。そして詩人を他の詩人と区別する文体や言い回しは、彼が歓びを見出しがちなイメージはどういう性格のものか、また彼がそれらのイメージを配列しがちな仕方はどのようなものであるか、ということに存しているのである。この意味では「文体」こそ、批評家にとって（哲学者とはちがって）関心の的なのだ。

かくて、どんな情景、形姿、形態、視覚的、聴覚的世界での運動や静止でも、どんな行為、偶発、出来事あるいは出来事の連鎖でも、またいかなる思考や記憶でも、それが詩的イメージになるのは、それが想像される仕方が、私が今まで「観想」と呼んできたものになる時である。しかるに、ある種のイメージ（情景、形姿、運動、静止など）は、それらが現われる情況のせいで、ただちにまちがいなく詩的イメージと認められる。つまりそれらは、記号的に読まれることに抵抗するために、何よりも観想的態度を積極的に喚起するのである。このようなイメージを、私は芸術の作品と呼ぶ。例えば、ドナテルロの『ダヴィデ』、スーラの『グランド・ジャット島でのある午後の日曜日』、モーツアルトの『フィガロ』『ロミオとジュリエット』の中に出てくる乳母、『白鯨』『アンナ・カレーニナ』、バラードのランドール卿、『失楽園』、ニジンスキーの一連の動きと静止のポーズ、レイチェルの舞台への登場の仕方、トム・ウォールズの流し目、また次のような言語的イメージなどである。

ああ、海に飢えた空腹の海
まどろんで流動する木々の大地
そして人間は、こんなマリーゴールドだ
とらえて見せよ、流れ星を
孕ませて見せよ、マンドレイクの根を

語って見せよ、過ぎ去った年月がみなどこへ行ったのか、
また、誰のせいで、悪魔の足の爪が割れているのか…

もちろん、これに似たような形、音、動き、性格、言語構成などのいずれも、詩的でない仕方では想像され得ない。彫刻の一部が上品でないと見なされることもあれば、ある絵画が礼拝の対象となることもある。ロミオとジュリットの乳母について、アンクル・マシューが下した判断('dismal bitch' とんでもないあばずれ)が示しているのは、彼が実践の用語法の中で想像をしていたということである。このように、ほとんどどんな言語構成物(例えば、隠喩)でも、ある命題の正しさを聴き手に説得するためにあるいはふつうなら陳腐に流れる意見を飾り立てるために、修辞的手段としてそれが「ふさわしい」からという理由で使用されることもできる。芸術作品といっても、それは、単に詩的でないようなやり方で読まれる(即ち、想像される)ことをまぬがれる程度が一般のもの以上であるところの一つのイメージというにすぎない。このように非芸術的取り扱いをまぬがれるのは、作品自身の質と、作品自らが現わされる情況的枠組みとに由来している(15)。おそらくこの質は、とりわけある芸術のイメージにおいては、誤解の余地がないものである。音楽的イメージは、絵画的イメージよりもしっかりと保護されているだろうし、言語イメージの詩的性格は、しばしばその実践的不整合性と深い関わりがあるものであろう。また言葉や言葉の構成が、一つ以上の言語空間に、公認された住み家をもっていることもあろう。例えば、ブレイクにとっては、「フランス大革命」は詩的なイメージであったが、アレクシス・ド・トクヴィルにとっては、それは歴史的イメージを表現しており、ナポレオンにとっては実践的イメージであった。「民主主義」という言葉は、ある人々には擬似科学的イメージを表現し、多くの人々にとっては実践的イメージを表わし(求められ、是認されるべき状態の記号)、トクヴィルには歴史的イメージを表現していたが、ウォルト・ホイットマンにとっては、それはまさに詩的イメージであったのだ。結局、ある

イメージの性格が呈示されるのは、そのふるまいにおいてであり、それに関してどのような種類の言明が有意味になされるか、またそれについてどのような種類の問いが有意味に問われるか、ということの中で明らかになるのである。

仮りに、詩における活動が「観想」ではなく、ある種の実践的または科学的活動であると想定してみよう。そうすると、詩的イメージであると認められているイメージについて、ある一連の問いが有意味に問えることになってしまう。即ち、それが「事実」であったか「非事実」であったかを考えることができ、またどんな種類の「事実」または「非事実」であったかを考察してもよいことになるだろう。ドナテルロのダヴィデに関して、「はたしてダヴィデが(実際彼が誰であれ)こんな体型をしていたのか」とか「彼はいつもこんな帽子をかぶっていたのか、それとも彼がそれをかぶったのは、彫刻のためにポーズを取った時だけだったのだろうか」とか問われるかもしれない。アンナ・カレーニナについては、「この場合に彼女がこれこれのことを言ったのは本当だったのか、それともトルストイが、彼女が実際に言った言葉をまちがえて伝えてしまったのか」などと有意味に問われるかもしれない。ハムレットについては、彼のいつもの就寝時間について質問されるかもしれないし、マーローのタンバリンについては、すぐ我々は疑わしく思って、どうして彼は英語を話すことになるんだとか、マーローがいったいスキティア人の言語を、我々のために翻訳してくれているのだろうか、などと言うだろう。『失楽園』に関しては、多くの個所で我々は、「どこの国のことが書かれているのか」とか「アダムが死んだ年代はいつか」などと、また『フィガロ』の上演についてなら、「歌い手の声が、どの程度実際のバルバリーナの声にそっくりであるか」などと問われるかもしれないなどというわけである。

しかし我々は、こんな問いが誤解にもとづくということを知るには、これらと他の問いを、同じ用語法の中に置いてみるだけでよい。アンナがどこで言ったことでも、トルストイがまちがって報告してしまったなどということは有り得ない。それは、トルストイが彼女の口にのぼらせなかったどんな言葉も、彼女がしゃべれないからである。ハムレットは決して寝床にはつかない。彼が存在するのは劇の中だけであり、彼は、シェークスピアが貸し与えた言葉や行動から構成された詩的イメージであり、それらを越えては何ものでもないのである。レイチェルは、実際に生きている人物や、かつて生きていた人物の言葉や行為を「模倣」したのでもなければ、その性格や外見に「似せた」のでもない。彼女は、自分の実践的な自己を脱ぎ捨て、(舞台の上で)行動と言葉が組み合わされた一つの詩的イメージになったのである(16)。コローは風景の誤った報告をすることなどできなかった。なぜなら、彼はそもそも報告などしてはいなかったのであり、ただ詩的イメージを作製していたのであるから。ドナテルロのダヴィデは、少年の頃のダヴィデ王の「模倣」ではない。それは、あるモデルの模倣でさえない。彫刻のモデルは人物ではなく、ポーズそのものである。写真は(もし事件の記録をねらっているなら)「ウソをつく」こともあるけれども、詩的イメージは、何をも主張するものでないから、「ウソをつく」ことはあり得ない。形、情景、運動、性格、言語構成――これらのイメージは、「事実」と「非事実」を区別することができるような言語空間に属してはいない。それらは虚構なのだ。また、絵画や言葉や石や舞踏の動きの中の、これらの物語や記述は、虚構の出来事や情景の物語である。それらは寓話なのだ。そしてこの点についてもまた、それらは幻想でもなければ見せかけのイメージでもない。またそれらは装う行動によって作られたイメージでもないのだ。なぜなら、幻想とか、見せかけとか、装いということはすべて、「事実」への言及がなくては不可能であるから。アンナは自殺者ではなかったし、オセロは殺害者ではなかった。デイジー・ミラー〔ヘンリー・ジェイムズの小説の主人公〕は熱病のために死んだ馬鹿な女の子ではなかった。彼女はそういう意味では、そもそも生きていたのではない。彼女は空想である。実際のところ、これらもろもろのイメージについて過去時制で語ることすら、適切な語り方ではない。それらは、実践的な時空の世界に属してはいないのである。またさらに、倫理的是認や否認も同様にこれらにとっては不適切である。彼らは、欲求や企画の実践的世界の住人でないし、またそうあったこともない。従って彼らの「行動」も「正し」かったり、「まちがって」いたりすることはできないし、彼らの性向が「善」とか「悪」と言うこともできない。チェンチ一族は年代記によればとうてい認めがたい、いまわしい家であったが、シェリーの劇のベアトリスの詩的イメージは、善悪の行動の象徴ではない。彼女はそこでは悲劇の虚構であり、是認も否認も受けつけない。そして我々が、例えばアンナ・カレーニナやロード・ジムとかサンセヴェリナ公爵夫人が、本のページの中で我々に歩み出てくる時、彼らの「行動」や性格を是認したり否認したりするのをためらうという事実は、彼らのまがいもなく詩的な質を我々が認めている証拠である。最後に、詩的イメージは、快や苦を与えることもできない。快や苦は、欲求の相関者であるが、ここには欲求や反発は欠けている。つまり、実践的世界でなら快や苦を与える情況も、詩の中でなら同じように歓びを与えるのである。

つづめて言えば、画家、彫刻家、作家、作曲家、俳優、舞踏家、ならびに歌手といった人々は、詩人として、二つの別のことをするのではない。つまり、観察し、思考し、記憶し、聴き、感じなどしてから、しかる後、彼らが実践世界で見たり聴いたり、記憶したり感じたりしたことを、「表現」したり、模倣したり、類似物をこしらえたり、または再現したりする、というわけではないし、またそれをうまくあるいはへたに、正しくあるいは誤ってなす、というのでもない。彼らはただ一つのこと、即ち詩的想像をなすにすぎない。そして彼らが作り出すさまざまなイメージのふるまい方は、観想的想像の相関者としてのそれである。もちろん、これらのイメージに関して、我々は多くの研究を適切になすことができる。その過程で、その諸性質をうまく引き出すと共に、我々自ら歓びの活動を学習していくことができるであろう。しかしここでも、我々にとって重要なことは、実践的、科学的、歴史的イメージにふさわしい諸研究は、詩的イメージにはふさわしいものではない、ということを指摘しておくことだけである。

にもかかわらず、詩的想像や詩的イメージについて、執拗につきまとう誤った考えが存在している。詩的イメージは、ある意味で「真」であるか「真理」の表現であることが示され得ないかぎり、理解不能であると考える人々がいる。そしてこのような要求が直面する明らかな困難は、「詩的真実」とか、他の「真理」の表現よりも深遠だとふつう考えられるような、特別製の「真理」の概念をもち込むことによって、避けられるというわけである。そればかりか詩的想像を、その中で物事の真の姿が見られる（他の活動に抜きん出た）活動と理解し、詩人をこの点で、他の人人にはない特別の才能をもつものと考える、そういう傾向が存在するのである。また、詩的想像とは、詩人が体験し、他の人々にもそれを分かち与えようと願う経験の「表現」「伝達」「再現」以外の何物でもあり得ないと、固く信じて疑わない人々がいる。そしてこの「経験」なるものは、もっぱら「情念」とか「感情」と考えられているのである。また最後に、詩的想像はすべて、「美」と呼ばれた特別の性質をもつイメージを作り出す試み、と一般に信じられているのである。しかし、これらおよびこれに類したすべての考えは、私の見るところ、誤解に導くものであり、くわしい考察に耐え得るものではない。もし（私の考えるように）詩的想像が、「観想」とこれまで呼んできたものであるとすれば、これらの考えが誤りでなければならぬことは、明らかだと私には思われる。

「詩的真実」なる観念については、次のようなことまでは言ってもさしつかえない。即ちどんな「真実」を詩的イメージが表現していようとも、それは実践的、科学的、歴史的な真理ではないということを、それは承認しているのである。言いかえれば、それは次のような見解に所属している。即ち、実践的に不可能であったり、科学的誤りや歴史的時代錯誤を含むような詩的イメージを非難することは、どろぼうのとがで盗品を非難するように、物事の本性にはずれているということである。しかるに、適切に言えば、「真」とは命題に関わるものである。そして、実践的言明も、科学的あるいは歴史的言明が常にそうであるように、命題を構成することができるのに対して、詩的イメージは、決してかかる性格をもたないのである。例えば、アンナ・カレーニナや、舞台のニジンスキーの動きや、ロッシーニの調べや、ベリーニの聖フランシスや、あるいは次のような詩的イメージに対していかにして「真」という概念が適用されるのか、私自身理解することができない。

O sea-starved hungry sea
ああ、海に飢えた空腹の海

Fair maid, white and red
白くまた紅き、金髪の乙女
Comb me smouth, and stroke my head
静かに私の髪をくしけずり、優しくこうべをなでつけよ
And every hair a sheave shall be
かくて、すべての髪は束となり
And every sheave a golden tree
すべての束は金の樹になるがいい

これらはいずれも、「事実」の確証であろうとはしていない。そして実際、「事実」も「非事実」も共に欠けているようなイメージの世界は「真である」とか「まちがった」とか、「正しい」とか「偽りの」とか「誤った」とかの表現で特徴づけたらいいようなものから成り立っているのではないのである。

そしてさらに、詩的想像が「物事をあるがままに見る」と言われ、そして、詩人を特徴づけるものは、彼の観察の鋭さであると言われる時、我々は再び、イメージではなく、牛とうもろこし畑とか、ミディネット（パリのハウスマヌカン）と五月の朝とか、墓地とギリシアのつぼとかから構成されている実物世界へと知らず知らずまいもどり、それをさまざまな正確さで観察しているにすぎず、さもなければ、それらは想像に寄与することはないという考えに

とらわれてしまっているように思われる。あるいは、こんなことが意図されていない場合にも、(プラトンやその弟子たちのようなやり方で)詩的想像は、現象世界の物事の「不壊の本質」への洞察をもたらし、それらを「ありのままに見る」ものとして、我々に与えられたものだと説明されることになるのである。しかしいずれにせよ「真実」とか「実在性」といったものを引き合いに出して語られているのは、あるいは、自己とイメージとの間の相互依存性の否定であると考えることができるかもしれないし、あるいは想像作用とイメージを相手にする我々の活動の全様相が、本来実在世界の本性を探究する際の貢献と理解されるべきだという誤った考えを、いささか混乱した仕方で表現するものと見なすことができるであろう。また詩的想像が見ぬくのは、知覚が欲求や評価や好奇心や探究などの先行関心によって曇らされていない場合に物事がそう見えるような姿なのだ、というもっとつつましい主張にしてみても、これらの諸困難が完全になくなるわけではない。私の理解するかぎり、詩人は「物事」(17)についてそもそも何も言うわけではないのだ(つまり、詩の言説以外の言説空間に属するイメージについて、何も語りはしない)。詩人が語るのは、「これこそ、これらの人物や対象や出来事(例えば、オデュッセウスの帰還、ドン・ジョヴァンニ、ナイルの夕日、ヴィーナスの誕生、ミミーの死、現代の愛、麦畑(Traherne)、フランス革命など)が、実際にそうあった、または今そうある姿である」ということではなく、「観想の中で、私がこれらのイメージを生み出し、彼ら自身の性格の中にそれを読み、その中にただ歓びだけを求めたのだ」ということである。つまり、もし事物が本当にどのようであるかということがわかっているならば、まったく詩などは作り得ないだろうということである。

しかしなお、ある疑惑に答えることが残っている。たとえ詩的想像が、五月の朝とか墓地のような「物事」を「あるがままに」見ることとして記述することは適当でないと我々が認めるとしても、このような見解でも、よりもっともらしい解釈を検討することが残っている。詩的想像作用を感情や情念の経験と理解し、詩的イメージはかかる経験の「表現」であるというような、詩的想像に関する理論もまた見すてるつもりなのか?(と問われるであろう。)それに対する私の答えは次の如きものだと告白せねばならない。「しかり、それこそまさに私の主張である。しかし検討してみる必要がある。」

もちろん、詩的想像は情念の経験を他者の中へ喚起するようにくふうされた一種の情動経験の「コミュニケーション」である、と認めることができないことは、たやすく理解されよう。なぜならそんな考えは、詩的想像に、まがいもなく実践的性格を与えてしまうことになるからである。例えば、失意によせる頌歌は、読者に失意を引き起す試みではない。義務によせる頌歌は、我々に義務感を感じさせる試みではない。それは劇中の悲劇的情況が、我々に苦痛を与えるようにくふうされているものではないのと同じである。また、詩的イメージの中で、情動的経験が単に「表現」(18)されているのだ、というような見解にも(不整合なしには)同意できない。それは、ここでもまた活動は、実践的なものと誤解されることになり、観想的なものではなくなってしまうだろうし、またイメージは単なる記号とされてしまうだろうからである。我々の実践的活動の大部分は、行動と言葉の中に我々の情念を表現することにある。しかしこれらの他に、もう一つおそらくよりもっともらしい理論がある。ワーズワースの著作(19)の中にはっきりと見出されるのであるが、他の著者(フィリップ・シドニー卿とシェリー)もまた同じ考えをしているように見える。それはより一般的な現代の理論の一つである。それは次のように言う。詩は、詩人が経てきた情動経験(例えば、怒り、愛、失望、また信仰喪失)と共に始まる。その次に、この情動的経験が観想され、この観想の活動から、ある詩的イメージが生れる。それがもとの情動経験の類似物の「表現」となり、従って、シドニー(20)が経験への「より親密な洞察」と呼ぶものを、我々に与えてくれるよう期待することができるのである。

この理論に対して、いくつかの反論がある。その理論のバネとなっているものは、私の見るところ、詩がある種の情報や知識を与えるものと想定されねばならぬという考えにある。それは、詩人自身が情動的経験を経たことを要求しており、それと共に詩的想像が始まると言われるのである。そして多分その系として、詩人はこの理論では、卓越した感情と情念の人であるということになる(21)。しかるに、ある情念を観想するためには(もしその表現がゆるされるなら)それを体験したということは、明らかに必要ではない。実際、観想の傍観者的雰囲気は、情念が体験されたことがない場合の方が、より確立されやすいように思われよう。それゆえ、この点ではこの理論は、あまりありそうもない可能性にすぎないものを必然性にしてしまっているのである。それればかりか、この理論は、詩人に体験されている情念を観想するという活動を帰属させるのである。しかしこれは、不可能なことである。情念は一つの実践的イメージであり、そのものとしてはそれは、観想的な言説空間に帰属し得ない。諸感情が(直接感じられてはいないという意味で)「想像的」なものである場合にのみ、それらは詩的イメージ(22)の材料になることができるのである。そして、この理論の代表者のいく人かは、この点については疑惑をいだいてきたということをつけ加えておくのが公正というものであろう。ワーズワースの説明によれば、観想されるものは「想像された情念」である(23)。また、シドニーは、何らかのやり方でまったく情熱ではない情熱――感じられないで「見透される」情熱について語っているのである。しかしこうした疑惑は決して十分ではない。例えばワーズワースのいだく疑惑は、彼をたいして遠くまで導きはしない。というのも彼の主張によれば、詩的イメージが現われるのはただ観想的静穏が、「かつて観想の主体であった情念と近親」のもう一つ別の情念に場所をゆずり、それ自らが、実際には心の中に存在していない情念の表現となった時のみである。さらにこの理論においては、生み出されたイメージと観想される経験との間にある区別が引かれる。そして一方は他方を「表現する」と言われるのである。しかし、私の理解によれば、詩的発話(例えば芸術作品)は、ある経験の「表現」ではない。それは、それ自身が経験なのであり、それだけが存在しているものである。詩人は次の三つのことをするのではない。即ちまず第一に、情念を体験したり、観察したり、想起したりし、それからそれを観想し、そして最後に、彼の観想の結果を表現する手だてをさがすというわけではない。彼がするのは、ただ一つのこと、つまり詩的に想像するということだけである。絵を描き、言語的イメージを構成し、ある音調を作り出すなどは、どれもそれ自体詩的想像作用をなす観想の活動に他ならない(24)。不幸にも技術的な熟練が不足しているために「自分自身を表現」することができない、即ち詩を書いたり、絵を描いたり、舞踏することができないような詩人(芸術家)が存在する、というような考えは、誤った観念である。そんな人はいはしない。存在するのは、詩人(つまり、詩的イメージを創造しそれをとりあつかうことができる人々)と、芸術作品をその固有の性格において認めることができる人々である(25)。

実際その理論は、一番もっともらしい事例につき合わせて見る場合でも、明らかに破綻をする。もしこれがおよそ何かの詩的イメージに対して、どうにか満足のいく説明であるとしたら、確かにそれはキーツの『メランコリーに寄せる頌歌』に対してこそそうであるはずである。だがしかし、この詩が、自分ではまったくメランコリーの気味も感じたことのない、快活な人によって作られることができたということは、まったく明らかである。またそれが、読者にメランコリーを喚起させるよう、くふうされていないということも、同様に明らかである(あるいは、もしそれがこの詩のねらいなら、それは完全に失敗している)。そして、この詩はメランコリーの「実際にあるがまま」を我々に教えてくれているのだ、とは言い得ないのである。実際、その詩の題名に引きずられる場合にだけ(題名は、芸術作品においては何の重要さももっていない(26)。詩人は自分の詩をその一行目によって憶えているのであり、詩を作る時も「主題」からはじめるのではなく、常にある詩的イメージではじめるのである。)ちょうどこのエセーが「詩について」のものであるという、まったく誤解の多い観念を手にすることになるのだ。事実、この詩は観想活動(と言っても「メランコリー」という言葉で表わされる情念の観想ではない)の中で作られる複合イメージなのであり、それはメランコリーを「表現する」活動であるわけでもなければ、メランコリーへの「よりわかりやすい洞察」を我々に与えてくれるものでもなく、我々が観想的歓びに与る機会を与えてくれるものなのである。

かくて、詩的想像における活動は、何かを「表現」したり「伝達」したり、「模倣」「模写」「再生」「呈示」したりする活動ではない。「原的想像」(27)なるものがあってその活動に素材を提供するのではないし、それが利用できるような何かを想像する、他の想像モデルがあるわけでもない。それは、自分自身の観想的イメージの享受で歓びを得る活動力に他ならない。これらのイメージが互いに合わさっていかなるパターンを作り上げるのか、より複合的なイメージの構成要素となる資格は何かは、あらかじめ決定されていない。連鎖パターン、呼応といったものが我々に歓びを与え得るのは、それらが期待に答えるものである場合、しかしそれもそれが詩的な期待である場合のみである。そしてそれらは、予期を大きくはずれて与えられることから我々を驚かせるが、それも詩的な驚きである場合にのみ、歓びを与えることができる。詩的想像作用が、これらのイメージに潜在する何か絶対的な歓びを追求することである、というのにも何の意味もない。イメージの「真なる」「適切な」または「必然的な」秩序とか具体化というものがあって、それに近似させることが求められるのでもない。いかなる詩人も、セルバンテスが言うようなスペインの画家オーバネヤのようなものである。即ち、傍の者に何を描いているんだいと問われた時、彼は「何でもそれがなりゆくものを」と答えたのである。したがって、「美」とは(私が今それが属するのがふさわしいと考える美学理論の語りの中では)「真理」のような言葉ではない。それはまた異なったふるまいをもっているのである。「美」という言葉は、その使用がある詩的イメージを記述することであるような言葉、即ち、立派な行動を(是認しつつ)称賛したり、うまくいったこと(数学の証明などのような)を称賛したりする場合と違って、観想的傍観者の中に喚起する卓越した歓びのゆえに称賛せざるを得ないような詩的イメージを、記述することをその役割としている、そういう言葉なのである。

そこで、詩は言語にはじまり言語に終る。だが詩の言語の中では、単語、形姿、音声、動きなどは、あらかじめ定めおかれた意味作用をもつ記号なのではない。それらは、チェスの駒のように、知られた規則に従ってふるまうわけでもなければ、貨幣のように、流通する一定の価値をもつと認められたものでもない。それらは特定の適合性や使用法をもつ道具ではないし、伝達されるものが既に思考や情念の中に存在しているとされる場合の伝達手段でもない。それのみか詩の言語は、およそ同じ意味を伝えているなら、他の語に置き替えができるようなあるいは他の種類の記号（例えば単語のかわりに身ぶり）でしばしば同じようにまにあうような、同義語を多く含む言語ではない。手短に言えば、それは記号的言語ではないのだ。詩においては、語自身がイメージであり、他のイメージのための記号なのではない。想像することは、それ自体発話であり、発話がなければいかなるイメージもないのである。それは、語彙というものをもたない言語であり、従って、模倣によっては学習できない言語である。しかしもし、それを（私自身そうすることがふさわしいと考えるように）比喩的な言語と呼ぶとしても、詩における比喩と記号言語における比喩との区別を同時に認識しておかねばならない。記号言語においては、比喩はなおも記号であり、記号にとどまっている。それは議論の緊張をゆるめたり（または強化したり）注意を喚起するために工夫された、飾辞的表現であるかもしれないし、より正確な説明のために使用されることさえあるかもしれない。だがいかなる場合にも、それはただ、自然的または習慣的な対応関係を認知したり利用するだけで、ふさわしい同等性の喚起されることが、その比喩が効果を上げるための条件である。ここでは、比喩はその面前に注意を引くデザインをのせている店先のようなものである。しかしそれは、ただそれらの価格を示すだけの（それ自身価値を構成するわけでない）デザインにすぎない。例えば「アダムの子」は「人間」と読まれ、「金の草原」は「目のあたる芝生の野」「スモモの花」は「純潔」を表すものと読まれる(28)。他方、詩の言語においては、比喩はそれ自身詩的イメージとなっており、したがって、それらは虚構である。詩人は、自然的・習慣的対応関係を認知したり記録するのではない。またそれを「実在を探究するために」使うのではない。詩人は同等性を喚起するのではなく、イメージを作り出すのである。詩人の比喩は、何ら定まった価値をもってはいない。それがもっている価値とは、詩人がそれに与えることに成功したものだけである。もちろん、言語的表現であるかぎり、それらも記号性ということから完全にまぬがれてはいない。それらのいずれも（そしてとりわけ、いわゆる「神聖な」または「原型的な」イメージは）固定的価値をもつ貨幣へと堕落することがあるが、こんなことになる時には、それらはもはや詩的イメージであることを、単にやめてしまっているのである(29)。そして、記号的比喩をもてあそび、それで様々のパターンを組み立てることは、コールリッジが詩的想像と対比して「空想」と呼んだ活動に他ならない(30)。科学においてはあいまい性の余地がないように、詩においては陳腐なイメージの余地はない。それゆえ、詩が現われる前に「解消」されねばならないものは、「原的な」様式をもたない想像作用のイメージなのではなく、実践的活動の記号言語と、科学のより厳密に記号化された言語の権威なのである。音楽や舞踏における詩的想像作用の敵は、記号的な音と動きである。造形芸術は、形態の記号性が忘れられた時にだけ立ち現われ、実践的活動の記号言語は、詩の出現に対して、強く執拗な障害となる。どんな記号言語の歴史にも、記号性がまだ萌芽的で、従って詩にとってもそれほど敵対的でないような時代があった。十六世紀の英国は、さしずめこのような時代であったように思われる(31)。しかし、どんな実践的言語も完全には記号化されることはないけれど、二十世紀の言語は十六世紀の言語より厳密に記号的なものとなっており、それゆえ、詩的想像にとっては、より大きな障害となってしまっている。しかしそれでも、アイルランド人のように、記号化が原始的で言語を強くしばり上げていないために、比較的たやすく言語を詩に変えることのできるような、幸福な状態にとどまっている人々もいる。

詩的想像を、素朴で原初的な活動と理解する人にとっては、詩人が歴史上古い起源をもつことに何の不思議もない。彼らは、「科学的」知識のコミュニケーションにふさわしい散文的な思考や語りの様式は、一つの歴史的成果であり、おそらくは（ヨーロッパに関するかぎり）古典期のギリシア人の発明によるものだと認められる。彼らはこれを、詩的なものと同一視される原初的・神話的思考様式の上に、後でおしつけられたものと考える。そしてさらに、この発明をそれぞれ彼らの好みに応じて、賞賛したり、非難したりすることになるのだ。しかしこれは、私の考えるところ誤った考えであり、そのために美学にとって不幸ないくつかの結果をもたらしてきたのである。つまりそれは、詩的想像作用の今様の心理学的解釈の中に、混乱した対応物を見出しているのである。言うまでもなく神話的思考様式は、我々が「科学的」と認める様式に先行している。しかしその用語は、詩的と言うよりも、実践的かつ宗教的なものであり、それは詩人が科学者におとらず、自らを解放しなければならなかった何ものかである。ヨーロッパの歴史のもっとずっと後の時代になってはじめて、詩的想像力が「科学的」思考の権威から自分を自由にする努力が、重要性をもってくるのである。

古代では、二種の人物が認められるが、そのいずれも、今日の世界でもそれぞれに対応するものがある。まずいつもなぞめいた語り方をする予言者や教師。宗教的意味をもつ人物、祭司、裁判官、そしておそらく魔術師でもある人がいた。その人格は神聖不可侵にして、その発言は智恵の点で際立っていた。そしてまた他方、芸人、吟遊詩人、歌手である人がいる。彼はよく知られた物語を、くり返しわかりやすい言葉で語り、聴衆はどんな新機軸もゆるさなかった。詩人の歴史的先祖は、これらいずれの人物の中にも見出されるし、詩的活動はそれに応じて解釈されてきた。それは、常に智恵と娯楽の両方と混同されてきたのである。しかるに、私がこれまで論じてきた詩人の活動は、第三の人物のものであり、予言者の智恵も、芸人の任務ももっていない。古代の時代における詩人の仕事をより分けることはたしかに難しい。トーテムが恐怖や権威の対象でも崇拝の対象でもなくて、ただ観想の対象であったような人、神話や魔術的呪文や予言者の神秘的な言葉が、権力や知恵のイメージではなく至福のイメージとなっていたような人、をさがし出すことは難しい。しかし、彼が誰であれ、(おそらくは、トーテムポールを形づくった人、呪文の言語的イメージを発明した人、あるいは歴史的事件を神話に作りかえた人かもしれない)彼の活動は「自然」として認められて人工物や神の化人などから区別された世界の諸帰結を探究しようとした最初期の思想家たちの活動とは、同一視されないということは認めてもよかろう。ともあれ確かにこの特に「詩的」と言える活動が、これら古代社会で認められている諸活動から、どのような媒介を経て生じてきたのかは、暗闇の中に沈んでしまっているのである。

いつの世にも詩人たちが存在していたということ、そして、私が今まで使ってきたような意味において「芸術作品」が常に存在していたということについては、私は疑う理由を見出さない。しかし、その人物の活動が、常に明確に意識されていたわけではないし、詩的イメージとしてのそのイメージの性格は、しばしばあいまいなままであった。また、詩的想像作用の一般的条件が、実践的（とりわけ宗教的）想像作用の権威からの、かかる解放の中に認め得るにしても、そんなことが起ったということが発見されるということはまれでしかないだろう。適切に言うなら、それは古代ギリシアでは起らなかった。そのような萌芽が見出されるのは、ローマ人においてである。そしてつづいてヨーロッパで、それは徐々にまたおぼつかない足どりで、達成されてきたのである(32)。ヨーロッパでは、それほど古くない時代にも我々が「芸術作品」と認め得るものを実践的活動のはしためとみなしていた。もっぱらその仕事は、装飾的で説明的なもの、王侯の威厳や、宗教的しきたりや大商人の生活などのかざりと考えられていた。それは、敬虔とか、家名の誉とか、正義への尊敬や権威の擁護などを表現したり喚起するものとして賞賛されていた。また特筆さるべき人物や出来事の記念を残すため、あるいは見知らぬ人々が互いの顔を知り合うため、また、正しい信念を表したり、よい行動を教えるための手段として賞賛された。しかし、こういったものからの解放、即ちこれらの対象を観想的注意にふさわしく工夫されたイメージと認めることは、実践的想像力の権威から逃れようとする、何か真新しい、説明のつかぬあこがれから生み出されたのではなかったし、まったく異なった種の作品の生産の中に、忽然と始まったわけでももちろんない。それが生じたのは、様々の情況の変化からでありその変化が（すでにそこに存在していたものに、新しい文脈を与えることによって）それを変形し、さらにこの文脈にふさわしく物事をあんばいする性向を引き出しさえすることによってである。実際、時間の経過と人の忘れっぽさということが、この解放で大きな役割を演じていたのである。つまり、もともとそれが言わんとするところが失われてしまった物語や、その「意味するところ」が忘れ去られてしまったイメージが生き残るとか、どこかからやってきて、その記号体系がもはや知られないような

（言語的および彫塑的）イメージと遭遇するとか、ということである。例えば『真夏の夜の夢』と『テンペスト』の中では、イメージの全体は、それらのもつ宗教的および実践的意味合いから自由になり、詩へと変形されてしまっている。もはや呪縛しない呪文があり、自らの情動的力を失ったイメージがあり、歴史と神話の双方における自分の場を失い、詩的な性格を獲得している人物たちがいるのである。また彫塑での発明について言えば、かかる変化をもたらした、おそらく最も重要な情況は、芸術作品と認められる資格をそなえた作品が単にありあまるほど豊富に存在するようになったということであろう。王侯・貴族、教会、商人、市当局、組合などの宝庫にため込まれ、保管されたこれらは、その実践的な由来や製作の機会が知られなくなったり、忘れ去られてしまい、それがかつてもっていたかもしれない実用や意味合いすべてから切り離され、こうして、新しい文脈へと移し置かれることによって、観想的注視を喚起し得るものになったのである。それはちょうど、古い時代に征服したローマ人たちがギリシアの寺院や彫刻によって、観想的歓びを喚起されることになったようなものである。というのは、彼らにとって、それらは何ら宗教的・記号的な意味合いはもたなかったからである。イコンや絨緞や偶像や建造物や日常用品が、それらをもともと使用するはずではない人の目で見られたり、あるいはそれらのはじめの文脈から移し替えられたりして、我々自身の時代での認知を受けることになるのは、これとまったく同様の情況である。ある観点からすれば、近代芸術の歴史とは、人間の想像力がこの文脈（それ自身意図されざる、歴史的情況のたまもの）を、適切なイメージで満たしてきた仕方の物語である。このことは単に彫塑的芸術にのみ真であるわけではない。ヨーロッパ演劇や音楽の歴史は、同じような経緯をもっており、それぞれ対応する、偶然性と創意の似たような組み合わせを示している。そして、今日我々の中に、これに反対するいかなる態度があるにしても、例えば、詩や絵画の「主題」への注目とか、詩の中に行動への手引きを求めがちな我々の傾向とか、詩を知恵や娯楽ととり違えたり、詩の「心理学」に興味を示したり、虚構をそれ自体で受け入れにくく、それを記号的なもの、見せかけのもの、あるいは幻想などと解釈する傾向などであるが

——それらは何であれ、詩が現われ認知されるはるか以前の時代から生き残っているものとして、あるいは、我々にとって歴史的に比較的新しく、今なお不完全にしか消化されていない経験に対する反動として、理解することができるのである。

7

詩を弁護するいかなる試みも、詩が人間の活動全体の地図の上で、いかなる位置を占めるかを解き明そうとするものである。いかなる擁護も、詩的想像にある性格を付与して、その性格のために、地図上に特定の位置を与えてやるわけである。そして、特定の活動様式が卓越していると考える人は誰でも、その様式に関して詩がはたす仕事を見出そうと務めるに違いない。それゆえ実践的企てや道徳的努力が人間のもっぱら主要関心事であるからには、詩を弁護する最も一般的な形が、この関心に詩が答え得ることをうけあうことであるとしても、何ら不思議はない。芸術と社会との関係を探究することは、実践活動に従事する人々の社会との関係を探究することである。つまり「社会秩序における詩の『機能』は何か」を問うことである。このような筋道をたどる著者のある者は、詩的想像についてこれといった考えがないので、それをまともな生活のなりわいからの、悼むべき逸脱であると考えてしまう。あるいはせいぜいのところ、それは休日のハイキングのようなもので、我々は休養をとり、またおそらくは新たな活力を得て再び仕事へもどることができるのだと思われているのである。しかしまた他には、詩を実践的努力のための有益な僕であるかのように見なし、いろいろな有用な仕事をするものだと考える人もいる。詩の職務とは、このような人々によれば、我々にいかに生きるべきかを言ってくれたり、我々の行動に関するある種の批判を提供してくれるものである。それは、道徳的諸価値の尺度を記録したり、流布するものである、また特殊な道徳教育を与え、よき感情を単に記述したり推賞したりするのみならず、実際に我々の中に鼓舞するものである。あるいはまた、感情生活の健康を増進させ、腐敗した良心をいやし、「我々を存在にあわせて調整し」それが現われる「社会」の構造や機能を反省するものである(33)。そして、みじめな人々を慰め、罪人たちのどぎもをぬき、あるいはただ単に、「仕事の時に音楽を」提供するものだったりするのである。(シラーの)もう少し深遠な見解においては、芸術の「社会的価値」は、実践的いとなみにばかり専念している生活の一様性や堅苦しさから自由にさせてくれることに存在するのだ、と認められている。そして悪名高き誇張的な言い方で詩人はこれまで「言葉の意識されざる立法者」と呼ばれてきたのである(34)。

他方、世界と我々自身について探究することが、人間のとりわけ本質的な仕事であると考える著作家は、当然詩の役割をも学知(scientia)との関係で解釈することに関心を向けがちである。芸術と社会をめぐる問題は、科学的研究に従事する人々の社会でそれがどんな場所を占めるか、という問題になる。このような用語法の弁護を引き受ける人はおそらく難題をしょい込むことになろう。にもかかわらず、彼らはいつもためらいもせずに、そんなことを引き受けてきたのである。ここでもまた、詩的想像の中に、学知という足かせからの気晴ししか見ないような著作家たちがいる。彼らは詩の非記号的言語の中に、科学的コミュニケーションにとっては役に立たない道具しか見出さないのである。これらは一種の差別廃止論者である。彼らは注目すべき系譜をもっていて、十七世紀以降ずっと我々の社会で羽ぶりがいい。しかし彼らと仲間を組む著作家たちは、詩的想像に、「事実をありのままに見る」力を要求し、詩を世界についての知識の記録や貯蔵と見なし、世界の本質についての明晰で公平な意識を与えてくれる力と役割を帰属させるべきもの、というように詩を理解するのである。そしてまた、科学的探究や発見の過程そのものの中に、彼らが詩的想像と見なすような要素を識別する人々さえいるのである。

私自身はと言えば、これらいずれのやり方で詩を弁護するのも、誤解にもとづいていると思っている。もっとも、このようにして言われたことの中にも、必ずしも誤りではないものもふくまれてはいるのであるが(35)。しかし彼らは誤った方向を選んでしまったために、すべてを、彼らの目的達成のためにそれが助けとなるか障害となるかという観点でだけ理解しようとするのである。彼らの探究は、詩を人間の活動の地図上の確かな場所に位置づけるということには関わらない。それはただ、地図上でたまたま彼らの興味を一番引きつける事柄に詩を従属させることに関わるだけである。しかし思うに、唯一考慮に価する詩の弁護論は、詩の言語の位置と特質を、人間の会話ということの中に識別しようとするものである。即ち各言語が、それぞれの用語法で語り、ある時はその内のあるものが他より声高に語りはするが、どれも本性上の優位はもたず、まして絶対性などもたないような会話である。詩的発話と、また実際他のすべての発話様式を考察するのに適切な文脈は、実践的企てに関わる「社会」でもなければ、科学的研究に従事するそれでもない。それは会話する人々のこの社交である。

この会話の中では、各言語はそれぞれの観点から、他のすべての言語の用語法を規定している条件からのある解放を表現している。学知は、実践の力のための知識からの「逃避」であり、実践的活動は科学的「事実」からの「逃避」である。したがって、もし我々が詩的想像を一種の「逃避」として語るなら、（そのさい観想は、欲求や是認や追求や探究などからの「逃避」と認められるであろうが）それは、他のいかなる想像作用の言説空間とも異なって構成された言説空間にあるもの、という以上の何ものでもない。実践と科学の両方について本来言われること以上、何も言っていないに等しい。そして、詩的想像が一種の「逃避」であると言われる時、割り込んでくる非難がましい調子は、会話についての不完全な理解を表すものであるにすぎない。もちろんある観点からすれば、詩は一種の「逃避」ではある。しかしそれは、（しばしば考えられているように）詩人の、大方は不如意で不自由な実際生活からの逃避ではなく、実践的活動の諸々の要点からの逃避である。しかし、実践的企てや、倫理的努力や科学的探究には、そこから逃避することを嘆かねばならぬような神聖なものなど、何もない。実際これらは、我々ができればのがれたいと思っているもともとわずらわしい活動であるし、これらの言葉しか話されないような会話はまことに味気ないものであろう。ところが詩においては、欲求したり苦しんだり、知ったり工夫したりする自己は、観想する自己によって押しのけられる。背影に目を向けることは、どんな場合でも観想を裏切ることとなり、排除することが困難であるばかりか、致命的な結果をまねくものとなってしまう。にもかかわらず、会話へ参加するために、言語は自分自身の用語法で語らねばならないばかりか、また理解されることができなければならない。そして我々は、大層異なった性格をもつ相手との会話の中で、いかにして詩の言語が聴き取られ、また理解されることが可能であるのか、考察せねばならない。

　科学と実践的活動の言語が享受している共通の理解ということには、何の神秘もないと私は思う。たとえそれらが語る用語法が異なっていても、科学の言説空間の多くの特徴に対応するものが、実践には存在している。つまり、実践と科学とのイメージはいずれも因果的に配列されがちであり、どちらの活動にも「事実」と「非事実」との認識があり、また両方の言語とも記号的言語である。しかし今まで書いてきたように、詩の言語と、会話における他の言語との間には、共通の理解の可能性がほとんど、あるいはまったく現われないであろう。詩的言語の発話は、いかなる結論も示さない。「事実」も「非事実」も認めないし、その言語は記号の言語ではない。そして詩的発話がこのように他からへだたっているために、我々はそれをどうにかして、科学や実践の用語法になぞらえて理解しようとしてしまうことになりがちなのである。詩人はたいてい、(作中人物の口にのぼせた意見を、彼ら自身のものと我々が誤って受け取ることのない場合でさえも)世界一般について、また生活の指針について、いろいろの考えをもっており、我我がこれらの考えに耳をかたむける時、詩の言語は、さもなければ可能ではなかった理解を獲得するように見える。シェークスピアの「人生観」は我々に深いものに見えるかもしれないし、あるいはジョンソン博士が見たように(36)、満足すべきものではないように思えるかもしれない。しかし、我々がどんな結論を考えて、詩の言語を会話へと引き出し、それを位置づけたと思えようとも、そうしなければ理解が欠けていたであろう。しかし、こんな考えは幻想でしかない。ここで我々がとらえているのは、単に詩的ではない部分だけ――ダンテの神学、バニヤンのどうにでもなる宗教的信念、アングルの正確さ、ハーディーの時代遅れの「悲観主義」、ゲーテの疑似科学的思弁、ショパンの愛国主義、などのような部分だけ——であり、本当に詩的なイメージ自体は我々の網をすり抜け、それ固有の圏域へと逃れてしまっているのである。さらにまた次のような推測もできよう。フランスの少年少女のようにラシーヌを読んで成長することは、イギリスの少年少女がシェークスピアを読んで成長することから得るのとはまったく違った欲求や是認の教育なのであると。しかし、この相違が大きかろうと表面的なものであろうと、それはこれら二人の作家の異なる詩的特性から由来するものではないのである。もっとも、ちょうどプラトンが欲求する魂の中に理性の影のような部分（彼が「節度」と呼んだもの）を識別し、それによって、理性的に行動するのではなくても、理性の声に耳をかたむけ、その規則に従うことを可能にさせるものとしたように、我々も実践活動自身の中に観想的想像作用の模倣を見出すことができ、それによって詩の言葉に応答することができるのだと考えることはできよう。

実践的活動の一般的な諸関係——例えば、生産者と消費者、主人と従業員、主役と助手などの関係——においては、各参加者は何かの奉仕を求めるか、奉仕の見返りを要求するのであり、もしそれがはかばかしくいかないようならば、その関係は衰退するか、沙汰止みになってしまう。そして何かの企てにおける相棒との関係でも、このようなことになるし、同志的結合がぎょうぎょうしく強調され、共通の仕事や利益や信念、および共通の不安などによって、連帯している関係においてさえそうである。意欲の相の下での（sub specie voluntatis）世界では、我々は通常、我々の好みに合わないものは拒絶する。そして道徳の相の下での（sub specie morum）世界では、我々は通常、それ自体で不合理であったり不完全であるとわかるものは、拒絶する。しかし、明らかに実践的でありながらも、なおそのようではないような〔奉仕や見返りを越えた〕関係が存在する。友人や恋人たちは、互いからどんな利益を引き出そうかと考えるわけではなく、ただ相互の享受を心がけるにすぎない。友人とは、ある仕方で行動するに違いないと信頼される人であるわけではないし、一定の有益な特性を有し、妥当な意見をもっていると信頼されている人であるわけでもない。友人とは、興味や歓びや、理由のない信頼を喚起するような人なのであり、（ほとんど）観想的想像に与らせる人なのである。友人たちの関係は劇的なものであって、功利的なものではない。そしてまた、愛するということは、「何か善をなす」ということとは違う。それは何も義務ではないし、是認や否認せねばならないということから、一切自由である。その対象は個人であって、特性の化身ではない。アドニスのためには、ヴィーナスは天国をも放棄したのであった。理解され享受されるのは一連の感情——好意、優しさ、関心、恐れ、高揚など——ではなく、自己の独自性である。しかし、絶対に愛されることのできない人などいないかわりに、自分だけ特別に愛される資格があると言う人もいない。長所も必要も、愛情が生れるのにあたっては何の役割も果さない。出会いと選択こそが愛情の母である。出会いと言うのは、あらかじめ同定できないものを追求することはできないからであり、選択においてこそ、欲求の不可避に実践的な要素が感じとられるからである(37)。つまり、「愛の相の下での」世界は、まがいもなく、実践的活動の世界である。欲求や挫折もあれば、道徳的な行動やあやまちもあり、快・苦も存在する。そして（いろいろな意味での）死が、一つの可能性であると共に、究極の悪と認められている。にもかかわらず愛情や友情におけるイメージ（愛情や友情の想像様式の中で創り出されるもの）は、実践的想像作用への他のいかなる関わりにおけるよりも、「何であれ成り行きまかせ」という性質をもっている。たとえ、これらを観想的活動と呼ぶのが適当とは言えないとしても、それらは少なくとも観想を模倣するものであり、詩と実践の言語の間を架橋し、共通の理解への道すじをつけるという意味で、実践的性格のあいまいな活動であるといえよう。そしておそらく、文学作品の中で恋におちる作中人物たちが、すべての詩的イメージの中で最も一般的なものであるのも、このためである。

さらにまた、おそらく（「有徳な行動」とか、「すばらしい性格」とか、「よい仕事」への関与などとは区別されるような）「道徳的善」の中には、行動の生気のなさや完遂の可能性からの自由があり、それが詩の模倣となっているのだ。なぜならここにあるのは、個人的で自己充足的な活動であり、世界への適応から解放され立場や状態から自由であり、過ぎ来しゆく末から独立に、各人がそれにあずかることができる。またそこでは、誰も、適切な行動の帰結を判断する知識がないとか、そんなことに不慣れだからと言って参加する資格がないということにはならないし、あるいは（カントが言ったように）運命の恵みが特にとぼしいとか、自然から継子あつかいを受けたために、かいもく才能がない(38)、などという理由で参加を拒否されはしない。そしてそこでは、成功は「有用さ」や外的な成果とは、まったく独立しているのである。

さらに、詩的発話（芸術作品）はしばしば、それ自体あいまいなイメージである。実践的世界でのその地位は——場所を占めるとか、望まれるとか、価格をもつ……など——誤解されやすい。また建築などのように、詩的イメージと見られると同時に、耐久性とか、実際の必要を満たすとかの観点からも見られるために、それ自体もともとあいまいな芸術作品もある。しかし、芸術作品が（他のものよりも）あえてその詩的性格を無視させる機会は、また同時にその詩的性格を認めさせる間接的な手段でもある。我々の注意は、はじめは何かまったく外的な理由から、芸術作品に引きつけられるかもしれない。例えば、それが我々の実践的世界で我々に親しかったり、特別の関心を引く何かを表現しているとか、それが、我々が調べていた歴史上の事柄の知識を与えてくれるとか、作品のある部分が我々の空想を誘うとか、あるいは単に、それが自分の友人や知人の作品であるといった理由で。——しかしこうして、一たん注視したり傾聴すべく誘われてしまえば、観想の気分が同時に起って、詩的イメージとしてのその固有の性格が、ただちにあるいはじわじわと我々の中に印象づけられるにちがいない。こんな風に詩的世界へ立ち入ることも、決して軽視されてはならない。

ここでもまた、幼少期の思い出は、役に立つ手がかりを与えてくれる。万人にとって、若き日々は夢であり、美しい狂気、詩と実際的活動との奇跡に満ちた混淆であり、そこでは、どんなものもゆれ動く影の如き形ならぬものはなく、きまりきった価値しかもたぬものはない。「事実」と「非事実」とは、未だ判然としてはいない。行動することは、出来事たちとかけあうことである。漠たるあこがれがあり、欲求と選択は存在するが、その目標は不分明にしか見えていない。すべては「なりゆくまま」なのである。そして語ることは、イメージを作り上げることである。というのも、我々は幼少の多くの年月をかけて、実践的交渉に役立つ記号的言語の習得についやすにもかかわらず、（そして、我々が外国語を学ぶ時、それは常に記号的言語として学ばれるのだが）これは我々が子供の頃最初に手にする言語ではないからである。日常生活の言葉は、固定的で不動の用法に固まった記号ではない。それらは詩的イメージである。我々が自分でかってに創った英雄詩のような言語を語るのは、単に幼い頃の我々が記号言語のあつかいにおいてつたないためばかりではなく、我々が意志疎通の望みによってではなく、発話自体の歓びにかられて行動しているからである。だから、どれほど深く、実践や科学の企てに没頭するとしても、若さそのものであった混乱を思い起せば誰でも、詩の言葉に耳を傾けることができるのである。

今や、ともすれば実践と科学の言葉に制圧されがちになっている会話の中でも、いかにして詩の言葉を聴き取ることができるのか、理解することができよう。しかし、思うに詩的想像作用は、会話に他のいかなるものともなぞらえ得ない独自な発話をもたらすのである。その言葉はすぐれて会話可能なものである。科学と実践の想像活動では、発話と言葉、語られることとそれの語られ方、話の中身と話す行為とは、それぞれ区別でき、また相互に分離されることにもなる。しかし詩ではそんなことは不可能である。詩的イメージは、記号ではない。それは何も「表現」しはしないのだから、想像作用と発話との緊張などは有り得ない。それればかりか、詩的イメージ間の関係は、それ自体会話的関係である。つまり、それらのイメージは、互いに一致するわけでも、論破するわけでもなく、ただ互いに喚起しあい、結び合って予定された結論をなすのではなく、もう一つ別の、より複雑な、同じようなイメージを構成するのである。さらに、詩は我々にいかに生きるかとか、何を評価すべきかについて、教えるものなど何ももっていない。実践的活動は、高貴なものまたはあさましいもの、しかしたいていは幻想の目標を求める、終りなき闘いである。この闘いから、実践的自己は逃れることはできないし、欲望が決して満たされることがないので、その闘いでの完全な勝利も不可能である。即ちどんな成果も不完全なものと見なされ、不完全ということはすべて、完全への第一歩としての価値しかもたない。ところが完全ということ自体、一つの幻想なのである。また、「ゆるし」ということさえ、行為の運命の連鎖の中での、象徴的な中断にすぎない。どんな行動も、忘れ去られた行動さえも、本当は取り返しがつかないものなのだ。詩的活動は、この闘いの中に役割をもたないし、それを制御したり変更したり、あるいはそれを終結する力も持ちはしない。もしそれが実践の言語を模倣するとしても、その発話は模造である。詩の言語に耳を傾けることは、勝利をではなく、つかの間の解放、瞬時の魅惑を享受することである。そしておそらく、間接的には、それは何かそれ以上のものを享受することだろう。詩の言葉に聞く耳をもつということは、快楽や美徳や知識よりむしろ歓びを選ぶ性向をもつことであり、そのような性向は、実践的生活の中で、生活が詩をほのめかすことをことの他好むということの中に反映されるであろう。

　しかしそれでも我々は、今聞いている以上にもっと度々、詩の言葉に耳をかたむけるようにすべきであろう。詩的想像は、しばしばこれまで「天恵」と見られてきた。しかし、これが詩の一段すぐれた地位のしるし、あるいは神的なインスピレーションのしるしと受け取られてきたものの、正しく理解するなら、それは観想的活動のもつ、避けがたいはかなさの証明にすぎないのだ。

どんなものでも、たやすく私を誘惑し、
詩作というこの天職を、すっかり忘れさせてしまう。
あるときは女の顔だとか、あるいはもっとひどいもの——
たとえば、道を外れて浮かれ行く、祖国の見せ掛けの要請が。

今では、慣れた詩作にはげむより、
この手になじんだものは何もない。
若い頃の私なら、
時に備えて屋根裏に、武器さえ隠しているような、
そぶりも見せぬ詩人になど、
一文だって、投げてやろうとはしなかった。
だが今は、ただ為しうる願いを言うならば、
魚より冷たく鱗で身をつつみ、
おしでつんぼでいるばかり

とはいえ、この願いは、とぎれとぎれにしか満たされることはない。つまり、観想的生活（vita contemplativa）は存在しないのだ。あるのはただ、好奇心やもくろみの流れから抽出され救い取られる観想的活動の、瞬間瞬間だけである。詩とは一種のずる休み、生活という夢の中の夢であり、我々の小麦畑の中に植えられた、一つの野生の花である。

一九五九年

（1）ここに教育というものを、会話へ参加するための準備であると理解していたあるイートンの教師（ウィリアム・コーリー）の考察がある。学校では「諸君は知識を獲得するのではなく、むしろ批判の下で精神の努力をすることにかかわるのである。……ある程度の知識なら、諸君

は実際ふつうの頭でなら獲得して保持することができる。また諸君は忘れられる多くのことに時間をついやすことを悔やむ必要はまったくない。なぜなら、失われた知識の影は、少なくとも諸君を多くの幻想から守ってくれるからである。しかし諸君が立派な学校に行くのは、知識を得るためではなく、芸術とよき習慣とを得るためである。注意する習慣、表現の技術、瞬時の観察で新しい知的立場を身につける技能、他人の思考の中にすばやく入り込む技術、非難や論駁を甘受する習慣、程度の差をつけて賛成反対を表明する技術、与えられた時間にできるだけのことを解決する技術、趣味と鑑識眼、精神の勇気としらふの精神、そしてとりわけ、諸君は自己自身を知ることを求めて、立派な学校に行くのである。」

(2) 「政治」を実践的活動になぞらえるのは、(必ずしも他に例がないというわけではないが) 近代ヨーロッパの歴史にとって特徴的であり、とくにここ四世紀の間にますます完全になった傾向である。しかるに古代ギリシア (特にアテネ) では、「政活」は「製作的」(詩的) 活動として理解されており、そこでは言葉 (単に人を説得するばかりではなく、記念すべき言語的イメージを構成すること) が、重要であり、行動は「栄光」と「偉大さ」の達成 (造形) のためにあったのである。このような物の見方は、マキァヴェリの文章の中に反映している。

(3) 詩的なものについての通人 (眼きき) の理解というものによって、哲学的反省はある批評家たちを支持したが (例えば、コールリッジや、『ヒューマニズムの建築』におけるジェフリー・スコット) 他の批評家では、それは芸術作品について適切なことを考え述べる反省されざる (とはいえもちろん習得される) 習慣や性向として現われる。マックス・ビアボームの劇批評はこの一例である。

(4) 私の考えは、実践的活動がまず第一に、欲求と反発として現われるとか、それがそもそも欲求や反発と同一視し得るというのではなく、ただ、欲求と反発が常に存在しているということである。

(5) 「物」としてだけ認知されるイメージは、それの利用のために報酬 (quid pro qus) を要求することも、請求することもしない。

(6) バクーニンの『革命家の公教要理』の中に現われているような、革命家の性格は、このような人の肖像を描く一つの試みである。しかしここでさえも表わされているのは、倫理性を欠いた人間ではなく、その是認と否認とがかなりかたよっている人間であるにすぎない。

(7) 『リヴァイアサン』第十五章。

(8) パスカル『パンセ』457.

(9) アリストテレス『詩学』第一章七一八、第九章二。

(10) 『倫理学』二・四〇、五・二五—三八。

(11) 『意志と表象としての世界』第三四節。

(12) **Cf. M. Foster, *Mind*, October, 1934.**

(13) 「観想」という言葉で私が意味するものは、テオリアのプラトン的理解の中で生き残り得るすべてである、と考えたいと私は言ってきた。今やこの考えは、次のような信念として言いかえることができる。即ち、プラトンがテオリアとして記述したものは、実際は美的経験であったが、彼はそれを誤って記述し、それに維持しがたい性格と卓越性を付与したのだ、ということである。「詩」を技として理解し、技を理想的範型を模倣する活動として理解することによって、彼は誤った方向を追求し、イメージ製作的でない「無言の」経験という不必要な仮定、即ち模倣されるべき理想的範型を見守るという仮定へと導かれた。にもかかわらず、プラトン的テオリアは、もしそれがイメージ製作であると認められるならば、我々の注意を、単なる「模倣」ではなく、そのイメージが「再現」でないようなイメージ製作の活動に向けさせることになろう。

(14) それゆえまた「幻想」とも見せかけとも、認められない場合。

(15) 例えば、劇場とか、絵の展覧会場とか、コンサートホールとか、本の装丁などが、この枠組を提供するのである。

(16) 劇は、「行動」したり「行動を見せかけ」たりするのではない。それは「行動を演ずる」のである。

(17) 「物事」の「諸側面」についても同様である。

(18) この連関の中で一般に使われる他の言葉は、それぞれ異なったニュアンスをもっているが、それらはどれも同じように、不満足なものである。伝達、意志疎通、表現、呈示、表示、具現、永続化、記述、客観的相関者の発現、受肉、永遠化など。おそらく中でも最も異論の少ないものが、最も陳腐なものである。即ち、模倣。これは、詩的イメージの虚構の性格を認めている。しかしそれは、模写する活動と模写されるものという仮定を示唆するという点で、誤りを犯している。

(19) 『叙情的バラード集第二版の前置の諸考察』

(20) シドニー『詩のための弁明』

(21) シェリー『詩の擁護』。またワーズワースの言葉「詩とは、力強い感情の自発的発露である。」

(22) どんな哀しみも、それを一つの物語へと置き入れることができる時に耐え得る、というのは深い格言であるが、このことが言わんとするのは、どんな哀しみも、その場所を詩的イメージで置き替えることに成功し得た場合にのみ耐え得るということである。

(23) 記憶が詩的イメージの豊かな源泉であるように思われるのは、記憶の中で(もし我々がノスタルジアの気分を逃れるのに成功するなら)我々はすでに、欲求と情動の実践的世界から、半ば解き放たれているからである。しかし、ここでさえ観想され得るものは、実際の認知される記憶ではなく一つの抽象――「事実」とは同定されない記憶、時空から切りはなされたものである。詩は記憶の娘ではなく、そのまま娘である。エッカーマン『ゲーテとの対話』一八三一年三月二八日参照。

(24) 詩人が自分の作品の中でなしがちな様々な変更は、厳密に言えば「訂正」ではない。――即ち、既に明白な心的イメージとなっているものの「表出」を改善する試み、といったものではない。それらの変更は、より明晰に想像し、より深い歓びを得ようとする試みなのだ。そして、画家がよくやる「習作」――後でより大きな複雑な構成の部分となったりすることもあるもの――(例えば、グランド・ジャットのためのスーラの習作集)――は、検証されるべき一連の仮説ではない。それら一つ一つが、それ自体一片の詩であり、より複合的イメージの部分となったり、ならなかったりし得るイメージの断片なのである。

(25) たとえこれらの反論が理論に対する決定的な批判ではないとしても、おそらく言及せねばならないもう一つの反論がある。最もまごうべくもない芸術作品の一つと認められるものに関して、芸術家が「表現」しようとしたのは、情念がいかなるものであったかを他人に推量させることである、という点が注意を引く。いったいどんな情念が『アンナ・カレーニナ』では表現されているというのか? またボッティチェルリの『ヴィーナスの誕生』や『フィガロ』や聖パウロ寺院では? また次のような詩ではどうか?

ああ、ヒマワリよ、時間への退屈
太陽の歩みを数えるものよ

いったいこれらの芸術家たちが、このような場合に、その見解によれば彼らの主要な関心であったはずのもの(即ち表現しようとする情念)について、我々をあいかわらずわからないままに放置しておくほどそんなに無能であったというようなことが、あり得るだろうか?

(26) とはいえ次のことは述べておいてもよかろう。詩人(または編者)がある詩に与える「題名」は、たいていただそれを指示する手段にすぎないと考えられ、(しばしば起るように)なくてもかまわないし、あるいは番号によって置きかえられても損失はないのであるが、ある種の詩の題名の場合には、単なる指示手段とも、その詩が「何について」のものかを示す(不可避に無意味な)指標とも認められず、むしろそれ自身詩人のイメージとして、そしてまた詩自身の一構成要素として理解され得るということである。例えば、「ナイチンゲールに囲まれたスウィニー」(T・S・エリオット)。音楽作品の本の目次はしばしば(また適切にも)作品自体の最初の方の小節をのせている。

(27) コールリッジ『文学史』(エブリマンライブラリー、一五九ページ)。コールリッジは(カントにならって)すべての経験が「想像作用」であると考える傾向があった。しかし、彼が「原的想像」と呼ぶものが、実際「原的」であるのは、それが我々が最もしばしばかかわりをもつ想像様態、つまり実践的想像であるという意味でのみである。

(28) いわゆる「花言葉」は、この種の記号的比喩言語である。

(29) 模倣期における建築、俳優の演技、またラファエロ前派の詩人の多くがそうである。

(30) コールリッジ『文学史』(エブリマンライブラリー、一六〇ページ)

(31) マコーレーはミルトンについての論文の冒頭で、この主題について比類のないことを書いている。

(32) 東洋について語るのは、私にははばかられる。しかし、魯侯の大工頭領であった梓慶について語る、荘子のおもしろい逸話がある。芸術家という活動を描き出すその記述は、ほとんど、彼がその活動の際に専心忘却せねばならない事柄でしめられているのである。

(33) この見解を採る著作家たちは、十二世紀に現われたプロヴァンスの恋愛詩を観想的注意の新しい方向としてではなく、人間の感情におけるある変化を反映するものとして、また詩の歴史上のある事件としてでなく、精神の歴史におけるある事件と見なすのである。

(34) 多分我々は、誇張したいい方のかわりに、これをアポロンの多様な性格の単なる反映とみなすべきである。ベーコン『学問の進歩』I、ヴィコ『新学問』II §615 参照。

(35) 例えば、「非有用的」活動の有用性についての、シラーの思想。

(36) 『シェークスピアへの序』

(37) ここに聖アウグスティヌスが言ったように、神がいかにして人間を「愛している」と言い得るか理解する難しさがある。『キリスト教義』i, 34.

(38) 『人倫の形而上学の基礎づけ』394。

(訳注1) 『デ・アニマ』427b14 以下。

(訳注2) Original Fancy『リヴァイアサン』p. 45. 感覚や見え姿すべてを含むもの。

(訳注3) カントの影響をうけて経験主義を批判したコールリッジは、神がカオスを創った後、そこに秩序と形式を与えたように、人間の心も感覚経験の多様に対して秩序と形式を与える力をもつと考えた。このように感覚素材から対象を造り出す力を彼は、primaly imagination とよんだ。

(田島正樹訳)

ホッブズの著作における道徳的生（訳注）

1

道徳的生は人間の間の（inter homines）生である。もし我々が自らの道徳的義務の根拠を遠い所（たとえば神の意志のような）に求めがちであっても、道徳的行動は人間相互の関係と、彼らが相互に行使できる力とに関わる。むろん道徳的行動はそれを越えて他の関係——たとえば動物との関係、あるいは無生物との関係さえも——にも関わる。しかしこれらがなぜ道徳上意義があるかというと、それは人間の相互に対する性向がそこに反映しているからにすぎない。さらに、道徳的生が発生するのは、人間の振舞いが自然の力の必然性から免れているとき、すなわち人間行動に選択肢があるときに限られる。それだからといって、特定の選択が個々の機会になされることは必要ではない。道徳的行動は習慣になっているかもしれないからである。また個々の場合に人がある仕方で振舞うような性向を持っていても構わない。そしていかなる場合にも選択の幅が無限である必要もない。しかし道徳的生は選択の可能性を要求する。そしておそらく我々は、何らかの種類の特定の選択（必ずしもこの行為の選択でなくてもよいが）が、ある時点になされた――たとえそれらの選択が確定した性向の中に埋もれて見えなくなってしまったとしても――と想定することができよう。換言すれば、道徳的行動は技芸《アート》であって自然ではない。それは身についた技量の行使である。しかしここでいう技量とは、いかにして最小のエネルギーの支出によって欲しいものを手に入れるかを知るという技量ではなくて、いかにして我々が振舞うべきように振舞うかを知る技量である。すなわち欲求の技量でなく、是認と是認されたこととの実行との技量なのである。

むろんこれはみなよく知られたことである。いかなるモラリストも、人間の決定された諸傾向とそれらについてなされるべきこととのギャップに気づいてきた。しかし気づくべきことは他にもあった。それはすなわち、我々のなすべきことは現実に我々が何であるかと結びついていることは否定できない、ということである。しかも我々が何物であるかは（この関係では）、我々が自分自身がそれだと信じているところのものである。そしてこのことを見逃すモラリストたちは馬鹿げたことを言いがちである。ヒュームが不満を述べたのは道徳的命題と事実的命題の間の関係を突き止めようとする試みではなくて、それがなされる際の性急で不十分なやり方だった。ラ・ロシュフーコー〔フランスのモラリスト、一六一三―八〇〕が「徳などというものは存在しない」と冷たく言うことができたのは、単に「人間性と両立しない徳」を発見するという逃げ道によってにすぎない、と見て取ったのは炯眼なヴォーヴナルグ〔フランスのモラリスト、一七一五―四七。ここでの引用は『省察と箴言』二九六から〕だった。実際我々の文明が見せてきた道徳的行動のイディオムは、いかに振舞うべきかについてのドクトリンの点ではなく、我々が本当は何物であるのかの解釈の点でまず第一に区別されるのである。

私はそのようなイディオムは三つあると信ずる。私はそれらを次のように表現する。第一に共同体の絆の道徳。第二に個性の道徳。第三に共通善の道徳。

共同体の絆の道徳にあっては、人間は単に共同体のメンバーとしてしか認められず、あらゆる活動は共同体の活動として理解される。ここでは、自分で選択をすることができ、そうする傾向を持っている個々別々の個人なるものは知られていない。その理由は、彼らが抑圧されているからではなくて、そもそも彼らが現われてこられるような環境が存在しないからである。そしてここでは、よい行動は共同体の変わることのない活動に適切な仕方で参与することとして理解される。あたかもあらゆる選択はすでになされてしまったかのようであって、なされるべきことは、一般的な行動のルールの形ではなく、詳細な儀式の形で現われ、そこからの逸脱は極めて困難なのでそれに対する選択肢が見えないかのようである。なされるべきことはなされたことと区別できない。技芸は自然として現われる。それでもこれは道徳的行動のイディオムである。なぜならこの共同体の活動の仕方は、実際には技芸であって自然ではないのだから。だがそれは（むろん）計画の産物ではなく、無数の、忘れられて久しい選択の産物なのである。

他方個性の道徳においては、人間は（自分たち自身をこの性格の中に認めるに至ったために）個々別々の主権者たる個人として認められる。彼らは相互に結びつくが、それはただ一つの共通の事業に従うからではなく、ギヴ・アンド・テイクの事業の中においてであり、できる限り互い同士に順応しようとする。それは自己と他の自己との道徳である。ここでは個人の選択が肝要であり、幸福の大きな部分はその行使と結びつけられる。道徳的行動はこれらの個人の間の確定した関係の中に存すると認められる。そして是認される行動は、人間の特徴であると解された独立した個性を反映するものである。道徳は相互の順応の技術なのである。

共通善の道徳は人間性の異なった解釈、あるいは（同じことだが）人間性の異なったイディオムの発生に源を持っている。人間は活動の独立した中心として認められる。しかしこの個性が他者の個性とではなく、そのような人間から成るものと解された「社会」の利益と衝突するときは、いつでもその個性を抑圧する行動が是認される。全員がただ一つの、共通の事業にたずさわっているのである。ここではライオンと牡牛はそれぞれ区別される。しかし両者にはただ一つの法しかないだけではなく、両者にはただ一つの承認された状況の条件しかないのである。ライオンは牡牛と同様に藁を食べるだろう。人間の状況のこの承認された条件は「社会的善」、「万人の善」と呼ばれる。そして道徳はこの条件が達成され維持される技術である。

おそらくヨーロッパの道徳の歴史をもっと深く観察すれば、以上のものにつけ加えるべき別の総括的な道徳的性向を明らかにできよう。そして私があげたものについての私の描写は不自然なほど厳密であって、現実に感じられていることを基にして理念型化したものかもしれない。しかし私は次のことについては疑いを持たない。――これらの種類の道徳的性向は実際に現われたのであって、そして（決してどれかが他のものに完全にとって代わることなく）それらは代わる代わる自らにふさわしい道徳的反省を引き起こしながら、我々の歴史の最近一千年の間に交互に引き続いて発生してきたのである。

2

すると、一人のモラリストの著作を考察するにあたって最初に確かめるべきことは、彼が人間性についてどのように理解しているかである。そして我々はホッブズの中に、私が個性の道徳と呼んだ道徳的生のイディオムの探究にたずさわった著作家を見いだす。このことは全然驚くまでもない。自分一人で諸価値や一つの人間観を発明するのは極めて無能なモラリストだけである。教訓も人間観も、彼は自分を取り巻く世界から取ってこなければならない。そして一七世紀の西欧に現われた人間性は、個性に対する感覚が抜きん出ているものだったから――自らの知的な、あるいは物質的な成功を目指す、独立した、進取の気性に富んだ人間と、自分自身の運命の責任を引き受ける個人としての人間の魂――、これはホッブズの同時代人にとってと同様、彼にとって道徳的反省の主題とならざるをえなかった。

もしホッブズが（あるいは一七、一八世紀の他のいかなるモラリストにしても）共同体の絆の道徳か、共通善の道徳の探究を企てたとしたら、それは時代錯誤だったろう。ではホッブズをその同時代人から分かつものは何か。それは彼が探究することを選んだ道徳的生のイディオムではなく、彼が個性に対する当時のその志向を解釈したまさにその仕方と、彼がそれに結びつけた、あるいはそこから導き出そうとした、道徳的行動のドクトリンである。そして、もし自分の時代の感情のために何らかの合理的根拠を発見して、その感情を一般的観念のイディオムに翻訳し一地方の人間観を普遍化することがあらゆる哲学者の仕事ならば、この仕事はホッブズにおいては、観察された出来事の一般的原因を演繹する科学というホッブズの哲学観によって裏づけられている。彼は人間にも無生物にも関心を持っていた。しかし彼は両者の結びつきについてはあるルースさを平気で認めていた(1)。そして形而上学的個体（人間は普遍的条件の特殊な一事例にすぎない）から構成された宇宙を我々に与えるスピノザとは違って、ホッブズのモラリストとしての出発点は、ユニークな人間、の個性である。そして彼の理解によれば、彼の最初の仕事は、この個性をその「原因」、構成要素、構造を示すことによって合理化することだった。

ホッブズの人間本性の複合的イメージの基盤にあるのは、彼が「人間本性の二つの最も確かな公準」と呼ぶもの、すなわち「自然的欲望」あるいは情念の公準と、「自然的理性」の公準である(2)。それはさまざまのイディオムの形をとって何世紀にもわたってヨーロッパの思索につきまとってきたイメージである。そしてその最も親しいイディオムはキリスト教のものではあるが、その源は異教の古代のラテン思想にまでさかのぼるものである。それは一六世紀の詩人ファルク・グレヴィル〔イギリスの政治家・詩人、一五五四—一六二八〕の次の詩句の中に示されている。

人間の哀れな性《さが》よ
一つの法に生まれつき、また別の法にしばられ

生まれながらに自惚れていて、それでいながら自惚れを禁じられ
病める者として創造され、健やかであれと命じられる
自然はこれらの法則によって何をもくろんでいるのか
情念と理性、自らを二つに分かつこの原因によって

しかし詩人はイメージを作りあげるだけですむが、哲学者の任務はこの矛盾を解決し、それを理解できるものにすることである。

ホッブズが綿密に考えた、はなはだ錯雑した人間本性のイメージをどのように要約しても、それは危険を伴わざるをえない。だがここではその入り組んだところを一々たどることはできない。少なくともホッブズ自身よりは単純化して言えば、彼は人間を内的運動によって特徴づけられた身体の構造であると理解した。第一に、彼が生命的(vital)運動と呼んだものがある。これは生きていることと同視され、血行や呼吸に代表される非意志的運動である。しかし身体の構造は、それが感じとる環境の中に存在する。そして身体構造がこの環境と接触すると、その接触は生命的運動を促進するか妨げると感じられる。生命的運動に友好的な経験は快であり、善と認められる。それに敵対する経験は苦痛であり、悪と認められる。かくして、快苦は生きていることに関するわれわれ自身の内観である。そして我々は死よりも生を選ぶから、苦痛よりも快を選ぶ。さらに、我々は自分が選ぶことを実現しようと努める。我々は自分の生命的運動を促進する接触を経験し、それを妨害する接触を避けようと努める。そしてこれらの努力は、ホッブズの理解するところでは、我々の環境の構成要素に向かう、あるいはそこから離れようとする、端緒的運動であり、両者を彼はそれぞれ欲望と嫌悪と呼ぶ。

一般的に、ホッブズにとっては、生きていることについてのこの説明は人間にも動物にもあてはまり、その説明の

一部はおそらく他の有機体にもあてはまった。すなわち生きているということは、環境との接触によって助長され、あるいは妨げられる生命的運動が始めから備わっていて、原始的に死を嫌悪するということなのである。しかしこの点でホッブズは人間と他の有機体とを区別する。たとえば動物は快苦を感ずるかもしれないが、その生命的運動は、それが直接に接触する環境によってしか影響されず、その欲望と嫌悪は、そこに現存するものとの関係においてのみの好悪の運動であり、その空腹は一時的な空腹である(3)。しかし人間はその欲望と嫌悪の範囲を拡大する、他の資質を持っている。そのうちの主たるものは、記憶と想像力である。人間はその快苦の経験をたくわえ、あとになってそれを思い出すことができる。そして物体から成り立っている、避けることのできない環境に加えて、人間は想像した経験の世界で自らを取り囲む。人間の欲求は発明されて自覚的に追求される。それは想像された目標の達成のための意志的運動を引き起こしうるものであって、単にたまたま人間にとっての環境を構成するものに対する反射作用だけを引き起こすのではない。欲求と愛情、嫌悪と憎悪、喜びと悲しみといった単純な情念に加えて、希望と絶望、勇気と怒り、野心、後悔、貪欲、妬みと復讐心がある。人間は単にその生命的運動にその時都合のよい環境を欲するだけではなく、未来においてもそれが友好的であるように環境を支配することを望むのである。そして彼らが求める目標である至福（Felicity）とは、厳密に言うと目標ではなくて、単に「人がその時々に欲求するものを獲得するのに成功し続けること」にすぎない(4)。だが人間は決して落ち着いたり満足したりすることはない。それは単に世界が人間を新たな反応へと駆り立て続けているからだけではなく、想像力を持った動物の欲望は本質上満足を知らないからである。人間は「死において初めてやむ、次から次に権力を求める休みなき欲求」を持っている。それは彼らがいつも「一層強烈な喜び」を求めるように追い立てられているからではなく、さらに大きな力を獲得しなければ、今持っているだけのよく生きる能力についても安心できないからである。

さらにホッブズの理解するところでは、人間も動物も自己中心的なところでは同じだが、人間の欲望と情念は競争的性格を持っているという点で、両者の性質は異なる。「人間の喜びは自分と他人を比較するところにあり、自分が優れていることしか楽しめない。」[5]従って人間の生は、「一番になること以外には、何の目標も栄冠もないレースである。」至福とは「前にいる者を抜き続けることである。」[6]実際何にもまして心臓の生命的運動を刺激する、人間にとっての最大の喜びは、自分自身の力の意識である。人間の生来の欲望の原動力は、現在の世界が彼に提供するものではなく、優越への彼の欲求、つまり、第一人者になりたい、名誉が欲しい、ほかの人々から優れた者として認められ尊敬されたい[7]、という熱望である。人間の至上の、特徴的な情念は誇りである。彼は何よりも自分自身の優越性を確信したがっている。しかもこの欲求は極めて強いので、彼はもし現実の状況ではできなくても（たいていできないのだが）、できるつもりになって優越感を満足させようと試みがちである。かくして誇りは自惚れ（vain glory）（「その結果を喜ぶために」栄光を単に想定すること）に堕落しうる。そして自惚れの幻想にふけるために、彼は優越をめざすレースにおいて敗れるのである[8]。

だが誇りという情念はパートナーを持っている。それはすなわち恐れである。動物にあっては、恐れは単純に恐怖に襲われることとして解されよう。しかし人間にあっては、恐れは何かもっと重大なものである。想像力を持ち、そして自分の種に属する者に対して優位を維持することに携わっている動物なら、必ず優位を維持できなくなることを危惧するに違いない。恐れはここでは、単に次の快を取り逃がすのではないかと不安に思うことではなくて、レースに脱落し、そうして至福を拒まれることの恐怖なのである。そしてすべてそのような恐怖は、死の恐怖という究極の恐怖の反映である。それから動物にあっては究極の恐怖の対象は死であるが、それがいかなる死に方であるかを問わないのに対して、人間は他人の手にかかった暴力的な死（あるいは若死に）[9]を最も恐れる。というのは、それは不名誉であり、あらゆる人間的失敗の象徴だからである。これはホッブズが「考慮されるべき」人間的情念であると述べた恐怖である。その源は、逆境で生き続けたいという単なる欲求でもなければ、死に対する単なる嫌悪でもなく、ましてや死の苦痛への嫌悪でもない。その源は、恥ずかしい死への嫌悪なのである。

すると人間の生は、誇りと恐れとの緊張関係である。この二つの一次的情念のいずれもが他方の性質を説明する。そして両者の結び付きが、人間が相互にとり結ぶ両義的な関係の特徴となっている。人間は相互を必要とする。もし他者がいなかったら、卓越性も、優位の承認も、名誉も、賞賛も、言うに足るほどの至福も存在しない。しかしながら万人は万人の敵であり、優位を求めて競争していて、この競争に失敗することを危惧しないではいられないのである(10)。

さて「自然的欲求」という公準とそれが人間の性向や行動にもたらす帰結については、このくらいにしておこう。しかし「自然的理性」という二つ目の公準がある。

「理性（reason）」、「合理的（rational）」、「推論（reasoning）」は、ホッブズの用語法では、相互に関係してはいるが同一ではない、人間の持っている様々の能力や資質や傾向を表している。一般にこれらのことばは、人々を相互にではなく全体として動物から区別する能力を指している。少なくとも理性を持っていることをうかがわせるような二つの能力を持っている点で、人間は獣と異なる。第一に、人間は次のような仕方で「思考の連続」を規則することができる。つまり、想像したことの原因を知るだけでなく、「何かを想像するとき、それが生み出しうるあらゆる結果を探し求めること、すなわち、それを持つとそれによって何ができるかを想像すること」ができる(11)。換言すれば、人間においては感覚を推論が補っているので、人間の思考過程は動物が持てないような広がりと規則性を持っている。これは生来の資質のように思われる。第二に、人間は言語（Speech）の能力を持っている(12)。そして言語は「われわれの思考の連続をことばの連続に移すこと」である(13)。この能力は、神がアダムの目の前に示した被造物を何と名づけるべきかを教えた時に、神（「言語の最初の作者」）からアダムに特別に与えられたものである。そしてそれは、ことばを意味ある仕方でつなげて議論を構成するという、人間だけが持っている「推論」の能力の条件である。しかしながら、言語能力は世代ごとに新たに学ばれねばならず、子供は「言語の使用に到達した」ときに、初めて「理性的被造物」になる(14)。

ことばの第一の用法は、「回想の符号（Markes）あるいは記号（Notes）として、我々の思考の連続を記録することである。」(15)しかしそれは他の人々とコミュニケートするためにも使うことができる。コミュニケーションの内容は情報と欲求である。確かに獣もその欲求を相互にコミュニケートするいくらかの手段は持っている。しかしことばを使えない獣は、その想像力の狭さのゆえに獲得していないもの、すなわち、人間においては「意志と目的」と呼ばれるにふさわしい、長期にわたる熟考された企てをコミュニケートすることができない。彼らのコミュニケーション能力は、そして従って互いに結ぶ合意は、「自然」な、あるいは本能的なものである(16)。他方人間にあっては、コミュニケーションは文字という人工物によっている。この手段によって、人間は（数ある中で）「意志や目的を他人々に知らせて、互いに助け合うことができる。」(17)すると言語は人間が自分たちの間で持てるような相互理解の基盤であり、この相互理解は、人間がその欲求を追い求める際に互いに結ぶあらゆる合意の基盤である。実際ホッブズの理解するところでは、（コミュニケーションの手段としての）言語それ自体が、合意――ことばの意味に関する合意――に基づいているのである。

一般的に言って、人々の間の合意は個々の合意においてしか現われない。そしてこの合意には三つの別々の種類のものがあろう。時には次のようなことが起きる。ある人が、別の人が持っていて代価がもらえれば譲るつもりがあるものを欲しがっているので、交換が合意され、その場で完了する――たとえば現金による売買のように。これはホッブズが、ある物とその物への権利とがともに移転される状況として記述している状況である(18)。そして一方がこのような取引の相手方についていかに不信の念を持っていても、この者が蒙るかもしれない唯一の失望は、買手なら誰でも蒙りうる失望、すなわち買った品物が期待外れだったというものにすぎない。だが別の場合には、品物が引き渡されるよりも前に権利が移転されるかもしれない。たとえば、支払済みの代金の代りに購買されたものを翌日引き渡す約束をするときや、ある人が一週間働く代りにその週の終わりに給料を受け取ることに合意するときである。このような合意は契約（Pact or Covenant）と呼ばれる。一方の当事者は約束をして、他方の当事者は先に履行して約束が実行されるのを待つのである。換言すれば、契約は信用を含む合意である。そしてこの信用という要素は、第三の種類の合意の最も重要な特徴である。ホッブズはそれを「相互信頼の契約」と呼ぶ。これらは当事者のいずれも「即時に履行」せず、ともに未来に履行することを合意する契約である。そして「理性」がその明白な警告を発し、自然状態の人間の真の窮状が露わになるのは、この点においてである。

さて、人間はその想像力の範囲（現在とともに未来をも含む）と言語の能力のために、契約する動物として認められる。その合意は「自然」ではない。それは「人工的」合意において履行される(19)。さらに、合意は人間の自然の環境である疑惑と敵対の条件を緩和するための努力、従ってこの条件が伴わざるをえない恐怖を緩和するための努力として認めることができるので、おおむね人間は合意にはいるべき十分な理由を持っている。ところが嘆かわしい事実として、他の点では一番有用な種類の合意（すなわち、相互信頼の契約）は、不安定であり、はかないものになりがちである。というのは、この種の合意では、まず一方当事者が、他方が取引の自分の義務を守るより先に履行しなければならず、そして二番目に履行すべき者が約束を守らない（その理由は、その時にはそうすることが自分の利益にならないからかもしれないし、あるいは、もっとありそうなことだが、「野心」と「貪欲」がはいり込んだためかもしれない）危険は常に大きく、いかなる人といえども最初の履行者になることに同意するのを不合理にしてしまうに違いない。かくして、このような契約は結ばれるかもしれないが、理性はわれわれに最初の履行者にならないように(20)、従って二番目の履行者としてしかそのような契約に入らないように、警告する。要するに、もし「理性」が人間にとって可能にしたことがコミュニケーションと相互の契約の締結だけならば、理性は価値ある資質ではあるが誇りと恐れとの緊張関係を解決するには足りない、ということを認めなければならない。だがこのことは理性の有用性の限界ではない。これらの「理性的」能力は、契約された合意の欠陥が矯正される仕方を現して、自然的欲望の挫折から人類を解放することもできるのである。

ここでいう「理性」は、ホッブズの理解するところでは、情念からなる人間の性質に恣意的に押しつけられたものではない。それどころか、理性は恐怖それ自体の情念から生まれる。というのは、恐怖は人間にあっては他のものに働きかけ、新しいものを作り出すからである。それが人間の中に引き起こすものは、単なる逃避への傾向ではなく、「未来の害悪の確かな洞察」と、注意して恐れの対象に備えようという衝動である。「旅行をする人々は剣を携える。……そして一番よく戦闘の準備をした最強の軍隊さえも、しばしば和平交渉をする。それは相手の力を恐れているからであり、自分たちが敗れることがないようにである。」(21) 要するに、レースの中で自分にふりかかるかもしれない不運を恐れるために、人間は自惚れの夢（というのは、継続して優位を保てるという信念はすべて幻覚にすぎないのだから）から目覚め、自分の状況が本当はあてにならないものだということに注意を向けざるをえなくなるのである。

人間の最初の反応は、優越を求めるレースにおいて自分のすぐ前にいる直接の敵を片づけることによって、勝ち誇ることである。しかし「理性」は、これを短見に基づく勝利であるとして退ける――片づけなければならない他者はなくなることがないだろうし、彼らを片づけることができるかどうかについての不安もなくなることはないだろう。さらに、敵を片づけることは、自分自身の優位の承認を、従って至福を捨てることである(22)。達成すべきことは、不名誉な死の恐れからの永遠の解放である。そして恐れから発生した理性は、いかなる欲望の満足のためにも死の恐怖を避けることが必要だと述べ、優越を求めるレースの合意による制限、すなわち平和の条件に賛成を唱える。自然的欲望の帰結は誇りと恐れである。理性の「提案」と約束は平和である。そして共通の敵（死）を相互に承認した結果もたらされた平和を達成しうるのは、人工的に作り出された権威ある主権者に共同して服従した状態、すなわち国家(civitas)においてのみである(23)。そこでは共通の権力が権限によって制定し実行する市民法の下で、契約はその不安定性を失い、「恒常的で永続的」になり、万人の万人に対する戦争は終焉に至る。平和への努力は、人間的理性が人間的恐怖に生ませたものだから自然なものである。だが平和の条件は考え出されたものである。それは理性が考案(あるいは識別)したものであり、個々人が「自らを統治する権利」を「共通の権威」に譲渡する、「万人の万人との」合意において実現されたものである(24)。

すると、生き残るということは、第一位に立つよりも望ましいこととして見られている。誇り高い人は、生き続けるためには従順な人にならなければならない。しかしながら、もし我々がこれを自然状態の人間の苦境についてのホッブズの解決として受け入れるならば、一貫しない点が残る。人間の生は、理性が解決策を見いだす、誇り(卓越性と名誉への情念)と恐れ(不名誉の懸念)との緊張関係として解釈される。だがそこには難点が存在するのである。

第一に、この提案された解決は一面的である。恐れは和らげられるが、それは至福を犠牲にしてである。そしてこれは、不名誉への恐れが名誉への欲求をしのぐ者だけが欲するであろう状況である。このような者ならば、名誉も不名誉も両方とも除去された世界に生き残ることに満足するだろう。これは正確にはホッブズが我々に述べて聞かせてきた人間性ではない。結局のところ、理性が我々に教えることは、我々が恐怖を避けられる方法に尽きるように思われる。しかし誇りに満ちた人間は、この低級な(折り紙つきではあっても)安全を自分の要求に対する答えとして受け入れる気にはならないだろう――たとえそれを拒めばほとんど確かに不名誉を招くことを信じていても。要するに次の二つのうちのいずれかなのである。(1)これは平凡な資質の者にとってふさわしい解決であり、その者は「人がその時々に欲求するものを獲得するのに成功すること」(25)だけを欲し、つつましい仕方で、仲間からできる限り邪魔されず、助力を得て成功することを望み、この状況で生き続ける方を至福よりも重視する。あるいは、(2)ホッブズは人間の至福の定義の仕方において間違っていた。彼の定義によると、彼の理解したような人間がそれを達成することは本来的に不可能になってしまう。ホッブズは至福の条件をその達成の障害としてしまうという矛盾を犯したことになる。

次に第二点。ホッブズが状況を解釈するところによると、誇りと恐れは自らの間の緊張関係を解決する試みを何ら行わずにそこにとどまっていることを許されない。それはなぜなのかを我々は調べてみることもできよう。疑いもなく、理性が語るとき、それは聞かれるべきであると正当に主張するだろう。理性は情念に劣らず「自然」に属するからである。しかしもし（ホッブズが理解するように）理性の役割が召使のものであって、出来事の原因だったであろうことや、行動の帰結になるであろうことや、欲求された目標を達成する手段になるであろうことの指摘にあるならば、それが人間の行動の選択を決定する権威はどこから来るのか？　そしてもしそのような権威を理性に与えることができないとしたら、我々は理性の見解に耳を傾け、そして（危険を承知の上で）自分のすることを選ぶ以上のことをするように拘束されるのだろうか？　しっかりと生存の方に肩入れした慎重な者は、慎重さを捨てるようにたやすくは説き伏せられないだろう。また彼は、自分は「合理的」に行動しているという見解によって自分を支えることを好むかもしれない。しかし彼は（栄光の危険な冒険の方を選んだ）他者の中に、自分が見捨てた「喜び」を見るとき、自分の慎重さが突然価値を失うのを見いだすかもしれない。彼は愚行というものがあることを思い出すだろう。そして彼の折り紙付きの安全は少し色あせてしまい、少し人間性に合わないように思われるかもしれない(26)。おそらく彼は

　　賢い者でありながら愚行の下にひざまづくほど甘い快楽は世界中に存在しない

　　　〔イギリスの詩人・外交官W・S・ブラント（一八四〇－一九二二）の詩『エステル』四十連からの引用〕

ということに、ぼんやりと気づきさえするかもしれない。いずれにせよ（だが我々が後に見るように、ホッブズはこれらの考慮を無視しているとして不当にも非難されているが）、我々はおそらく次のように疑ってみることができよう。――ホッブズがここで平和の追求と栄光の排除とを「合理的」行動として勧めているように見える際に、彼はいくつかの別の個所においてと同様、「理性は（事実ではなく）帰結についての真理を納得させる役に立つにすぎない」(27)という自分の見解を忘れて、「理性」ということばの古い意味――そこでは理性は主人、あるいは少なくとも権威ある指導者という性格を持つと認められる――を自分に都合のよいように不当に利用しているのではないだろうか？

3

一見したところでは、平和の条件は単に自然的理性の結論にすぎない。自惚れの欺瞞から目覚め、恥ずかしい死の恐怖に鼓舞されて、「理性」は生存と平和との関係を人間に示すだけではなく、この条件を達成しうる手段を「提案」し、そしてホッブズが「平和の好都合な条項」(28)と呼んだその構造を見いだしもする。今我々は第一のもの（達成の手段）には関心を持たない。だが第二のものを考慮すると、ホッブズが「平和」ということばで何を意味していたかがわかる。全部でこの条項は十九あり、それらは全体として、優越を求める闘争が共同の企てではなしに相互の抑制にとってかわられる条件をおおざっぱに述べている。だがホッブズの言うところでは、これらの一連の条項は、「どんなに僅かな能力しか持っていない者にもわかるように、平易に要約することができよう。それはお前がしてもらいたくないことを、他の人に対して行うなというものである。」(29)この格率が禁止の形をとっているということは、ホッブズの探究する道徳的生の特徴を明らかにしている。しかし彼は（彼以前に孔子がしたように）、他者を考慮して自分へのえこひいきを避けよという命令としてそれを解釈している(30)。

だが変貌が起こっている。最初平和の条件は、恥ずかしい死を避ける行動に関する理性的定理として（つまり、賢慮の知恵として）我々に提出されたのだが、今や道徳的義務として現われる。（ホッブズの前提によれば）明らかに、そういう状況では、平和が達成できるにもかかわらず正にその仕方で平和を宣言し達成しないということは愚かなはずである。ところがどういうわけか、そうしないことは義務違反にもなっている。またこの表現法の変更は不注意によるものでもない。というのも、ホッブズが道徳的行動の性格や、道徳的行為と単に賢慮による行為、あるいは必然的な行為との間の相違を適切に理解していたことを我々は疑わないからである。

ただしホッブズの用語法においては「善」と「悪」ということばが（通例）道徳的な含みを持っていないことに注意しなければならない。「善」は単に望ましいもの、すなわち何であれ人間的欲望の対象となりうるものを意味し、「悪」は何であれ嫌悪の対象を意味する。従って、それらは「快い」とか「苦痛である」といったことばですでに意味されているものをただ繰り返すにすぎない、あらずもがなのことばなのである。「理性は平和が善であると宣言する」とホッブズが言うとき、彼が意味していることは、人はみな平和を推進すべきだということではなく、物のわかった人ならみなそうするだろうということにすぎない(31)。そして彼が「人は誰でも自らの善を欲する。そして自らの善とは平和である」と言うとき、彼が結論として言えるのは、人はみな平和を求めて努力すべきだということではなくて(32)、そうしない人は「自分と矛盾している」ということにすぎない(33)。確かにホッブズが「理性の指針（precept)」とか、さらには「理性の規則」あるいは「理性の法」あるいは「理性の指示（dictate)」とさえ呼ぶものはある。だからそれによると、理性的なものは何らかの仕方で義務を課するかのように見える。しかし彼のあげている例のすべてから明らかなことだが、「理性の指針」は仮言的指針にすぎず、義務と同じ意味を持っていない。節制は

「理性の指針である。なぜなら不節制は病気と死に至るから」とホッブズは言う(31)。だが健康に生き続けることが義務でなければ、節制は義務ではありえない。そしてホッブズにとって健康な生は権利であって義務でないことは明白である。また彼が自然法一般を「理性の指示」と書く時、彼は理性の「言うこと」や「発言」を意味しているのであって、「命令（commands）」を意味しているのではないということを明らかにしている(35)。

しかし「正義」ということばは道徳的含みを持っている。そしてそれはホッブズが規範的な用語で書いているときに一番よく使うことばである。たとえば、道徳的に振舞うとは正しい行為をすることであり、有徳な人であるとは正しい性向を持つことである。しかしながら、正しい振舞いはある行為の遂行や他の行為の抑制と同視されるとはいえ、この同視のためには微妙な注意が必要である。人の義務は正しい振舞いへの「偽りなき恒常的努力」(36)をすることである。第一番目に重要なのは努力であって外的行為ではない。実際、人は表面上正しい行為をするかもしれないが、それが偶然に、あるいは不正な努力をしているうちに、行われるなら、行為者は正しいことをしているのではなく、単に有罪ではないだけだ、と考えられなければならない。その逆に、人は不正な行為をするかもしれないが、彼の努力が正義をめざしているならば、彼は技術的には有罪だが、不正に行為したわけではない(37)。しかし次のことを理解しておかなければならない。第一に、ホッブズにとって「努力（endeavour）」は「意図（intention）」と同じものではなく、「努力」するとは行為を遂行すること、特定しうる運動をすることである。だからある人の意図について確信しがたい場合でも、他者はその人の「努力」について判断することができるのである。そして第二に、ホッブズは正しい人であるべき義務があると考えていたか、私は疑わしく思うが、人が正しく行為し（すなわち、「正義への努力」を構成する運動をする）、また有罪でなしに行為する（すなわち、不正をなすことを避ける）ときにのみ、義務は果たされるのである。

さて、ホッブズの理解するところでは、道徳的努力の対象は平和である。我々がすでに合理的な努力であるとして知っていることとは、今や正しい努力の対象であると宣言される。あるいはこの定義を少しふくらませれば次のようになる。正しい行為とは、他の人々すべてを自分と同等の者として認め、そして自分との関係において他者の行為を考慮する際には自分自身の情念と自愛心とを低く見積もろうとする、偽りのない恒常的努力である[38]。「偽りのない」ということばは、私の考えるところでは、この努力はそれ自身のためになされるものであって、たとえば刑罰を避けたり自分のための利益を得たりするためになされるものではないときに限って、その努力は道徳的努力である、ということを示す趣旨なのだろう。そして「努力」ということばは、単にいつも平和を意図していることだけでなく、我々の行為の帰結として平和が生じそうな仕方でいつも行為することを意味しているのである。

すると我々の目の前にある指示は、「人は誰でも平和への努力をすべきだ」というものであり、我々の問題は、「道徳的行動の画定のためにホッブズはいかなる理由あるいは正当化を与えるか?」というものである。なぜ人はその約束を守り、自己を他の人々に適応させ、自分の分け前以上のものを取らず、自分自身の訴訟を裁かず、他者に憎悪や軽蔑を示さず、他者を自分と同等の者として扱い、ほかにも平和にふさわしいことは何でも行うように、偽りなく努力すべきなのか?[39]　ホッブズは人間の自然の傾向とそれについてなされるべきこととの間のギャップをいかにして橋渡ししたのか?　そしてこの質問とともに我々はホッブズの道徳理論の曖昧な中心に達する。というのも、これに対する答えこそ我々があらゆるモラリストの著作の中に探し求める重要なものだから——モラリストは通常その指令を同時代の道徳的意見から取ってくるのであって、自分自身がそれに加えるものは、それらが真であると信ずべき理由にすぎない——、というだけではない。ホッブズの場合にあっては、前記の問いが核心にあるのは、彼の解釈者たちが解答の発見に非常に苦労してきた問題だからでもある——もっとも彼らの中には、自分の結論を我々に押しつけ、他の人々の結論をはなはだ傲慢に退けている人々もいるが。ホッブズは正しい行動と称されるものを正しいと呼ぶべき十分な理由を見いだすよりは、その行動を引き起こすのに十分な動機や「原因」を解明する方にはるかに多くかかわっているのが常だったから、我々の問いへの答えを求める人々は、ありったけの創意工夫を働かせなければならなかった。

4

この問題へのホッブズの解答について、考慮に値する解釈が現在三つある。なぜ考慮に値するかというと、それらはいずれも完全には満足すべきものでない（と私は信ずる）が、それぞれ巧みに注意深く論じられ、いずれもある程度のもっともらしさがあるからである(40)。

1　第一の説明はおよそ次のようなものである(41)。

人はみな「自分自身の本性の保全」か、それ以上のこと、たとえばレースで首位に立つといったことを求めて努力する。努力の対象が何もないなどということはありえない。「欲求を持たないとは死んでいるということである。」さて、人は誰でもあらゆる状況において、「自分自身の本性の保全」を求める権利を持っている(42)。そうすることにおいて彼は正当に行動している。そしていかなる状況においても、人間はそれ以上のことを求めて努力する（たとえば無用の残酷行為にふけったり首位に立とうと欲したりすることによって）権利など持っていない。もし彼が「自分自身の本性の保全」にとって余計なことを求めるならば(43)、彼の努力は自分自身の破滅を求めるものだから、不合理で、非難さるべきで、不正である。しかし自分自身の本性を保全する努力は、すでに見たように、厳密には平和を求めて努力することである。またそれ以上のことを求めることは戦争と自己破壊を求めることである。ゆえに人は平和を求めるとき正しく、戦争を求めるとき不正である。人は誰でも正しくあるべき義務を持っており、そして（原則上）平和を求めること以外の義務を持っていない。要するに、義務は「自己矛盾的」でないという意味で「合理的」な性向や行為と同視される。そしてホッブズは、人が自分自身の本性を保持しようとする努力は良心の是認を受けるがそれ以上のことをしようとする努力は良心の反対を受ける——つまり、無実と有罪の感覚がそれぞれの反応に結びつく——という、観察による知見にこの立場の支えを見いだした、と主張される。かくして、恥ずかしい死の恐怖から発しこの恐怖を和らげるために考案される活動だけが、良心によって是認され、義務的なものなのである。

さて、これは自然的欲望と許容しうる欲望との間の区別を解明しようとする試みである限りにおいて、疑いもなく道徳的なドクトリンである。それは正しさを力と同視したり、義務を欲求と同視したりしない。さらにそれは、道徳的行動を、賢慮に合っているという意味で合理的な行動と同視するドクトリンである。正しい人とは恐怖によって従順になった人である。しかしもしホッブズがそれ以上のことを言っていないとしても、彼は十分なことを言ったとは解されない。そしていずれにせよ、彼は何かそれ以上のことやそれ以外のことも言ったのである。

第一に、「なぜあらゆる人々は平和を求めて努力すべきなのか?」という問いに対してここで与えられた答は、それ自体が問いを引き起こす。我々はなぜいかなる人も自分自身の本性を保全するためにだけ努力すべき義務を持っているのかを知りたい。この立場全体は、ホッブズはいかなる人も自分の破滅をもたらすおそれのない仕方で行動する義務があると考えていた、という信念に基づいている。ところがホッブズが言ったのは、いかなる人も自分自身の本性を保全する権利を持っているということ、そして権利は義務でないし、いかなる種類の義務も生じさせないということである(44)。第二に、義務的行動は「一貫した」、あるいは自己矛盾的でない行動であるという意味で合理的であり、そしてそれはこの意味で(あるいは他のいかなる意味でも)合理的だから義務的である、ということをホッブズが言っているとする解釈は、的外れと考えられなければならない。ホッブズが行動において望ましいものを表すために「無矛盾」の原則に訴えかけたことはあるが(45)、彼は単に合理的であるにとどまる行動と義務的である行動とをはっきりと区別しているといって差し支えない。自然法は合理的行動を表現しているから義務的と考えられる、などというホッブズ解釈は全く説得的でない。第三に、この解釈は、道徳的行動をあらゆる他者を自分と同等の者として私心なく承認することとしては認めない。しかしホッブズはそれが平和のために根本的であると考えた。この解釈によると、平和を求めるあらゆる努力は、いくら利己的であっても等しく正しいということになってしまう。そして最後に、この説明には、正しいと言われる行動の原因とそれを正しいと考える理由との混合がある。というのも、恥ずかしい死への恐れと嫌悪は、われわれが平和を求めて努力すべき義務を持っている理由ではないからである。そしてもし（ホッブズがしたように）恐れと誇りの仲介者として「理性」を加えるとしても、我々はいまだに原因の領域から正当化の領域への逃走に成功していない。なぜなら「理性」はホッブズにとって（彼が誤解の余地なく曖昧な態度をとっている場合を除いて）何ら指図の力を持っていないからである。要するに、ホッブズがこれ以上のことを言っていなかったとしたら、彼はそもそも道徳理論を持っていたと考えることはできない。

2　しかしこの点に関するホッブズの見解については、異なった方向を行く別の解釈がある。そして我々は次に今日のすべての解釈のうちでおそらく最も簡単なものを考察してもよかろう。それは次のようなものである。

ホッブズによると、あらゆる道徳的義務は法から生まれる。法のないところには義務もなければ、正しい行動と不正な行動の区別もない。そして本当の意味での法のあるところ、それに従うべき十分な動機も存在するならば、その法の下にある人々はそれに従うべき義務がある。さて、本来の意味の法とは、「権利によって他の人々に命令する者のことばである」(46)（とわれわれは語られる）。あるいは（もっと豊かな描写においては）、「法一般は命令である。だがどんな者からどんな者に対する命令でもよいのではなく、命令を出す者から、彼に従うことを前もって義務づけられている者への命令である。」(47)そして本当の意味の立法者は、その命令に服することになる人々から、先行するこの権威を与えられるか、彼にはその権威があると認められるかすることによって、この権威を獲得した者である。というのは、「自分自身の何らかの行為から生まれない義務などというものは誰にとっても存在しない」(48)からである。この授権あるいは承認という行為は、法を作る本物の権威の必要条件である。換言すれば、ホッブズにとっては、「自然」な、誰から得たのでもない立法の権威などというものは存在しない(49)。これに加えて、義務の二つの条件がある。本当の意味の法が「立法者」から発されるのは、それに義務づけられる人々が立法者を法の作者として知っており、また彼の命令することを正確に知っている時に限られる。しかし実際には、これらの条件は最初の条件の中に含まれている。というのも、この授権あるいは承認という行為なしには、いかなる臣民も自分を臣民だと知ることができないし、そしてそのような行為を行いながら、立法者は誰で彼は何を命令しているのかを知らないということはありえないからである。

法は作られるところの何ものかであり、それはある特徴を持った立法者がある仕方で作ったという理由だけによって拘束する。そして義務は法からしか発生しない。——要するにこれがホッブズの見解だったことは間違いない。あるいは換言すれば、いかなる命令も内在的に（すなわち、その命令の内容あるいは内容の妥当さのゆえに）あるいは自明に拘束するのではない。その拘束力は、証明あるいは論駁されるべき何ものかであり、ホッブズはその証明あるいは論駁にとっていかなる証拠が重要であるかを我々に語ったのである。この証拠は、その命令が本当の意味での法であるか——すなわち、命令がそれを作る権威を持つ人によって作られたか——だけに関わる。

さて、国家（civitas）の法は本当の意味における法であるという命題は、ホッブズにとっては、経験的ではなく分析的な命題だった(50)。国家とは人間の生の人工的条件であって、そこにおいて①自分に服従する人々から権威を与えられたがゆえに法律を作る権威を獲得した立法者が作ったと知られている法律があり(51)、②命令される内容が知られており、③命令されることについての権威ある解釈が存在するところのものとして定義される。それに加えて、これらの法律に服従する人々は服従のための十分な動機を持っている。本当の意味での法であるためのすべての条件を国法（civil law）は満たしている。それゆえ——と、ホッブズの著作をこのように読むことを弁護する人々は主張する——ホッブズの確乎たる見解は、国法は疑いもなく義務を課するが、そのことは国法が「自然的」義務を伴うような何らかの別個の「自然」法の反映だからではなく、国法の作成者と国法の作成、公布、解釈の方法の性格だけに起因している、というものだった。「なぜ私は私の国家の主権者の命令に従うべく道徳的に拘束されているのか?」という質問(ホッブズにとっては重要である質問)は、「なぜなら私は私と似た苦境にある他の人々と合意して、契約を結ぼうという共通の意向をもって彼に『授権』したのであって、彼が疑う余地なく立法者でありその命令は本当の意味での法律だと知っているからだ」という以外の答を必要としない(52)。さらに——と、主張される——国家の法律が本当の意味での法律であるのみならず、国家の中では、ホッブズにとってこの性格を持った法律は国家の法律しか存在しない。教会のいわゆる「法律」も、いわゆる「自然法」も、国家の中では、国法として公布されることによって本当の意味の法律にさせられなければ、そうはならない(53)。それどころか、国家の主権者の命令であるという意味での「国」法でないような、本来の法なるものは存在しない、というのがホッブズの見解である。神の法律が本当の意味での法律であるのも、神がその代理人を通じて主権を行使する国家の主権者である場合に限られる。国家の主権者はむろん人間の自己保存についての理性的定理としての自然法を「作る」ことはしないが、最も厳密な意味において、それらを本当の意味での法律に「する」のである(54)。たとえば、(神が国家の主権者でないところで)神のものは神に、カエサルのものはカエサルに返すのが道理にかなっているかもしれない。しかしホッブズにとっては、それはこの二つのおのおのの領域の境界が定められるまでは義務にならないのであり、そしていずれの場合にも、境界決定は国法の行うことである。疑いもなく、国家の中でも臣民は自然権の残りをひきずってはいるだろう。しかしホッブズにとって、自然権は義務ではなく、人が持っている義務とは全然関係がないのである。

道徳的義務についてのホッブズの思想をこのように解釈すると、次のような問題が残る。適切に任命された国家の主権者の臣民でなく、従って何ら国法上の義務を持っていない人々は、それにもかかわらず権利と同様に義務も持つ、とホッブズは考えたのだろうか？　そしてこの問題は次の問題に解消される。——国法のないところに、本当の意味での法があるのだろうか？　これは興味深い問題である。しかし二つの理由のために、それは今われわれが考慮しているような仕方でホッブズを読む人々にとっては大して重要な問題ではない。第一に、ホッブズは野蛮人のためにではなく、国家に属している人々のために書いていたと理解されている。彼の目的は、彼らの義務は何でありそれらがどこから生じているかを示すことである。そして、国法は拘束し、しかも国法だけが拘束する法である、と信ずべき理由を与えたならば、彼にはそれ以上のことをする必要がない。第二に、（我々が今考察している解釈によると）国法の義務が他の法から導き出されるとか、ともかく何かの仕方でそれと結びつけられるなどということは、問題にならない——たとえその別の「法」が、国家状態以外の環境では本当の意味での法であるとわかったとしても。国家の中では、本当の意味での唯一の法は国法なのである。この解釈の核心にあるのは、ホッブズにとって、構成された国家は人間の生への有用な付加物ではなく自然状態の人間の生が変容したものだ、という信念である。しかしながら、国法以外の法律が課する義務についてのホッブズの思想の検討は、彼の道徳理論の別の解釈との関係ではもっと適切である。その解釈にとっては上記の問題が中心的なのである。

さて、我々が今考慮している解釈にあっては、国家の主権者を構成し彼に権威を与える合意に人々が入ることになる原因は、平和への理性的努力に転換させられた、破滅への恐れである。しかし彼らはそうしなければならぬ義務は全然持っていない。彼らが平和を求めて努力すべき義務は、国家の発生とともに始まる。国法こそがただ一つ正当に法と呼ばれ、この努力を命ずる法である。

この解釈は（他のいかなる解釈とも同様に）、ホッブズの著作の中の重要な個所についてのある読み方に依存している。そして関係する個所のすべてに注意を向けなくても、次のことを指摘しておいてよいだろう。第一に、これは『リヴァイアサン』の中でホッブズが国法の主権とでも呼べるものを主張している個所の唯一理解可能な解釈と考えねばならないものに依存している(55)。そして第二に、この解釈によると、「彼の命令は、彼に従うように前から強いられている者に向けられる」(56)という表現（ホッブズが本当の意味での立法者を定義するのに用いた表現）は、「彼を主権者たる立法者の地位につけるようすでに約束したか、あるいはそれ以外の方法で彼を立法者として承認あるいは認定した者」を表していることになる。私の信ずるところでは、これは「強いられる」という言葉の意味を弱めてしまわざるをえないにせよ、この表現の最も説得力ある読み方である(57)。だがこの読み方にも難点がないわけではない。我々はあとでこの表現の別の解釈を考慮しなければならないが、それを受け入れることは、ホッブズ道徳理論のこの解釈を取りえないものにすることになろう。

この解釈には、三つの重要な反論がある。その反論の第一は次の通りである。この解釈によると、国家の中での臣民の唯一の義務は、自分が（契約か承認によって）授権した立法者の課する義務を履行することにあり、そしてそれは、国法は疑いもなく本当の意味での法であり国家の臣民に適用されるから立法者の課する義務は真正の義務である、という事実だけに基づいている。だがもしそうであれば、立法者に立法の権限を与えた承認や契約を守り続けるよう臣民を拘束するものは、もしあるとすれば何か？　この承認を順法義務から区別することができるとしたら、臣民は承認を続けるべき義務を持っているのか？　もし持っていなかったら、道徳的義務に関するホッブズの説明は、その説明に関係のある質問に答えられないために宙に浮かんでしまうのではないだろうか？　そしてもし臣民がそのような義務を持っているならば、その義務を課するものとして、国法以外にも本当の意味での法律があるはずではないか？　これは手ごわい反論と考えられねばならない。しかし我々が今考慮している見解に照らしてみると、それは答えられないものではない。実際、二つの答えが可能である。まず次のように主張することができよう。ホッブズの中には（たとえば『リヴァイアサン』一一〇ページ〔七一ページ〕のように曖昧な部分を除いて）、社会契約締結が（思慮ある行為である以外に）道徳的義務でもあると示唆しているところはほとんどない。そして「契約を守る」ということと「法に従う」ということは、区別できない活動である。またもし法に従うべき義務があるとすれば（実際あるのだが）、そこには契約を守り保護すべき推定上の義務が存在するのである(58)。しかし第二に、かりに一歩譲って、「契約を守る」義務が存在するためにはこの義務を課する法律があるはずであり、そしてこれは国法それ自体ではありえないとしても、この解釈によれば、そのような本当の意味での「他の」法律（すなわち、臣民による支配者の承認に基づいていない法律）はホッブズの著作の中に見いだされない以上、ホッブズにとっては契約を守るべき特別の義務は存在しなかった、と我々は結論を出さなければならない。なぜそんな義務がなければならないのか？　望ましい行為をすべて義務でもあると示さないからといって、ホッブズの道徳理論にせよ他のいかなる道徳理論にせよ、欠陥があることになるわけではない。ホッブズにとって義務は常に（直接間接に）平和を求めて努力する活動であり、そして平和を求めることが真に義務であるのは、それを命ずる法律があるときに限られている。国家が設立されるような契約（あるいは承認行為）を行ってそれを守ることは、平和を求める努力の活動である。しかしもしこの点で、それらの活動が義務となる資格を持っているとしても、必然的に義務になるわけではない。またそれらが（それを命ずる法律がないために）義務でないとしても、それだからといって理解できなくなるわけではない。それはホッブズにとっては（この解釈によると）、他の人々もそれを遂行するという条件の下では遂行が合理的で望ましい、思慮ある行為であるか、あるいは無条件に「高貴」な行為である。むろんホッブズにとっては、自分自身の利益に反する行為（つまり、万人の万人に対する戦いを求める努力）の義務などありえなかったということは事実である。しかしそれだからといって、平和を求めるその努力が常に義務でなければならないわけではない。要するに、かりにホッブズが「国法に従うべき義務が存在する。なぜなら国家の臣民にとってそれは本当の意味での法だからだ。しかし国の主権者を設定する契約あるいは承認を行い保持すべき独立の義務は存在しない」と述べたのだと理解するとしても、ホッブズが何か本質的にばかげたことを言ったと理解することにはならない。彼は単に、「『義務』という言葉にはふさわしい用法がある。

しかし国家をまとめるのは『義務』ではなくて（ただしたとえば反逆罪を禁ずる法律が課する義務を除く）、理性の教えを受けた自己利益か、高貴さである。高貴さはあまりにも誇りが高いので、自分の命令を実現する力を欠いた『主権者』に従うことによっていかなる損失を受けるかもしれないかを計算しない」と言ったと認められているのである(59)。

第二の反論は次の通りである。ホッブズにとって理性的な振舞いとは平和を求める努力であり、そしてこれは本当の意味での法が命令するときに義務になるだけだ、と主張される。さらに、国法は本当の意味での法であり、そしてそれだけが本当の意味での法であり（そう考えることが適切であるのは、それが何らかの他の高次の、国法と同様に本物の法の反映であるからではなく、単にそれが作られ、公布され、権威をもって解釈される仕方によるにすぎない）、そしてその臣民に平和を求める努力を命ずるのだから、臣民は「平和を求める努力」の義務（他の状況にある人々は負わない義務）を負っている。しかし——と反論される——これは事態の正確な説明ではない。ホッブズにとってさえも、国法が命ずることは、単に人が「平和を求めて努力する」ことではなくて、彼が特定の行為を遂行し他の行為を抑制することである。法を破る者が法の命ずることを行うのを怠り、法の禁ずることをするならば、彼が「私は平和を求めて努力している」と言ったところで弁明にはならない。だがこの反論に対する答えは、ホッブズにとって「平和を求めて努力する」とは常に特定の行為を遂行することであり（そして単に平和を好む意向を持つとか全体として平和的な性向を持つというだけではない）、ある方向への傾向があるとはその方向に向いた運動をすることだ、というものである。そして、誰でも狂人か子供でなければ、人間の生の平和的条件を促進すると期待しうる行為の一般的なパターンを理性のおかげで知ってはいるが、特定の状況においていかなる行為が平和の条件のために必要かを決め、それを義務として課するのは法の領分に属する(60)。「平和を求めて努力すること」が義務であるとき、常にそれは法律に従うべき義務なのであり、常に法律は特定の行為の命令と禁止の集合なのである。だから、平和を求めて努力する義務は、法の指図する行為を遂行する義務と区別できない。人は同時に「平和を求めて努力」しつつ、法の禁ずることをすることはできない。もっとも彼は法が彼に要求していない行為――たとえば情深くあること――によって平和を求めることはできる。しかし彼が「平和を求めて努力する」義務は、法に従うべき義務である。つまり、行いを正しくするとともに罪を犯さない義務なのである。

第三の反論は次の通りである。ホッブズはしばしば「自然法」について書いており、しかもあたかもそれらが本当の意味での法律で、平和を求めて努力する「自然の義務」をあらゆる人々に課することができるかのように書いている。そしてこのことを無視したホッブズ道徳理論の説明はもっともらしくない。――これもまた、たやすく片づけることのできない反論である。確かにホッブズは、自然法は本当の意味では全然法律ではないと繰り返して明瞭に断言している。その例外は、自然法が契約または承認によって権威を有する立法者の命令として現われる場合だけである。これを除くと、自然法は平和の条件に属する行動を「示唆する」自然の理性の、「人々を平和と秩序に向ける性質」、「指示」、「結論」、「定理」であり、従って国家の理性的（しかし道徳的ではない）基盤であるにすぎない(61)。だがこれらの断言には他の断言も伴っている。それらは、自然法はそれ自体で（支配者を含む）あらゆる人々に義務を課すると言っていると解釈することができる。それどころか、臣民が自分の国の法律に従うべき義務は臣民がこれらの自然法のうちの何かの下で負う義務に起因している、と言っているとさえ解釈しうる(62)。しかしながら、ホッブズは自然法を本当の意味での法でありあらゆる道徳的義務の源であると信じていたという見解は、ホッブズ道徳理論の第三の重要な説明の中にあるテーマである。だから上記の説明へのこの反論は、第三の説明との関係で考察するのが一番よいだろう。

3　この第三の解釈は、我々が今まさに考察したところから始まる(63)。それはホッブズにとって道徳的義務はすべて何らかの法律に起因していたことを認める。この説によると、真正の法のあるところには義務があり、法のないところには義務もないのである。従って、平和を求めて努力することが万人の義務であると示しうるのは、それを命ずる、有効で普遍的に適用される法律があるときだけである。ここまではホッブズの考えたことについて深刻な意見の相違はありえないと私は考える。ところが今度は、ホッブズの見解によると自然法は単にそれが自然法であるというだけの理由で、この義務を万人に課する有効で普遍的で永久に効力のある法律である、と唱えられるのである。ホッブズが自然法と呼んだものと彼が「平和の好都合な条項」と呼んだものとは内容上同一であり、それらは人間の生の保全についての理性の「示唆」あるいは結論である。このことはホッブズの解釈者なら誰でも認めている。だが今主張されているのは、ホッブズはそれらが本当の意味での法律であるとも信じていた、ということである。すなわち、その創造者は知られており、彼は命令を下す先行する権利を獲得しており、法律は公布されて知られており、それらの法律の権威ある解釈があり、順法義務を負う人々はそうすべき十分な動機をもっている、というのである。そしてここから示唆される結論は、ホッブズにとって、平和を求めて努力することは自然法が万人に課した義務であって、それ以外に国家の法律や契約によって成立した命令に従うべき義務もあるかもしれないが、それはこの自然的な普遍的義務から派生したものだ、ということである(64)。

さて、これがホッブズの見解だと我々に信じさせそうに見える表現や文句が彼の著作の中にあることは否定できない。しかし我々はそれらを額面通りに受け取る前に、ホッブズが彼にとってはこの見解の中に確かに含まれるはずの信念をも抱いていたのかを詳細に考慮してみなければならない。そしてもし我々が事実はそうでないことを見いだすとしたら、これらの文句は何か他の解釈を受けなければならないと考えられるか、あるいは、どんな読み方をしても彼の著作の中に存在する、顕著な不整合が何であるかを見つけたことで我々は満足しなければならないと考えられよう。

我々の第一の問いの方向は明白である。ホッブズによると、法律の課する義務は法律それ自体ではなくその創造者のおかげであり(65)、彼はその創造者であるというだけでなく、命令する権限を持っているとも知られていなければならないのだから、我々の第一の問いは「ホッブズは自然法が全人類にその創造者として知られるような創造者を持つと考えていたのか?」というものでなければならない。そしてもしそうだとすれば、ホッブズは誰がその創造者であると考えていたのか、また彼はこの創造者がいかにしてこの法律の創造者であると知られると考えていたのか?そしてこれとともに、我々はホッブズの著作がこの創造者がこの法律を作る権利についていかなる考えを表わしているのかを考察することが適切だろう。我々が今考察している解釈からすると取らざるをえない答は、ホッブズは自然法にはその創造者として万人に知られている創造者があり、この創造者は神自身であり、神の立法権は、その命令に従うべき人々を創造したことにではなく、その万能に由来すると明白に信じていた、というものである(66)。自然法は本当の意味での法であると主張される。それは万能の神の命令であると知られているから、あらゆる状況のあらゆる人間に拘束力を持つというのである。

我々がこの解釈を受け入れるにあたっての第一の難点は次の通りである。ホッブズは我々の自然的な知識が人間行動のための命令的法律の創造者としての神を知ることを含んでいる(あるいは含みうる)と考えただろうか? それは(控え目に言っても)はなはだ疑わしいままである。彼は「神」という言葉について次のように論じた。——神々が初めて現われたのは、我々が我々を襲う運不運の原因についてしばしば無知であるために、人間の恐怖を投影したものとしてだった。しかし「無限にして万能の一なる神」は、我々の恐れからではなく、「自然物やその種々の能力や作用の原因」についての我々の好奇心から生ずる。これらの原因を前へ前へとたどっていくと、我々は「一つの最初の運動者がいる、そしてそれは万物の第一の、永遠の原因であり、人々が『神』の名で意味するところのものである、という考えに達する」しかない(67)。すると、我々がまず第一に自然的な知識を持っていると言われるのは、必要な仮説としての神である。そしてこの神の全能(彼の第一原因としての「支配」は不可避で絶対的である)のために、我々は神を「大地全体の王」として、また大地を神の自然的な王国として、また地上のあらゆるものを神の自然的な臣民として語ることができる。しかしもし我々がこのように語るとしても、我々は「国王」とか「王国」とかいったことばを単に比喩的な意味で使っているにすぎないことを承認しなければならない[68]。

しかしながら、「神」という名前は別の意味あいをこめて使うこともできる。そこでは神は、「国王」であるとか自然的な王国と自然的な臣民を持っているとかが本当の意味において言える。神は、「世界を治め、人類に戒律を与え、報償と刑罰とを提出する神が存在すると信ずる」[69]人々の上に立つ真の支配者である。しかしこれについては、二つのことを見て取らねばならない。第一に、これらの信念は自然的な知識には達していない。後者は（この関係では）、万能の第一原因として神を仮定せざるをえない、ということに限られている[70]。「摂理を働かせる」神も、第一原因である神と同様に人間の思考の「投影」である。ただし第一原因は人間の理性の投影だが、摂理を働かせる神は人間の欲求の投影である[71]。そして第二に、「摂理を働かせる」神についてのこれらの信仰が全人類に共通ではないことははっきりと認められているから[72]、神の自然的な臣民（すなわち、その命令に従うべき義務を持つ人々）は、人間の行いについての神の「摂理」を認め、その報償を望み刑罰を恐れる人々だけである。（ついでながらここで次のことを述べておいてもよいだろう。ホッブズは神の自然的臣民と契約による臣民とを区別しがちだったが、この状況はその区別を和らげる。「神の王国」という表現が適切に理解されるのは、それが「(それに従うべきだった人々の合意によって）彼らの国家的統治（Civil Government）のために設立されたコモンウェルスを指すために使われるときだけである[73]。」）この神の臣民が従うように拘束されている法は自然法である[74]。それは常に平和を求めて努力すべき義務を持っている。確かに他の人々もこの法律の重さを感じ、その教えを守ることによる快と従わないことによる苦痛とを受けるかもしれないが、彼らはそれに従うべき道徳的義務を何ら負うていないし、この快は報償ではなく、この苦痛は刑罰ではない。

するとこういうふうに思われよう。ホッブズにとって、平和を求めて努力すべき義務を課する法律の創造者としての神は、全人類の統治者ではなく、神をこの性格において承認し、従って神をその法律の創造者として知っている人々だけの統治者である。そしてこの承認は「信仰」の問題であって、自然的知識の問題ではない(75)。自然法は神の法律だから我々はそれにしばられるとホッブズが言っているというのは、厳密でない表現である。彼が言ったのは、もし自然法が本当の意味での法律だったら我々はそれにしばられるだろうし、そしてそれが本当の意味での法律であるのはそれが神によって作られたと知られるときに限る、ということである(76)。そしてそれは結局、自然法はそれが神によって作られたと知っている人々にとってのみ本当の意味での法律だということである。しかし誰がその人々なのか? 全人類でないことは確かである。人類の中で、神をこの法律の創造者であると認める人々だけであることは確かである。すると、自然法は本当の意味での法律でありそれは平和を求めて努力するように全人類を拘束するとホッブズは考えていた、という命題を真剣に信ずることはできない——たとえ彼の著作の中にはそれを支持する表現(そのほとんどは曖昧である)が孤立して存在していようと(77)。

だがそれだけではない。もし神のいわゆる「自然的臣民」さえも、平和を求めて努力するように普遍的に拘束する教えの創造者としての神を自然的には知らないとしたら、ホッブズによれば、彼らはこの種の自然法の創造者としての神を他のいかなる方法でも知らないということも、また明らかである。ホッブズは、彼らがもし平和を求めて努力する義務を人類に課する法律の創造者としての神を「超自然的感覚」(「啓示」か「霊感」)によって知っていると主張するならば、その主張は否定されねばならない、ときっぱり断言した(78)。「超自然的感覚」が人に他のいかなることを知らせるにせよ、それは普遍的法律を知らせたり、普遍的法律の創造者としての神を知らせたりすることはできない。「預言」も、「自然的知識」や「超自然的感覚」が提供できなかったものを提供はできない。確かに「信仰」によって人は法律の創造者としての神を知るかもしれない。だが「信仰」がわれわれに示すものは、あらゆる人間に義務を課する自然法の創造者としての神ではなく、間接の契約によって神を自分の統治者と認め自分の同意によって神に授権した人々にだけ義務を課する、「実定法」の創造者としての神である。要するに、実定法が平和を求める努力を命ずるところでしか、それは義務にならない。この法だけが、既知の創造者を持っているものとして、本当の意味での法なのである。そしてこの法はその創造者を知っている人々だけに拘束力を持つ。

「ホッブズは自然法が既知の創造者を持っているという点で本当の意味での法であると考えていたか？」という質問は、「ホッブズは人類の中でいったい誰が、平和を求めて努力せよという指針の創造者としての神を知っていると いう理由で、この指針に従うよう拘束されていると考えたか？」という質問に解消される。そして我々はこの質問に答えるとき、神の「自然的な臣民」と契約または承認による臣民との間のホッブズによる有名な区別は、我々が当初考えていたほど確たる基盤を持っているわけではないことを見いだす。本当の意味での神の「王国」は、神が国法の創造者として認められている国家だけである。そして同じ結論は、「いかなる権威によって神はこの義務を課するのか？」という、関連する質問を考察するときにも現れる。我々が今考察しているホッブズの著作の解釈によると、神が自分のいわゆる「自然的臣民」に対して有する権威は、その抵抗できない力に起因しており、従ってそれは全人類のために立法する権威であると言われる(79)。しかしホッブズがこれらの個所や他の個所でどんなことを言っていると見えるにせよ、そんなことはありえない。万能あるいは抵抗できない力は、「万物の第一の、永遠の原因」としての神の特徴だが、この神は立法者あるいは「統治者」ではない。また我々は、神を「国王」として、「王国」を持つ者として語ることは比喩的な語り方であると注意されてきた。本当の意味で「統治者」（真正の義務を課する者）として現われる神は、世界中のあらゆる人とあらゆるものの「統治者」なのではなく、「人類の中で彼の摂理を認める者」だけの「統治者」である。神が本当の意味での法の創造者として知られるに至るのは、彼らが神を自分たちの統治者として承認するからである。この承認は、そこからあらゆる義務が「発生」する不可欠の「行為」である。なぜならこの行為がなければ統治者は知られないままなのだから(80)。すると神の万能ではなしに、契約あるいは承認こそが、神が本当の意味での法律を作る権限の源なのである。

さて、既知の創造者を持つ以外にも、自然法は二つの他の特徴を持っていなければならない。すなわち、それはそれに従うように強いられる人々によって知られているか、知ることができるものでならなければならない（つまりそれは何らかの仕方で「公表」あるいは「公布」されていなければならない）。またその法の「権威ある解釈」がなければならない。ホッブズは自然法がこれらの特徴を持つと考えていただろうか？

第一の点に関しては、我々が今考察しているホッブズ解釈は全然難点がないように見える。それはホッブズの次のような言明に依拠している。――自然法は神からその自然的臣民に対して、「自然の理性」あるいは「正しい理性」の中で公布されている。それはこのようにして「神の他の言葉なしに」知られている。推論能力が大したことのない人々でも自然法の十分な知識は得られる(81)。――しかし次のような質問をすることができよう。「理性」（それはホッブズにとっては、所与の出来事の蓋然的原因や所与の行為や運動の蓋然的影響を認識する能力であって、「（事実についてのではなく）帰結についての真実を納得させる」(82)のに役立つものである）はそれ自体としては、定言命令を供給したりそれを確認する手段となったりすることはできない。それなのに、平和を求める努力は正当な権利から発した命令であり、従ってそれに従うべき義務を人に課するということを、人はいかにして「正しい理性の指示によって」知りうるのか？　神はいかにして人類に対して「自然の理性の指示」の中に「彼の法律を宣言する」（法律としてであって、単に定理としてでなく）ことができるのか？　そしてこれらの質問に対する答えは明らかである。「理性」の性質についてホッブズの見解を持っている人ならば、誰一人として神にそんなことができるとは考えられない。そしてもし神にそれができないとしたら、自然法は人々に知られておりそれも神の法であると知られているから、本当の意味での法であって全人類に義務を課する、という観念全体が崩壊する。ホッブズは自然法は自然的に知られており、本当の意味での法律として、平和を求めて努力する義務を全人類に課すると考えていた、と彼が我々に考えさせるような個所は疑いもなく存在する。彼は「自然の義務」について語ることをあえて避けたりはしなかった(83)（もっとも彼は「自然の正義」という表現は認めなかったが）(84)。そしてあとで我々は、なぜホッブズが我々にそのように考えさせようとするのかを考慮しなければならないだろう。だがまた次のことも疑う余地はない。ホッブズ自身の「理性」の理解によれば、我々が正当に考えることが許されるのは、人間の自己保存についての定理の集合としての自然法はそのようにして全人類に知られているということである(85)。すると「自然の理性」に言及した、これらの疑いの余地なく曖昧な表現を除くと、ホッブズの著作の中には何の証拠もない以上、自然法は本当の意味での法ではないし、平和を求めて努力する義務は全人類にも、また神のいわゆる「自然的」な臣民にすらも、自然的には知られていない、と我々は結論せざるをえない。実際に知られているのは平和を求めて努力する義務だが、それは神がこの義務を課する権限を持つことを間接の契約によって認めた人々に対して、神の実定法が課するものとして認められた場合に限られる。それは神の「預言」の言葉の中で、あるいは国家の実定法の中で、彼らに公布されたから、彼らに知られている。そして国家の中では、「預言」と主権者の命令とは区別できない。というのも国家の主権者は「神の預言者」だからである(86)。

本当の意味での法の第三の特徴は、その意味の「権威ある解釈」が存在するということである(87)。そして神から教示を受け、臣従者たちから承認された国家の主権者や「預言者」のような、何らかの承認された実定的な権威が解釈を供給しないならば、自然法は権威ある解釈を明らかに欠いている(88)。神自らは聖書の「言葉」の解釈者になれないのと全く同じように、神は自然法の解釈者にはなれない。要するにホッブズにとっては、「自然的な」あるいは「契約によらない」ものであると同時に「権威ある」ような、自然法の解釈者や解釈はありえないのである。確かに私人の「自然の理性」あるいは「良心」は自然法の解釈者として描くこともできる(89)。だがそれらは、法律としての自然法の「権威ある」解釈を与えるものと考えることはできない。各人が自分自身の解釈者ならば、情念の偏見を排除することはできない（そして良心は結局、自分がしたことやしそうな傾向のあることを是認するものにすぎない）だけでなく、このようにして解釈された法の義務は、平和を求めて努力すべき普遍的な義務であることをやめ、せいぜいのところ、各人が誠実に法だと考えているものに従うべき義務になってしまう。だがそれでは十分でない。「それ」の下にある人ごとに違うかもしれない法律は、全然法律ではなくて、立法者（この場合は神）が我々にいかに振舞うよう望んでいるかに関する多様な意見にすぎない(90)。実際、法を公布し解釈する共通の権威のないところには法は存在しない(91)。また各人は自分の解釈が誠実なものであることについて神に責任を負っている、と示唆しても、事情は好転しない。この責任は、人間の行動に関する神の摂理を信じている、人類の一部分にしかあてはまらないからである。

我々が今考察しているホッブズの著作の解釈が引き起こした問いによって、我々は次の見解に導かれた。すなわち、「自然法はホッブズにとって、全人類を平和を求めて努力する義務にしばりつける、本当の意味での法律の必要十分条件を持っているのか?」あるいは（別の形態では）「平和を求めて努力すべき義務は万人に拘束力を持つ、『自然的』な、契約によらない義務なのか?」という質問には「否」と答えなければならない。だがこの問いは、その問いよりも適切な質問は、おそらく「ホッブズはいかなる状況において自然法がこれらの特徴を獲得すると考えていたのか?」と「一体誰にとって、平和への努力は単に生存を熱望する人々にとっての理性的行動であるのみならず道徳的に拘束する命令でもあるのか?」ではないか、とも示唆した。というのも、ホッブズは我々の思考を別の方向におし進めるようなことは大して言わなかったとはいえ、彼にとって自然法は特定の状況でしかこれらの特徴を持たず、そのような人々に対してしか義務を課さないものだったことは明らかと思われるからである。一般的に、このような状況は、平和を求めて努力することが実定法——それを作ったのが人間であれ神であれ——のルールになった状況であり、一般的に、拘束される人は、この法の創造者を知り、彼がそれを作る権威を承認した人々だけである(92)。このことは私が道徳的義務に関するホッブズの最も深い信念であると考えるものと調和するように思われる。それはすなわち、「自分自身の何らかの行為から生じないような義務が本人に課されること」はありえない、という信念である(93)。しかしこの原理の趣旨は、ホッブズにとっては、義務を課される者による選択が義務を作り出すということではなく、選択(契約であれ承認であれ)のないところには既知の立法者がおらず、従って本当の意味での法も義務も存在しない、ということである。そしてそれは「自然的」な(すなわち、契約によらない)義務の可能性を排除するように私には思われる原理である。必要とされる「行為」は、神が人間の行動について「摂理」を働かせていると信ずることにおいて神を承認することかもしれない。だが国家の中に生きている人々にとって、それは国家の主権者を創造し彼に授権する行為である。なぜならそのような人々にとっては、この主権者の命令として彼らに影響しないような義務は存在しないからである。

他のもっと曖昧な考えも考慮に入れるべきかもしれない。だがホッブズが次のように考えていたことは私には確かであると思われる。——人間をとりまく環境のその他の状態に何が属し、何が属していないにせよ、国家は疑いもなく、①本当の意味での法律(すなわち国法)があり、②この法律だけが唯一の本当の意味での法であり(94)、③平和を求めて努力することがあらゆる臣民の義務であるところの状態である。——今見てきたホッブズ解釈によると、契約によるこの義務は、独立して永遠に効力を有する自然法が前もって全人類に課していた「自然的」な義務から派生したものであるということになる。だがそれは神や「理性」や人間の知識や「ことばの意味」や道徳的義務の条件についてのホッブズの結論の多くを無視しているので、それが説明することは、説明し残したことに比べると大したことはなくて、十分な説明として受け入れることはできない。そしてこれらの根本的な矛盾に加えて、この解釈に反映している誤解の一番の温床となったのは、ホッブズが人類の「保全と防衛に貢献するものについての諸定理」としての

「自然法」について述べたこと（すなわち、自然の理性はそれらを手に入れられ、どんなに貧弱な知性でも疑いもなくそれらを理解できるということ）と、彼が道徳的に拘束する命令としての「自然法」について述べたこととの間の混同（それについてはホッブズに責任がある）――教授する理性と命令する法律との間の混同――である。

5

ホッブズの道徳理論のいかなる解釈も、ホッブズが書いたことの一部を十分説明していないと言っても過言ではない。しかし彼の著作の中のいくつかの（おそらく、数多く繰り返される）孤立した言明と衝突する解釈と、ホッブズのものの見方の構造的原理であるとおそらく考えることができるようなものと衝突する解釈とを区別することが理にかなっている――もっとも、どこに境界線を引くかは難しいが。我々が検討した解釈のうち、私には、第一のものは一番受け入れがたく、第二のもの（そこでは義務は、国家の法律に従って平和を求めて努力することと解される）は私がホッブズ哲学の構造的原理と考えるものとの衝突が最も小さいので一番説得的であると思われる。それにもかかわらず、自然法が課する「自然的」義務についてのホッブズの言明（それは第三の解釈の中心的なテーマである）を単なる不注意とみなすべきではないことは認めなければならない。確かにそれらはホッブズが一番大切にしていた諸原理と矛盾するが、単純に無視するにはあまりにも数が多すぎる。実際ウォレンダー氏が示したことは、もしそれらを全体から分離するならば、それらは一個の十分に完結した道徳理論を構成しうるということだった。すると（私の理解するところでは）我々が扱いかねている状況は、哲学的著作の一つの集合があって、その中には独創的であるとともに、著作の中に見いだされるその他の哲学的革新とも調和する、道徳的義務についての一理論と、語彙も大まかな原理も慣習的な（とはいえ細部には独創的なところもあるが）、道徳的義務についての別の説明とが、（並列してではなく、ほとんど分かちがたく混ざり合って）現われる、というものである。そして誰にせよ、そのうちの一方を他方よりもいっそう重要であると考える気になる者には(95)、重要ではないとみなされた方の理論の存在を説明してくれるように期待して構わないだろうが、その説明は、それは単にホッブズの思考の混乱から発生したものだ、というものよりも説得力がなければならない。疑いもなくいくつかの点には混乱がある。しかしこれら二つの義務理論が存在するということは、単なる混乱の一例としては片づけられない。

一般的に、我々の問題は次の通りである。国家の中に住むことがもたらす義務の根拠と性質の解明をめざす企てにおいて、なぜホッブズは義務についての二つの著しく異なる（そしていくつかの点では矛盾している）説明を同時に行ったのか？　そして細かく言えば、我々を悩ます難題は、彼の著作の中に現われる諸矛盾を説明することである。以下はその矛盾の中から簡潔に選び出したものである。

1　彼は我々に次のように語る。自然においては「万人はあらゆるものに対して——他人の身体に対してすらも——権利を持っている。」また自分自身の判断に従って自分を治め、「何でも自分の好むことをして」、自分がふさわしいと思ういかなる仕方でも自分を保全する権利を持っている(96)。だがその一方では次のように語る。自然においては万人は平和を求めて努力すべき「自然的」な義務を持っている。その義務は万能の神の命令である自然法が課したものである。

2　彼は我々に次のように語る。「理性は」「（事実についてのではなく）帰結についての真実を納得させるのにしか役立たない。」(97)それは原因と結果についての仮定的命題だけを扱う。人間の行動におけるその仕事は、欲求された目的達成のためにふさわしい手段を示唆することである。何物も合理的だという理由によって義務になることはない。だがその一方で彼は我々に次のようにも語る。自然法は、法律として、そして単に人間の保全についての結論としてではなしに、「自然の理性の指示」の中で我々に知られている(98)。

3　彼は我々に次のように語る。我々は理性によって道徳的義務の創造者としての神を知ることができる。だが一方で彼は我々に次のようにも語る。我々は理性によっては道徳的義務の創造者としての神について（あるいは神が来世で与える報償や刑罰について）は何も知らず、第一原理としての神についてしか知ることができない。

4　彼は「我々が国家に服従すべき義務は……あらゆる国法以前にある」(99)と言い、それは「自然的」な普遍的な義務であると示唆し、そこから国家の主権者に反逆してはならない義務を導き出す。しかし彼は別の所では、この「自然的」な義務の普遍性を否定し、それが適用される人のクラスを特定し、それを契約あるいは承認に依拠させる。

5　彼は自然法と聖書の両者の独立した権威を主張している。前者の権威は理性に基づき、後者の権威は啓示に基づく。しかし彼は別の所では、国家のメンバーにとって、自然法の権威は国家の主権者の是認に基づき、聖書の教えは国家の主権者がそれだと言ったものであると言っている。

6　彼は第一の自然法を記述するために、理性の「指針」という言葉を、理性の「一般的ルール」という表現と代替可能なものとして使っているが(100)、その説明の最後では、自然法が指図の性格を持つことはその合理性とは全然関係がないと言っている(101)。

7　彼は「自然法」という言葉を二つのものを指示するために使っている。その一つは人間の自己保存についての人間の理性の仮説的結論であり、もう一つは神の摂理を信ずる人々に神が課する義務と、無神論者（?）と狂人と子供を除くあらゆる人々に神が課したと言われる義務である。これは混乱させようという意図をほとんど白状しているような語り方である。

8　彼は言う。主権者は（無条件で）自然法によって「人民の安全（と福祉）を獲得する」よう強いられており、「それについて法の創造者たる神に責任を負うが、それ以外の誰にも責任を負わない。」(102)しかし彼の言うところでは（そして他の数多い難点を別にしても）、それはせいぜい人間の行動についての摂理を信じている人のクラスに属する主権者にしかあてはまらない。このクラスは（ホッブズの著作の中では）キリスト教徒のクラスと区別することは極めて難しい。

9　彼は「神の自然的王国」と彼の「自然的臣民」との区別を効果的に利用する一方では、「王国」と「臣民」という言葉は「契約」という「工夫（artifice）」がないための比喩的表現にすぎないと言う。

10　彼は「異教徒の間のコモンウェルスの最初の創造者と立法者たち」[103]（彼らは国家への服従と平和を促進するために、その臣民たちが国法は神の裁可を受けていると信ずるように励ます）と、（古代ユダヤ人たちの間におけるように）「神自ら」が契約によって王国を建設したと言われる状況とを区別する。しかし彼は、自分が神と人間の想像力について言ったことのすべては「神自ら」という表現を無意味にしていることを無視している。神は、そうであると信じられ、あるいは「夢見られ」ているところのものであり、行うと信じられ、あるいは「夢見られ」ているところのものを行うのである。

注釈者たちの中には、全般的な説明に頼ることなしに、これらの矛盾のうちのいくつかを満足のいくように解決したと信じている人々もいる。そしてこれらの解決の中で最も目覚ましいものは、ウォレンダー氏が『リヴァイアサン』二〇五ページ〔一三八ページ〕について試みた解答である[104]。だがそれすらも成功しているとは考えられない。彼はこの個所の中に自然法理論の帰謬法による論駁を見いだす。彼はホッブズが自然法理論のこの行き過ぎた帰結を本気で主張したはずがないと推測し、この個所の文字通りの意味として認められねばならないものを受け入れない。それというのも、彼はホッブズ（別の所では確かに肯定も否定もしている）がその含意に同意できたと信ずる気になれないからである。しかし注釈者たちがホッブズの著作の比較的表面的な矛盾のいくつかを解消するのに成功したかどうかはともかく、この種の取扱いを受け付けないような矛盾の核心は残っている。そして我々は、単なる素朴な精神の混乱とか、不注意な推論とか、誇張癖とかいったものよりも説得力のある全般的説明を求めるように促される。

国家への服従についてのホッブズの著作（そして特に『リヴァイアサン』）は二重の目的を持っていると解することができよう。彼の目標は、①彼の全般的哲学の教義および彼の人間観と調和するような義務理論を示すこと、そして②当時の思想と行動の混乱と無政府的傾向に対して戦うために、その同時代人たちの国家的義務がどこにあり、なぜそこにあるのかを彼らに示すこと、この二つだったと思われよう(105)。この企てのうちの前者は論理学の練習であり、彼が自分のものにした語彙の中で適切に行われた。他方後者は、当時の政治理論のイディオムと語彙の中で組み立てられなければ成功の見込みがなく、それだから、斬新な点を（たとえあっても）道徳的行為についての当時の偏見に同化してしまうドクトリンを提出する。さて、もう明らかになったように、これら二つの企ては（もっと慣習的な著者にあっては著しい矛盾を見せずに両立させられたかもしれないが）、周辺的ではなく中心的な重要さを持つ点において衝突した。前の世代のフッカーは、当時の自然法理論に少々手直しを加えれば、ホッブズのもっと慣習的な理論と似ぬでもない国家への服従のドクトリンを述べることができると考えた。そしてホッブズは（気分によっては）同様の企てを試みたとも解せようが、彼の手直しはもっと根本的で、顰蹙を買わずにはいられなかった。しかしこの慣習的なドクトリンをいくら手直ししても、それが彼の全般的哲学と両立しうる——関係は極めて薄くても——ような国家への義務の説明になることは想像できない。要するに、我々がホッブズの著作の中の重要な矛盾を単なる混乱として説明するか、あるいは巧まれた曖昧さとして説明するかを選ばなければならないとしたら、私は後者の方がもっともらしいと考える。

この種の説明によると、ホッブズは二つのドクトリンを持っていたのであって、その一つは玄人（彼の懐疑主義が引き起こすめまいに抵抗できるほど頭が強靱な人々）のためのものであり、もう一つは自分の馴れているイディオムと語彙で話しかけなければならず、斬新なこと（義務の点でもその根拠の点でも）を当たり前のように見せなければならない一般人のためのものである。もし我々がこの説明に左袒するとしても、我々は聞いたこともないような独特な性格を『リヴァイアサン』に与えていることにはならない。これらのトピックについての他の数多い著者たち（たとえば、プラトン、マキァヴェリ、そしてベンサムさえも）は、密教と顕教とを同時に、そして互いを十分に区別せずに含んでいる著書を書いた。そしてこの種のこと（それどころか、政治的問題一般）は玄人の間でしか率直かつ直接に議論すべきでない「秘儀」であるという見解は、政治的思惟の始まりにまで遡り、一七世紀にも決して死に絶えてはいなかった。

私は義務に関するホッブズの思想についてのこの説明に誰もが納得するだろうとは思わない。そして事柄の性質上、それは真実だと証明することのできないものである。だが私には確かと思われることは、ホッブズの著作の中の矛盾は何らかのこのような全般的説明を必要とする性格のものだということである。

6

我々のホッブズ研究は、ほとんどの読者が避けがたいと思うであろういくつかの結論に到達した。人間の中の合理的な性向は平和を求める努力であると考えるべきだ、と彼が信じていたことは明らかかと思われる。そして平和は、他のあらゆる人々を我々と同等の人と認め、約束を守り、軽蔑や憎悪を見せず、首位を占めていると認められていい気になるために他のあらゆる人々を出し抜こうと努力しないことを意味する。このような生き方は理性が示唆するものだが、理性はまた、それを設立し維持するための手段をも示唆する。それが国家である。国家の完成から得られるものは、他の人々の手による暴力的で恥ずかしい死の絶え間ない恐れからの解放である。そしてこの点までは、平和を求める努力の十分原因あるいは動機は、恥ずかしい死の恐怖の中に見いだされる。恐怖は理性を促し、理性は恐怖を生み出す環境の回避のためにしなければならないことを明らかにするのである。

ホッブズは、この努力が実際には合理的であるだけではなく正しいものでもある――すなわち、道徳的義務でもある――という見解を支持するために何か言えることがあったのだろうか。我々はそれを知るためにさらに深く見てみた。ここで我々が見て取ったことは、第一に、ホッブズは人間行動の十分原因とそれを正当化するためにあげられるかもしれない理由とを確かに区別することができた、ということである。そして我々はさらに、ホッブズが適切だと考えた種類の理由に気づいた。それはすなわち、この努力を命ずる、本当の意味での法律の存在である。それを越えると、そこには測量しにくい領域がある。そしてせいぜい探検者にできるのは、彼が一番重要な特徴だと思うものを画定し、それらを他のものよりも重視する理由を与えることにすぎない。そしてそれは私がしたことである。だがまだ少し言うべきことが残っている。

ホッブズが弁護しているのを我々が見てきた道徳は、従順な人の道徳である。心臓の生命的運動を一番刺激するのは、優越性をいつも認められていることから生ずる歓喜である。これが真理であることは変わりない。だがこの最大の善はあきらめなければならない。自惚れに堕落しないときですら、誇りはあまりにも危険な情念であって、持つことを許してはならない――たとえその抑圧が人生の輝きを幾分かは奪おうと。

しかしホッブズの著作の中には別の議論の流れがあり、それは長々しく詳述されてはいないが、我々の思考を別の方向に押しやるには十分である。この思考の流れにおいても、正しい性向はやはり平和への努力であると認められ、求められているものはやはり他人の手にかかった暴力的で恥ずかしい死の恐怖からの解放である。しかし求められている状態が達成されるのは、誇り高い人が恐怖によって目覚め、その誇りを捨てて（契約によって）従順な人になることによってではなく、誇りそれ自体の道徳化によってなのである。それはいかにして起こりうるのか？

万人がそうであるとホッブズが考えていた性格の人を考えてみよう。彼は不可避的に自分自身の最良の友であり、

（その弱さゆえに）自分が恥を受け名誉を奪われ、それどころか殺されることを恐れざるをえない。だが我々は次のようにも考えてみよう。――この人の圧倒的な情念は、恐怖であるよりも、やはり誇りである。彼は失敗者と認められるという不名誉を蒙るよりも、単なる生存に甘んずることの卑しさに、もっと大きな恥を見いだす人である。彼の性向は、理性（つまり人間の外的環境の安全な状態を求めること）によってではなく、自分自身の勇気によって恐怖を克服するものである。彼には不十分な点が決してないわけではなく、それを自覚しているが、自分の不十分さを嘆いたり自分の功績について幻想を持ったりしなくてよいほどの誇り高い人である。彼は厳密には英雄ではない――そうであるためには無頓着すぎる――が、おそらく巧まざる英雄らしさをいくらかは持っているだろう。要するに彼は（モンテーニュの文句を借りれば）「いかにして自分自身にふさわしくあるかを知っている」人であり、「繊細さゆえに我は我が命を失いぬ」という墓碑銘を恥ずかしく感じない人だろう。〔後者はランボーの詩「至高の塔の歌」〕

さて、この種の人は心臓の生命運動への刺激を欠いてはいないだろう。だが彼は高度に自発的である。彼の努力は平和をめざしている。もし彼の享受する平和が大部分彼一人で達成したものであり、彼に降りかかるかもしれない不運から守られているならば、それは別の種類の他の人々の平和に決して対立するものではない。彼の行為の中には、敵対的なもの、敵意を引き起こすようなもの、口やかましいものは何もない。他の人々ならば恐怖によって鼓舞され理性によって指示された合意によってなしとげるかもしれないことに完全に対応しているのは、彼が自分自身でなしとげ、共同生活に寄与するところのものである。というのは、いかなる人も自己保存を求めて努力せざるをえず、自己保存は（ホッブズの解釈によると）死からではなく恥ずかしい死から免れていることとして解釈されるとしたら、他の人々がある仕方で（理性的計算によって）なしとげるかもしれないことを、この人は別の仕方で（勇気によって）なしとげるからである。また彼は他の人々とは違って、加害を差し控えるにとどまらず、他者から害を蒙らざるをえないことを気にせずにいられる。要するに、この性格はホッブズの中に見いだすことが期待できるものよりもヴォーヴナルグの「強い魂（âme forte）」にずっと似ているように見えるが、そこにはホッブズの心理学と衝突するものは何もない。実際ホッブズの心理学は、人々の間の相違は彼らの中で優越している情念の相違であるとしているから、恐れよりも誇りが大きな場所を占めている人を説明することができるのである。

それどころか、それは現実にホッブズの著作の中に現われる性格であり、そこではさらに正しい性格として認められてさえいるのである。彼は言う。「人間の行為に正義の味わいを与えるのは、勇気の高貴さあるいは雄々しさ（稀にしか見られない）である。人はそれによって、生活の満足のために欺いたり約束を破ったりすることを軽蔑するのである。正義が徳と呼ばれるとき、この態度の正しさが意味されている。」(106) ホッブズは人が約束を守るのは単に約束を破った結果が恐ろしいからではなく、「それを破る必要がないと見えることに存する栄光あるいは誇り」(107) からであるかもしれないことを認める。彼は度量の大きさを、不正を「軽蔑」することから生ずる正しい行為と同視し、人々は時には何らかの種類の恥を蒙るくらいなら生命を捨てる用意があると認めた(108)。そして我々がこれを真正のホッブズ的性格として認めることの妨げになるのはただ一つ、ホッブズは「誇り」という言葉をいつも悪い意味で使っていたという、全般的な断定である(109)。

だがこの断定は実際には大ざっぱすぎる。ホッブズは争いを引き起こす三つの重要な情念の一つを表わすために、時々「誇り」という言葉を悪い意味で使った(110)。それは無論事実である。しかし彼はそれを、寛大さや勇気や高貴さや度量の大きさや栄光を求める努力と同視もした(111)。そして彼は誇りを「自惚れ」と区別した。後者の方は幸福を得る可能性もないのに幻想と争いをもたらすから、常に悪徳である(112)。要するに、（道徳・政治神学のアウグスティヌス的伝統から「誇り」の観念を引き継いだ）ホッブズは、この言葉が持つ二重の意味を認めたのである。その伝統の中では、「誇り」は神に似ようとする情念である。しかしこれは自分を神の位置につけようとする努力にもなれば、神をまねようとする努力にもなることが認められていた。前者は人を誤らせる傲慢である。そこでは自分を万能であると信ずるサタン的な自己愛が、あらゆる情念の最終的な源であるばかりでなく、唯一の有効な動機でもあり、行動は自己を人々と事物の世界に押しつけることになる。他のあらゆるモラリストと同様に、ホッブズはこれを悪徳であり人間の環境の平和な状態への絶対の障害であると認めた。それは破壊するネメシスを呼び起こす誇りであり、ヘラクレイトスが火よりも先に消さなければならないと言った誇りである。しかし、ドゥンス・スコトゥスが言ったように、悪徳というものは存在しない。それは美徳の影である。そして神に似ることの第二の仕方では、自己愛は自己認識と自尊心として現われ、他者に対する権力の幻影は自制心の現実にとってかわられ、勇気から来る恐れを知らない栄光は度量の大きさを生み、それは平和を生む。これはゼウスによってパンを生んだと言われるニンフのヒュブリスにまで遡る誇りの徳である。それはアリストテレスの「矜持ある人（megalopsychos）」や、もっと低いレベルではストア派の賢人の中に反映している誇りであり、中世の道徳神学の中に現われる「聖なる誇り（sancta superbia)」だった。そしてそれはホッブズによって、自己の本性を保全し、自己を恥ずかしい死の恐怖やその恐怖が生み出す争いから解放するための方法として認められたのだが、その方法は恐怖と理性が示唆する方法の代わりになるものだった。

正しい人の性格のこのイディオムは、全体としてホッブズと同じ性向を持った他のモラリストの著作の中にも対応物を有する。ホッブズと同じ問題を考察したスピノザは、競争に向かう人間性から平和に向かう二つの道筋の選択肢を示した。その一方は、恐怖と将来への賢慮から発生して国家の法と秩序に至るものであり、他方は、人間の生の環境に対する精神の力が提供する逃げ道である。またヒュームは誇りと謙虚さ（ホッブズと同様、彼はそれを恐怖と同視する）[113]を、等しく自己中心的な単純な情念として取り上げて、両者を徳の生みの親と認めた。しかし彼は「自尊心」を「輝かしい諸徳」——勇気とか、大胆さとか、度量の大きさとか、「死がその恐怖を失い」、人間の生がその闘争的性質を失うような種類の栄光を求める努力とか——の親であると認めた。だがヒュームは誇りのメリットをその

「気持ちのよさ」（それは快と同視され、謙虚さはフラストレーションと同視される）のみならず、その優れた「効用」にも見いだしたのだが(114)、我々がホッブズについて問わねばならない質問は、「なぜ彼はこの議論の線をさらに追求しなかったのか？　なぜ彼は誇りに効用を認めず、結局のところ『考慮されるべき情念は恐怖である』と結論したのか？」というものである。

そしてこの質問にホッブズ自身は明確な答えを与えた。その答はスピノザのものほど磨きをかけられてはいないが、基本的には同じものである。それは、誇りは平和を求める努力の成功のために十分な動機を与えないからだというものではなく、高貴な性格の持ち主が少なすぎるからだというものである。彼は言う。「これは前提することができないほど稀にしか見られない雅量である。それは特に、人類の大部分を占める、富や命令権や感覚的快楽の追求者においてそうである。」(115)ホッブズは要するに、人間は理性よりも情念を欠いている、それも特にこの情念を欠いている、と理解していたのである。しかしそれが存在するところでは、それは他の何にも増してしっかりとした基盤を持った平和への努力を生み出すことができると認めなければならない。だからそれは（正しい人も安全でいられる国家の中でさえ）正しい行動の最も確実な動機である。それどころか、この性格の人々は国家の不可欠の原因であるというのが、ほとんどホッブズの見解だったように見える。そして紛争が主権者から権力を奪うとき、国家防衛への十分な動機を持っているのでそれについて頼りになるのは、確かに彼らだけである。彼はシドニー・ゴドルフィンの中に、この性格の鏡を見た(116)。しかしながら、ホッブズはここでさえも、我々が平和を求めて努力すべき義務を持つと信ずべき理由よりも、正しい行為の原因あるいは動機の方に関心を持つ傾向を示している。「誇り」は理由を与えはしない。それは単に、可能な選択的原因の一つにすぎない。

おそらくさらにもう一つのことを述べておくべきだろう。恥ずかしい死の恐怖は理性を呼び起こし、平和の好都合な条項や、その条項が人間の生のパターンになるかもしれない仕方を示唆し、従順な人の道徳を生み出す。この人は平和の方に左袒していて、正しく行動するために高貴さとか寛大さとか度量の広さとか栄光への努力とかを必要としない人である。そしてこれがホッブズの見解である限りにおいて、彼はいわゆる「ブルジョア」道徳の哲学者として認められてきた。だがこれは、ホッブズの個人主義的人間観にもかかわらず、「共通善」の観念をほのめかし、それに向かっているように見える道徳的生のイディオムである。それが示唆しているように思われるものは、あらゆる状態の人々にあてはまる唯一の公認の人間環境の状態と、この状態を達成し維持する技芸としての道徳である。しかしこれには限定を加えなければならない。それは、ホッブズはカントや他の哲学者と同様、典型的に個性の道徳の哲学者である、という見解を確認するのに資する限定である。第一に、ホッブズは主として国法に従う動機に関心を持っていた。彼は人が自分の生命について他に何をしても構わないかよりも、平和を求める努力が、一番気乗りしない人にとってすらも行動のパターンとなりうるような最小限の条件に関心を持っていた。これらの最小限の条件は、ライオンにも牡牛にも一つの法律が存在し、両者ともそれを知っており、それに従うべき十分な動機を持っている、ということである。そしてこれは「共通善」の道徳を発生させる性向を思わせるかもしれないが、それ自体としてはそれを含むものではない。そして第二に、ホッブズはこの別の気分も持っていて、そこでは誇りと自尊心とは平和を求める努力の十分な動機を与えられると認められていた。そしてこの気分のとき、彼は誤解の余地なく個性の道徳の哲学者である。この道徳のイディオムは「貴族的」である。そしてそれがホッブズの著作の中に反映しているのを見つけることは不適当でも意外でもない。彼は（主たる欲求が「栄える」ことである人々のために書かなければならないと感じてはいたが）自分自身では、人間を生存よりも繁栄よりも名誉に関心を持つ方がふさわしい生き物として理解していたのである。

補　論〔注23に対応〕

国家が「生じさせられ（caused）」うるのは、あるいは発生すると想像されうるのは、厳密にはいかなる仕方によるとホッブズは考えていたのだろうか。これはこの試論の主題の範囲外にある。だがそれは単に難しいという理由だけによっても人目を引く、興味深いトピックなので、私は簡単にその考察を試みてみる(117)。

ホッブズの立場は、彼の自然状態を変えるような何かがなされない限り、誰も仲間の人々の自然的な「貪欲、欲望、怒り等」から確実に守られてはおらず、（従って）不潔で獣のような、失望と闘争に満ちた生存しか期待できない、というものだった。この自然状態の中でも、人々は相互に契約や合意などを結ぶことができる（それは真実だ）が、これらは不安定な状態を実質的に変更することからはほど遠く、それ自体この不安定性に蝕まれている。そしてそれは特に、相互信頼の契約について然りである。というのも、ここでは契約者の一方は取引の内容の自分の部分をまず先に履行しなければならないが、そうする者は裏切られる危険を冒すからである。実際二番目の履行者になるべき人がその約束を守らない（必ずしも履行が自分の利益に反するかもしれないからではなく、「貪欲」や「野心」が理性に打ち勝ちやすいから）危険は常に大変大きく、誰でも最初の履行者になるのは不合理になってしまうに違いないほどだからである。かくしてこのような条件の下では、契約は結ばれて履行されるかもしれないし、相互信頼の契約すらもそうかもしれないが、それらは分別のある人なら誰も引き受けようとはしない危険を伴っており、万人の万人に対する戦いを大幅にあるいは確実に変えるものではない。

しかしながら、もし契約遵守の強制権を持つと万人が承認するような「共通の権力」が存在すれば、この状態は変容するだろう。そしてホッブズの問題は、「そのような『共通の権力』は、いかにして生じさせられると想像できるか、またそれはいかなる性格を持っていなければならないか?」だった。

そのような「共通の権力」が設立されうる方法はただ一つしかないと彼は我々に語る。それは、あらゆる人があらゆる人と契約を結んで、自らを治め自分自身の本性を保全する自らの自然の権利と、自分自身の欲求の満足を確保する自然の力(大したものではないが)とを一人の人あるいは人間の集合に譲渡し、「自分自身が、自分をこのようにして代理する人が行うであろう、あるいは行わせるであろうことすべての本人であることを承認し、それによって、自分の意志をすべて彼の意志に、そして自分の判断をすべて彼の判断に従わせる」というものである。

さて、自分をこの状態に置いた人々は彼らが享受しようとするもの、すなわち平和を享受するだろうという結論をとりあえず受け入れよう。そこで我々が考慮すべきことは、それが達成される過程が理解しうるものかどうかである。一定の難点が現われる。この共通の権力を創設するはずの契約はホッブズが相互信頼の契約と呼ぶものであることは誤解の余地がない。そしてそれは自然状態にある人々によって結ばれる。だから(他の考え方をすべき説得的な理由が与えられなければ)、そのような契約を最初の履行者にとって法外に危険な約束にして、従って分別のある人ならば信頼したりしないものにする理由は、この契約にもあてはまると考えざるをえない。確かにこの契約の条件は他のいかなる相互信頼の契約とも違ってはいる。しかしその条件(すなわち、約束されたこと)が違うからといって、最初の履行者になることが法外に危険であるような種類の契約が、どうして危険が(もしあるにせよ)法外ではない契約へと変わりうるのか? またこの契約は(他の相互信頼の契約のすべてがそうであるわけではない)多数当事者の契約であるということも本当である。だが普通の相互信頼の契約がこの種のものであってはならないという理由はなく、そしてもしそうだとしたら、少なくとも参加者の何人かは履行しないのではないかと疑うことはもっともである以上、この契約の当事者が多数だということは、それにとって都合のよい区別をする理由になりそうもない。そしてさらに、しばしばホッブズの言葉は、この契約にはいることだけ、(言わば)それに「署名すること」だけで「共通の権力」が発生すると示唆しているように見える。そしてこのことがどのようにして起こりうるのかを理解することは容易ではない。

しかしもし我々が再びホッブズの書いたことに赴くならば、おそらく我々は彼が上記の難点を免れることを言っているのを見いだすかもしれない。思うに、次のように解釈すればそうなるだろう。

「平和」が存在し契約が変わらずに長続きするのは、平和を実現し契約遵守を強制する主権者がいるときに限られる。この主権者は、その努めをはたすためには、権威(すなわち、権利)と権力とを持っていなければならない。彼が権威を獲得すると想像しうる唯一の方法は、すでに述べた種類の契約によるものだけであり、また権威を持つためにはこの契約ほど必要なものはない。従ってこのような契約(あるいはそれに類するもの)は、国家に不可欠の「原因」と認められよう。そしてさらに、主権者が必要とする権力を生む手段としても経験的に不可欠だとも認められるかもしれない。なぜなら多くの人々が、服従の行為と性向——それが主権者の権力を構成する——を求める主権者の権威を実際に承認するということは、彼らがそのように契約しなければほとんど想像しがたいからである。それにもかかわらず、契約はそれ自体では国家の十分原因ではない。それは権威を与えはするが、権力の方は約束するだけである。「平和」の状態を創設するために必要な権威と権力とを持った主権者の必要十分原因は、この種の契約に加えて、その契約を守ろうとする十分に広汎な性向(公然たる行為に現われた)である。というのも、主権者の権力とはその臣民の服従の性向を裏から言ったものにすぎないからである。だから従って、この契約は自然状態で結ばれる他の契約とは違って守られるだろうと期待するのが合理的だ、ということを我々に納得させるような何らかの議論を我々はホッブズの説明の中に見つけたくなる。というのは、おそらく少々逆説的に聞こえるかもしれないが、平和を創設し契約遵守を強制するために必要な権力は、今や契約を結ぶことによってではなく、契約を守る過程において、つまり、服従の性向と行為において発生するように思われるからである。要するに、自然状態で普通の相互信頼の契約の最初の履行者となることは常に不合理に違いないと我々は確信しているから、ホッブズが今やわれわれに対して証明しなければならないことは、この相互信頼の契約の最初の履行者になることは誰にとっても不合理ではないということである。そして同時に述べておいてよかろうが、約束を二番目に履行すべき人々が約束を守るように強制する権力が存在するということからこの状態を発生させることはできないのである。なぜならば我々が求めているものは、いかにしてそのような権力が「設立」されるかについての、理解しうる説明だからである。

さて、この問題についてはホッブズはその立場を二重に確実にしていると思われる。彼は我々に次の二つのことを示そうと企てた。第一に、ほかの契約者もその約束を守るだろうとは合理的に期待できなくてさえも、この契約の最初の履行者になることは理にかなっている。さらに、契約者たちのかなりの部分が約束を守るだろうと実際合理的に期待できるのであり、この契約の場合は（普通の契約と違って）、それだけでも最初の履行者になることを不合理ではなくしてしまうのである。

第一に、確かにこの契約の当事者はいくらかの危険を冒している――もし彼の服従する、権威ある主権者が、他の当事者たちの服従を強制できず、彼らも服従することを合理的には期待できないならば。それにもかかわらず、それは法外な危険ではない。なぜなら彼が失うかもしれないものは、得られるかもしれないものに比べれば取るに足りないものだからであり、また、事実誰かがこの契約を最初に履行しない限り、平和のために不可欠の「共通権力」は発生しえないからである(118)。これは説得力のある議論である。それは主権者の権威の行使を授権する契約と他の相互信頼の契約との重要な相違点を見て取り、その帰結として、この契約では最初の履行者になることが合理的であることを指摘している。だがホッブズの読者のほとんどは、それを強化するものを期待するだろう。そしてこれは、少なくとも彼の書いたことに全然矛盾せずに、以下の考慮の中に見いだすことができよう。

主権者の権威を承認して彼に権力を与える契約とそれ以外の相互信頼の契約すべてとの間には重要な相違点がある

が、その一つは、前者は当事者のすべてが振舞うと約束した通りに振舞わないとしても、効果的に実行されるかもしれない、ということである。二当事者間の普通の相互信頼の契約にあっては、最初の履行者は相手方がその時になっても約束を守らなかったら報いられない。そしてこのことは、参加者がたくさんいる普通の相互信頼の契約（品物や役務に関するもの）でも変わらない。全参加者が履行しなければ、最初の履行者は、そしてそれぞれ他の履行者も、重要なものを奪われる。しかし多数者が主権に服従することを約するこの契約にあっては、全参加者ではなしに一部の人だけが履行しても、最初の履行者は、そしてそれぞれ他の自発的な履行者も、何も失わない――履行する人たちの数が十分に多くて、履行する気にならない人々を強制するために必要な権力を発生させられる限りは。この契約を結んでおきながら野心と貪欲のためにそれを守らない人がいない、と期待することはできないだろうが、十分に多数の人々はこの迷妄を免れていると期待することは許される。このようにして、この契約にはそれを他のあらゆる契約から分かち、最初の契約者になることを不合理ではなくするような特徴があり、その当事者は誰でも最初の履行者になる可能性がある。しかし、分別ある人がすべて求めていること、この契約の最初の履行者があてにしていることは、持続的な平和の状態だから、この状況は次のような状況として理解する方がもっとよい。そこでは他の当事者のうち十分なだけの人々が、十分なだけの時間、自発的に履行するため、いつでも特定の機会に服従する気にならない人々に強制を加える主権者の十分なだけの権力を発生させることを期待してもおかしくないので、最初の履行者になって履行し続けることは不合理ではない。というのも、最初の履行者になることが合理的か否かは、常に自分の信頼に応えてくれる特定の人々の不変の集団があると合理的に期待できるか否かにはかかっていないからである。いかなる時をとっても、そこには服従する気になっている人々が十分なだけいるだろう、という合理的な期待が持てれば十分である。貪欲や野心やその種のものの雲が空をおおい、その影は時にはこの人に、また時にはあの人にかかる。いつでも変わらずに契約を守るだろうと頼りにできる人は誰一人いない。だがそれは必要ではない。いかなる時にも、その時従う気にならない人々を恐怖によって服従させるに足るだけの権力を自発的な服従によって主権者に与える、と合理的に信頼できる人が十分なだけいれば足りる。

するとこの議論は、簡単に言うと次のようなものになると思われる。普通の相互信頼の契約では決して最初の履行者になるな、と自然的な理性は我々に警告する。それはまた平和を求めることが我々の利益になると我々に語り、平和が発生しうる条件を示唆する。平和に必要な条件は、権威と権力とを兼ね備えた主権者の存在である。この主権者の権威は、すべての人がすべての人と結ぶ相互信頼の契約からしか生じない。その契約において、彼らは自分自身を治める自然権を主権者に譲渡し、また共通の平和と安全に関することについては、主権者のすべての命令をあたかも自分自身の命令であるかのように承認する。だがこの主権者がその命令を実現する権力は、このように服従を約した人々が現実に服従することからしか生じない。どこかで始まりがなければならない。そしてそれは理にかなった始まりだと示されなければならない。約束を結んだほどの分別を持っている人々なら、それを守るほどの分別がある（つまり、自分の利益のありかを見て取ることができるほど、貪欲や野心やその種のものから解放されている）人々がどんな時でも十分に存在するだろうと期待するのは理にかなっているのではないか？　そしてもしそうならば、最初の履行者になることは誰にとっても法外な危険ではなくなる。そしてこの契約の当事者は誰でも最初の履行者になるかもしれない。「これがかの偉大なリヴァイアサンの誕生である。……我々は不死の神の下で、我々の平和と防衛とをリヴァイアサンに負うているのである。」

しかしながら次のことは認めざるをえない。すなわち、この説明は、主権を設立するこの契約の最初の履行者になるのが合理的であることは否定できないと証明しているのではなくて、単にそれに伴う危険は普通の相互信頼の契約に伴う危険よりもはるかに合理的である（あるいは法外な程度がはるかに小さい）と証明しているにすぎないのである。そして私の理解するところでは、ホッブズが求めていたことは、それの合理性の証明であって、単にその方が相対的には合理的だろうという蓋然性ではなかったのだから、私はこの説明が欠点か不十分さを持っているのではないかと疑わざるをえない。この契約の最初の履行者となって馬鹿を見るという帰結を気にしない（ホッブズはシドニー・ゴドルフィンがそうだったと理解したような）人、「理性」ではなくて「誇り」の人を想定することによって、欠けているものをどの程度まで補うことができるだろうか。それは読者自身が決めるべきことである。

一九六〇年

（1） *E. W.*, II, xx.

（2） *E. W.*, II, vii.

（3） *Leviathan*, 82 [52].

（4） *L*, 48 [29].

（5） *L*, 130 [86].

（6） *Elements of Law*, I, ix, 21.

（7） 人を「尊重する」とは、彼が大きな力を持っていると考えることである。*E. W.*, IV, 257.

（8） *Elements*, I, ix, 1; *L*, 44, 77 [27, 49].

（9） *L*, 100 [64].

（10） これはホッブズが普遍的な敵対関係がいつまでも続く状態として理解した、「万人の万人に対する戦い」（*L*, 96 [62]）である。むろんホッブズが「自然」な人間関係のこのイメージを発明したと考えるのは間違いである。（それは少なくともアウグスティヌスにまで遡る。彼はその典型としてカインとアベルの話を取り上げた。）彼がしたことは、それを「罪」から分離して、新しい方法で合理化することだった。さらにホッブズはこの状態を、これまた「戦い」と呼ばれる別の状態と区別した。後者においては敵対関係は特定の時と人々だけに限られており、ホッブズはそれを平和の状態（国家）を創設し守るための手段として認めた。「万人の万人に対する戦い」は決してそのようなことはありえないのである。

（11） *L*, 20 [9].

（12） *L*, ch. iv.

（13） *L*, 24 [12].

(14) *L*, 37 [21].
(15) *L*, 25 [13].
(16) *L*, 130sq [86sq].
(17) *L*, 25 [13].
(18) *L*, 102 [66].
(19) *L*, 131 [87]. 契約はむろん人間と獣の間では不可能である。しかし人間と神との間でも、仲介者なしには不可能である。
(20) *L*, 131 [87].
(21) *E. W.*, II, 6fn.
(22) Cf. *L*, 549-50 [391].
(23) 末尾の補論を見よ。
(24) *L*, 131-2 [87].
(25) *L*, 48 [29].
(26) しかしこの一方では次の事実があげられるかもしれない。——国家の中でも競争や危険引き受けの機会はいくらかある。我々が奪われるものは、全く保護されていない無謀さにおいて成功する「歓喜」にすぎない。
(27) *L*, 292 [200], etc.
(28) *L*, 98 [63].
(29) *L*, 121 [79]; *E. W.*, IV, 107.
(30) 『論語』巻十五〔衛霊公篇〕二三。
(31) *E. W.*, II, 48; V, 192.
(32) ホッブズの用語においては、人が何かを「欲す」べきだと言うことは無意味である——もっとも彼がそのような話し方をしてしまう時はあるが。Cf. *L*, 121 [79].
(33) Cf. *L*, 101, 548 [65, 389-90]; *E. W.*, II, 12, 31.
(34) *E. W.*, II, 49.
(35) *L*, 122sq [80sq].
(36) *L*, 121 [79].
(37) *E. W.*, II, 32; IV, 109.

(38) *L*, 118, 121 [77, 79].

(39) *L*, ch. xv.

(40) むろん全体では三つよりもずっとたくさんある。

(41) L. Strauss, *The Political Philosophy of Hobbes.*

(42) *L*, 99 [64].

(43) *E. W.*, II, 45n; *L*, 116sq [76sq].

(44) *L*, 99 [64].

(45) たとえば *E. W.*, II, 12, 31; *L*, 101, 548 [65, 390].

(46) *L*, 123 [80].

(47) *L*, 203, 406 [137, 257]; *E. W.*, II, 49.

(48) *L*, 166, 220, 317, 403, 448 [111, 149, 218, 282, 314]; *E. W.*, II, 113, 191; IV, 148.

(49) ホッブズが神の万能だけでも立法の権威として十分だと認める気があったように見える個所すらも、この条件から除外してはならない。万能は、権威の他のいかなる特徴とも同様に、与えられるものである。万能であると承認されるか、無制限の力を明示的に与えられた者だけが万能である。そしてこれは人間についてだけではなく、神についてもあてはまる（「神」という名が単に第一原因を示すだけの個所は除く）。というのも、「神」は人間がある意味を与えることに同意した名前だからである。*L*, 282, 525 [191, 372].

(50) Cf. *L*, 443 [310].

(51) これは獲得によって権威を持つ主権者にも、設立によって権威を持つ主権者にもあてはまる（*L*, 549sq [391sq]）。そしてホッブズはそれがユダヤ人たちの古代の「王国」についてもあてはまっていたと考えている（*L*, ch. 35）。

(52) *L*, 131, 135, 166, 220, 317 [87, 89, 111, 148–9, 218].

(53) *L*, 205, 222, 405, 406, 469 [138, 150, 284–5, 330].

(54) *L*, 437 [307].

(55) *L*, 205 [138].

(56) *L*, 203 [137].

(57) Cf. Pollock, *An Introduction to the History of the Science of Politics*, p. 65.

(58) Cf. *E. W.*, II, 31; *L*, 101, 548 [65, 390].

(59) 『リヴァイアサン』の「結論」（548 [390]）で、ホッブズは二十番目の自然法を追加している。それは「あらゆる人は、平時において自分を保護している権威を、戦時において、可能な限り保護するように自然によって拘束される」というものである。そして彼はこれを説明して、このように行動しないことは自己矛盾になると言っている。だが自己矛盾がないと示したからといって、それが義務だと示したことにはならない。そしてここで自己矛盾がないと断定された行動は、それを課する本当の意味での法律があるときに限って義務となるのであり、国家のメンバーにとってはそのような法律は国法でなければならない。

(60) *L*, 136 [90].

(61) *L*, 97, 122, 205, 211 [62, 80, 138, 142] etc.; ***E. W.* II**, 49–50, etc.

(62) *L*, 99, 110, 203, 121, 273, 258–9, 363 [64, 71, 137, 79, 185, 175, 248–9]; ***E. W.***, II, 46, 47, 190, 200.

(63) H. Warrender, ***The Political Philosophy of Hobbes***; J. M. Brown, ***Political Studies***, Vol. I, No. 1; Vol. II, No. 2.

(64) この解釈のいくつかのヴァージョンの中にはさらに細かな点があるが、私はここでその考察に取り組むことはしない。なぜならそれらがホッブズのものの見方を構成する要素であろうがなかろうが、主要な論点には影響しないからである。たとえば、国家は平和を求めて努力する義務（すでに自然法によって課されている）が「有効にされる」条件である、と示唆される。明らかにこの示唆は、ホッブズにとって自然法が本当の意味での自然法であると信じられるときに限って説得力がある。我々の主たる関心は次の問題にある。自然法はそれ自体で、環境や人々による制限を受けずに、本当の意味における法であって、全人類に「平和を求めて努力する」義務を課せるのか？

(65) たとえば ***E. W.***, II, 191sq.

(66) これは他の点では成立しうる二つの見解を排除している。その第一は、自然法に従うことは義務である、なぜならそれが理性的なことは自明だからだ、あるいは、それが義務であることは公理だからだ、というものである。私の思うに、自然法がその創造者が誰であるかとは無関係に義務的であると認められるようなホッブズ解釈はもっともらしくない。第二の見解は、自然法はその創造者のゆえに義務的だが、その創造者は神ではない、というものである。ところがこのホッブズ理論の第三の解釈にとっては、神は不可欠なのである。

(67) *L*, 83 [53].

(68) *L*, 90, 314sq [57–8, 216sq].

(69) *L*, 274, 314 [186–7, 215]. これは必要条件である。しかし（我々がすぐ後に見るように）必要十分条件は、彼らがこの種の神を「信じている」だけではなく、神を彼らの統治者として承認したということである。

(70) ホッブズによれば、我々は神の性質や死後の生についての自然的知識を持たない。*L*, 113 [73].

(71) *L*, 525 [371].

(72) *L*, 275 [187]. これは無神論者が存在するからではない。ホッブズによれば「無神論者」とは、第一原因の仮説に到達しない、うまく推論できない人であって、彼が人間の行動について「摂理を働かせる」神を信じない者であるということは、そこから推測されるにすぎない。

ホッブズはこの点について何種類もの人間のクラスを見て取っていた。——無神論者、第一原因は認めるが、摂理を働かせる神は認めない人々、狂人と未成年者、第一原因を認め、摂理を働かせる神を信ずる人々。自然法によって義務づけられるのは、これらのクラスのうちの最後のものだけである。

(73) *L*, 317 [218], etc. しかし ***E. W.***, II, 206 に注意すべきである。

(74) *L*, 276 [187].

(75) Cf. *L*, 300 [205].

(76) *L*, 403 [282].

(77) たとえば *L*, 315, 363 [216, 249].

(78) *L*, 275 [187].

(79) *L*, 90, 276, 315, 474, 551 [58, 187, 216, 335, 392]; ***E. W.***, II, 209; IV, 170.

(80) *L*, 97, 166, 317 [62, 111, 217].

(81) *L*, 225, 275, 277, 554 [152, 187, 188, 394].

(82) *L*, 292 [200]; ***E. W.***, I, 3.

(83) *L*, 277 [188].

(84) ***E. W.***, II, vi.

(85) *L*, 286 [195]. 「正しい理性」という表現は確立したものの見方に属していて、そこでは「理性」、「神的閃光」は人類に少なくともその道徳的義務のいくつかを知らせることができると考えられていた。しかしこれはほとんどの場合ホッブズが明確に否定しようとしたものの見方である。ホッブズにとっては「我々の自然の理性」は「神の疑われざる言葉」だが、それが伝えるものは原因と結果についての仮定的情報であって、義務についての定言的情報ではない。そしてホッブズの「我々の理性」という表現の用法にはいくらか矛盾したところさえある。——ホッブズにとって厳密には「理性」とは、推論能力、すなわち保証できる結論を引き出す能力である。するとホッブズの著作の中に現われる「正しい理性」というこの表現は、注意深い読者を警戒させ、ホッブズはわざと曖昧に書いているのではないかと疑わせるシグナルである。

(86) *L*, 337 [232].

(87) *L*, 211sq., 534 [142sq., 378]; ***E. W.***, II, 220.

(88) *L*, 85, 317 [54, 217–8].

(89) *L*, 249 [168–9].

(90) Cf. *L*, 453, 531, 534 [317–8, 376, 378]. ホッブズが「著作者たち」や「道徳哲学の書物」を国法の権威ある解釈者とは認めない（*L*, 212 [143]）のと比較せよ。「権威ある」解釈は、権威を有する者が行う単一のものでなければならず、解釈なしには、知られている法はなく、従って法も義務もない。

(91) *L*, 98[63].

(92) よく知られているように、ホッブズは「内面の法廷における」義務と「外面の法廷における」義務の二つのクラスを区別した。ウォレンダー氏はこの区別を大変注意深く精密に解明した。だがこれはわれわれが今関心を持っている、「ホッブズの見解によると、いかなる種類の義務にも必要な条件は何か?」という問題にとっては副次的なものである。だから私はそれに立ち入らない。しかし次のことを述べておいてよかろう。ホッブズは自然法は自然状態において内面の法廷では常に拘束するが、外面の法廷では常には拘束しないと信じていた、というウォレンダー氏の見解は（Warrender, p. 52; *L*, 121 [79]）必ずしも説得的ではない。ホッブズが言っていると理解しなければならないことは、自然法は、それらが本当の意味での法律である場合は、常に内面の法廷で拘束するが、外面の法廷では常には拘束しない、ということである。「常に」が自然状態を含む「人間の生のあらゆる状態において」を意味していると解するのは、テクストが保証するものを越えているのではないか?

(93) *L*, 314, 317, 403, 448 [216, 217–8, 282, 314].

(94) *L*, 443 [310].

(95) これら二つの解釈のうち、第二のものよりも第一のものの方がホッブズの著作の解釈として異論の余地が少ないと考えるべき理由を私はすでに述べた。それ以外にもおそらくいくらかの重みを与えられてよい事実として、ホッブズは自分が道徳的義務という主題について書いたことが同時代の人々の腹を立たせるほど奇抜に見えるだろうと信じていた、ということがある（たとえば、*L*, 557[364]）。そしてもしホッブズの理論がウォレンダー氏の言っているような性格のものだったら、彼がそのように信ずるなどということは、まずなかったろう。

(96) *L*, 99 [64].

(97) *L*, 292 [200], etc.

(98) *L*, 275 [187], etc.

(99) *E. W.*, II, 200.

(100) *L*, 100 [64].

(101) *L*, 122 [80].

(102) *L*, 258[175].

(103) *L*, 89–90 [57].

(104) Warrender, p. 167.

(105) もし我々が道徳的義務であるとされる性向や行為の説明と、義務的であると信じられているものがなぜ義務的であるのかの理由を示すために考案されたドクトリンとを区別する（それは差し支えない）ならば、次の二つのことがわかるだろう。第一に、ホッブズが新しい義務を推奨するのに携わっていた（彼はそれが嫌いだった。*E. W*, II, xxii）限り、その義務は彼自身が作り出したものではなく、統治が主権者の活動として認められている近代国家の生成中の状態に内在している義務だった。そして第二に、（このホッブズ解釈によると）彼が携わっていた二つの企ては、それが認める義務については衝突が目立たない（衝突する場合には）が、それらが義務であることを示すために与えられる理由の点では衝突が目立つのである。

(106) *L*, 114 [74].

(107) *L*, 108 [70]; cf. 229 [155].

(108) *E. W.*, II, 38.

(109) Strauss, 25.

(110) *L*, 57, 128, 246 [35, 85, 167].

(111) *L*, 96 [61].

(112) *L*, 44, 77 [27, 4, 49].

(113) *Elements*, I, ix, 2.

(114) *Treatise*, II, i and iii; *Enquiries*, §263; *Essays*, xvi; The Stoic.

(115) *L*, 108 [70].

(116) *L*, 献辞、548 [390]; *Vita* (1681), 240.

(117) 以下の論述で私はＪ・Ｍ・ブラウン氏が親切にも私に提供してくださった示唆を利用した。しかしながら、氏はそれが含んでいるかもしれない誤りについては責任がない。

(118) おそらく国家の誕生のためには、「理にかなっている」のではなく、最初に平和を求めることの帰結を気にしない、誇り高い人を前提する必要があるかもしれない。そうだとすると、ホッブズの中にはこの前提を支持するいくらかの根拠がある。

（訳注） 著者はこの論文で『リヴァイアサン』のテクストとして、W. G. Pogson Smith 版（Oxford, 1909）を使っているが、参照の便のために、角かっこ内に原書初版のページ数を付記しておいた。

（森村　進訳）

大学にふさわしい「政治学」教育について

大学教育の在り方は、他の場合と同様、変化を免れない。ある学問分野の勃興により、既に学部で行われていた他の諸分野との並存がこれまで様々に生じてきたが、大学に起きたそうした変化は、概して適切に処理されてきた。勿論、誤ちは幾つかなされたし、実際には歪みであることが変化として認容されたりしたが、こうしたことから大きな弊害は生じていない。学部で教えるべき新しい「科目」（これを私はここで問題とする）の後援者達は、その新しい分野が首尾よく定着するための教育の質を概して見誤ってはいないし、新しい分野を導入した初期の段階では一歩一歩道を確かめながら進むことに満足していた。こうして、自然科学・近代史学・近代語学・英文学および経済学の諸分野がイギリスの大学に勃興し、国際法や発生学などの学問が確立した。新しい分野の発端は時に、従来の内容を教えるので良しとする後援者の寛大さによって容易にひらかれた。しかし学部のカリキュラムで認められる事柄はいつでも既に一世代またはそれ以上の学問的研究が続けられているものであった。

しかし、近年において、大学教育の在り方は従来とは違った面からの変化によって変容を被ってきた。自分の気に入った研究計画の後援者、資金の豊富な後援者を擁する説得的で活動的な福音主義者のグループ、またその「神秘性」

のゆえに大学教育の地位を獲得した学問分野が、あるいは政府までもが、大学教育の在り方を修正する様々な提案を行ってきた。そして、これらの提案の幾つかは予想された程の混乱をもたらさなかったものの、全体としてみれば、うまく処理されてきたとはいえない。私利私欲あるいは時代に遅れまいとする気持が、しばしば判断と適切な探求を妨げ、大学教育の在り方は悪影響と破壊的変更を被ってきた。

「政治学」はイギリスの大学教育に回りくどい仕方で入ってきた。この点、アメリカの大学教育にそのまま容易に受け入れられたのとは全く異なっている。〔政治学の導入にあたって〕適切な考究が全くなされなかった訳ではないし、既存の制度の中にも政治学にふさわしい分野が存在していたし、寛大で有力な後援者にも欠きはしなかった。また説得力のある活動的な福音主義者もしばしば役割を果した。政治学は著名な後援者や時に学者にも支援され、（ピントはずれとはいえ）古代の先例や（それほどきちんと遵守されていたわけではない）大陸の慣行は政治学に好意的に引用され、時代の傾向も政治学に好意的であった。政治学は大した抵抗もなく受け入れられ、様々な言葉で呼称され、それを教授する者がどうにでも好きなように解釈しうるように見えた。こうした尋常でない状況においては、「政治学」を学部生に教える中で、かなり遅きに失したとはいえ、何が教えられるべきかの論究が生じたのは当然だった。〔政治学を教えるという〕確信は欠けていたわけではないが、それはしばしば見当違いの政治的立場の主張であったり、政治学において授けられるべき知識はこれこれのものだという独断であったりした。そして、何が教えられるべきかの探究も常に正しい方向に向かっていたわけではなかった。目ざわりにならない定式が考案されると探究はすぐ沙汰止みになった。こうして、「政治学」はあるいは「政治行動の研究」と言われ、「社会における権力の研究」とか、「政治制度と政治理論の研究」とか言われるが、その研究がどう行われるべきかの方法については一般に何も語られてきていない。

こうした状態は満足しうるものではなく、問題を改めて問い直して、少し違った方向に導く必要がある。ここで考察したい問題とは、「政治学」の名のもとに大学においてどのような教育がなされるべきか、であり、この問題をまず大学教育一般の性格を考えることから始めたい。

1

この問題について我々の手元にある認識は多くはない。すなわち、大学教育は中高等教育以後の教育であると言われ、「進んだ」とか「追加の」とか「より高等な」とか「専門の」教育、更に社会人教育などと呼ばれている。しかしこれらはみな曖昧であり、もしこれだけのことであるならば、大学教育も他の教育とさほど異なるところはないと言わねばならないだろう。そして幾人かの人達はまさにそのように考えている。彼らは「基礎教育」と「高等教育」の区別に満足し、高等教育はより詳細な事柄を内容とし、より高度な学力が求められると考えており、したがって、高校の最高学年になると大学と程度に差がないのであり、また専門学校は大学と変らない。

私はこのようには考えない。私の考えでは、大学教育は特別な種類の教育であり、幾つかの点で基礎教育と区別される。また大学教育だけが唯一の教育ではなく、他の教育にとってかわるものでもないが、重要で独自のものであることにかわりはない。したがって、大学教育は、どの部分をとってみても、まさしく或る固有の性格をそなえている。

教育とは、指導と節制によって、自分自身について認識し自己を形成するための学習の過程である。必然的にそれは二つのものの折り重なった過程であり、その中で我々は「文明」と呼ばれるものに向かいつつ、その過程で文明にふさわしい自らの才能や素質を発明し、それを開発し用いるのである。何の文脈もなく自己を形成しようとすることは不可能である。その場合、文脈とは、学ばれる事柄だけでなくその教育のための指導と節制を含んでいる。

文明はしばしば書物や絵画、楽器と作品、建物、都市、風景、発明、工夫、機械等々すなわち、人類が自然に刻印した成果と考えられている。しかしこれは、我々の行動の枠組である〔文明という〕第二の自然（とヘーゲルは呼んでいる）についての余りにも狭い（極めて素朴な）理解であろう。我々の生きている世界は、むしろ、上述の「物事」を生ぜしめる様々な感情や信念、イメージや観念、思考方法、言語、技術、慣行や作法から構成されている。したがって、世界を財としてではなく資本として、用いることによってのみ知ることができかつ享受しうるものとして、解するのが適当である。なぜならば、上述したものはいずれも固定的で完成したものでなく、成果であると同時に将来への展望でもあるからである。この資本は、何百年にわたって蓄積され、使用によって利殖を生み、その一部は現在の生活に消費され、一部は再投資される。

しかしながら、別の観点からすれば、文明（特に我々の文明）は対話として考えることができる。すなわち、道徳的実践的行為、宗教上の信仰、哲学的思索、芸術的瞑想、歴史的または科学的探究や説明などのそれ自身の言葉を持った様々な人間活動の間でくりひろげられる対話なのである。私がこれらの様々な思考と言論の多様性を対話と呼ぶ理由は、これら諸活動相互の関係が一方的に主張し否定しあう関係ではなく、相互に承認し調整しあう対話的関係にあるからである。

したがって、もし教育が文明への道であるならば、教育とは物質的・情緒的・道徳的及び知的遺産についての方法を学ぶことであり、人間の発言の多様性を学び、それがおりなす対話に参加することと考えられる。もし教育を我々が自分自身を発見し陶冶する過程と考えるならば、それは文明を鏡として我々自身を認識することなのである。

教育についてのこうしたイメージが普遍的なものであると主張するつもりはない。それは単に我々の文明のイメージ（またはその一部）なのである。しかし我々がたまたま我々の文明の中に存在しているという事実から免れることはできないのであり、もし我々にとって重要な事柄を言わんとするならば、この偶然的事実を我々の問いの文脈として受け入れねばならない。

この教育は幼児期にはじまる。この時期、幼児は大抵自分が生まれおちた自然と社会を我が物とするために学びはじめる。ここでは教育とは、子供が自分の感覚と四肢を用いはじめることであり、声をコントロールし、感情に目ざめ、失敗を経験し、それを克服し、他者に順応しはじめることである。子供は話すことを学び、言葉と遊びながら実生活の象徴言語を用い理解する。ここではすべてが、ほとんどすべてが遊戯である。子供が生み出すものは取るに足りないものだが、重要なのはその活動である。学ばれたことはすべて幼児の血となり肉となる。もっとも幼児は快苦の法則という資本を持ち、それを元手に家族生活を学ぶのである。更に、教育はここでは何の方向づけももたない。個人の才能や素質は、それらが早期に垣間みられることはあるにせよ、教育とさほど関係してはいない。

学校に入ってもこの種の幼児教育は継続する。第一に、文字の認知のために本を読み、文章を書くのも文字をなぞる練習である。器用さを身につけるためのドレミファの練習や積木遊びが延々と繰り返される。外国語の授業は同じことを別の言葉でいうだけのことであり、算数は数を扱う練習である。

しかし徐々に知らず知らずのうちに転換が起こり始め、物語を作ったり歌ったり、絵を書いたり、踊ったり交流したりという、その場限りであるが重要な創造活動が行なわれはじめる。ちゃんとした文章が読まれるようになり、楽器も触ったりながめたりする対象ではなく、耳で聞く対象となり、外国語でさえ、文字の移し換えではなく思考の塊としてあらわれる。要するに、子供は文明の知的資本を享受しはじめるのであり、文明を生み出す能力はまだ備わっていないけれども、文明を利用しはじめるのである。あるいは、おそらく、子供が文明を享受し利用するといってもそれは時折垣間みられる程度にすぎないが。

しかしながら、非常に多くの情報が実に様々な方面から集められるので、この学校教育の時期において、そうした知的遺産は〔知的活動の〕資本というよりは単に様々な観念、知覚、イメージの集まりといったほうがずっと近い。我々は多くを得るけれどそれをどう利用してよいか判らないし、更に、それによって何か価値あるものを生み出すための投資と考えもしない。ここでは、学ぶとはどう利用してよいか判らない素材を借りてくるようなものである。あるいは、別の言い方をすれば、学んだことの大部分は学習能力の育成にほとんど自動的に再投資され、そのため、共有し伝達しうる成果を何ら生まないのである。

こうして、学校教育は単に初期教育あるいは単純教育ではなく、固有の性格を有している。それは、重要なことを話す以前に話すことを学ぶのであり、そこで教えられるのは、必ずしも内容の理解を伴わずに学ばれるものであるが、こうした学習は有害でもナンセンスなものでもない。あるいは、こう言いうるかもしれない。学習とは、判らないかを学ぶという意識がなくても学ばれねばならないものであると。我々は、8×9が幾つか判らないとハッと気がついて掛け算表を学び始めるのではないし、あるいは、エドワード一世の戴冠がいつか判らないといって英国国王の系譜を学び始めるのでもない。我々は学ぶように言われてこれらの事柄を学校で学ぶのである。更に、学校教育では特定の方向づけはなされない。それはいまだ個人の才能や素質と関係するものではなく、そうした才能や素質が認められたとしても（それはありうることだが）学校教育の方針はそれらを伸すことではない。学校では自分の気の向くままにすることは許されないのである。

しかし、現在の学校教育期間は以前に比べて長くなっている。十年間以下ということはないし、一四〜五年間の場合もある。そしてその期間が終る前に「専門化」とよばれる事柄が教育に現われはじめる。これは私は好ましくないことであると思う。だが、学校教育にこうした誤りを押しつけてきた人々の幻想やそれを助長してきた悪しき圧力は歴然としている。その結果、学校教育と他のレベルの教育との誤った重複が増大し、学校教育に本来属することが、職業教育にも大学教育にも属さない、またその妨げとなるような「専門化」のために、不幸にも制限されている。すなわちこの「専門化」の名の下で学習の範囲が恣意的に限定され、かといってより深く特定の方向での学習がなされる訳でもないのである。また、もしこの専門化を「職業教育」の方向へ向かわせることになれば、職業教育は最初からきちんと行なわれるべきであり、芝居のまねごとのようなものからはじめられるべきではないという英国の誇るべき伝統と矛盾することになる。職業を学ぶとはあることをどう行うかを学ぶことであり、その職業を演じる仕方を学ぶのは、その準備として良いこととはいえない。

そこで、学校を出るのは重要な転機である。それは我々が受け継いできた〔文明の〕資本に対して新たな態度をとる機縁となるものである。けれども、教育は続くのであり、それは二つの方向に分かれてゆく。すなわち、「職業」教育と「大学」教育である。これら二つは、文明という資本に対する異なった取組みであるが、ある程度相補的である。それは二つの異なった教育である。

一方の観点からみれば、文明は現在の生活様式を規定し可能にしている技術の集まりである。これらの技術を学ぶこと、——法律家や医者、会計士や電気技師、農業技術者や自動車工や外交セールスマンなどの技術を学ぶことは、文明の全資本のうちの適当な部分を借りてきて、それを学び、利殖を生み出すことであり、そうした利殖はあるいは現在の消費に費やされ、あるいは技術の改良のため再投資される。これらの技術はそれぞれ知識であり、多くはある程度の物理的器用さを伴っている。ただし、純粋に物理的な器用さ（コベント・ガーデン市場で荷車を器用に操作することなどはこれに近い）は技術とはいえない。なぜならそれは文明という資本をほとんど必要としないし、その器用さが生む利益（最小限の利益）はすべて現在の消費に使われてしまうからである。これに対して、多くの知識を要する技術は、〔文明という〕資本を大いに必要とし（技術の習得に長い時間がかかることはその象徴である）、更に多くの消資されない利潤を生み出す。

「職業」教育はこうした技術が習得される過程である。このような教育において、文明は、現在の生活様式に含まれる事柄と技術をそのまま反映している。もちろん、この生活様式は固定し完成したものではなく、これらの技術とそれが生み出す物が規定する現代の一般的方向に沿って進んでいる。また現在の生活様式は完全に一貫したものでなく、廃れつつある技術と勃興しつつある技術の両者からなっている。我々の生活においても、紋章学や手織機が動物発生学やコンピューターと並存しているのである。

さて、この「職業」教育において何が教えられ学ばれるかに関して、幾つかの点が指摘しうる。大抵の人々にとって、職業教育は或る一つの技術の習得である。技術が複雑で知識水準が高い場合もあり、単純で習得が容易な場合もある。しかし、職業教育は本質的に極めて特殊化された教育であり、それは単一の技術の習得のみに向けられるからだけではない。というのは、ここでは学習とは特定の知識を習得し、安んじて確信をもってそれを使いこなすことなのである。こうした大工や建築業者が自分の用具や資材を用いる際の習熟度は、たとえば教会史家や古典学者が自分の概念用具や資料を用いる習熟さをはるかに上回るものであるが、これには理由がある。すなわち大工や建築業者の知識は或る範囲を超えない一定の確定された知識だからである。「職業」教育の目的は現在の技術と知識に関わるのである。その技術がどのようにして知られるようになったのかとか、どのような失敗と問題点が残されているかとかいうことは、一六世紀の印刷業者の技術が二〇世紀のライノタイプ印刷にとって重要でないのと同様、問題とならない。この種の教育における専門化の基本原則は、大抵の学習者がただ一つの技術を得ようとしているという事情に由来するだけでなく、現代世界に必要とされる技術の現文明における水準を知らせるという関心に由来する。すなわち、「職業」教育は、学習が消費されない利潤を生むほどのレベルに至ることには、それを禁ずるわけではないが、関心がない。それは、人々がどのように無知であるかを教えるものではないし、そこでの知識とは何が知られていないかの認識ではない。

ここで私は後に用いる区別、「言葉」(思考様式)と「作品」あるいは「テキスト」(「言葉」でこれまで語られてきたこと)の区別を導入したい。これは、たとえば、文学的想像力の「言葉」と詩あるいは小説との区別、科学者の「言葉」あるいは思考様式と地質学の教科書あるいは地質学の現在の知識水準との区別である。

さて、「職業」教育で学ばれるのは「作品」あるいは「テキスト」であって、「言葉」ではない。習得されるのは、権威によって示される知識であって、それを生み出した思考様式に習熟することではない。たとえば、職業教育において学ばれることは、科学的に考えることとか、科学的問題や命題をどう見つけだすかとか、科学の「言葉」をどう用いるかではなく、我々の現在の生活に資する科学の産物の利用の仕方である。あるいは、もしこの区別があまりに難しくきこえるならば、職業教育では、言葉を語ったり新しいことを述べるという意味で「生きた」言葉を学ぶのではなく、「死んだ」言葉を学ぶのであり、単に情報を得るために「作品」や「テキスト」を読むにすぎないのである。習得される技術は、情報を用いる技術であり、「言葉」を語る技術ではない。

更に、「職業」教育は現代生活の技術を教授するのである。一般的にいって、現在用いられている技術のみが学ばれる。このことは、技術が古くからのものである場合には、時に長く蓄積された〔文明の〕資本に依拠することもあるが、大抵の場合、過去数百年、五十年いや二十年程度の〔文明の〕資本にすぎない。たとえば電気技師にとって世界はほんの一昨日に始まったようなものなのである。換言すれば、「職業」教育は人々を現代生活の特定の場所に適合させ、現代のニーズを満たすための教育なのである。したがって、学校教育や後にみる大学教育の場合と異なり、現在の生活様式が維持されるための特定の技術を習得する人が何人必要かを決定することもあながち無理ではない。

さて、私の理解では、大学教育は学校教育とも「職業」教育とも全く異なるものである。それは、教えられる事柄(およびそれを定める基準)およびそれをどのように教えるか、の点で異なっており、また大学教育が専門化される場合でも(大学教育は専門化される必要はないが、「職業」教育はそうはいかない)、専門化の原則が「職業」教育のそれとは異なっている。あるいは、これがあまりに教条主義的ならば、次のように言い換えうるだろう。つまり、学校教育とも「職業」教育とも明らかに異なる教育があり、それはこれまで何百年もの間大学と呼ばれる機関の関心事であったということである。簡単に言うならば、大学教育が学校教育や「職業」教育と異なるのは、それが「作品」の教育ではなく「言葉」の教育だからであり、それが説明言語（あるいは思考様式）の使用と習得に関わり、処方箋を示す言語に関係するのではないからである。学校の生徒も熱心に本を読み、そこから知識を得、また自分自身について学び、どう振まうべきかを学ぶけれども、大学において彼はその同じ本から何か違ったものをつかむよう求められるのである。彼はたとえば、ギボンやスタッブズ、ダイシーやバジョット、クラーク・マックスウェルやアダム・スミスを読み、その本が伝える情報が時代遅れであり、その処方箋は頼りにならないし、「職業」教育には役に立たないと考えるであろうが、にもかかわらず、大学教育にふさわしい何かを与えてくれると理解するのである。

第一に、大学とは、文明という知的資本全体を尊重し関与する人々の集まる場所である。大学は、知的遺産が損なわれないよう保つのみでなく、不断に失われたものを発見し省みられなかったものを回復し、散逸していたものを集めあわせ、損なわれたものを修繕し、再考し、修理し、再構成し、より理解しうるものとなし、再発行し、再投資するのである。原則として、大学は実社会の関心に左右されない。その関心方向は学術的考慮によってのみ決定され、大学が生む利益はすべて再投資される。

こうした努力は、もちろん、大学だけに限られない。大学のメンバーでない多くの人々がそれを行なっている。しかし、大学におけるほどこの努力が、私が述べたような仕方で、すなわち、継続して徹底的に行なわれている所はない。また大学がこの努力を怠ってきたときでも、それに代わるものは現われなかったのである。なぜならば本質的にいって大学は互いに批判的な様々な精神の関与する共同の企てであり、また過去五十年間、百年間に蓄積された知的資本や現代の直接的実際的関心だけに関わるのではないのである。したがって、我々の社会のように、実際上の関連に重きをおく社会では、大学はしばしば弁護されねばならない。そして通常大学は、大学もまた（少なくとも間接的に）現代社会の事業に貢献していると例証することによって弁護され、あるいは、大学は「文化施設」であると主張されることによって、すなわち、大学は費用のかかるナンセンスであり、我々の大学への愛着によって計画的、直接的な破壊から免れているとはいえ、大学とは異質の方向から加えられる圧力から十分免れているとはいえないと主張することによって弁護される。

第二に、大学において〔文明という〕知的資本は、蓄積された結果とか、権威的原則とか、確かな情報または知識の現水準として考えられているのではなく、様々な思考様式や知的活動としてあらわれるのであり、それらは各々自分自身の声、「言葉」で語り、互いに対話的に関係する、つまり互いに肯定あるいは否定しあうのではなく、間接的に承認しあい調整しあうのである。たとえば、大学において、科学とは情報の百科辞典あるいは自然認識の現状ではない。科学とは現在の活動であり、探求される対象について思考し語る仕方である。同様のことは数学や哲学や歴史にもあてはまる。それらは思考様式であり、結果を伝達するだけの死んだ「言葉」ではなく、絶えず探求され、用いられつつある。たとえばメンデルの遺伝理論や物質の分子構造、あるいはパーキンソンの法則のように実際上の利益を生み実生活を動かしている原則、学説や理論も、大学においては、更なる理論的発展のために再投資の価値があるものと考えられており、その再投資はそれぞれの分野の思考表現様式の探求、「言葉」の探求に向けられるのである。

第三に、大学は学問と研究の場であるのみならず、教育の場でもある。そしてその教育を際立たせているのは大学自体の性格である。大学で学ぶとは学識ある個人教授の下で学ぶことでも、話術巧みで物知りの解説者についていろいろな物事を見てまわることでもない。それはそれで教育であるが、大学教育とは違う。大学教育はまた第一級の図書館に自由に出入りすることでもない。大学教育とは、先程述べた〔科学的〕活動が〔各分野における思考表現様式の絶えざる探求〕という仕方で行なわれている現場に自由に出入りすることを享受することである。これが大学教育を他の教育、――すなわち、学校教育、特殊な「職業」訓練や様々な技術が学ばれる科学技術専門学校や少数の学生のみを受け入れる専門研究所における教育、及び個別分野の個人教授によって授けられる、デリンジャーが若きアクトンに行なったような教育――から区別するものなのである。〔学問の〕現場を見学する資格を認められることは、他では与えられない教育の機会を享受することであり、そうした教育を大学は、中世以来、つまり神学博士たちの「騎士道的」論争が大学で行なわれ、学生たちが宗教上の神秘に立ち合い学んだ時代以来、様々な形で提供してきた。要するに、大学においては、他では行ないえない（あるいは容易に行ないえない）こと、すなわち、文明を様々な知的活動の束と考えそうした様々な思考様式の間の対話と考えることが行なわれる。そしてこれが大学教育の性格を規定するのである。

最後に、大学はアカデミックな教育に従事する人々の集まりである。この点で、大学では教師の役割が際立っている。教師として彼らは他の教育機関の人々よりすぐれていることもあろうし、劣っていることもあろう。しかし彼らは、自ら自分の専門とは別の何かを学びつつあるものとして、異なった存在である。彼らは一定の結論や事実や真理、公理等を教えるだけの、あるいは十分検証された原理を伝えるだけの人ではない。また彼らは、自分の専門分野の「現在の知識水準」に通暁することを主たる任務とする人でもない。彼らはそれぞれ、個々の分野で或る思考様式を探求しつつある人達なのである。

にもかかわらず、彼らが教えるものは、彼らが学びつつあるものでも、極く最近学んだり発見したことでもない。学者として彼らは「知識の前線」に立っているが、教師として彼らは前線に立つ者とは異なる者でなければならない。更に、彼らが教えることは彼らが従事している活動自体でもない。学生は彼らの活動を受け継ぐ者では必ずしもない。科学者や歴史学者や哲学者は彼らと同じ者になれと教えるのではない。つまり、教師として彼らが行なうのは彼らの後継者を育てることではない（もっとも学生の何人かはそうなるかもしれないが）。直接に役立つとか現代に適しているとかの考慮に左右されずに、大学の教師が教え、伝えうることは、思考様式に親しませること、〔大学教育〕からみて、文明の知的資本全体をなす「言葉」に親しませることである。大学が提供するのは情報ではなく、思考訓練であり、それも思考訓練一般ではなく、特定の分野でその分野に特徴的な帰結を導きうるような思考の訓練なのである。そして、学部学生が他でもなく大学で習得するものは、歴史的に考え、数学的に考え、科学的あるいは哲学的に考えるとは何かについて理解し、これらを「科目」としてではなく生きた「言葉」として理解し、それらを探求し語る者を〔単に情報を与えるのとは〕異なった説明を企てている者として理解することなのである。

更に、大学はこのような教師たちの連合であり、また彼らの活動はその最善の教授法についての考え方を反映している。そのうち最も重要なもの（今やむしばまれつつあるが）は、思考様式（つまり「言葉」）を正しく得るためには適切な「文献」あるいは「テキスト」の学習が欠かせないという考え方である。すなわち、科学的思考はいわゆる「科学的方法」を学ぶことによってではなく、ある科学の分野を学ぶことによって最もよく習得されるという信念であり、歴史的思考はいわゆる「歴史的方法」を学ぶことによってではなく、過去のある事柄や断面の研究に携わっている歴史家を注視し学ぶことによって習得されるという信念である。このことは、早とちりをする人には、大学を「職業」教育に近づけるものと受けとられるかもしれないが、それがそうではないことは、大学教育においては「テキスト」は情報の体系としてではなく「言葉」のパラダイムとして考えられていることから明らかである。したがって、或る「文献」が（すなわち或る科学的研究、歴史の一時期、或る法制度や或る哲学が）研究対象としてより適切であり、当該分野の「言葉」のより明確なパラダイムを与えるという認識や、更に、この理由からして、学部学生が学ぶべきものはこうした「文献」や「テキスト」（つまり太陽物理学よりも化学であり、ジャワ現代史よりも中世イギリス史であり、ヒッタイト法やケルト法よりもローマ法であり、デモクリトス、ライプニッツ、リッケルトやベルグソンの哲学よりアリストテレスやヒュームやカントの哲学）であるという認識は、「言葉」は「文献」と結びついてこそ最も適切に学習されるという大学教育における認識と一致するものである。更にこれは学習内容を決めるうえで便利でかつ適切な方法である。なぜならば、それには変更の余地が残されているし、また学部教育に関する各分野の教育基準（純粋に教育のためのものであり、学部学生の教育のために全く不適切な学者たちの学問上の関心などの職業上その他の考慮と無関係なもの）を示しているからである。

学部学生に文明の知的遺産の一部を教授するというこうした企てを行うために、二つの一応区別される方法が生じてきた。二つの「専門的」学習が確立されてきたのである。一方で、古典研究が最もよく示しているように、歴史、哲学、文学、法学、科学など様々な思考様式が、ギリシャ語やラテン語のまたは古典古代の「文献」や「テキスト」により学習される。他方で、近代史、数学、自然科学におけるように、特定の「言葉」、思考様式が、その時代時代の適切な「文献」または「テキスト」（たとえば、中世イギリス憲政史、化学、物理学、地質学、イギリス財産法、十六世紀イギリス詩等々）により学習される。これらの「文献」が選択される理由は、それらが思考様式を表現するにふさわしいからであり、それは現代の状況に依存していると共に、勿論、ある程度の学校教育を受けた学部学生の学習にふさわしいかどうかに依存している。

以上が私の理解する大学教育である。それは漠然とした不明瞭なものではなく、明らかにまごうことなく他の種類の教育とは区別されるものである。学部学生であるとは「余裕」を享受すること、すなわち実際的行動を考えることなしに思考し、処方箋を示したり実際的助言をすることなしに意見を述べることなのである。要するに「余裕」とは、学問に固有の説明の仕方なのである。そして、それぞれ実際的業務に従事しそのための「職業」教育を必要とする人人にとっても、三年間学業の焦点を、処方箋的思考から離れて、様々な説明の仕方や説明そのものの理解についやすことは有意義であるという信念の中に大学教育の固有な性格全体がいいつくされている。そして、大学教育に別の性格を与えようとする人は誰でも、大学の性格を変えようとしているばかりでなく、上述したような教育の現場から離脱する方向への決定的な一歩を踏み出すことになるであろう。

2

さて、「政治学」あるいは類似の用語の下に、学校教育、「職業」教育、大学教育の三つのレベルにそれぞれふさわしい事柄が学習され教授されていると考えられうる。事実、政治学は、互いに区別されうる様々な仕方で論じられ、書かれ、学習され、数えられている。まさに、現状は混乱から免れていないともいいうるし、たとえば大学で教えられている「政治学」が〔学校教育や「職業」教育でむしろ〕より適切に教えられることもありうるであろう。しかし上述の三つの教育区分の概略を念頭に置けば、それぞれの教育にふさわしい政治の学習を識別することは可能ではない。

学校教育に関しては、一般に何が教えられるべきかを決めるのに困難はほとんどない。まず第一に、それはすべての人が学ぶのに適した事柄であろう。というのは学校教育の原則は特定の方向づけを持たないことにあるからである。更に、それを学ぶ目的が学ぶ者に明らかでなくとも学ばれうるもの、およびそのように学ばれる場合にそれが有害でもなく無意味でもないような事柄である。教える立場から見れば、それは（ギリシャの詩を読むためのギリシャ文法のような）予備的知識であるか、それ自体一般的な一定の情報であるかだが、学ぶ側からみれば、幾何学や代数や自然地理学同様、何ら具体的有用性と結びついているものではない。要するに、それは、資本としてではなく、諸観念、諸信念、様々なイメージや実践のストックとして理解される文明（生徒が受け継ぐ文明）の一側面への入門となるのである。そして確かにこれは、学校で従来教えられてきた「公民学」の特徴であったし、現在の学校教育が「現代社会」として受けついだものの特徴なのである。すなわち、現在の政府の仕組とそれに関する基本制度及び慣習、更にそれと結びついた基本的信条についての入門である。おそらくそれは退屈な授業であり、市長の職務や下院の機能やケネディ、フルシチョフ、カストロの演説などの無味乾燥な文章であり、ギリシャ語の不規則動詞をおぼえるのとは違って、よりよい成果が約束されることもない。にもかかわらず、政治学は我々すべてに関わることであり、また経済学や歴史学などの他の学校科目が必要なのと同様それが必要であるのであるから、政治学が学校教育の一部をなすと擁護することができる。少なくとも、政治学は新聞紙面にあらわれるような政治の世界のミステリーを正すためのものであるし、またクリケットの州対抗試合や宇宙旅行や教会の記念牌に学校生徒が興味を示すのと同じように公共の事柄に生徒がより深い関心を示すことを禁ずるものでもない。政治学が与えるものは公共の事柄への関心なのである。

また、政治学の専門的あるいは「職業的」教育、すなわち、政治活動に従事することを求められ、あるいは望んでいる人のため特に行われる教育の特徴を示すことも難しいことではない。ここで私が用いている意味での「職業」教育は次の三つの一般的条件が満たされれば生じうるし、また事実何らかの形で生じている。第一に、現代生活が一般に必要とする或る具体的な技術が存在せねばならない。第二に、この技術に関して教えられうる何かが存在せねばならない。もっともこの技術は、それに熟練するためには型どおりにはゆかない修練を必要とするかもしれないが。また第三に、この技術を行使しようと欲し、そのためにそれを学ぼうと欲する人々が存在せねばならない。そしておそらく、政治活動、すなわち統治手段に関する活動とみなされうるものに関してはこれらの条件はすべて満たされていると想定されうる。政治は疑いもなく我々の現代生活における一つの技術である。更に、それに専門的に従事する人人(政治家、党を運営し補助する人々)だけでなく、他の専門技術の場合と同様に、その時々に政治に参加し奉仕する人々(政府の官吏や労組の役員)が存在し、彼らにとっても政治の常用技術や知識は重要である。実際、現代世界で行われているような政治のスタイルはその時々において数多くの参加者を必要とし、また受け入れている。更に政治解説や政治的接待を行なう人々はいうまでもなく現在の生活の特徴となっているが、それに従事するには政治の知識が必要となる。このように考えると、政治の「職業」教育は、他の職業の場合よりも多くの、より広範な学生にとって必要であり、したがってそれが対象とする学生の区分はそれほど明確に限定されない。もし我々が、政治は民主制においてすべての市民にとって、あるいは市民全体に影響を及ぼすに十分な数の市民にとってふさわしい「職業」教育であるとの考えに躊躇するならば、政治はおそらく政治的意識のある、またはそう願っている人々にふさわしい「職業」教育と認められうるであろう。しかしこのことは、「職業」教育としての性格を変更させるものではなく、他の場合と同様、多かれ少なかれ特定の実践行動を成功裡に行なうための確かな知識を与える教育である。そしてここで与えられる知識を或る者は継続的に、他の者は断続的に使用し、また或る者は専門的に、他の者は付随的に用いるとしても、このことは政治とたとえば法律専門教育上の知識とを〔その性格上〕区別するものではない。後者もまた、法律を専門とする者にとってだけでなく、多くの他の業務や職業に携わる者にとっても必要な知識だからである。そして最後に、政治の範囲、信頼性及び一貫性（更に政治に参加する者が知っておくべきと考えられる事柄すべて）についてあらゆる疑問が生じうるとしても、政治に関しては「職業」教育に特徴的な知識である考え方や話し方の現代的慣行は何もないとか、こうした知識は教授されえないと考えることは馬鹿気た揚げ足取りであろう。事実、こうした知識は莫大な量が存在し、その多くが余りに漠然と扱われているので、そうした知識をビーバーのようなねばり強さで探索し、大法官庁のバリスターのような几帳面さで整序づけることが必要なのである。政治も、その外観においては、水道工事や家事や司書や農業やファゴット作りを教えるのと同様な仕方で教えてはいけない理由はないし、実際、政治はそのように教えられているのである。

そして、このことを確証するように、政治一般の関心をひき、政治に携わっていないものの疑問にも答えることができ、同時に「職業」教育にふさわしい具体的内容を兼ね備えた文献（著書及び雑誌）が多数存在する。それは現代政治に関するものであり、人々が参加を求められあるいは自発的に参加する場合に必要な、公的事柄について何をどのようになすべきかの情報を与えるものである。そしてこれらの文献の著者は、その技術と知識によって、しばしば政治上の企画に参画し、あるいは内政や外交を遂行するにあたって助言を与えることを求められる。

このような一般向けの文献においては、連邦主義、下院、調査委員会、公共企業体、資本税、奢侈禁止法、中央集権制等の政治的、行政的制度の性質が冷静に検討され、有権者の投票行動が研究され、政党組織の性質が比較研究され、圧力団体、エスタブリッシュメント、及びエリートの存在が指摘され、政策がその形成過程と効果で吟味され、行政諸分野の効率や情報伝達手段の効率比較が検討される。更に諸外国の政治に関する莫大な情報が収集され、外交上の決定や判断を下す者、下そうと欲する者のために情報整理される。そしてより初級のレベルでは、下級官吏のガイダンスやインストラクションのために各種のハンドブックが存在する。勿論、これらはすべて、知的内容の高さや興味の一般性の点で、たとえば、建築やトマト栽培の専門文献をしのいでいる。しかしその差はそれほど大きいものでなく、意図と目的の点で、これらの専門文献は互いに区別されえない。

更に、専門文献は、法学や医学などの最高度の専門書においても、それらに対応する一般向けの書物が存在しており、政治研究や政治解説についても、この種の一般向けのものがあってもおかしくはない。「古いコテージ改築法」の横に「王制復古のやり方」という本が店頭に並ぶかもしれないし、日曜大工雑誌に「キッチン改造の新手法」が載っているように、「革命のノウハウ」や「選挙に勝つには」とか「公共企業体のイロハ」などの雑誌論文が登場するかもしれない。事実、この種の著作はこれほどはっきりした題名でないにせよ、この一世紀以上も前から手に入るのである。

さて、これらすべての研究業績から、統治と行政の近代科学観が生じてきており、更に、「人類が直面する政治問題を解決する」ために現在政治的および行政的に用いうる様々な過程、計画、政策、資料、制度の操作法および信頼性についての、より包括的で十分検証された情報が増大しつつある。

このいわゆる「マスター・サイエンス（制度科学）」(1)は諸々の出来事を一般法則によって理解する企てではなく、もっと謙虚に、政治的概念の研究、統治制度と統治過程の研究、政党の構造と作用の研究、公共政策と世論の形成の研究、国際関係の研究から生じる「体系化され組織づけられ、教授されうる知識群」そのものなのである(2)。そしてこのような知識群から、政治活動および公共行政に関する「合理的諸原理」が引き出されるのである。「このマスター・サイエンスに求められる希望と期待」について考えるならば、この科学が政治的行政的活動の教育を具体化するものであることは疑いない。すなわち、この科学の「真の目的」は、社会道徳の諸原理を確立するために人類の道徳的問題を研究することであり、政治的組織と政治的行動を導く諸原理を定式化し、人間による統治を改善するために政治的概念と行動を解明することであり、戦争回避、国際平和と安定、自由の伸長、途上国の発展援助、土着民の搾取の防止などの問題を解明し、生活水準の向上と繁栄を導く手段として政治を用い、文盲、不衛生、貧困と病いを社会奉仕により追放し、人類の福祉と尊厳を増大させることであり、更に人類が直面する政治問題を解決し、社会の人人の病いや争いを和らげ、国民に平和と安全の方策を示すことである。そしてこの科学を教える目的は、学生に時の重要な政治問題を理解させ、政治的討論に効果的に参加させ、重要な政策問題を把握させ、デマゴギーへの抵抗を与え、専制者の嘘や圧制者の空約束に抗議させ、政治宣伝と真理の区別を知らしめ、公的権威が負うべき公正な批判を行わしめ、または政府の行動を評価する基準を知らしめ、更に民主主義が効果的に働くために不可欠な、政府に対する知的関心を有権者に与えることである。要するに、ここで述べているのは、疑いもなく政治の「職業」教育である。すなわち将来の官吏にのみふさわしい訓練ではなく(もっともここでいわれている多くのことは政治や行政に職業的に携わる者にも特に有益であるが)、我々の現在の生活水準を維持しようとする人々のために意図された教育であり、つまり政治参加の質を向上させるための教育であり、現代政治の諸問題が実際上極めて重要であることを考えるとその必要が擁護されねばならない。それは農業教育や医学教育と同じ意図を持った教育であり、しかも疑いもなくより重要な教育である。

しかし、空想や大げさな期待、そして研究目標と達せられた結論との不一致を避けるとしても、これまで言及してきた重要な諸研究が、それは政治的諸概念や慣行をそれらが政治的行政的活動において現在用いられているままに研究することであるが、政治の「職業」教育で教えられるにふさわしいものであることを否定するのは困難である。投票行動についての現在の我々の知識や、保守党の組織、合衆国大統領制、および労働組合の内情や公共企業体の組織と運営についての知見は、国内の水道工事に用いられる材料や道具についての我々の情報と同じくらい明確なものである。そもそも有権者や政治芸人や政治家や行政官や地方官吏が自分の仕事に関して医者や弁護士や司書よりも知識が劣ることなどあるべきではないだろう。

更に、政治的活動の他の主要な側面も、証拠に徴すれば、「職業」教育として取り扱われやすい。すなわち、政治は常に奥歯に物のはさまったような言い方であり、政治の語り口を知らないことは、素人としてであれ職業政治家としてであれ政治に参加しようとする者にとって重大な障害である。〔本来〕政治の言葉は好きか嫌いかであり、選択であり、賛成か反対か、賞賛か批難かであり、更に説得であり、禁止であり、告発や供応である。それは、我々が約束をしたり、支持を求めたり、信条や行動を説いたり、行政的処置を工夫し提案したり、更に政治が効率的かつ経済的に執行されうるよう他の人々の信条と意見を組織化する際に用いられる言葉である。つまり、それは日常の実際生活の言葉なのである。しかし、政治活動に携わる人々は、ビジネスや宗教活動に携わる人々と同様、自分の意見と行動をより魅力的なものとするために、また他の人々の意見と行動を取るに足らぬものとするために、一般的概念を用いて自分の考えを主張しようとし、他人の考えをけなそうとする。このようにして（更には元々全く異なった用法の語句や表現をしばしばねじまげることによって）政治の語り口は生じてきているのである。それは次のような語句や表現を含んでいる。すなわち、民主主義、自由主義、平等、自然、人間性、社会、恣意性、憲法、計画、統合、共産主義者、扇動、封建制、保守主義、進歩主義、資本主義者、民族主義、反動、革命、全体主義者、特権階級、公と私、社会主義者、開放社会、閉鎖社会、利害社会、豊かな社会、責任ある社会、無責任な社会、国際秩序、党、党派、福祉と快適性などである。これらは複雑な言葉であり、その用法を教えることは、政治の「職業」教育にとって明らかに適切である。そしてここでもまた、これらの政治的言葉の用法を教えるために企画されたのではないにせよ効率的な文献が存在する。政治的に考えることを教授し、政治を語ることを職業とし或いは好む者に教育を施すための書物が日々生産されている。こうした文献を指す表現すら発明或いは補足されているのである。いわゆる「政治理論」の文献がそれであり、それらの文献はそれぞれに応じて、民主主義理論、社会主義理論、保守主義の理論、自由主義理論、進歩主義理論と性格づけられ、こうした表現はそれぞれ政治の語り口としてその理論の政治的色彩を示すものとなっている。

それゆえ、政治の「職業」教育は単に架空のものではない。それが目ざす技術は我々の現代生活において実に頻繁にまたぎこちない仕方で用いられ、そこで習熟されるべき概念は公的な討論において実に頻繁に用いられている。したがって、政治教育のカリキュラムを組むにふさわしい材料は疑いもなく存在している。また、政治教育に含まれる統治「科学」の限界が何であれ、私は、それが他の諸科学の有する一般性の性格を欠くからといって無価値であるとは考えない。統治「科学」は、政治活動に携わる者にとって有益で確かな情報の概説であると主張することはさほど困難ではないだろう(3)。そして、政治的技術の複雑性、我々の囲りの政治的行政的活動におけるアマチュアリズムとプロフェショナリズムの混合、およびこれといった職業的基準がないことを考えるならば、この教育のカリキュラムにいまだ権威的なものがないことや、それを行なう制度が(合衆国、ロシア、中国を除けば)少数にすぎないことは、何ら驚くべきことではない。

しかし、政治の「職業」教育の可能性がありそうにみえて、英国において、そうしたことを行なおうとする教育機関が目立って出現しない理由はもう一つある。というのは、政治行動についての観察と思索が統治と行政の知識群をようやく生み出した時に、そして職業的政治技術が国王と世襲的支配層に専属の事柄でなくなった時に、つまり統治が神秘的なものでなくなり、その後一定の時が経過したあとで、政治学はその名のもとで大学で教えられるようになったのであるが、その教授法はむしろ「職業」教育にふさわしいものであった。しかし素朴な学部学生達は、大部分は職業政治家や行政官になろうと思っていなかったし、ただ少数の者だけがおそらく自ら政治に携わらないけれども政治的に意識的でありたいという漠然とした願いを持っていたにすぎなかったので、世界各国の憲法制度や、政治的ゴシップと結びつけたり現代の政策のあげ足取り的批判でもしなければ身の入らない政治分析などの極めて退屈なカリキュラムを押しつけられたと考えたのである。政治の「職業」教育としては、これは勿論無価値であったし、そのうえそれが与える知識と方法も政治に参加することで頭がいっぱいの者以外には、あるいはホテルの接客係のように飽くことのない好奇心を持ったものでなければ、何ら興味を引くものではなかったであろう。それは単に、あらゆる政治的関心一般に対してみせかけの学術的視点を与えるにすぎなかったし、一握りのまともな歴史研究によってかろうじて学問的不面目を免れていた。これと共に、幾つかの著名な書物（プラトンの『国家』、ホッブズの『リヴァイアサン』、ルソーの『社会契約論』、ミルの『自由論』、ボザンケットの『国家論』）およびこれらほどは著名でない幾つかの論考が政治に関するものとされ、採られるべき政治的理想や政治的プログラムや政策を含むものとされ、それらについての研究が進められた。そしてその研究方法はそうしたプログラムを抽出しまた批判しようとするものだった。つまりそれらの書物は「政治理論」の書物と考えられていた(4)。実際、これらの書物が読まれた仕方は、時代遅れの造船学のテキストを読む仕方と現代の選挙声明を分析する仕方の混合といいうる。そしてその結果我々はこれらの書物の政治的奇妙さ（あるいは政治的判断の誤り）にのみ感動し、我々の注意もその政策提言の誤りをほじくり出すか、あるいは逆に現代政治と結びつくものを期待することに限定された。

もちろん何人かの人達はこうした傾向から免れていた。こうした傾向に屈しない人々は存在したし、「政治学」が長く歴史または哲学研究の場であった諸大学では、ある程度、このような傾向に対する抵抗がなされた。ともかく、英国の諸大学はアメリカの諸大学に比べればはるかに妥協の程度が少なかった。しかしこのくやむべき傾向は、それは大学教育の根本的伝統と矛盾するのだが、政治学が学部教育の独立した「科目」となった諸大学では「政治学」の方向を決定するものとなり、そうなるとたとえその方向からの転換が望まれたとしてもそれは困難となった。

この方法（今では多分アメリカの政治学の教科書にのみみられる）が大学における政治学教育に必ずしもふさわしい方法ではないことは、疑いもなくずっと以前から認められていたし、多くの改善がなされてきた。しかしこうした改善は大抵、大学教育によりふさわしい何かを行う方向でなされたのではなく、それまで誤って行なわれてきたことをましなものとしようとする方向で行なわれてきた。たとえば、〔政治〕構造の研究に〔政治〕作用の研究が付け加えられ、統治制度の研究に政党、圧力団体、公務員、地方行政、公共企業体の研究が付け加えられ、政治組織の変遷が解明され、政治社会学の必要性が叫ばれ、政治の世界の骨董品と呼ぶしかないものが研究され、政治構造の比較によってより一般的知識が引き出されてきた。要するに我々は手をこまねいていた訳でも、新しい試みを行なわなかった訳でもない。しかし、概して、我々は、大学の政治教育の開拓者たちが求めたのと同じ知識のレベルで、つまり職業教育にふさわしいレベルで努力していたのである。そして、かの政治学の古典に関しては、学生は依然、そこに含まれているとされる政治的行為についての教訓を発見するために、そしてそうした教訓の適切性を省察するために、それらの古典を読むよう求められている。政治的行為の教訓はいまだこのようにして書かれている。我々の大学における「政治」教育の中に、政治の「職業」教育と私が呼んできたものとは異なった何か、つまり、知識の貯蔵庫としての「文献」研究を超えて、政治の「言葉」や思考方法を学ぶことに導く何かを求めることはむずかしい。実際、大学の「政治」教育についての最近の最も包括的な概説（それについては既に引用した）は、悪びれることも弁明することもなく、この「職業的」教育あるいは政治参加のための学習が大学教育にとってふさわしいと是認している。ある程度の混乱はあるものの、〔大学教育の可能性として〕別の方向を求めようという傾向はほとんど存在しない。

さて、大学における「政治学」教育をこうした「職業的」色彩から解放し、漠然とした言い方だが「リベラルな」

性格を与えるために、これまで二つの教育方法が行なわれてきていると主張されるかもしれない。まず第一に、我々はもはや政治の種々雑多な観察結果を伝えることに満足してはいない、政治の解剖は必要ではない、といわれている。我々は「分析し」（すばらしい言葉だ）、分析法を教授し、比較し（これもすばらしい）、比較学を教授し、理想モデルを構成し、仮説を設定し、将来の課題を定式化し、解決策を求めるべきだ〔といわれるかもしれない〕。これらのことは、その幾つかは疑いもなく、メリットがあろう。誰も政治研究を無邪気なものとは思っていない。しかし、この政治研究はどれも、本質的に「職業的」問題、たとえば政治はどのように動いているのか、どのように改善されうるか、政治は民主的か等々の問題以外は取扱ってはおらず、そう意図されてもいない。そしてその多くは、架空の「制度」「過程」「権力」、「エスタブリッシュメント」、「エリート」といった、あれやこれのステレオタイプに関心を向けてきたので、実際の政治組織や政治事件がしばしば不規則的であることを見落しがちであったし、その結果「職業」があまり役立たないことにもなっている。要するに、政治研究の複雑性や微妙性は我々の最初の素朴さに洗練さを付与してきているとはいえ、大学における「政治学」教育は依然として一種の政治のスタッフになるために必要なコースなのである。

しかし、第二に、歴代政治のパターンと構造（すなわち政治学の教科書の内容）を熟知させ、こうした教科書的専門家、つまりインドやイラク、ガーナやインドネシアなどの政治「制度」の専門家によって大学教育を行なうという実になげかわしい傾向にもかかわらず、政治の言葉と思考法を教授する注目すべき試みが存在する、といわれる。〔その場合〕現在の我々と大学の「政治学」の開拓者たちの相違は、退屈でうさんくさい政治構造と政治作用の詳細な研究こそが我々にとっては政治的思考を学生に教える手段なのだという点にある、といわれる。要するに、我々は、大学の「政治学」は「言葉」の研究およびその「言葉」のパラダイムを示す限りでの「文献」を扱うのが適切であるとの認識が行なわれはじめている〔というのである〕。しかし、できるだけ多くの「教科書」を学生に詰め込ませる試みや、実際に政治活動に携わっている者（あるいは引退した者）に安易に「権威」を認める傾向、および大学で「政治学」を教える際の「偏見」がはびこっていることなど（これらのことはすべて「職業」教育にしかあてはまらない）を考えると、上述の主張が正しいかどうか疑わしい。しかし、たとえ現在の我々と開拓者達との間の違いが認められたとしても、政治の「職業」教育と大学における政治学教育を区別するためには更に何かが必要である。なぜならば、ここで主張されていることは、結局、我々が以前よりも優れた「職業」教育を行なっているということにすぎないからである。

すなわち、「職業」教育と大学教育の相違は「言葉」の性格の違いにある。現代政治の用語を教授することは政治の「職業」教育の本質をなす。政治用語を用いる技術、そこに示される思考法に熟知することは政治活動の本質をなすからである。しかし、これは、学部学生に授けられるべき大学教育の特徴としての「言葉」と同じものではない。この「言葉」――歴史学、哲学、科学、数学の「言葉」――は、すべて説明言語なのであり、それぞれ固有の説明の仕方をあらわしている。しかし、政治用語は説明言語ではない。それは、詩や道徳の言語でないのと同じである。物事の特殊「政治的」説明など存在しない。「政治」は、或る信念や意見を持ち、或る判断を下し、或る行動を行ない、説明的ではなく実践的考慮から思考することを意味する。「政治的」というにふさわしい思考方法や主張方法があるとすれば、大学がそれにかかわるにふさわしい仕方は、それを用いることでも、使い方を教えることでもなく、それを説明することである。すなわち、それに幾つかのはっきりした説明法を与えることである。もし「政治活動」が、それなりに理解され説明されるべきものとするならば、大学の「政治学」を講ずる者は、どのような方法でそれを説明しようとするのか、どのような説明「言語」あるいは「言葉」でそれを言いかえるべきか、学部学生がいかなる説明「言語」を政治に関して用い、また学びうるのかを自問自答せねばならない。

さて、私の考えでは、もし我々がかの政治用語の使用習得についての魅力的だが不適切な「職業的」教育をあとにするならば、大学における「政治」研究は学部学生に二つの異なった理解方法、二つの思考法、二つの説明「言語」、すなわち歴史の「言葉」と哲学の「言葉」に習熟する機会を与えるであろう。私の考えでは、これ以外の思考法は、それほどエレガントとはいえない仮装を身にまとった思考法である。〔これに対して歴史の「言葉」と哲学の「言葉」は〕それぞれ真の説明法であり、それぞれ何が重要かについての明確な基準を持ち、それぞれにふさわしい帰結を導くことができ、物事の誤りを指摘しうるだけでなく、(より重要なことだが) その不適切性を指摘しうるのであり、更にこれらの「言葉」でなされた言明は何ら (断定的) 命令的なものではない。したがって、大学における「政治学」専攻の学生が取り組むべきことは、歴史家や哲学者の思考様式や主張様式を学ぶことであり、他学部の学生がそれぞれの学科に即してそれを学ぶのに対して、政治に即してこの思考様式や主張様式を学ぶのである。一五世紀における英国の羊毛貿易や一六世紀における教皇制についての教科書に即して、歴史学部の学生が歴史家の思考・表現方法や、理解・説明方法を学ぶように、政治学部の学生は同じことを政党や下院またマキァヴェリの『君主論』やホールディン報告〔の講義〕をつうじて学ぶのである。また哲学部の学生がカントの『純粋理性批判』を学ぶように (そして大学でカントを学ぶということは、カントの得た結論に精通するということではなく、カントの当面した問題を理解し哲学的議論の何たるかに精通することであるが)、政治学部の学生はホッブズの『リヴァイアサン』やヘーゲルの『法哲学』を読み、哲学的思考法の何たるかを学ぼうとするのである。そしてもし政治学の学習が真の説明言語に精通するにふさわしい機会であるとするならば、そうした機会は与えられるべきであろう(5)。「政治学」の学習が「職業」教育から明確に区別され、大学に固有の教育として位置を占めることができるのは、まさにこのようにしてなのである。

これに対する主たる障害は、「政治学」がこれまで大学教育において「職業」教育的色彩を確立してしまっており、それを打ち捨てることができなかったことである。大学の「政治学」教授たちがこうした傾向について一般に深く考えているとは思われない。もっとも幾人かの人達はこうした傾向に情熱的に関わり、それを擁護してきてはいるが、こうした傾向はむしろ、彼らが世俗的な政治と行政の問題に第一次的関心を向けていることから、すなわち政治や行政の最新情報に目を奪われていることから、更に、どうしてこうした情報を大学教育において教授すべきでないのか、他の何を「政治学」の名において教えるべきかを理解しえないことから、生じている。大学教授としての彼らの誤った姿勢は、彼らの研究方針にあるのではなく、自分の関心事を不適切にも学生に教授しようとするところから生じているのである(6)。彼らは、大学教授たる者は政治研究を「時事問題」のレベルを超えてそれにふさわしい知的内容を与えねばならないと考えている。しかし、大学教育における「政治学」が研究「科目」ではなく「テキスト」の豊庫であり、大学教育は政治を説明する「言葉」をいかに用いるかを学ぶ機会にすぎないことを認めてはじめて真の大学教育が達成される点を、彼らはほとんど理解していない。

そしてもし大学における「政治学」の教授法は歴史や哲学を無視してはいないと主張されるならば、それに対しては、そこでの歴史や哲学との結びつきは「政治科学」の適切な関心から逸脱しており、結びつきがなされてもそれは解放的というより腐敗的なものになりがちであった、と答えざるをえない。そこでは「歴史」は説明様式ではなく、自称「歴史家」が現在の政治構造を説明するための論拠であり、政党の将来を予測したり行政措置の起源や有効性を説明するための論拠にすぎない。「歴史」は、それがどういう意味であれ、「背景」にある限り、重宝がられるのである。また「哲学」は、思考方法としてではなく、政治の特定の利害を決めつける乱用語となっている。しかし研究を少し過去にさかのぼらせて一片の政治的行為を説明するというのは歴史を「行う」ことではない。それは政治の回顧にふけっているにすぎないのであり、そこには歴史的思考法は決して適切にはあらわれていないのである。そして、プラトンやホッブズやルソーやヘーゲルやミルの書物の中に、これらの思想家の政治的傾向が求められたり、また「自然法」、「一般意志」、「自由」、「法の支配」、「正義」、「主権」といった、本来哲学的に説明的な概念が、政治家の手にかかって規範的概念に変ってしまったり、更にはその命令的側面しか顧みられない場合には、哲学的思考法を学ぶ機会は失われてしまっている。こうして哲学的議論がいわゆる「政治理論」に変質し、それを「民主主義的」とか「保守主義的」とか「リベラルな」とか「進歩的」とか「反動的」と政治的レッテルを付けて呼ぶことが適当と考えられるようになるならば、政治の「職業」教育が再び押しつけられ、哲学者は物事の状態にかかわるのではなく説明の仕方にのみかかわることが理解されえなくなり、更に哲学的議論にとって唯一重要なことは首尾一貫性、明晰性、解明力および創造性であることが理解されなくなってしまう。もし我々が学生に次のような問題を論じさせることによってその理解度を試そうとするならば、すなわち、ミルは民主主義者であったか、上院はその有用性を失ったか、ガーナでは議会制よりも大統領制のほうがよりよいのではないか、英国は一党制に向っているか、等の質問で学生を試そうとするならば、それはあまり程度の高くない「職業」教育が行なわれていることを示すものなのである。

我々の道のりは長い。しかも誤った道に踏み出してしまったので、大学にふさわしい政治学教育もすぐに進展するとは思われない。しかし、適切な方向に我々を導く二つの方策が存在する。

第一は、政治学部において、政治用語の使用を禁ずることである。我々は学問上の説明の「言葉」のみを用いるべきである。そして、政治的言い方が取上げられる場合でも、その使用と意味を探求し、それらを分析したり歴史的哲学的説明を行うためだけにするのである。政治的言い方自体が説明的表現であると扱われてはならない。またいわゆる「政治理論」は一種の政治活動であり、それ自体が教授されるべきではなく、歴史的哲学的に説明されるべきものであることを認識せねばならない。

第二に、大学において我々は、情報の体系としての教科書の学習を指導するのではなく、適切な教科書による説明的言葉の用い方を教えるのであるから、「教科書」は注意深く、それにふさわしい教育上の基準から選択されねばならない。しかし現状ではそうした適切な基準は全く採用されていない。〔採用されている基準といえば〕新聞でしばしば報道される地域であるかどうかとか、国家が新興国か強国であるかどうかとか、行政的施策が専門家からみて興味を引く重要なものかどうかとか、というものであり、こうした事柄であれば、大学の「教科書」として問題なく選択されると考えられている。しかし、これらの基準は、最良のものではなく、それどころか、最悪のものである。なぜならそれは政治的な根拠にもとづくもので、教育上の根拠にもとづくものではないからである。たとえば、学部教育において現代ロシア政治が占める位置の大きさは「職業」教育の観点からしか正当化されえない。おそらく中国を除けば、世界のどの国よりもロシアの政治の現状について、我々は知ることが少ないであろう。〔したがって〕「職業」教育の観点からさえ、ロシア政治を「教科書」につかうことは疑わしい。それを学んでも表面的で無益なものであろうし――現実ではなくシステムを、具体的行動ではなく機械的モデルを学ぶことにしかならない――そうしたことは、ロシアの強大さと政治的重要性、それ故ロシアについて学ぶことはたとえ不適切なことでも望ましいという考慮によってのみ正当化されうるであろう。しかし大学教育においてこれらの考慮は重要ではない。重要なことは、教科書の素材が学部生に歴史的思考方法を教えるために適切かどうかである。そして現代ロシア政治がこの条件をみたさないことは明白であろう。どうして政治学部は、フランス政治やスウェーデン政治やアメリカ政治やスペイン政治（イギリス政治はもちろんのこと）などのすぐれた「教科書」があるにもかかわらず、道を踏みはずして、極めて熟練した校訂者しか手におえない、学部生にとっては全く漠然とした誤解を招きやすい「教科書」をあてがって平然としているのか。

学問的研究は、ある行為が現実の文脈から取り出され、説明的思考法にふさわしい状態におかれたときに生じる。人類の過去は広範囲であり、芸術や文学、法や習俗、様々な出来事、諸々の思想、発明や工夫にわたっている。そしてこれらが学問的研究の対象なのである。物理的化学的実験、数の性質、様々な国民の習慣や風俗、地球の構造と構成、道徳的諸観念は我々の好き嫌いから切り離して、実際の目的に役立つかどうかという観点とは別の観点から研究されうる。我々の必要を満たす稀少財の研究さえ、公的または私的政策を離れて行ないうる。確かに、それぞれの事柄は単なる説明以上の別の誘惑を伴っているが、そした誘惑は容易に抑えうるであろう。しかしながら、(我々や近隣国民の)現在の政治に関してはそうした誘惑を切りすてることはむずかしい。したがってそれは学問的説明のための素材として必ずしも実り多いものではない。大部分の人にとって、「職業的」用語を用いて政治に関わりそれについて考える楽しみに背を向けることは難しいし、規範的命令と学問的説明はあまりにも混同されやすい。またお好みの政治的立場を支持するために哲学を無視したり、自ら歴史に学ばずに、歴史家の結論を便宜利用する誘惑には抗しがたい。政治学において、説明の言葉を用いることを学ぶための「文献」や「教科書」を得ることは極めて難しい。なぜならば、学ばれるべき素材の言い回しが、その素材が学ばれる仕方を押しつけようとするからである。にもかかわらず、もし大学で何がなされるべきかを我々が認識するならば、政治学における難しさはそれ自体やりがいのあるものとなろう。すなわち、もし我々が、為すべきことは政治ではなく、政治を通して歴史と哲学の「言葉」を用いる仕方を教授し、それと他の表現方法との区別を教えることである、と認識するならば。

一九六一年

(1) W. A. Robson, *The University Teaching of the Social Sciences—Political Science*, UNESCO, 1954; H. J. Blackham, *Political Discipline in a Free Society*.

(2) これらの研究は、時に、「社会権力」の発現、過程、範囲、帰結、道徳的基盤の研究として一般化されている。

(3) しかし統治「科学」について、これ以上のことはいえない。このマスター・サイエンスを擁護してこれ以上の主張を為すならば、それはその人の道徳的思い入れか(そしてそれを我々が共有することはできないであろう)、あるいは素朴な倫理自然主義に基づくものである。

(4) この認識を促すように、ホッブハウスの『国家の形而上学理論』(および後にはクロスマンの『プラトンと現代』そしてポパーの『開かれた社会とその敵』)のようなコメンタールが存在する。

(5) 一世紀以上にわたって真の政治「科学」の可能性が探求されてきたのは本当である。しかし、学部生にたとえ迂遠な形でも「政治の」科学的思考法に精通する機会が与えられているとは言えないのであるから、こうした企てが実っていたならば状況はどう変化したであろうかについて考える必要はないであろう。また（アメリカを除けば）こうした「科学」を教授しようと試みるものはいない。

（6）もちろん、大学教師が政治に関与することに反対しているのでないことは理解していただけるだろう。大学が統治行動や制度に関心を示すようになって久しいし、英国およびおそらくは米国においても、近年こうした関心が高まっている事情として、多くの大学が、二つの大戦において政府に助力することにより、うすうすながら、「政治学という」未開の領域を見いだし、それを探求しようという衝動に動かされてきたという事実がある。更に、政治の研究はヨーロッパやアメリカの大学では新奇なものではなく、ヨーロッパにおける政治学の最初の教授職は、一七世紀のウプサラに設けられた「統治術と雄弁術」（これらは政治活動に不可分である）の講座といわれており、また、「政治科学」と呼ばれるものも、様々に類推され抽象的帰結を導きながら、一世紀以上にわたって追求されてきている。しかし、もしすべての大学教師が自分の関心事を教えるようになり、またもしすべての教授職が大学で別々の学科を持ちうるとするならば、今日の大学と精神病院を区別することはほとんどできないであろう。更に、相当数の学生は大学時代においてより専門的に政治に参画しうるための準備をしたいと考えているのだという主張は（大学を「職業」教育の場と誤解し、大学に入るのは政治をやるため、官僚になるためと考えている少数の者は別として）、誤りである。もっともこれはここでの論点ではない。

（桂木隆夫訳）

新しいベンサム

ジェレミー・ベンサムは一八三二年六月六日に死んだ。その遺志に従ってベンサムの遺体は曖昧な科学的目的のために保存されたが、ベンサムの思想は彼を評価しなかった同国人たちによってすぐに忘れられて、彼が直接影響を与えた少数の人々の見解と、イングランドの法体系内部のある改革およびそれに向かう傾向との中で、広範とはいえ単に間接的にしか生き残らなかった。死すべきものが生き残り、死なないものが埋葬され忘れ去られたのである。しかし死後百年後の今日、ベンサムのグロテスクな骸骨は埋葬した方がよかったという声は聞かれないが、これほど無思慮に埋葬されたもの〔彼の思想〕は掘り起こしてもいいだろうという声は聞かれる。実際のところ、この発掘作業はすでに始まっている。しかしながら、掘り出されるものが単なる死体——まだ埋葬されていない骸骨の隣に置かれるべき精神的な死体——なのか、それとも新しい生命と新しい意味を与えられた再生したベンサムなのかは、まだわからない。誰も彼の墓から彼が埋葬されたときと全く同じものを取り出すことはない。しかしベンサムの精神の中に何らかの不滅の性質がなければ、また彼が同時代人たちによって生き埋めにされたのでなければ、単に彼を掘り出すだけでは、彼にとっても我々にとっても何ら益がないだろう。そこで私の仕事は、ジェレミー・ベンサムを再生させようとするこの試みとその出来ばえを考察し、その結果が何か現在の人々にとって意味のある生きたものか、それとも世の中にすでにたくさんありすぎる、ミイラになった死体にすぎないのかを考えることである。

だがまず我々は、埋葬された、古い復活しないベンサムのことをしばらく考えてみよう。私の思うに、ベンサムが死んだとき、彼のことを知らない人々と知っている人々の多数とにとって、彼は笑いの種以上のものではほとんどなかった。たくさん書いてほとんど公刊しなかった奇人の老紳士というわけである。しかしベンサムに親しかった人々、彼の晩年に彼の周囲に集まった「スクール」にとっては、彼は教師であり「彼の時代と国の偉大な批判的思想家」だった。また他の多くの人々は、ベンサムをその時代の重要人物とみなしていた。さらにまた、この題材について書き残している人々の間では、ベンサムの天才の性質についてかなりの意見の一致があったように見える。彼の友人たちの間では、ベンサムは鋭い感覚の持ち主として知られていた。愛情に満ちた人で、他の人々の快楽と苦痛に非常にセンシティヴで、「花が熱情的に好き」で、動物への特別の共感を持っていたというのである。彼は人類への仁愛心にあふれていた。フェヌロン〔ベンサムが幼年期に読んで影響を受けた物語『テレマックの冒険』の著者〕の英雄もかくあらんというところである。さらに、彼の知的活動に関する限り、「実践における悪習の領域」が彼の領域だったと認められていた。彼自身が言うように、彼の才能は立法に向いていた。ベンサムは「かつてなされたことのない、慈善家の精神と実際家の精神を結びつけた。彼は悪習について熱弁をふるうのでなしに、すぐにその根底に赴いた。彼は腐敗の詭弁を空しく貫くのではなしに、腐敗そのものを襲った。彼はまさに立法改革のテセウスだった――彼は迷宮に入り込んだだけでなく、怪物を退治したのである。」そして彼が彼の時代と国に与えた大きな恵みがどこにあるかというと、それは「彼が法を特別な神秘としてではなしに、単純な実際的ビジネスとして取り扱った実例にある。そこでは生活の他の技術と同様、手段は目的に応じて加減されるべきである。」彼は「法学を無意味なおしゃべりだと見抜き、それを科学に変えた人」である。そして彼がこの目的を達成したのは、彼がイングランド法に関するかなりの知識に、その先例や偏見や不合理性に対するかなりの軽蔑を結びつけたからである。しかしベンサムは彼の同時代人たちにとって、単に法と法学の改革者だっただけではなかった。彼は「彼の時代と国の偉大な批判的思想家」であり、彼の生涯の教えは、「浅薄な人々にとっては実務と人々の外面的利害から大変かけ離れているように見える思弁哲学が、実際には人々に一番影響するものだ」ということだった。ベンサムは法を改革して（ダイシーに言わせると）「一九世紀イングランドの法改革の歴史はベンサムという一人の人が投げかける影の物語である」ということになっただけでなく、「最初に道徳・政治哲学の中に思考の厳密さを導入した。」そして最後に、ミルの驚くべきエッセイ〔「ベンサム」。一々指摘しないが、このあたりの引用はそのエッセイからのもの〕が一八三八年に発表されて以来ベンサムについて書いたすべての著作家が繰り返してきた見解によると、「彼がしたことの新しさと価値を構成するものは彼の意見ではなく彼の方法だった。」ベンサムが創設したのはドクトリンでなく方法、「細分法（method of detail）」、「全体をその部分に分けてテストする」、「網羅的分類」の方法である。彼は何よりもまず、細分された分析の名手であり、知的な関心の全分野に革命を起こすべく運命づけられた思考方法の発明者だった。

しかしベンサムの天才の欠陥も長所と同様に、その同時代人たちによって認められた。ミルは一五歳のときに「ベンサム主義を宗教として受入れた」が、後になって自分の師の哲学が世界中のあらゆることを説明する能力について疑いを持つようになった。そして特に、ベンサムの才能は彼の生涯が「環境と性格のため、世界の仕事や交渉から奇妙なほど隔離されていた」という事実によって不利益を受けたように見えた。イングランドの哲学では、経験を反省から分離するということが伝統になった（し、ある程度まで今でもそうである）。そしてミルはベンサムを、特別に致命的なほど制約された経験しか持たなかった考察家として見た。「彼は内的経験も外的経験も持たなかった。彼の静かで平穏な生涯と彼の精神の健康さがあいまって、彼を両方の経験から遠ざけた。」従って「彼は偉大な哲学者ではなかったが、哲学における偉大な改革者だった。」そしてこの欠陥以外にも、他の人々はベンサムが「自分の意見の形而上学的根拠にあまり深くまで立ち入らなかったように見える」人だと思っていた。浅薄な思想家で、「事実を数え上げ分類するが、それらを説明しない」人、思考の満足に至るまで考えることがない人である。ミルにとってベンサムは「いつも自分自身の前提を知っている」人だったというのは真である。しかしこの点でミルはベンサムが既成の権威、特に法学という既成の権威に向けた軽蔑に惑わされて、自分の師がもっと深い意味で「批判的」だったと考える過ちに陥っているようである。一見明瞭な既成の権威すべてを軽蔑する人は多いが、実際に自分自身の頭で考え始める人、独立した思想家である人はごく少ない。そしてベンサムは確かに後者ではなかった。

そしてこれが古いベンサム、伝統的なベンサムであって、古い書物すべて（全一一巻の『全集』を含む）が我々に紹介するものである。最近三〇年間、他の著作者はこの像を拡張してきた。レズリー・スティーヴンやM・アレヴィのように、ベンサムとその先行者たちや同時代人たちとの関係を明らかにする人もいれば、フィリップソン教授やアトキンソン氏のように、ベンサムの著作のある側面を一層詳細に与えてくれる人もいた。しかし全体的には、彼らの言ったことはミルやその他のベンサムの同時代人たちが語った物語をかなり拡張はしても、大きく変えるものではなかった。ところが最近出版された数冊の本の中で我々に示された、新しい再生したベンサムは、古いベンサムとは根本的に違うように見える。我々が与えられるのはベンサムの生涯と性格についての新たな見解と、彼の思想の範囲と意義についての新たな見解である。それが言うところでは、本当のベンサムは伝説的なベンサムのような制約された生涯を送ったのではなく、彼の同時代人たちが考えていたよりもはるかに普遍的な天才だったのである。しかしながらここでこの再活性化のすべての面について論ずることはできない。私はその代わりに、二人の著作者の著作の中で試みられた活性化を考察することにする。コロンビア大学のC・W・エヴェレット氏はベンサムのこれまで未完の著作の一つを編集する傍ら、ベンサムの生涯と性格に関する新たな見解を我々に与えた(1)。そしてC・K・オグデン氏はベンサムの思想に関する新たな見解を与えた(2)。

新しい伝記が本当に新しいと言えるのは、それが新しい発見に基づいているか、あるいはすでによく知られている資料の新しい解釈をしているからである。そして最初に言っておいてよいだろうが、ベンサムの生涯の前半に関するエヴェレット氏の著書は（すべてではないが）主として彼が最近三年間大英博物館とロンドン大学ユニヴァーシティ・カレッジの膨大なベンサム手稿のコレクションを検討している間に行った発見に依拠している。彼はこれらの発見に基づいて、ベンサムは「普遍的人間性の代表者として」不十分だという（ミルに由来する）伝統的見解を伝記によって反駁し、古いベンサムとして考えられていたよりも世間から切り離されておらず、希望と恐怖、欲求と失望に動かされるベンサムを提出しようとした。エヴェレット氏は言う。――ベンサムのイングランド人の弟子の誰ひとりとして、六〇歳以前のベンサムを知らなかった。そして彼らがその師の以前の生涯と運命を不十分にしか知らなかったため、彼らはベンサムの性格を誤解して、彼を実際よりも経験の乏しい人と考えた。以前のベンサムのメアリ・ダンクリーへの愛情を彼らは知らなかったし、彼の父親との緊張した関係や弟サムエルとの親密で愛情のこもった関係についても十分承知していなかった。彼らが知っていたのは法改革に熱情を注ぐベンサムだけであって、恋人、実務家、陽気になったり憂鬱に沈んだりする気分屋、忘れたい失望をした男、問題ある行跡のある男としてのベンサムについては無知だった。そしてエヴェレット氏は、ベンサムが弟のサムエルに送った今まで未公刊だった手紙の中で、この新しいベンサムを直接に生き生きと示すことができた。ベンサムの哲学の中にいかなる欠点を見いだすことができるにせよ、これから先はそれらの欠点を彼の生涯の「ひきこもった」性質によって説明することはできない。

しかしベンサムの生涯の前半に関するこの新鮮な記述は、事実に関する我々の知識を増やすだけで終わるわけではない。それはベンサム全集の最後の二巻の中に見いだされる古い伝記的資料の新しい解釈にまで踏み込む。この解釈はときとして不確実で不確定だが、その限りでは見事に行われている。ベンサムの前半の生涯と活動について我々が与えられる像は、通常のものよりも彼の後期の理論や倫理的・法的・政治的見解に関係する程度が少ない。実際のところ、おそらく本書は法や哲学よりも伝記に関心を持つ人が書いた最初のベンサム伝だろう。私の思うに、ここから本書の大きな長所が出てくる。本書は短く、構想は大胆、構成は単純、そして飾り気なく徹底的な仕方で書かれている。本書の伝記としての唯一の欠点は、私の思うに、単純化しすぎる傾向である。ベンサムの生涯のいくつかの出来事が選び出され、いかなる人物の生涯におけるよりも「決定的」なものであるかのように描かれている。ブラックストーンの講義へのベンサムの出席、シェルバーン卿との彼の交友、ランズダウン・ハウスにおけるデュモンとの出会い――これらは確かに重要な出来事ではあるが、それらを絶対的な「ターニング・ポイント」とまで言うのは大げさである。この点と他のいくつかの点において、エヴェレット氏は批判的態度が足りず、物事の外観に頼りすぎているように私には思われる。そしてこのどちらかというと批判的でない態度の結果として、伝記の本当のポイントが明快に定式化され前景に置かれることが部分的にしかなされていない。そして私の思うに、もう一つの結果として、ベンサムの天才のある側面が実際に誤解されている。というのは、我々が実際に与えられるのは、法の単なる改革者、思弁的な思想家、一九世紀を見すえた著作の著者、真摯な民主主義者であるベンサムではなく、フィロゾーフ、一八世紀の産物、イングランド人よりもフランス人に近く、エルヴェティウスやディドロやヴォルテールやダランベールの思想の仲間、善意の専制君主制の最後の信奉者であるベンサムだからである。そしてこの見方をしっかりと把握し、それが意味するところを完全に理解すると、新しいベンサムが現われるだけでなく、ベンサムの生涯の二つの「大問題」（エヴェレット氏はそれを述べるが、取ってつけたようにしか解決しない）もすぐに解決されるのである。その問題はこうである。――なぜベンサムの天才はイングランドにおいてよりもヨーロッパ大陸や南北アメリカやロシアにおいて十分に認められたのか？　そして、なぜベンサムはあれほどたくさん書きながらあれほど少ししか公刊しなかったのか？　実際のところは、この両者は我々が予期すべきことであって、不思議なことではないのだから、これらは問題としては消滅する。

さて、フィロゾーフの性格は特異であるとともに興味深いものである。そして全体として見れば、これは全くイングランドの性質と異質なので、ベンサムが自分の本国でこれほど軽視され、その一方どこでもフィロゾーフ文明が発達し確立したところなら外国でこれほど重視されたということは我々を驚かせない。この性格の中には三つの主要要素があって、いずれもベンサムの中では高度に発達していると私は考える。第一に、フィロゾーフの時代は知識、それも種類を問わない知識への特別の信頼を含んでいる。それはこの世界、その構成と法則について、そして人間性とその要求と欲求についての情報への膨れあがった渇望である。フィロゾーフは我々には理解しがたい仕方で知識を信ずる——我々はとうの昔にこの信頼を捨てた。そしてフィロゾーフが生存できるのは、限界がなさそうなほど知識の供給がむやみに大きいときに限られる。フィロゾーフの精神は発明の才があり、器用で、いささか戸惑っていて、たやすく満足する。ヴァイタリティはあるが、見境というものはない。彼の眼にはすべての知識に等しい意義があるように見える。そして学ぶべきものが多すぎるので、何事も立ち止まって深く学ぶための時間も性向もない。一つの物事が尽きるよりも前にそれは別の物事に至る。そしてあらゆる示唆に従うときには、一つの示唆に遠くまで従うことはできない。知識の世界はフィロゾフィスムの到来ののち、ハチの群れに襲われた九月の果樹園のようになったということは事実だが、フィロゾーフ自身にとっては、自分の生は果てしなき知的冒険のように見える。彼は自分の見境のなさが含んでいる無感覚な荒廃について全く無知で、自分の野卑さを意識していない。そしてもし彼の運がよければ、そのような生き方を襲うに違いないと思われる幻滅を避けることができるのである。

しかし第二に、百科全書的知識へのこの信念の一方、フィロゾーフは一般的に信じやすいことに特色がある。彼は当惑するということを知らない。彼が知っているのは無知だということだけである。そして彼は自信の厚い革によって疑念のディレンマから保護されている。彼はすべてを疑い、新しい世界の根底からの建設に従事しているかのように見えるが、実際には誰にも増して信じやすい人間である。彼の思考の中には傲慢さがたっぷり、そして勇敢さもいくらかはあるが、自由はほとんどなく、率直さは全くない。確かに彼は彼ほど啓蒙されていない同時代人たちと同じ場所から同じ偏見を持って出発するわけではないが、自分が検討する時間も性向もないあれこれの前提すべてを持って出発する。要するに、フィロゾーフと哲学者との間に共通するものは、ほとんどあるいは全くないのである。フィロゾーフにとって世界は自分と意見が一致する人々と「愚か者」とに分かれている。「科学」は迷信と対比される。そして迷信と同一視されるのは、何であれ確立されたもの、一般に信じられているもの、あるいは単に感じられているものである。

そして第三に、フィロゾーフは知識を求めておりナイーヴな精神を持っているのに加えて、合理主義者である。フィロゾーフが合理主義者だというのは、成長するだけのものよりも作り出されたものの方がよく、豊かさと生命力よりも整理整頓がよいと信じているという、制約された意味においてである。フィロゾーフの持っている才能は合理化への才能である。それは生活と生活の事業を合理的なものにすることであって、それへの理由を見ることではなく、そしていかなる費用がかかっても厳密な秩序を説くことであって、一見混沌としているものの中の繊細な秩序を理解することではない。

むろんこのタイプの精神には立派なところがたくさんある。しかしすぐにわかることだが、それを正当化するものは、それが達成する生活と、世界の現在の理解だけであって、それが後世に対して行う知識の寄与ではない。もしそれがその精神を持っている人々に現在喜びを与えないとしたら、それ以外の達成を期待しても無駄である。それは我々の知識の倉庫に何ら重要な寄与ができない。それは過去の伝統を否定しながら、未来に何の新しい伝統を与えようともしない。一八世紀のフィロゾーフにとって重要だったことは、彼らが学んだことや発見したことではなく、得た知識でもなく、知識の追求が生み出す生命の感覚だけだった。そして我々にとって重要なことは、彼らが行った発見ではなく——それらは大部分が取るにたりないものだった——、彼らが世界の中で居心地良く暮らせるための手段だった一般的な生活観である。フィロゾーフは無数の実践の改革の創始者だったが、彼らはいかなる方向においても知識の本物の拡大は達成しなかった。彼らの精神は生煮えの観念でいっぱいだった。つまりフィロゾフィスムはヨーロッパの学問と哲学と科学研究の主流に関わらなかった。たとえばヴォルテールの聖書批判の性質は、聖書の歴史的研究への真剣な寄与の試みとして見るならば、全く見当違いのものである。

さて私が示唆したい見解は、ベンサムはあらゆる点で典型的な一八世紀のフィロゾーフであって、そのために彼の名声はイングランドにおけるよりもヨーロッパ大陸で大きかった、というものである。そしてエヴェレット氏はこの見解を支持するために必要な証拠をたくさん与えてくれる。第一に、ベンサムは特有の見境ない活動によって動かされていたが、これはフィロゾフィスムに属するもので、ベンサムが始めたことのうちごく少ししか完成しなかったということを説明する。ジョージ・ウィルソンは一七八七年にこう書いた。「親愛なるベンサム、私は今も確信していますが、あなたはこの数年間、あなたの時間を無駄にしてきました。……私があなたのことを知ってからのあなたの歴史はいつも、よい計画からよりよい計画に至る、というものでした。その間に一生が進み、何も完成しないのです。」化学、法律、教育、工学、監獄改革、心理学、経済学——これらはベンサムの「革新に対する異常で例のない嗜好」の材料になった関心事のうちのいくつかである。彼の精神は一つのことでいっぱいになって他のすべてを排除するということが決してなかった。そしてベンサムが「遠征のために、私の原理の手ほどきをされた五、六人の生徒がほしい。彼らには私の監督の下で私のプランのそれぞれの部分の実行にあたらせたい」と欲したのは驚くべきことではない。オックスフォードの大学生時代は化学の研究がベンサムの関心を集め、化学とともに天文学も同じように学んだ。しかしベンサムの大陸における兄弟分のフィロゾーフたちと同様に、彼にとっていかなる科学よりも重要だと思われたのは統治の科学だった。この手段によってこそ全人類が迷信から解放されるはずだったからである。政治の科学を作り出すこと、科学の方法を法の領域に適用すること、法と科学とを統一すること、政治的満足を正確に測定する手段を発見すること――これらがベンサムの野望だった。そしてこの目的追求のためには二つのことが必要だとベンサムのフィロゾーフ精神には思われた。第一は更地からのスタートであり、第二は単に成長しただけではない、創造され組織された明確な法典である。彼は更地をロシアに見いだした、あるいはそう想像した。むろん彼は何か意味あるものを達成するほど長い間そこに留まったわけではない。ロシアは立法者にとっての処女地だった。一八世紀のフィロゾーフたちには、そこでは人間精神が生まれたままの状態、タブラ・ラーサにあるように思われたのである。そして第二に、法典の中に含意されている組織化と合理化はベンサムの関心をひきつけ、彼の全生涯を通じてもないほど他の関心をほとんど排除するに至った。フィロゾーフがイングランドのコモンローを憎み、判事が作った法を疑わしく思うのは自然なことである。いずれにも不安定性の要素があるのだから。イングランドのどちらの法によっても芸術的な全体はありえない。しかしベンサムはコモンローを軽蔑するにあたって、法は変化しなければならず、法は存在するものの表現であって、存在すべきものの表現ではないということを忘れていたようである。要するに、ベンサムはすべての善意の専制君主が忘れていたことを忘れていたのである。またベンサムが判事の作る法に対して持っていた疑念は、間違った認識論に基づいていた。思考というものは常に明示的にその生成の状況によって支配されており、心理的状況から独立した思考は存在しない、とベンサムは信じていたように思われる。彼の信ずるところでは、あらゆる判断はすべてその判断者の心理的状態に依存しており、それが真か偽かはその心理的状態による。むろんこのような意見は普遍的な懐疑主義と自己矛盾を同時に含んでいる。そして他の多くの点と同様にこの点でも、ベンサムは自分の意見を原理として確立しようとするよりも、単なる偏見として見た方が安全だったろう。一九世紀の立法のあらゆるところにベンサムの影響を見ることは大いに結構である。しかしイングランド法に関する彼の見解が実際にはどれほど極端なものだったかを考えるとき、我々が気づかなければならないのは、実践に移されたベンサムの孤立した示唆の数ではなく、彼の根本的原理が受けた全面的拒絶の方である。

そうすると私の見解は、エヴェレット氏によるベンサム伝の価値は、ベンサムの生涯と精神についてそれが与える特定のいかなる解釈よりも、それが示唆する点にある、というものになる。それが示唆するベンサムは、一九世紀の自由主義的な著作者が創造した、古い伝統的なベンサムとは異なる。エヴェレット氏の伝記の中のベンサムは彼の世紀である一八世紀とその環境に属しているように見える。我々が見せられるのは生きたベンサムの人間全体であって、我々が実に長い間満足していなければならなかったような単なる思想家ではない。そしてこの研究がベンサムの生涯の後半にまで引き継がれたらまた別のベンサムが現われるかどうかは、期して待たなければならない。しかしこれまでのところでは、ベンサムの民主主義への共感がどうであれ、彼のいくつかの示唆が特別に現代的であれ、我々が持っているものはフィロゾーフ・ベンサムである。そして私はあえて考えるが、彼は最後までフィロゾーフであることをやめなかった。

今やエヴェレット氏からオグデン氏に移り、ベンサムを再活性化させようとする試みのもう一方を見るときである。『立法の理論』のこの新版は、(もともと一八六四年に出版された)ヒルドレスの翻訳にいくつか字句上の変更を加えたリプリントである。その翻訳は、ベンサムの半分フランス語半分英語の原稿を基にデュモンが三巻本にまとめて一八〇二年にパリで『民事および刑事立法論』〔原題はフランス語。長谷川正安訳が勁草書房から出ている〕という題名で出版した本の部分訳である。ヒルドレスの訳は最初の翻訳ではなかった。それより前の一八三〇年に翻訳が出ていた。またそれは最新の翻訳でもなかった。C・M・アトキンソン氏が新しい、全体としてよりよい翻訳を注つきで一九一四年に出版している。そういったことはさておき、このリプリントの必要性がどうであれ、今我々にとって重要なのはオグデン氏による「序論」と「注」である。というのは、ベンサムの思想に新しい広さと意義を与えようとする試みがなされているのはそれらの部分だからである。

「序論」は三つの部分に分かれている。最初にベンサムの才能と思想一般についての議論があり、次に『立法の理論』自体についての数ページがあり、第三に、ベンサムとデュモンとの関係についていくらかの考察がある。そしてこれらのトピックのいずれについてもいくらか興味深いことが書かれている。しかし私は第一のトピックだけを取り上げたい。ベンサムがイングランドの法と立法の歴史の中で重要人物であることを否定する人はいないし、その重要性はいくら重視しても誇張にならないほどだが、ベンサムとデュモンの関係は主として歴史的・伝記的な関心しかひかない。我々にとって重要なのは、オグデン氏が「序論」の第一部で次のように擁護しようとしているテーゼである。

それは、十九世紀に大きな当然の影響を及ぼしたとはいえ、ベンサムの功績は今ようやく十分に実感され始めているということである。彼の死後百周年（一九三二年）以降、彼の業績の意義はますます明白になっていくだろう。今から五十年後には、彼はレオミュール〔一八世紀フランスの科学者〕やライプニッツやニュートンやマルサスやヘルムホルツ〔一九世紀ドイツの生理学者・物理学者〕に並ぶヨーロッパ思想の巨人の一人として聳え立つだろう……。

ベンサムの著作はまだ十分に認知されていないという見解の根拠は次の通りである。

1　言語と言語的フィクションに関する彼の理論
2　国際語の問題への彼の寄与
3　価値の心理学への彼の洞察。それは最新の学説の動向と一致している
4　世界中のほとんどあらゆる法体系、特に南米の複数の憲法の法典化への彼の提案
5　国際法への彼の貢献
6　人道主義と公衆衛生の基礎に関する彼の著作

さて、ベンサムの才能と重要性に関するこの評価が今日の見解にかなりの革命をひきおこしているということは否定できない。そして我々にとっての問題はこうである。この見解はどこまで維持できるだろうか？

オグデン氏のテーゼについては、三つの一般的なことが言えよう。第一に、オグデン氏はいささかナイーヴに言っている。「むろんベンサムに関するいかなる評価も、かなりの程度まで我々の関心と我々の一般的アプローチに依存せざるをえない。」そういうわけで、もし我々がベンサムの関心を引いたことに関心を持っているならばベンサムは重要になるし、そうでなければ重要でなくなる。そしてオグデン氏が一番関心を持っているのは言語理論だから、これがベンサムの著作の中で一番重要な側面なのである。第二に、オグデン氏が示唆している重要性の基準はこうである。百年前に死んだ著作家においては、「現代の見解を予見する」何らかの観念が（いかにランダムで、ばらばらで、未発展でも）現われるならば、その著作家は重要である。死んでから長いことたった著作家を重要なものたらしめるのは、「彼の体系構造を通じて反射する現代性のエコー」である。そして我々がこの基準についてどう考えるにせよ、ベンサムはフィロゾーフであって、発明の才があり、一つとして自分では十分にまとめあげなかった無数の「観念」を持っていたのだから、その基準によればベンサムを「英国思想史上の巨人」として描くことは難しくない。実際、これらが我々の「関心」であり、これが我々の「一般的アプローチ」ならば、ベンサムほど重要な人はほとんどいないだろう。しかしもし我々の求めているものが現代性だとしても、ベンサムの重要性を示すために持ちだされた根拠のうち少なくともその半分は、現代的であるどころか一九世紀に属すると私は考える。そして第三に、どこでもオグデン氏がベンサムの重要性を断言するところでは、彼と同じくベンサムの重要性を断定する今日の著作家からのたくさんの引用をあげてくれるのだが、その重要性を実際に示して我々の腑に落ちるようにわからせてくれる個所は一つもない。我々はたくさんの約束を与えられ、大胆なテーゼが提唱されるが、それが満たされることはほとんどあるいは全くないのである。

するとオグデン氏の見解はこういうものである。――ベンサムの主要な関心は「あるべき法」にあった(ベンサム自身はそう考えていたようなのだが)のではなく、正しい用語法 Orthology にあった。思想史における彼の重要性は法改革への寄与ではなく、「シンボリズムの理論」への寄与にある。後者の領域においてベンサムは「彼の時代の一世紀先」を行っていた。彼がこの主題について書いたものを公刊しなかった理由は、単に「彼は理解されるという希望をほとんど持っていなかった」からにすぎない――。しかしすぐに言わなければならないことだが、この見解を確立するためにはオグデン氏が与えてくれるよりももっと多くのよりよい証拠が必要である。ベンサムがこの関心を持っていたということは前から知られていた。それは彼が同時代のフィロゾーフの多くと共有していた関心だった。しかし我々が、重要なこととベンサムが一番関心を持ったこととの基準として我々自身の関心だけに頼ったりしない限り、〈ベンサムは第一に法に関心を持っていて、その領域で彼の一番重要な貢献をした〉という通説は確立しているだけでなく真実でもあるということを疑うべき理由は何もないように思われる。

現存のあらゆる言語の不合理性と複雑性(と繊細さ)を除去した国際語という観念は、フィロゾーフに自然に訴えかけるものである。成長したにすぎないものは、その理由だけでフィロゾーフには厭わしい。そしてベンサムがしばらくの間この観念に取り組んだと知っても、それは驚くようなことではない。だがこの理由で彼が「ヨーロッパ思想の最大の巨人の一人」と見なされるべきかどうか、私には疑わしいと思われる――ばかばかしいとまでは言わなくても。

そしてまたベンサムの心理学について言えば、彼が提出するものすべては、法学のために展開された、半ば定式化されたにすぎない十二のドクトリンだけである。そしてベンサムの著作の中に「欲求に関する現代の理論を顕著に予期するもの」が見いだされるという事実があるからといって、彼が偉大な心理学者だったと説得することはできない。現代の心理学が流動的な状態にあることを考慮すれば、心理学者の一派にとって今のところは真実であると思われるような観念が、ベンサムの著作の中にいくつか独立に未発達な形で見いだせるからといって、それを極めて意義深いとか重要だとか考えることはできない。そしていずれにせよ、オグデン氏はベンサムが心理学の偉大な革新者だと大声で宣言するが、そのようなベンサムが彼の豊かな想像の中以外で存在したということを示す証拠は提出されていない。

国際法へのベンサムの貢献は広範でもなければ顕著でもないし、オグデン氏もこの見解を変えるようなことを何も言っていない。実際のところ当時の国際法の状態とベンサムの天才の真の性質を考えると、彼がそれについて言っていることがいかに陳腐で重要でないかは驚くほどである。ベンサムの『国際法の諸原理』(極めて短い著作)全体の中で今日少しでも興味が持てるのは、「普遍的平和のためのプラン」(これは国際法自体とは何も関係がない)という最後の部分だけである。ベンサムを偉大な国際公法学者として再活性化しようとするいかなる企てもなされていない。オグデン氏はその反対のことを何か言っているだろうか?「イ、ン、タ、ー、ナ、シ、ョ、ナ、ル、という言葉自体が彼の作り出したものだ」というだけである。しかし第一に、もしそれが事実だとしても、それは驚くべき貢献ではない。そして第二に、オグデン氏はベンサムが jus inter gentes〔諸国民間の法〕という言葉を一度も聞いたことがなかったと思っているのだろうか? 次に我々は、ベンサムがいくつかのヴォルテール風の反宗教的論文を書いたという理由で、ベンサムはイングランド最大の神学者だという話を聞くことだろう。

オグデン氏の「注」は大部分、ベンサムの言いたいことを解明するためでも、(アトキンソン氏版『立法の理論』の注のように)法と法制史に関わる点を説明するためでもなく、「部分的には心理学との関係において、この主題に関する最近の重要な文献への参照を学生に与える」という、「序論」のテーゼを補強する意図から来ている。かくして、彼の最初の注は「功利性の原理」についてのもので、そこで提出される問題は「この一世紀は(ベンサムの)主要な立場をどの程度まで解明したか、あるいは弱めたか?」である。しかしこの注の筆者は自分が半ページで片づけようとしている問題の大きさにも、また功利主義道徳理論が処理できなかった一九世紀の破壊的な批判にも気づいていないようである。彼はシジウィックとブロード博士への参照をして、「問題はここで止まっている」と言って満足している——むろん、止まっていないのだが。他の注はベンサムのごくささいな発言に大まじめに取り組んでいる。あたかもベンサムが書いたすべてのことが「現代性のエコー」に満ちているかのようである。ベンサムが一八世紀らしい魅力的な不注意さで「野蛮人が自分の知っている唯一のことである身体的必要を満たした後で行う活動については以下に記述する」と書くと、注は「これらの事項に関する現代の取り扱い」について、最新の人類学の著作を指示するのである。しかしながらこれらの「注」の中にはもっと有用なのもあって、一番役に立つのはベンサムの著作の中の他の文章への参照をしたり、歴史的な問題を解明したりするものである。

要するに、ベンサムを心理学者としてよりも偉大な正書法学者 Orthographist〔「正しい用語法学者 Orthologist」の誤り?〕として、また法と法学の分野よりもそれら両者の分野の重要人物として描こうとするこの試みは失敗に終わったと考えざるをえない。それがなぜ失敗したかというと、それを支持する証拠がなかったからであるとともに、それが重要さについての誤った基準と著者の単なる嗜好とに依存しているからである。ベンサムは器用な人だったから、もし我々が真剣に探すなら、彼の著作の中にかなり現代的な見解の「注目すべき予見」を見いだすことが確かにできるだろう。だがそれがどうしたというのか？　そのせいで彼は巨人になるのか？　ベンサムのような思想家はあえて区別立てをしたり自分を制限したりはしない。彼は精髄をすくいとる。彼は自分の時代に先駆けているから自分の時代に耳を傾けない。だがその時代が終わると、彼が後継者に手渡せるものはいくつかの不揃いな示唆と、いくつかの健全というよりも巧妙な発明だけである。そしてそれこそ私の思うに、ベンサムの才能が法以外の分野に適用されたときにいつも示した性質である。

ベンサムは思想家として本質的に一八世紀に属していたが、この事実はベンサムについて書く著作家たちによって曖昧にされてきた。なぜなら彼らはベンサムが現実に考えたことや彼の思想の一八世紀的前提から関心をそらし、彼の思想のいわゆる後発的影響 after-effects や帰結に関心を向けようと決心しているからである。実際的な帰結を持つものは、ほとんどいつでも、思想家の精神の中に存在する根拠や理由から切り離された観念それ自体であり、単なる傍論 obiter dictum である。火葬、避妊、共学、あれやこれやの法改革は、百もの異なった理由によって提唱されるだろうし、影響力を持つものはたいてい、見解の単なる唱道である。しかし思想家が実際に考えたことを我々が考察しようとするならば、重要なことはこれらの単なる観念ではなくて、彼がそれを支持するために力があると考えた根拠や理由であり、判決理由 ratio decidendi である。そしてベンサムの場合、これらの根拠や理由はすべて一八世紀に特徴的なもので、ほとんどすべてが間違っていた。というのもベンサムは自分の第一原理を考え抜くどころか、逆に決してそれらを考慮さえしなかったからである。彼はロックやヒュームやコンディヤックやエルヴェティウスの著作を熱心に学んだ。そして彼は法を取り扱うときには本の読者というよりも思想家だったが、背後にある哲学的第一原理に関しては常に読者であって思想家でなかった。ベンサムほど、哲学への関心と適性が乏しいにもかかわらず哲学史で大きな場所を勝ち得た人はいない。哲学に関する限り、ベンサムの著作の中には発想の点でも論述の点でも独創的なものは何一つないと言えよう。彼の観念も、彼がそれを表現する言葉やフレーズも、ほとんどすべて彼が学んだ半ダースの哲学者たちに由来する。快楽と苦痛の原理はエルヴェティウスから、共感と反感はヒュームから、功利性は一ダースの著作家の誰からでも、認識論は完全にロックとヒュームから来ている。そしてベンサムが他の著作者たちがすでに考えたことから外にあえて出て行くとき――たとえば功利性の原理の定式化がそうだが――はいつでも、彼は混乱するとともに自己矛盾に陥る。ベンサムが残した功利主義は厳密な諸観念からなるカオスにすぎない。ベンサム以上に哲学の伝統的ドクトリンの虜になっていた人はいない。彼はこれらの事柄において一八世紀に属し、イングランドにおいて珍しくないあの性格の実例である。それは、ほとんどすべての実際上の事柄において革命的だが、思弁の点では独創的でなく依存的で、偏見にこりかたまっているという性格である。

功利性の原理は法改革においては驚異をなしとげた。あるいはむしろ、その原理の名において驚異がなしとげられた。しかしそれが可能だったのは、ベンサムの原理の根底に内在する誤りが認識されなかったか無視されたからにすぎない。しかしそれが可能だったのは、功利性の原理は単なる傍論にすぎず、その判決理由の方は無視されるか忘れられるかしたのである。改革の目的にとっては、功利性の原理は単なる傍論にすぎず、その判決理由の方は無視されるか忘れられるかしたのである。しかしもし我々がベンサムの思考家としての性質を発見しようとするならば、これらの傍論から判決理由に向かわなければならない。そうすると我々は、これらの判決理由が大部分一八世紀という昔の方に向いていて、おまけに極めてナイーヴな大間違いでゆがんでいることを知るだろう。

そしてベンサムのドクトリンから彼の方法に目を移すと、我々が見いだすものは、法改革のためのベンサムの計画に見事に適してはいるが、（思考への真摯な寄与としては）極めてナイーヴで幼稚なので、なぜそれがベンサムほどの実践における改革者の天才による最高の産物として選び出されてきたのか理解しがたいほどである。むろんベンサムの方法は「人類史のあらゆる時代を考察すると、個物に関する知識は一般的なものに関する知識に先立っていた」という彼の見解に基づいている。しかしベンサムの哲学者としての評判にとって致命的なものは、彼がイングランド思想史上最も単純で最も無制約な唯名論者だったという事実だけでなく、むしろ彼が唯名論だけが唯一可能な認識論であると信じて、この問題に関心も持たないし、わざわざ考えようともしなかった、という事実である(3)。ベンサムの方法は、彼が考慮さえしなかった諸前提に完全に基づいている。分析と総合、データと一般化、資料と結論、煉瓦と建物――これが知識の性質に関するベンサムの粗野で無反省なとらえ方である。当時のイングランドの哲学者の大部分にとってと同様ベンサムにとっても、思考とは衰えゆく感覚にすぎなかった。そしてそれでは説明できないものは常に「連想」の原理によって説明できたのである。

そうすると、ベンサムの才能に関するミルの評価は、いくらかの制約を加えれば、我々に現在与えられている見解よりも正確だと思われる。確かにエヴェレット氏は、ベンサムの生涯と性格は我々が思わされていたのとは少々異なるということを証明した。今や我々はエヴェレット氏のおかげで、ベンサムの晩年にミルやその他のベンサムに親しい人々が利用できたよりも彼の生涯と性格について豊かな知識を持っている。しかしベンサムの精神と天分の解釈に関する限り、我々はミルからほとんど先に進んでいない。そしてミルはベンサムのこの「方法」が極めて独創的で重要だとか、ベンサムの功利主義は道徳理論としては不十分だが法理論としては十分によいとか信じていて、今ではその点で間違っていたように思われるとしても、彼の「ベンサム」論は今でも彼の師の仕事と才能に関する短い最善の記述である。ベンサムはイングランド法の歴史において偉大で重要な人物だが、我々がオグデン氏の指し示す方向に従って、ベンサムの中に「あるべき法」と法学ではなしに、正しい用語法や心理学や論理学や哲学の分野の専門家・大家を求めるならば、ベンサムの才能について全く間違った見解を持つことになるのは確かである。

ベンサムの生涯と仕事の中には顕著な対立がある。——思弁のための思弁には何ら本当の関心を持たないのに、「隠者」である人。世界と法実務と政治的妥協から回避しながらも、その有益な影響がすべてこれらの実践的な事柄において感じられる人。法理論・政治理論を支配していた誤謬の多くを力づくと姦計と嘲笑によって破壊しながら、自分自身の議論は大部分の場合発想が間違っていて、その思考は極めてナイーヴな誤謬でいっぱいだった人。一生の間第一原理について語りながらも、二次的なものや派生的なものについての考察から一歩も出なかった人——。ベンサムの生涯から得られる教訓は、ミルが考えたように、いかにして思弁哲学が実際生活に入り込みそれに影響するかを示すことではない。その教訓は、思弁の中でいつも実際生活上一番影響力を持つことは、何か十分に考え抜かれていないもの、ぼんやりとしたもの、不確定で混乱したものだ、と示すことである。我々の実践的行動に影響を与えるのは、思考の犠牲者である哲学者ではなく、哲学者もどきのフィロゾーフである。法の改革者として、またいくらかでも重要であるイングランド最初の法理学著作家として、ベンサムの意義は巨大である。しかし哲学者として、思想家として、ベンサムは無視できるほどである。ヘーゲルはこう書いた。「抽象に向かって突き進むのは若者の仕方だが、人生を知っている大人は抽象的な「あれかこれか」を避けて具体的なものにこだわる。」そしてベンサムは（とミルは言う）「最後まで少年」だった。

（1） C. W. Everett, *Bentham's Comment on the Commentaries*, edited with an introduction (Oxford, 1928). *The Education of Jeremy Bentham* (Columbia University Press, Humphrey Milford, 1931).
（2） C. K. Ogden, *Bentham's Theory of Legislation*, with an Introduction and Notes (Kegan Paul. 1931).
（3） この点でオグデン氏は特徴的な暴論を述べている。「このような人物が自分の最も深遠な考慮の達成物を何のコメントもつけずに後世に残して満足したということは、単に彼と同時代を生きたというだけの人々が彼を理解することをベンサムはほとんど期待していなかった、ということの証拠でしかない。その五〇年後になっても、ファイヒンガーはその著書『かのようにの哲学』の出版を一九一一年まで遅らせたが、それはそのような徹底した唯名論が公的なサークルの中で嘲笑されるだろうと思ったからだった。」だが第一に、ベンサムがファイヒンガーと同じ理由で出版を延期したという証拠は何もない。――それはただの推量にすぎない。第二に、ベンサムが自分の著作のいずれについても公刊に極めて無頓着だったということを考えると、それは愚かな推量である。ベンサムにあっては、出版の遅滞は政策ではなくて不注意だった。そして第三に、ファイヒンガーの書いていた時代の哲学の主流は観念論で、唯名論が関心を集められるかを疑っても無理はなかったかもしれないが、ベンサムの時代のイングランドでは唯名論が流行していて、それが偏見であり、普遍的前提だった。ベンサムの唯名論は革命的であるどころか、逆につまらない慣習主義にすぎなかった。

「新しいベンサム」は最初 *Scrutiny*, Volume 1, 1932 に発表された。『政治における合理主義』にはこの版で新しく収録された。

（森村　進訳）

代表民主主義における大衆

1

近代ヨーロッパの歴史の流れは、我々が「大衆人（mass man）」と呼び習わしている登場人物を作り出した。大衆人の登場は、近代のあらゆる革命の中でも最大の意義と射程を持っていると言われる。彼は我々の生き方、行動の基準、政治活動の様式を変えたとされる。彼はときには残念なことに、趣味の判定者、政体の独裁者、近代世界の無冠の帝王になったと認められる。彼はある人々には恐怖を、別の人々には感嘆を、すべての人々に驚きを引き起こす。大衆人は人数の多さのために巨人になった。彼はあらゆるところで増殖する。彼はかつて肥沃な庭だったものを砂漠に変えた蝗《いなご》と見なされることもあれば、新しく輝かしい文明をもたらしたと見なされることもある。

これはすべてはなはだしい誇張だと私は信ずる。そして私見によれば、この点における我々の真の状況が何であり、我々がこの人物に負っているものが正確には何であり、そして彼のインパクトがどの程度であるかを知るためには、この「大衆人」とは誰であって彼がどこから来たかを、もっとはっきり理解しなければならない。そしてこれらの問題に答えるために、私は一つの歴史叙述に入ってみよう。

それは長い物語であって、簡略化したため理解不可能になることがあまりにも多かった。それは（ある人々が信じさせようとしているように）フランス革命や一八世紀後半の産業革命とともに始まるのではない。それが始まったのは、文字で読み取れないために歴史家たちがある時代の終わりとも始まりとも決められない当惑させる時期、すなわち一四世紀から一五世紀である。そしてそれは、「大衆人」の発生とともに始まるのではなく、それとは大変違ったものの発生、すなわち近代的イディオムにおける個人の発生とともに始まる。我々が研究しようとする人物の登場のために私がおぜん立てをする間、どうか私に付き合っていただきたい。彼の登場のために準備を整えておかなければ、我々は彼を間違ってとらえてしまうのだから。

2

遠い過去にも何回かあったことだが、通常は、緊密に統合された生活様式が解体した結果として、人間の個人性（individuality）が発生し、それがある時期栄える機会がある。この種の個人性の発生は常に極めて重要である。それは当時のすべての活動だけでなく、夫婦・親子関係から君臣関係に至るすべての人間関係をも変化させるのである。西ヨーロッパの一四・一五世紀はこの種の時期だった。そのとき発生し始めたものは、極めて高度の個人性と、行動と信念における「自己決定」の経験を（それほど高度にそれほど数多く）享受する人間とにとって大変好都合だったので、それは以前の時代の同種の機会すべての影を薄くしてしまうほどである。個人性（つまり、自分自身のための選択に慣れた人）の発生が、人間関係をこれほど深く変えたことも、これほど長続きする経験になったことも、これほど強い反動を引き起こしたことも、哲学理論のイディオムの中でこれほど巧みに説明されたこともない。

近代ヨーロッパのすべてのものと同様に、人間の個人性における達成は中世の生活・思想の条件が変化したものだった。それは個人性を支持する主張や断言の中で生まれたのではなく、選択の機会が厳しく制約されていた状況からの間欠的逸脱の中で生まれた。自分自身を、家族や集団や団体や境界や村共同体の一員として、法廷における請願者あるいは小作地の占有者として知ることだけが、大多数の人々にとって、その状況における可能な自己認識の総計だった。生活に関する日常的活動だけでなく、決定も権利も責任も、共同体的性質を持っていた。人間関係と忠誠義務は通常身分から来ていて、親族関係とのアナロジーから離れることはめったになかった。大部分は無名性が支配していた。つまり人間の個人的特徴というものは稀にしか認められなかった。認められるべき個人的特徴がそこには存在しなかったからである。ある人を別人と分かつものは、ある種の集団の成員として共有されているものに比べれば、取るに足りなかった。

この状況は一二世紀にクライマックスといえそうなところに達したが、一三世紀から二〇世紀にかけて約七世紀の間にわたって、徐々に、間欠的に、断続的に変化した。この変化が始まった時期と速度はヨーロッパの中でも場所によって違う。それが浸透した早さも深さも、人間活動の種類によって違う。それは女性よりも先に男性に影響を与えた。そしてこの七世紀間、数多くの地域的なクライマックスとそれに対応する揺り戻しがあった。それでも共同体生活からの解放の新しい機会を享受することは、人間の性質に関する新しいイディオムを次第に生み出した。

それはまずイタリアに発生した。イタリアこそ中世の共同体的生活の解体から起き上った近代的個人の最初の住み家である。ブルクハルトは書いている。「一三世紀の終わりになるとイタリアは個人性でうなり始めた。人間の個性に対する禁令が解かれて、自分自身の独自の形と衣装を持ったたくさんの人々が現われる」〔ブルクハルト『イタリア・ルネッサンスの文化』第Ⅱ部冒頭近く〕。自己決定によって行動を律し、多くの個人的選択による活動を行う独自の人 *uomo singolare* は、次第に仲間たちから離れていった。そして彼とともに現われたのは、自由思想家（放蕩者）*libertine* やディレッタント *dilettante* だけでなく、独立人 *uomo unico* だった。それは自らの状況を支配して、独立して、自らの法となる人である。人々は自らを検討して、自らが完全でないことに戸惑ったりしなかった。これはペトラルカが彼の世代のために比類ない技量とエネルギーをもって劇化した人物である。人間性の新しいイメージが現われた――アダムでもプロメテウスでもないプロテウス――自らの多様性と、自己変容の無限の能力によって他のあらゆる人と区別される人物である。

アルプスの北でも同じような事態が生じたが、その動きはもっと緩やかで、障害物ももっと大きかった。イングランド、フランス、オランダ、スペイン、スイス、ポーランド、ハンガリー、ボヘミア、そして特に都市生活の中心において、個人性にとって好都合な条件が、そしてそれを活用しようとする個人が現われた。変化を受けないような人間活動の領域はほとんどなかった。一六世紀中葉になるとその条件は単純な抑圧を受けないほど確立された。ジュネーヴのカルヴァン主義体制がいかに厳格でも、それは独立の個人として考え行動したいという衝動を消すことができなかった。行動と信念における高度の独立性は人間に独自の状態であり人間の「幸福」の主たる要素である、という考え方が近代ヨーロッパの性格の顕著な傾向になった。ペトラルカが一四世紀のためにしたことを、モンテーニュは一六世紀のためにしたのである。

最近四世紀間におけるこの傾向の栄枯盛衰の物語は極めて複雑である。それは堅実な成長の物語ではなくて、クライマックスとアンチ・クライマックスの物語、最初はヨーロッパの中でも比較的それに無知だった地域への拡散の、最初はそこから排除されていた活動への拡張の、攻撃と防衛の、確信と懸念の物語である。しかしもし我々がその物語をすべての細部にわたって追うことができないとしても、この性向がどれほど深くヨーロッパ人の行動と信念に刻みつけられたかを見ることはできよう。数百年の間に、それは倫理学理論に、そして形而上学理論にまでも拡大され、政府の仕事に関するそれにふさわしい理解と結びつき、政治の作法と制度を変え、芸術と宗教と産業と通商とあらゆる種類の人間関係の中に住みついたのである。

知的理論の分野の中で、個人性のこの深遠な経験が一番明確に反映されたのは倫理学理論においてである。道徳的行動に関する近代のほとんどすべての著作は、自分自身の行動の方向を選択し追求する個人という仮説に始まる。説明を必要とするように思われたのは、そのような諸個人の存在ではなくて、彼らが同じような他の人々に対する義務をいかにして持ちうるのか、またそれらの義務の性質は何か、だった。それはちょうど、知識を感覚経験の残余と見なす人々にとって、他人の精神の存在が問題になったのと同様である。このことは、当時の個人性の経験を率直に述べた近代世界最初のモラリストであるホッブズにおいて誤解の余地がない。彼が理解するところの人間は、破滅を避け自分自身の特徴と自分の選んだ目標追求とを維持しようという衝動によって支配された有機体だった。各個人は独立した生存への自然権を持っている。唯一の問題は、自分自身が選んだコースの追求をいかにして最大限に成功させるかであって、これは各個人がその同類の「他人 others」とどう関係するかという問題である。そしてこれに似たものの見方は、むろん、スピノザの著作にも現われた。しかし個人主義的な結論が退けられた場合でさえ、この自律的個人は倫理的反省の出発点であることをやめなかった。一七・一八世紀のあらゆるモラリストの関心事は、想定されたこの「個人」の心理の構造であって、「自己」と「他人」との関係が、当時のあらゆる道徳理論に共通する形式である。そしてこのことがどこにも増して明確に見られるのは、カントの著作の中である。あらゆる人間は、自然的必然性に従わないという理由で、カントによって人格 Person と見なされる。それは絶対的で自律的な、目的それ自身である。自分自身の幸福を求めることがそのような人格の自然な行動である。自己愛こそが彼の行動を構成する選択の動機なのである。しかし理性的な人間として、人は自らの行動の中に自律的人格の普遍的条件を認めるだろう。そしてそれらの条件の中でも中枢にあるのは、自分自身だけでなく他人においても、人間性を目的それ自身として用い、決して手段としては用いない、ということである。道徳とは、個人の人格が現われたところではどこでもそれを承認することである。さらに、人格性は神聖不可侵なものなので、誰も別人の道徳的完成を促進する権利も義務も持っていない。我々は他人の「幸福」を促進できるかもしれないが、道徳的価値の条件である彼らの「自由」を侵害することなしには彼らの「善」を促進することができない。

要するに、我々が近代ヨーロッパの道徳理論を考えるときはいつも、それらの理論がこの個人性の経験の圧倒的なインパクトの明証となる。

しかしこの個人性の追求、そしてその享受に一番都合のよい諸条件の追求は、政府にふさわしい職務に関する理解と、統治すること・統治されることに関する適切な様式の中にも反映された。両者のいずれも、中世から引き継いだ遺産を変えるものだった。ここではその変化を、一番無限定な現われの中で見る時間しかない。それはすなわち、我々が「近代代表民主主義」と呼ぶようになったものである。この統治・被統治の様式が最初に現われたのはイングランドとオランダとスイスで、その後それは（さまざまなイディオムの中で）西欧の他の地域とアメリカ合衆国に広がった。それは統治の何らかの理想的様式への接近としても、あるいはまた古代世界のある一部で短期間通用していた支配の様式（近代代表民主主義はそれとは何の関係もない）の変更としても、理解されてはならない。それはまさしく西欧の産物だった。そこでは個人性の熱望が中世の諸制度に与えたインパクトが最も大きかったのである。

個人性の観念の開拓に熱心だった人々が最初に要求したのは、個人の利益を権利と義務に変容させることができる統治の手段だった。この任務の達成のため、政府は三つの属性を必要とした。第一に、それは単一で至上のものでなければならない。すべての権威を一つの中心に集中させてこそ、誕生した個人は自分の個性の享受を妨げる家族やギルドや教会や地域共同体の共同体的圧力から逃れることができた。第二に、それは指令に拘束されない統治の手段でなければならず、それゆえ古い権利を廃止し新しい権利を作り出す権威を備えていなければならなかった。それは「主権者 sovereign」政府でなければならないのである。そしてこのことは当時の考えでは、権利享受者すべてがパートナーである統治、国家を構成する「身分 estates」が直接あるいは間接の参加者であるような統治を意味していた。第三に、それは強力でなければならない――個人性の熱望を現実化するために不可欠な秩序を維持できなければならない——が、それ自身が個人性への新たな脅威となるほど強力であってはならない。以前の時代には、利益を権利に変容させる、承認された方法は司法だった。中世の「議会 parliaments」や「会議 councils」は、何よりもまず司法機関だった。ところがこれらの「法廷 courts of law」から生じたのは、新たな利益を新たな権利と義務に変えることによって、利益をもっと強力に承認する権限を持つ機関だった。立法府が生じたのである。かくして、支配者が、そしてその臣民を代表する議会が、法を「作る」仕事を分け合うようになった。そして彼らが作った法は個人性にとって都合のよいものだった。それは「自由」という言葉で普通呼ばれる、よく理解されている人間の状態となっていて、その仲間からも、また政府自体からも、可能な限り制約を受けてはならず、共同体の圧力によっても可能な限り煩わされてはならないのである。この状態においてすべての臣民は、自分が選んだ行動の方向を追求する権利を持たものの細部を規定したのである。移動の自由、行動の自由、言論の自由、信教の自由、結社と脱退の自由、遺贈と相続の自由、人身と所有の安全、職業選択の自由、自分の労働と財産を処分する自由、そしてなかんずく「法の支配」——つまりすべての臣民に等しく適用される、既知の法によって支配される権利。そして個人性にふさわしいこれらの権利は単一の階級の特権ではなく、等しくあらゆる臣民のものだった。それぞれの権利は何らかの封建的特権の廃止を意味していた。

統治のこの様式は、イングランドで最初に発生し他のところでは一八世紀後半から一九世紀前半に生じた「議会制」民主主義においてクライマックスに達したが、それと同時に、政府の適切な職務に関するある理解の中に理論化された。「コミュニティ」だったものが、諸個人の「アソシエーション」として見られるようになった。これは倫理学理論の中で確立された個人主義の、政治哲学上の対応物である。そして政府の職務は、個人の利益に都合のよい制度の維持だと理解されるようになった。つまりその制度とは、臣民を共同体的忠誠の「鎖」(ルソーの表現)から解放し、個人性の観念の開拓と個人性の経験の享受とが可能になるような状況を構成する制度だった。

簡単に言えば、私の描いた像は次のようなものである。――人間の個人性は歴史の中で生じたものであって、風景と同様に「人工的」であるとともに「自然」である。近代ヨーロッパにおけるこの発生は段階的であって、そこに生まれた個人の特徴はその生成の様式によって決定されていた。それが見間違えることのできないものになったのは、「私的 private」とされる活動に携わるという習慣が生じたときである。実際、人間行動における「プライヴァシー」の発生は、近代的個人性が生まれてくる源だった共同体の諸制度の廃用と表裏一体をなしている。個人性のこの経験は、それ自体の観念を開拓し、それに最高の価値を置き、その享受の保障を求める性向を呼び起こした。個人性の享受は「幸福」の主たる要素だと認められるようになった。その経験は倫理学理論にまで拡大された。それはまた、統治・被統治の様式の中に、新たに獲得された権利義務の中に、生活全体のパターンの中に反映された。個人であろうとするこの性向の発生こそ、近代ヨーロッパ史の中で顕著な出来事なのである。

3

個人であろうとするこの性向の現われには、多くの穏やかな様相もあった。あらゆる実践的活動とあらゆる知的探求は、選択を行う機会の集合として現われた。芸術・文学・哲学・商工・政治はそれぞれこの性格を持つようになった。それにもかかわらず、これらの機会から刺激を受けた人々の熱望と活動によって形を変えた世界の中には、環境のせいか気質のせいか、この誘いに応えようとしない人々もいた。そして多くの人々にとって、選択へのこの誘いは選択を行う能力よりも先に来たので、負担と見なされた。信仰と職業と身分の古い確実さは解体されていった――諸個人からなるアソシエーションの中に自身のための新たな場所を作る自分の能力に自信を持つ人々にとってだけでなく、そのような確信を持たない人々にとっても。一六世紀には農業・産業上の企業家 *entrepreneur* がいた一方、職を失った労働者もいた。自由思想家*libertine*がいた一方、信仰を失った信者もいた。共同体の圧力の慣れ親しんだ暖かさは、すべての人にとって等しく失われた。この解放はある人々を刺激し、ある人々を意気消沈させた。共同体生活の慣れ親しんだ無名性は人格の同一性によってとって替わられたが、それを個性に変えることができない人々にとっては負担だった。ある人々が幸福として認めたものが、別の人々にとっては不愉快に思われた。人間の同一の状態が進歩だとも退歩だとも考えられた。要するに、近代ヨーロッパの状況はつとに一六世紀に、単一の性格ではなく、間接的に対立する二つの性格を生みだした。つまり個人の性格だけでなく、「できそこないの個人 individual *manqué*」の性格も生み出したのである。そしてこの「できそこないの個人」は過去の時代の遺物ではなかった。彼は「近代的」性格であり、近代ヨーロッパ的個人と同じように、共同体の絆の解体が生み出した産物だった。

無能力、無知、臆病、貧困、不運のいかなる組み合わせが特定のケースにおいてこの性格を生じさせたのか、それを憶測する必要はない。この性格が出現し、それが自分に敵対的な環境に適合しようと努めたということがわかれば十分である。彼は自分の窮状を認めてくれる保護者を求めて、それをある程度まで「政府」の中に見いだした。つとに一六世紀からヨーロッパの諸政府は、個人性の要求だけでなく「できそこないの個人」のニーズにも応えて変わっていった。宗教改革時代の「神のような君主」とその直系の子孫である一八世紀の「啓蒙専制君主」は、自分自身で選択を行おうとしない人々のために選択を行うための政治的発明だった。エリザベス朝の労働者法 Statute of Labourers は、レースに取り残された人々の面倒を見るために設計されたのである。

個人性の熱望は行動と信念の上に、そして政府の構造と活動の上に、最初のうちは、力強く自信に満ちた気質から生ずる要求として刻印された。これらの要求を道徳化しようとする試みはほとんど存在しなかった。これらの要求は、一六世紀にはまだ共同体の絆の道徳への忠誠の中に固定されていた当時の道徳感情と明らかに衝突していたのである。それでも時が経つと、個人性の経験からそれにふさわしい道徳が生じた——個人性を開拓するだけでなく、個人性の追求を是認する性向が。これは道徳の革命だったが、その力があまりに大きかったので、それは消滅した共同体秩序にふさわしい道徳の遺物を流し去っただけでなく、それ自身に対するいかなる選択肢の余地もほとんど残さなかった。そしてこの道徳の勝利の重みは「できそこないの個人」に重くのしかかった。彼はすでに前線において（行動において）出し抜かれていたが、今や自分自身の性格という本土でも敗北をこうむった。それまでは生存闘争における自己維持能力に関する疑念でしかなかったものが、根源的な自己不信になり、単なる逆境にすぎなかったものが、深淵として現われ、不成功の不愉快さだったものが、罪障感のみじめさに変わったのである。

疑いもなく、ある人々にあってはこの状況は諦念をもたらしたが、別の人々にあっては妬みとそねみと怒りを生んだ。そしてこれらの感情の中に新たな性向が生まれた。苦境を全人類に押しつけることによって苦境から逃れようとする衝動である。自分の欲求が実現されなかった「できそこないの個人」から、戦闘的な「反‐個人」が生じた。彼は個人の廃位と個人の道徳的威光の破壊とによって、世界を自分自身の性格に同化しようとする傾向がある。自己改善のいかなる約束も、いやその提供さえも、この「反‐個人」を動かすことはできない。彼は自分の個人性が貧弱すぎるので、満足できるようにそれを開拓したり活用したりすることが全然できないということを知っている。彼を動かすものは、個人ではないという不安からの完全な逃避の機会、彼を不完全な者だとして断罪する世界すべてから逃れる機会だけである。彼は自分の置かれた状況ゆえに、個人性の道徳的圧力から隔離された分離主義の共同体の中に救いを求めた。しかし彼が求めた機会が十分に現われたのは、彼が孤立しているどころかその反対に、自分は近代ヨーロッパ社会の中で最大多数の階級、すなわち自分自身では何も選択をしない人々の階級に属するのだということを認めたときだった。かくして自分が人数の点では優越しているということを認識すると、たちまちこの「反‐個人」は自らを「大衆人」として認めて、自分の窮状からの逃避方法を発見した。というのは、「大衆人」はその性向――他の人々の中に自分のレプリカしか認めようとせず、万人に画一的な信念と行動を押しつけて、選択の苦痛の余地も喜びの余地も残そうとしない性向――によって特定されるのであって、その人数によって特定されるのではないが、自分のような種類の人々からの支持によって、この性向を固めるからである。彼は友人を持つことができないが（なぜなら友情とは個人間の関係だから）、同志 comrades を持っている。近代ヨーロッパに現われた「大衆」は諸個人から成立しているのではない。それは個人性への反発において結びついた「反‐個人」から成っている。従って、最近四百年間の西ヨーロッパの顕著な人口増大は、この人物の栄達の条件ではあるが、その性格自体の条件というわけではない。

それにもかかわらず、この「反‐個人」は思考よりも感覚を、意見よりも衝動を、情熱よりも無能力を持ち、自分の力をおぼろげにしか意識していなかった。従って彼は「指導者（リーダー）」を要求した。実際、「リーダーシップ」という近代の概念は「反‐個人」に伴うものであって、後者なしには理解できないだろう。諸個人の集団は統治者 ruler を必要とするが、「指導者」の余地はない。「反‐個人」は何を考えるかを教えてもらう必要があった。彼の衝動は願望に、そしてその願望はプロジェクトに変形されねばならなかった。彼は自分の力に気づかねばならなかった。そしてこれらこそが指導者の任務だった。実際ある観点からは、「大衆」は彼らの指導者が発明したものと見なさなければならない。

「大衆人」の生来の従順さからして、それは適切な指導者の発生を促すことができたと考えられるかもしれない。「大衆人」は疑いもなく利用される道具であって、道具というものは名手 virtuoso を生みだすのである。しかし実際には、この職につく準備のある人物がいた。必要だったのは、追随者たちのイメージであると同時に主人でもあるように見える人だった。この人は自分自身のためよりも他の人々のために一層たやすく選択ができ、自分自身の事柄の配慮に満足を見いだす技量を欠いているために、他の人々を配慮する傾向を持つ人である。そしてこれらこそまさに、「できそこないの個人」の属性だった。個人性の点で彼が達成したことと失敗したことは、彼をこのリーダーシップにふさわしい者たらしめた。彼は個人性の行使の中に人格的満足を求める程度には個人だったが、それを他の人々を支配することの中にしか求めないほど、個人でなかった。彼は自分自身を愛することがあまりに少ないので、利己主義者にしかなれなかった。そして彼に従う人々が自分たちの救済への本物の関心だと考えたものは、実際には、ほとんど自己を持たない者の虚栄心にしかすぎなかった。疑いもなく近代ヨーロッパの「大衆」は、権力行使にしか関心がなく常に甘言で人々を導くこの狡猾な挫折者以外にも指導者を持ってきた。しかし大衆に一番ふさわしい指導者はこういう人だった——というのは、彼は大衆に対して自らの衝動に批判的であれと促すことが決してなかったからである。実際この「反-個人」とその指導者は、同一の道徳的状況の表裏一体をなすもので、両者は相互の挫折を救い、相互に必要とするものを与えあったのである。それにもかかわらず、これは不安定なパートナーシップだった。欲求よりも衝動に動かされる「大衆人」はその指導者に従順ではあるが、忠実ではなかった。指導者のほんのわずかな個人性も、大衆人の疑惑をたやすくかきたてるのである。そして指導者の権力欲は彼に従う人々の中に希望をかきたてる傾向があるが、彼はその希望を決して満たすことができない。

「反-個人」が西欧に押しつけたすべての行動様式の中でも、二つのものが顕著である。第一に、彼は当時の個人性の道徳にとって代わる道徳を生みだした。彼はまた、自分の性質にふさわしいような、あるべき政府機構と統治様式に関する理解を引き起こした。

「反-個人」の道徳とは、すなわち「自由」と「自己決定」の道徳でない、「平等」と「連帯」の道徳のことで、この発生を見つけるのはむろん難しいが、それはすでに一七世紀に明らかに認めることができる。その始まりが不明瞭であることの原因は部分的には、最初のうちそのヴォキャブラリーがすでになき共同体秩序の道徳のものだったという事実にある。そしてそれが共同体の道徳と紛らわしく類似していたという事実からその力ともっともらしさを得たということに、ほとんど疑いはない。しかしそれは実際には新しい道徳であって、個人性の支配に対立して生まれ、

「反‐個人」の熱望を反映するような新たな人間的環境の設立を求めるものだった。

この道徳の核をなすものは、「共通」善あるいは「公共」善として表現される、実体的な人間的条件という概念だった。その善は、諸個人が自分自身のために追求するさまざまの善から成り立つのではなくて、それらから独立した実体として理解された。「自愛」は個人性の道徳の中では人間行動の正統性ある源泉として認められていたのだが、「反‐個人」の道徳はそれを邪悪なものだとした。しかし自愛に替わったものは「他の人々」への愛情でも、「慈愛 charity」や「仁愛 benevolence」(これらは個人性のヴォキャブラリーへの回帰を含んでしまうだろう)でもなくて、「共同体」への愛情だった。

この核の周りを巡るのは、それにふさわしい従属的な信念だった。この道徳の設計者は最初から私有財産を個人性と同一視し、従って私有財産の廃止を「大衆人」にふさわしい人間的条件と結びつけた。そしてさらに、「反‐個人」の道徳が根本的に平等主義的だということはもっともだった。「大衆人」の唯一の特徴は彼がその仲間たちと似ているということであり、彼にとって救いとなるのは他の人々が自分のレプリカにすぎないという認識なのだから、彼は厳密な均一性からの逸脱を是認しない。すべての人は「共同体」の平等で無名の単位でなければならないというわけである。そしてこの道徳の時代、この「単位」の性質はたゆみなく探求された。それは「人間」それ自体として、「同志」として、「市民」として、理解された。しかし最も鋭敏な診断はプルードンのもので、それは人を「債務者」として認めた。というのは、この観念の中で断定されたのは、「共同体」を構成する単位の間の区別の不存在(万人は等しく「債務者」である)だけではなく、負債、それも「他の人々」に対するのではなく「共同体」自体に対する負債でもあるからである。誕生とともに、人は自分が蓄積に全く参加しなかった遺産に入り込み、彼がその後行った貢献がいかに大きくても、それは彼が享受したものに決して追いつかない。彼は負債を負ったまま死なざるをえない。

この「反‐個人」の道徳、共同連帯の道徳は一六世紀から構築され始めた。それを設計した人々は大部分が幻視者で、自分たちの目的をおぼろげにしか意識しておらず、大きな聴衆を持たなかった。しかし重大な変化が起きたのは、「反‐個人」が自らを「大衆人」として認識し、その人数上の優位が与える力を認めたときだった。最初「反‐個人」の道徳は、大望ある人々のセクトの道徳ではなく、社会の中の大きな既成の階級（「貧民」階級ではなく、環境か職業かによって個人性の経験を拒まれた人々の階級）の道徳であって、それはこの階級の利益のために全人類に押しつけられねばならなかった。このことの認識が最初に誤解の余地なく現われたのは、マルクスとエンゲルスの著作の中である。

一九世紀の終わりまで、「反‐個人主義」の道徳は「大衆人」の熱望に対する応答の中で生み出されていた。それは多くの点で不安定な建造物だった。それはホッブズやカントやヘーゲルが個人性の道徳に与えたデザインに比べられるようなデザインを決して得たことがなかったし、それにふさわしくない個人性の概念への後戻りに抵抗することも決してできなかった。にもかかわらず、それは「大衆人」をまずまず明確に反映している。「大衆人」はこれによって一層徹底的に自分を知るようになった。しかし我々が関心を持っているのはこの道徳の長所や短所ではなくて、「大衆人」がそれを使って約四世紀の間にわたって近代ヨーロッパを支配している力の証拠として、それを見ることである。「反‐個人主義」は一九世紀のずっと前から、近代ヨーロッパの道徳的性質の重要な傾向性の一つとして確立されていた。そしてこの傾向性は十分に明らかだったので、ソレルはそれを明瞭に認識し、ニーチェやキルケゴールやブルクハルトのような著作者はそれを新たな野蛮のイメージと同一視した。

（一六世紀における）始まりから、「反‐個人主義」の擁護者たちは、自分の仲間であって自分の熱望を反映する「コミュニティ」が、ある仕方で活動する「政府」を含んでいるということに気づいていた。統治〔政府〕とは、「公共善」として同定される人々の実体的な条件を押しつけて維持するための権力の行使だと理解された。統治されるということは、「反‐個人」が自分自身ではできない選択を自分のためにさせることだった。かくして「政府」は、自分自身の目的を追求する諸個人の「アソシエーション」ではなく「コミュニティ」の、「公共善」の建築家かつ保護者の役割を割り与えられた。統治者は、諸個人の衝突を裁くレフリーではなく、「コミュニティ」の道徳的指導者かつ管理運営者と見なされた。そして政府に関するこの理解は、トマス・モアの『ユートピア』からフェビアン協会に至るまで、カンパネルラからレーニンに至るまで、四世紀半にわたってたゆみなく探求された。しかし「大衆人」に仕えてきた指導者たちは、道徳的ドクトリンと政府の職に関する理解において自らの性格を明確化しようとする理論家であるにとどまらず、実務家でもあって、近代民主政府の制度を自分の野望のために利用しうる仕方と自分の権力とを「大衆人」に示した。そしてそれまで個人性の熱望が生み出してきた統治の様式を「議会政府」と呼ぶならば、「大衆人」のインパクトの下におけるその変形は「人民政府」と呼べるだろう。だがこの両者が二つの全く異なる統治〔政府〕の様式であると理解することが重要である。

一六世紀に現われた個人は新しい諸権利を求めた。そして十九世紀の始めには、その性格にふさわしい権利がイギリスでも他の所でも大体確立していた。「反‐個人」はこれらの権利を見て、自分の境遇（主として貧困）のために自分はこれまでそれらの権利の保持を妨げられていた、と信ずるようになった。そこで彼のものとして要求された新しい諸権利は、第一に、彼が自分よりも優位に立っていると考えられた人々が勝ち取り享受していた諸権利に参加できるための手段として理解された。だがこれは大いなる幻想だった。なぜなら第一に、「反‐個人」も実際にはそれらの権利を持っていたのだし、第二に、彼はそのような権利には用がなかったからである。というのは、「大衆人」は個人になろうという性向を持っておらず、またその指導者も彼をその方向に向けようとしなかったのである。そして実際に「大衆人」が個人性の諸権利（それは他の誰とも同じように彼にも利用できたのだが）を享受しなかった原因は、彼の「境遇」ではなく、彼の性質――彼の「反‐個人性」――だった。個人性の権利は、「大衆人」にとって何の用もないものたらざるをえなかった。その結果、「大衆人」が要求するようになった権利は全く異なった種類のもので、それは個人性にふさわしい諸権利の廃止をもたらすようなものだった。彼が要求したのは、彼が自分自身のために選択することを要求されないような、実質的環境を享受する権利だった。「大衆人」は「幸福を追求する権利」には用がなかった――それは彼にとっては負担でしかなかった。彼に必要だったのは「幸福を享受する」権利だった。そして彼は自分自身の性質を見て、それを〈安全 Security〉と同一視した――しかしまたここでも、それは自分の選択行使に対する恣意的干渉からの安全ではなく、自分で選択する必要、自分自身の資源によって生活の有為転変に対処する必要に対する〈安全〉だった。要するに、「大衆人」が要求した権利、彼の性質にふさわしい権利とは、彼を「自己決定」の負担から解放してくれる社会的護民官政府の下に生きる権利だったのである。

だがこの人間環境は、万人に等しく強制されるのでなければ不可能だと思われた。「他の人々」が自分自身で選択をすることが許されている限り、自分自身はそれができないという懸念が残り、「大衆人」は自分の不十分さのために感情面の安全を脅かされるだろう。それだけでなく、彼が欲する社会的護民官政府そのものが破壊されるだろう。彼が必要とする〈安全〉は、万人に押しつけられる本当の状態の平等を意味する、彼が求める状態とは、彼が自分のレプリカとして他の人々に会うような状態である。誰もが彼のようにならなければならないのである。

「大衆人」はこの状態が「権利」だと主張する。従って彼は、それを彼に与えてくれる傾向がある政府、すべての活動に「公共善」と呼ばれる活動の実体的パターンを押しつけるために必要な権力を与えられた政府を求めた。「人民政府」とはまさにこの目的達成のために設計された、「議会政府」の変形物である。そしてこの解釈が正しいならば、「人民政府」が「議会政府」の中に含まれないのは、「反－個人」にふさわしい権利が個人性にふさわしい権利の中に含まれないのと同様である。両者は補い合うものではなく、直接に対立し合うものである。それでも、私が「人民政府」と名づけたものは、確立され実行された具体的な統治の様式だというわけではない。それは「議会政府」を「大衆人」の熱望にふさわしい政府に変えるために「議会政府」に何らかの変更を押しつけようとする性向である。

この性向は特定の企ての中に、そしてそれほど特定されない統治の習慣や様式の中に、現われてきた。第一の大きな企ては成人普通選挙権の設立である。「大衆人」の力はその人数にあり、この力は「票」によって統治に影響を与えられる。第二に、議会の代表者の性質の変化が求められた。代表者は個人ではなく、「大衆人」が要求する実質的状態を実現するという任務を負った受任者 *mandataire* でなければならない。「議会」は討論のための会議ではなく、「ワークショップ」でなければならない。両者のいずれの変化も「議会政府」の中には含まれていなかった。そのいずれも、それが達成された限りにおいて、新しい性質の集会を含んでいた。両者の直接の影響は二つだった。第一に、単純な人数の権威（「議会政府」の実践には無縁の権威）を確証し、第二に、政府の権力を著しく増大させた。

しかし「議会政府」の諸制度を「大衆人」の熱望に仕えるべき制度に変換させられる可能性は限られていることがわかった。そして、投票者たちの指示を受けた代理人たちの集会は、人民投票 plebiscite という一層適切な工夫にはかなわないと思われた。「大衆人」は万人を「公務員」、「公共善」の実現者として見て、自分の代表者を個人ではなく指示を受けた代理人として見る特徴があったが、それと同様に、彼はあらゆる投票者を、統治活動への直接の参加者として見た。この手段が人民投票だった。成人普通選挙権によって選ばれ、指示を受けた代理人によって構成され、人民投票という工夫を加えられた集会は、そうすると、「大衆人」の体現である。それはまさに「大衆人」が望むものすべてを与えた――選択という現実なしの幻想、そして選択しなければならないという負担なしの選択。というのは、成人普通選挙権とともに、個人からでなく「反‐個人」からなる、近代世界の大衆政党が生じたからである。そして指示を受けた代理人も人民投票も、ともに選択の必要を避けるための道具である。最初から「委任」は幻想だった。すでに見たように、「大衆人」は願望でなしに衝動の動物であって、その代理人が従うべき指令を起草することが全くできない。「人民政府」の性向が支配的になると、実際に起きたことは次の通りである。代表者たろうとする人は自分自身の指令を起草し、それからおなじみの腹話術のトリックを使って、それを自分の選挙人たちに言わせる。

指示を受けた代理人として、彼は個人ではなく、「指導者」として、自分に従う人々のために彼らから選択の必要を除去する。そして同じように、人民投票は「大衆人」が自分の選択を指導者に押しつける手段ではない。それは「大衆人」に代わって選択する無制限の権威を持った政府を生みだす方法である。人民投票において、「大衆人」は個人性の負担からの最終的解放を達成した。彼は何を選ぶべきかをはっきりと教えられたのである。

このようにして、これらの憲法上の手段や、それほど形式的でない政治的行動の習慣の中で、政治の新しい技法が生まれた。それは「統治」（つまり、「諸個人」の衝突のもっとも実行可能な調整を求めること）の技法でもなければ、「議会政府」の中で諸個人の多数派の支持を維持する技法ですらなくて、いかなることを提供するのが最大の票を集めるかを知り、そしてそれが「人民」から来たかのように見せかける技法である。要するに、近代的イディオムにおける「指導」の技法である。それだけでない。何を提供すれば最大の票を集められるかも前からわかっている。「大衆人」の性格は、自分自身のために選択するという負担からの解放を提供されれば――「救済」を提供されれば――動くようなものである。そして誰にせよこれを提供する人は、自信をもって無制限の権力を要求できる。それは彼に与えられるだろう。

すると私の理解する「大衆人」は、その性質によって特定されるのであって、人数によって特定されるのではない。彼の特徴は、あまりに個人性が乏しいため、個人性の強い経験に出会うと「反‐個人性」の方向に反逆する、ということである。彼は自分自身のために、適合的な道徳、政府の機能に関する適合的な理解、「議会政府」の適合的な変形を生みだした。彼は必ずしも「貧しい」わけではなく、「富」だけを嫉妬しているわけでもない。彼は必ずしも「無知」ではなく、しばしばいわゆるインテリゲンチアの一員である。彼は他のいかなる階級にも厳密には対応しない階級に属している。彼の特徴は、一次的には道徳的な弱さであって、知的な弱さではない。彼は「救済」を求め、最終的には、自分自身で選択をしなければならないという負担から解放されなければ満足できない。彼は危険だが、それは彼の意見や願望のせいではなく——彼はそんなものを持っていないのだから——、彼の従順さのせいである。彼は政府がこれまで決して持ったことのないほどの権力と権威を政府に与える傾向がある。彼は「統治者」と「指導者」とを全く区別できない。要するに、「反-個人」になる傾向はあらゆるヨーロッパ人が持っていて、「大衆人」はこの傾向が支配的になった人にすぎないのである。

4

この状況解釈から導かれる多くの結論の中で最も重要なのは、我々の現在の政治に関する幻想の中で最も油断のならないものを捨てることである。近代ヨーロッパ史の中で何よりも重要な出来事は「大衆が完全な社会的権力の座についた」ことだと言われてきたし、広く信じられもしている。しかしそれが何を意味するかを考えてみるならば、そんな出来事は明らかに起きていない。近代ヨーロッパは二つの対立する道徳（個人性の道徳と「反-個人」の道徳）を持っており、さらに政府機能に関する二つの対立する理解、それに応じて現行の統治制度に関する二つの解釈を持っていると私は主張した。もしこれが真実ならば、「大衆人」が議論の余地のない主権を勝ち得たということは、我々の道徳的・政治的傾向のうちどう考えても最強のはずのものが完全に抑圧され、最弱のものが生き残っているということを意味することになるだろう。「大衆人」が「完全な社会的権力」を振るう世界は、統治活動が単純な実質的状態の押しつけとしてのみ理解される世界、「人民政府」が完全に「議会政府」にとって代わった世界、個人性の「市民」権が反-個人の「社会」権によって廃止された世界になるだろう。——我々がそんな世界に住んでいるという証拠は何もない。確かに「大衆人」が登場して、そのことは、それに適合する道徳と政府の職務に関する適合する理解の中に現われた。彼は世界を彼のレプリカに変形させようとして、いくらかの成功を収めた。彼は自分自身では作り出せないものを享受しようとしたが、彼が奪いとったものはすべて変形をこうむった。それにもかかわらず、「大衆人」は疑いもなく派生的な性格にとどまる。それは個人性の追求からの流出物で、無力で寄生的で、個人性に対立してしか生き残ることができない。その指導者たちは、最も好都合な環境の下で、それも「大衆人」を外部のすべての影響から隔離することによってしか、個人性の呼びかけに応えて離脱しようとする彼の不屈の傾向を抑圧することができなかった。「大衆人」が強力だったのは、共同体の絆の道徳の遺物が生き残っていて、彼の道徳的・政治的衝動をもっともらしいものにしたところだけだった。それ以外のところでは、彼が政治の方法や道徳的信念において引き起こした変化は広範だったが、それが個人性の道徳と「議会政府」を消滅させたという考えには根拠がない。「大衆人」は自分自身を愛することがあまりにも少ないので、自分の持っている唯一の力、すなわち人数の点での優位を効果的に活用することができない。「大衆人」に欠けているのは理性よりもむしろ情熱である。過去の彼は、自分自身と自分の反感とを崇拝するように教えられた。現在の彼は、自分の「指導者」がうまく隠さない軽蔑の対象になることが多い。しかし予測されている未来の英雄である彼は、彼自身の性質とは一致していない。「大衆人」は英雄ではないのである。

その一方、もし我々が今の世界（それはむろん「大衆人」の発生を含む）を判断するならば、近代ヨーロッパ史の中で至上の重要性を持つ出来事は、やはり近代のイディオムにおける個人の発生である。個人性の追求は、ある道徳的傾向、政府の職務と統治の様式に関するある理解、活動と意見の多様性、「幸福」の観念を呼び起こし、これらはヨーロッパ文明に消し去ることのできない刻印を押した。「大衆人」の襲撃は個人性の道徳的威信を揺るがしたが、それを破壊しなかった。逃避を救済とする「反-個人」さえも、それを避けることはできなかった。個人性の産物を享受したいという「大衆」の欲求は、彼らの破壊的衝動の形を変えた。そして「自己決定」の「幸福」に対する「大衆人」の反感は、たやすく溶解して自己憐憫に変わる。重要な点すべてにおいて、個人は今でも基盤であり、「反-

個人」はその影にすぎないのである。

「代表民主主義における大衆」は一九六一年、*Freedom and Serfdom: An Anthology of Western Thought*, Albert Hunold (editor) において最初に公刊された。『政治における合理主義』にはこの版で新しく収録された。

(森村　進訳)

ロゴスとテロス

すべてのホッブズの読者は、彼がアリストテレスの敵対者を自認していたことに気づいている。彼は、『リヴァイアサン』に「私の信じるところでは、アリストテレスの『形而上学』と呼ばれるものほど馬鹿げた自然哲学における発言や、彼の『政治学』における発言のほとんどほど政治と相容れないものや、彼の『倫理学』の大部分ほど無知なものは、まず存在し得ない」と書いた。そして、彼のさまざまな著作は、このような意見を随所で繰り返している。しかし、ほとんどの読者は、この否定(それには限定がついているとはいえ)は多少誇張されていないかと疑うのであり、その疑いはすでに、ホッブズの思想に深く埋め込まれているさまざまなアリストテレス主義の要素を指摘する多くの著者(ブラント、シュトラウス、ピーターズ、ウォレンダー等々)によって立証されている。このことはしかし、「アリストテレス主義の世界モデル」とトマス・ホッブズのそれとの間の(単に散発的ないし偶発的なものではなく)体系的な結びつきを研究する仕事に取り組んできたスプレイジェンス教授を、満足させない。彼は、ホッブズはアリストテレス主義のモデルの「基底的枠組」を受容したもののこれを構成する諸概念を自らの観念に置き換えることによってそれを変容させたと示唆し、そしてこの変容が詳しく理解されたならば「ホッブズの思想におよびこれとアリストテレス主義の伝統との関係に含まれるいくつもの表面的逆説のうちいくつかを解消するために大いに有用である」と力説する。

この理論は重大な論争として提示されているのではなく、スプレイジェンス教授の仕事のねらいは、対立する見方を粉砕することにではなくて、我々にホッブズとアリストテレスとの間の体系的な結びつきをより詳しく理解させることにある。読者は、パラダイムおよび「パラダイム転換」についての流行の言説を我慢せねばならないが、そうすれば、スプレイジェンス教授にとっては物理学（physics）と形而上学（metaphysics）との間に有意味な区別など存在しないことに、すぐに気づくであろう。それでも読者は耐えて読み続けねばならない。というのも、その後に書かれていることは、これらの奇妙な考えによっても無効化されないからである。三つの章において、ホッブズが運動する物体からなる均質な秩序であるアリストテレス主義的宇宙を受容したことと、彼が均質性・運動・物体というアリストテレス主義の概念を変換したこととが、慎重かつ率直に開示される。アリストテレスが、目的的変化、すなわち潜在性が常にそれの前もって定められた目標（目的因）によってその中で顕在化し統御される運動、を見いだすところで、ホッブズはただ、持続的な偶発的運動、すなわち無目的な衝突の終わりなき連鎖を構成する動き（「個物が延長を持ち動かされる事以外に運動の原因はない」）、すなわち運動する個物の揺れとしてのそして（結局のところ）常にただの場所の変化としての変化——端的に言えば、有限の目的論的変化ではなく、無限の慣性運動によって成り立つ宇宙——、のみを見いだした。アリストテレスが、実体と運動によって成り立つ世界を見いだし、識別可能な各物体の固有性とは「実体（substance）」中にその物体が有する分け前であり、運動とはこの固有性がその中で確認され探られる変化である、としたところで、ホッブズは、ただお互いへの衝突に関する限りで運動する「個物（bodies）」（「場所を占める物体」）のみを見いだし、宇宙は「すべての個物の集合」であるとした。そしてアリストテレスが、宇宙は自らの運命をそれぞれ追求しているさまざまな有限の固有性から成り立っているのみならず宇宙それ自体が単一の「運動と変化の原理」を提示しており重大な目的上の対立を免れている一つのシステムである、と理解したところで、ホッブズは、宇宙を構成する多数の個物の運動はより以前の出来事を原因とする単なる出来事にすぎず、「単なる自然（mere nature）」は目的的一貫性を持たない、と理解した。

以上はすべて、注意深く述べられている。そしてもしも、対比を際立たせる際のいくばくかの誇張を許し、またアリストテレス主義の「実体」を明確に定義せんとする勇敢な（しかし私見では成功していない）企てを大目に見るならば、これは啓発的である。しかし、議論がそれで終わるわけではない。スプレイジェンス教授は、これを、ホッブズの市民的結合理論に関連し結果的にアリストテレスのポリス的生（*polis*–life）にも関連する彼の二つ目の理論の出発点とするのである。

彼は以下のように考える。原理上そして明らかにアリストテレスやホッブズにとって、「政治理論」の目的は、人類の結合（そして特に市民的結合）を宇宙論との関係の中で示すことにある。それを示すことは、ロゴス（*logos*）は「自然」に内在するために政治的結合は同時に「自然的」かつ論理〔ロゴス〕的（*logistikon*）であるとしたアリストテレスにはいかなる問題も引き起こさなかった。その一方で、「自然」にロゴスはないという前提をとるホッブズは深刻な難点に直面した。彼の解説者の一部はそれを致命的難点だと考えたが、別の一部は、通常はその前提がホッブズ主義的であることを否定することによってこの難点から彼を救おうと努力してきた。適切に理解されるならば、実際のところホッブズの宇宙論的「モデル」と彼の市民哲学との間には密接な関連が存在する。しかし（このことについてのホッブズ自身の見解とは反対に）この関連は、包含的ではなく相似的である。以上である。

これは複雑かつ論争的な理論である。そして私は、スプレイジェンス教授は、目的的変化／慣性運動、実体／個物など、アリストテレス主義とホッブズ主義の間のいくつかの対比についての彼の注意深い叙述に加えて、もしも仮に、彼がアリストテレス主義的人間とホッブズ主義的人間とに委ねられる理性（Reason）／理性使用（Reasoning）について同様の章をも書いていたとすれば、彼自身がこの理論を修正する義務を負うことに気づいたであろう、と考えざるをえない。もちろん彼はこの主題を無視しはしないが、中心に据えられる生物学と物理学によってその主題が陰に隠れてしまうことを容認する。その結果、この二人の著者が著しく異なっているにもかかわらず両者とも、人間行態を知的な活動であると考えかつ人類の結合を合意または不合意からなる取引であると考えている点と、彼らの宇宙論的「モデル」間の相違がロゴスに満ちあふれた宇宙とそこからロゴスが排除された宇宙との間の相違ではないという点とは、決して明らかにならない。

我々に提示されたこの対比は、手短に言えば、次の通りである。アリストテレスにとって、人間は「自然」の一部である。これは、人間行態が、潜在的で全人類に共通な「卓越性」の達成に向けられた目的的なものであること、を意味する。この企てにおける結合は人類にとって「自然な」ことであり、そしてポリス的生はそういう結合である。ホッブズにとっても、人間は「自然」の一部である。しかしこれは、人間が単に多くの個物の中の一つの個物であり、慣性運動の車輪に縛り付けられており、いかなる共通の実体的な達成すべき卓越性（潜在的であろうとそれ以外であろうと）も持たないので、「何かになる（becoming）」という特性を全く欠いており、各々がその運動を維持することへの飽くなき欲望に駆り立てられていて最大の悪（*summum malum*）――停止（死）――だけしか気にしない他の同様に強力な運動する個物によって絶えず阻止されたり方向を曲げられたりしがちであること、を意味する。しかしこの欲望は、アリストテレス主義のいう卓越性とは異なって、人を分裂させるものであり統合に向かわせるものではない。人間行態は「行動（behaviour）」であり、「自然」（ここでは人間本性）は弱肉強食である。この状態からの解放の兆しは、ロゴスが排除されたこの「自然」の中には存在しないのであるが、しかし、この自然の争いに満ちたあり方は、あるいは工夫によって「封じ込める」ことができるかもしれない。市民的結合は、その種の封じ込めであり、それは、欲望の充足すなわち慣性運動が不首尾に終わることの恐怖の上に築かれる。

しかし、上記の説明はいずれもその限りでは全く不正確ではないにせよ、私の考えでは、両者ともに不適切である。これは、稀釈されたアリストテレスであり、また惨めに矮小化されたホッブズである。

スプレイジェンス教授は、アリストテレス主義の宇宙では、「自然に動く物はどれも同じようにして動く」と、そして「異なる生の諸形相における異なる特徴的な行動様式の間の差異を区別する境界線」は存在し「ない」と、そして「自然」の中のロゴスこそが目的的変化の単一の原理だと、そしてその結果、物理学と政治学は同一の議論領域に属すと、力説する。しかし、この単一性の強調は、度を超している。アリストテレスの場合、人間行態は、思慮深いという徳の中で、すなわち教えられ理解される選択肢との関連で、ロゴスを示すのであり、(すべての活動と同様に)目的的であるという理由でロゴスを示すのではない。「不節制な」人間は、怪物に似た「偶然の産物(accident)」ではなく、自ら不正な選択をした人間である。人類の結合は、ミツバチやアリのそれとは似ていない。というのも、その結合は意味を持つ言語によるのであり、さまざまな合意や不合意や妥協によるのだからである。そして、ポリス的生、すなわち人間的卓越の達成に明示的に関心を向ける結合は、熟慮と説得による結びつきであり、アリストテレスはそれを、「部族的(tribal)」生などの他の人類の結合の様式からも区別される、自己理解と実践についての人類の歴史的偉業であると認めた。端的に言えば、人間的卓越は、(災難を免れた)どんぐりが樫の木へと成熟するような過程の結果ではなく、学ばれる必要のある一つの手続きの結果である。どの卓越もその種類に特有であるがゆえに人類にとってもその条件自体が特有だというだけでなく、それは、自己意識的な規範の自己定立という特有の企ての中で探求される。実際、要するに人間的卓越(すなわちそれを探求する中で人類が結びつけられる「目標」)なるものが、アリストテレスにとっては熟慮の上の規範自己定立よりも実体性をもつ何かであったのだろうか、そして、よきポリス(*polis*)なるものが、さまざまな偶発的事態への対処について真に共通の決断を熟議しそれに到達するために最適に配備された政体を備えたポリスを超えた何かであったのだろうか、と疑う余地がある。

ホッブズの宇宙の決定的な特徴は、アリストテレス主義のテロス（*telos*）を排除することにある。そしてそれとともに、人類はある共通の人間的卓越を探求する中で自然に結びつきうるという観念も、どんな人にとっても彼の活動の終局、すなわち彼が探求し自分の最高善（*summum bonum*）と認めうる単一の安息状態が存在しうるという観念も、どちらもが排除される。人間行態は、各人が際限なく続く欲望の充足に成功し続けようとする努力であり、そこでは、不成功は悪であり、最大の悪は彼の努力の終結すなわち死である。とはいえ人類は、この企てを自覚している点、つまり、自分たちの運動の頃合いを計ったり予測したりする能力を持つことと、音を出すことによってではなく同意された意味を持ついろいろな言葉でお互いに会話する能力を持つことにおいて、他の運動する個物から区別される。人類は、活動しかつ活動に対して応答するのに加えて、欲望を発明する力を持つ。人類は想像力を持つので、自分たちの将来の人生の多くを今送るのである。そして、地球で育つ一本の木が地球に対して持つ関係性とは異なり、人間たちは、理解された条件に従って、お互いに関係を持つ。スプレイジェンス教授はこれらのことを何一つ見落としてはいないが、しかし彼は、ホッブズがそれを慣性運動へと（跡形もなく）還元することによって彼の宇宙論に取り込んだ、と力説する。それは多数の重い物体が落下してゆくモデルである。ホッブズにとっては、人類特有のものなど何一つ存在しない。この主張は擁護されえないと私は思う。

さて、さまざまな人類の目的あるいは少なくともあれこれの状況に対する熟慮された応答は、複数存在するのであるが、団結させる目標がないために、各人の努力は、他者の努力によって妨害される可能性が高い。人間たちは、（必然的に頼りないとはいえ）断続的な協力者であって、いろいろな約束をしてときにはそれを守るが、彼らが自然に友人たちでないのは確かである。人間たちの置かれた状態――自然の敵対者かつ不可避の協力者という状態――は、実に、すべての中で最も苛立たしい状態である。人間たちは、ルールを欠いた果てしなき競争を営んでおり、そして、すべての欲望が充足されたという印は、すべての他の競争者の前に置かれており、そうであり続ける。しかし、誰もが欲しがるこの優位な立場は、他者の立場の劣位と相関的であるのみならず、その立場の価値はそれに付随する「栄光」の中に存在し、かつこの「栄光」は他者に承認されることの中にしかない。ホッブズにとって、人間は、自己保存の衝動のみを持った個物ではないのであって、確かに彼は最大の悪として「死を避ける」ものの、彼の欲望が死の回避に限られるわけではない。人類の「自然状態」とは、大いに「社会的」な状態である。自然状態はアリストテレス主義のテロスを欠くために完全な無秩序と分裂の状態だとスプレイジェンス教授は考えているので、私はこのことを強調しておきたい。

しかし、人類の自然状態は、差し引きして掛け値なく不満足な状態である。そこでは、存在すること、存在し続けること、他者に承認されること、への否定できない衝動がまずあり、そして成功の希望に常に勝る不成功への恐れがある。そして、ホッブズが取り組んだ問は、この状態に固有の危険と不安と災難とはいかにして軽減されうるか、というものである。

スプレイジェンス教授は、ホッブズの理論的立場を次のように述べる。(1)ホッブズの宇宙論は、「人間を含む自然秩序全体が原理的に同じように動く」(目的論的変化ではなく慣性運動として)と想定するために彼の宇宙論には「人間的な内容物」が存在し「ない」ので、それは、この人類の苦境に対する解答を一切提示できない。(2)それにもかかわらずこの宇宙論はホッブズに、彼の解答の中に共鳴し反映している「組織パラダイム」——すなわちスプレイジェンス教授がホッブズの「政治理論」と呼ぶもの——をまさに提供する。

私は、これらのうち最初の主張は不可解であると考えるがそれは、その主張が不整合を示唆するためだけではない。私がホッブズを理解する限りでは、彼の考察している苦境は、たとえそれが生み出す状態がいくつかの点ですべての運動する個物と共通であるにせよ、人類に特有である。だからこそそれは、人類に特有の行為による解答を要求するのである。しかし、感情、記憶、想像力、意志、選択、発言、熟慮、合意と不合意、理性使用、そして自己意識さえも、「欲望」と「嫌悪」——これらがあらゆる個物すべてに共通する慣性運動を表現する言葉であり、宇宙はそのような個物の単なる寄せ集めである——へと還元することによって人類と人類の行為をその宇宙の中に取り込んでしまったとされるスプレイジェンス教授のホッブズにとって、いかにしてそう〔人類に特有〕でありうるか、を私は理解できない。「自然の創造物である人間は」、他のいかなる運動する個物とも「全く異ならない」。人間の持つ「自然な性向」は、「自然の普遍的な性向」すなわち運動を継続せんとする衝動であって、人間自体が、その性向以外の何ものでもない。そうであるならば、宇宙がその者を取り込むことはないとされるこの別の人間、すなわち何らかの宇宙論と恐らくは市民的秩序とを案出することができる人間は、いったい何者であり、そしていったいどこで、我々は彼に会うことを期待できるのであろうか。もちろん彼とは、「自然の最も優秀な作品」すなわち理性的人間である。そして、スプレイジェンス教授は、ホッブズの宇宙論が知性的運動を包含することを許さない点でのみ、誤っている。それは恐らく、ロゴスとテロスを混同しているためであろう。

しかし二つ目の主張で一転して彼は、普遍的かつ均質的な慣性運動のみを承認する宇宙論の持つ資源に関心を示すが、それは、理性的人間が置かれた自然状態がはらむ危険と不安がその中で軽減される観念的状態の概念構造を供給することに対して、その資源が無力だからではなく、その資源がそれをする力をもつから、なのである。ここで彼は、いくつかの興味深い見解を述べるが、それらが彼をずっと先にまで押し進めてくれることはない。というのも主には彼が決して、この軽減の役割を担う市民状態の的確な性格をはっきりさせないからである。たとえば、彼は、欲望の充足が妨げられることに対して人類が抱く恐怖は慣性運動の顕れであると見なしており（それは十分支持できるのだが）、ホッブズがこの恐怖は「自然の」不安の軽減を追求するための何ものにも劣らない動機であると推測しているのは不当ではない、と指摘する。しかし彼は、この恐怖を市民状態を確立する単なる「刺激」とではなく「原因」とまで呼ぶことで、ホッブズの市民的結合の理論におけるその地位を誇張している。「栄光」の代わりに「平和」を求める決断は種々の動機から採用されうるし、ホッブズはそれらの中では「恐怖」が最も切実だと考えるのであるが、恐怖かそれ以外かを問わずおよそどんな感情にも、市民状態を案出する（*devising*）力などありはしない。市民状態は、意図的に案出されて初めて出現するのであり、そして、人類は、その発明が単に感情的にではなく知性的に可能であることを教えられねばならない。私は、ホッブズの宇宙論が、ある一つの結合様式を排除している、というのは正しいと考える。それは、当該の人々が自分を捨てて一つのテロスに服し、単一の実体的目標を追求するという点で結びつくような結合様式である。しかしホッブズが読者に示した装置、つまり行為の諸ルールが持つ権威を承認することで成立する結合という装置は、慣性運動のみから特徴づけられる個物で構成されるこの宇宙の中に、その対応物を全く持たない。

この結合様式に対するホッブズの探求は錯綜しているものの、いずれにせよそれは、人類は自分がこうだと信じる通りの存在であり、かつ自らを縛るときにのみ縛られる（すなわち権威に服従する）とする想定を基礎としている。それを制定した神の権威を承認することから自分は自然法に服していると考える人々は、こうした信念を一切受け容れない他の者たちよりも有利な出発点に立っていると、仮定してよいかもしれない。彼らは、自然の義務を自らが負うことを承認するが、その義務は市民法へと変化しうるのである。こうしてホッブズは、このような人々の置かれる状況を詳細に吟味する。しかし彼は、実定的な市民法の権威による結合が、何かそのような信念に依存するとは考えなかった。彼は、一群の人間が自ら立法権力を樹立しこれを権威づけることが可能である、と考えた。実際のところ彼は、「自然状態」の中でさえそのような人々はルールとルール作成に精通していると考えた。彼らはお互いに言語で会話しており、ホッブズにとって言語を使用することは、さまざまな意味（すなわち諸ルール）について合意が成立している契約においてその当事者であるということだからである。欠けているもの、そして彼らの不安を軽減しうるものは、同定可能な単一の立法者と、厳密に明示されたルールと、裁定の手続きと、罰を受けずにはルールを破りえないことの保証と、であった。これらが、市民的結合の持つ特徴である。そして、この状態は、共通の卓越を追求することで結びつくのではない人々やその中で安らぐべき最高善を何ら持たない人々にも可能ではあるものの、慣性運動の車輪に縛り付けられた個物によっては案出も「樹立」もされえない。そしてもちろん、スプレイジェンス教授が「政治（politics）」と呼びホッブズが市民的結合と呼ぶものは、慣性運動以外の何かである。厳密にはそれは、欲望を充足するための競争の低減である。市民状態（*civitas*）の「樹立」が慣性運動の用語で適切に記述されるか否かにかかわらず、市民状態の運営は、間違いなく、慣性運動ではない。

「ロゴスとテロス」は *The Politics of Motion: the World of Thomas Hobbes* by Thomas Spragens, Jr. in *Government and Opposition*, Volume 9, Number 2, 1974. の書評として最初に出版された。『政治における合理主義』にはこの版で新しく収録された。

（登尾　章訳）

政治を語る

1

政治は、人が欲しいと思いそのために戦う気になるもの何かに、またはそのすべてに、関わるのではなく、人間の結合に形を与える取り決めやルールを考えることに関わる。政治的討論の語彙は、公的応答の中にある矯正が必要だとされる状況を診断したり、国家の特徴や性格の形を、またはより望ましい代替的な形を特定したり、さまざまな政治的提案を言語化するのに重要だとされる信条、主義、性向を表現または称揚したり、国家の取り決めに関して一般的な望ましさへの配慮に対する忠誠を表示したり、するために使われる言葉や表現からなっている。要するにそれは、現代国家に特徴的である政治的な信条や企図の衝突、緊張、提携を表現すると称する語彙なのである。

そして私が話したいと思うのは、この政治的語彙、その運命、その徳と悪徳、その使用と濫用についてである。

もちろんそれは、ヨーロッパの語彙である。今や国家とその近似物は世界に拡散しているが、それらはすべてヨーロッパの発明物である。この語彙に含まれる表現の一部は、遠い過去から借用されているものであり、古代ギリシアのポリス、聖書の「国家」、ローマ帝国やペルシャ帝国、中世の王国や世襲所領など、ある意味で現代国家の先駆けと考えられる滅びて久しい結合体に関連して発明され使われた言葉である。他の一部は、日常の言説の中から来て、はっきりと政治的な意味を与えられた言葉である。そして別の一部は、ときどきに起こる政治的な流派や忠誠を特徴づけるために造語された我々の発明物であるが、これらの表現のうち最も時事的なもの――トーリー、ジャコバン、南部同盟、ウィッグ――でさえ、一般化されて、それらが発明された状況の後も長く普遍名辞として生き残りがちである。

それゆえ我々が自由に使えるものとして、さまざまな名詞と形容詞からなる広範な政治的語彙が与えられている。我々は、創造性に欠けるわけではないが、古いものを優先することで持っているものを経済的に使う。たとえこのことが、その言葉に耳慣れぬ意味を付与することで会話を混乱させる結果になっても、である。この語彙に含まれる表現として、民主主義、同意、総意、権力、自由、共通利益、過激派、進歩派、リベラル派、保守派、権利章典、法の支配、右派、左派、中道、全体主義、平等、正義、寛容、などがある。

これらの表現の多くが発明されたのは、あれこれの信条や傾向を際立たせて宣言し、それによって政治的戦いを暗闇中の戦闘状態からより遠くへと引き離すためだったと考えられるかもしれない。しかし誰もこれらを科学的表現と混同することはできない。実際我々は、それらの言葉に一定の粗雑さを許容せねばならない。政治的討論は、説得に注力するので、決して洗練された戦いではありえない。むしろ我々の政治的言語はお国言葉であって、十分長きにわたって、用心深い使用者（トクヴィル、マディソン、バークのような）だけでなく、信条の価値や政治的応答の真価について他者を説得したいと考える者なら誰もが、自由に使ってきた。そしてそのような環境の中でそれは、深刻な改悪を被っている。

第一に、不注意から生まれた混乱があり、その中で政治的討論は技芸なき支離滅裂へと退化する。これは、曖昧で決定的でないものへの選好、つまり、多重の意味を与えて何の目的にでも使える表現にしてしまえる言葉への選好である。現在「自由」の言葉が何を意味しうるかは、誰もが当て推量するしかない。「進歩的」と「反動的」の言葉は曖昧さの典型例である。また「人民の（of the people）」という有名な句が、目的所有格なのか、それともそれの後に続くもっと明確な句を曖昧に予想させるものにすぎないのか、など誰が知っていようか。それから、これらの表現のどれかがスローガンへと要約された際に起こる曲解がある。相対的なものは絶対的なものへと変形され、「表現の自由」とレッセ＝フェール（それは特定の禁止的条件からの解放の請願として世に出た）は空虚で無条件の要求へと転換された。我々は思想を探し求めるが、見つけるのは使い古しのしなびた呪文だけである。というのも政治的表現は、ときの声という地位を得るに際して、生きた政治的討論の言語の内でもまれるままになり、古物店で販売品として展示される「犬に注意」という注意板のような、一片の骨董品になるのである。犬はいない。しかし、危険な犬を飼う人がいなければこの注意板は制作されなかっただろうがそれでも、それが店にあるのは、誰でも、装飾的価値のためとか風が入らないように穴を塞ぐためとかで、それが気に入る人に買ってもらうためである。「デタント」「民主主義の危機」「少数派の権利」「多数派支配」等々。ここでもまたこれらの表現は、注意をそらしたり他に向けたりするために巧妙に使うことが可能であり、ちょうど「美しさだけが私の良さじゃないのよ」と書いてあるが、それが本当か嘘か何も漏らさない、踊り子のつける醜い仮面のようである。混乱に詐欺がつけ加わり、不注意と洗練過剰に、煙に巻くための難解さがつけ加わる。新規の企てのラベルとして、全く異なる議論宇宙に属するよく知られた名前が与えられ、古代の極悪行為が現代の形態をまとって復活し、それを容認可能なものにしようとする努力の中で偽りの名称を与えられる。富の恣意的な再分配を課税と呼び、計算づくの通貨劣化を「インフレ」と呼び、支配者たちによる「領主支配」の実施を「社会主義化」と呼び、さまざまな利得と一組にされた隷属状態は「新しき自由」と自らを宣言し、「資本主義を叩きつぶす」ことが自分たちの意図だと漏らしているグループは「穏健派連合」と呼ばれるのである。

ところで、このことはどれも驚くに値しない。それは、希求的使用者たちの手にかかるとどんなお国言葉にも起こりうることである。特に、彼らの願望が結合体の普通のあり方を変更することに関わっているときにはそうであり、その場合、古代の中国人が冷笑的に言ったように、「名辞を正すこと」は重要な方途なのである。そして我々はこの問題について自分たちが、他の連中ほどひどい間違いを犯していないと考えるかもしれない。しかし我々すべてに共通する不運が一つある。

近代国家は、(過去五〇〇年間いつどこであろうと)それが出現するとき、この種の結合体に特有ではないとはいえ他の場所でよりもそこで顕著に表われる一定の構成的性質の束を持つのが観察された。それらが政治的注目の焦点となるのは、自然なことであった。政治的熟慮は、それらを理解し、それぞれに対して同時代の信条に対応する望ましいとされる形態を示唆すること、に関わっていた。そして政治の言語は、これらの営みを反映してきた。しかし、中心的重要性を持つこの地位からこれらを退けるようなことはこれまで何も起こっていないにもかかわらず、我々の政治言語は今や、あまりにも手が込んだものになり混乱していて、これらの偉大な主題が言語の複雑さの中に迷い込み見えなくなっている。我々は、新たに登場した、それぞれが公的な対応を必要とする信条や状況の連続に対処していると思っているが、――見かけ上の新奇さに気を取られるとともに多量の新しい言葉や表現(それらのほとんどは明確な意味を欠いているが)に混乱して――自分たちがいつもこれらの中心主題に関わっていることに気づかず、それらのうちのどれを考察しているのかで致命的に混乱したままなのである。要するに、政治的議論はあまりに多重の楽曲編成になってしまっていて、問題の心臓部であるいくつかのメロディーを区別できない、というか聴き取ることもできないのである。

私に、読者がそれらのメロディーを思い出す手助けをさせていただきたい。

2

近代国家は、中世的所領、世襲財産、軍事保護領、植民開拓地の集まり、などから登場したとき、三つの特徴を持っていたが、以後もそれらを失うことはなかった。権威の地位、権力の装置、結合の様式である。このそれぞれが、何もないところからではなくその時代の信条から出発し、たまたまそこにあったものの上にもっと望ましいとされる形を課すことによって進行する形成の途中にあった。そしてこの形成と再形成はそれ以後ずっと続いた。いくつかの国家の歴史において、これらの特徴のあれかこれかが一時的に受容可能な形態を獲得したように見えた短い停止の時期はあったが、これら特徴のどれについても、その形態が問題なく確定したところはない。政治は、つまりこれらの特徴が取る形態をそれらの望ましさに関連づけて考察することは、最終的に成し遂げられたかもしれないと楽観的だった『フェデラリスト』の著者の一人には思われたのだが、現在まで継続的で間断のない営みであり続けている。

まず権威の地位について。国家は、この種の結合が構成されることが許される唯一のあり方によって構成された、人の結合である。そのあり方とはつまり、この結合のルールと取り決めが持つ権威に対する承認による、というものである。そしてここでは、これらルールと取り決めは変更が可能であり、修正の対象にできないものは何もないのだから、この承認とは、ルールと取り決めを保護管理する地位とそれらを変更し規定することができる手続きとが持つ権威を承知することである。しかし権威の承認といっても、規定されたことの是認や規定を実行する権力の承知ではなく、言いたいのは、先行的なものとしてある規定する権利の承知である。これの承知は、この地位が形成され位置づけられていることのおかげで与えられるのであって、それが制定するものの質の高さやそれらがもたらす結果のおかげではない。アジャンクールの闘いの前夜、兵士のベイツが仲間との会話で、「われわれは王様の臣下だ。それだけ知っていれば十分だ。」〔シェイクスピア『ヘンリー五世』四幕一場〕と言ったとき、彼は王によって形成される支配の地位が持つ権威を簡潔に承認して、あるいはその義務をいつも適切に果たしているわけではないかもしれないが、王国からの離脱を宣言しなくてはそれを否定することができないような義務を承知していた。我々は、自分がこのずっと昔の男よりも洗練されていると考えるかもしれないが、そうではない。我々は単に、何が権威あるものなのかについて異なった信条を持っているだけであり、それら信条に関して彼以上に混乱しているのである。

それゆえ現代国家は、支配する地位の出現とそれが持つ権威の承認とともに現われた。この地位は、一つの名前と適切にそれに就くための条件を特定しているルールとによって同定される座であった。しばしばそのような地位と占拠者は、そこに準備できている形で存在した（中世の王または大公）。しかしそうであっても彼らは、自分の権威を新しい環境で受け入れてもらわねばならなかった。そして権威は常に、それが義務づける者たちによって授けられるものであるから、彼らはいつもそして短時間にそれに成功したわけではなかった。そうでない場合には、地位とそれを占めるための条件とは、発明されねばならなかった。王により形成された地位は、代表制議会と合体することで資格を得たり、廃止されて他の憲法的形態に替わったりした。これらのうち一部は慎重な熟慮の結果であり、権威についての信条から形が生成してきたが、他のものは拙速で持続性のない考案物であった。しかしどこでもそれらの地位は、承認を勝ち取らねばならなかった。そしてどこでも遅かれ早かれそれらは、反乱や内戦の中でその権威を否定される経験をした。それらが変化なしに生き残ることができたところはない。そのようないくつかある変化が国家の憲法史を構成するのだが、それは基底において、権威についての複数の信条が継起する歴史なのである。

初期の頃には、これは政治的考察にとって最も重要な主題であったし、その重要性は現在も減っていない。我々は、選挙法の何らかの改正や参政権の拡張によって、もっと許容可能な形で権威のある支配の地位を生み出せるのではないか、と頭を悩ましながら、この主題をいじくり続ける。我々は、いつも繰り返し一から始めることに疲れ切る。

我々の政治的語彙の圧倒的部分が、このテーマに関わっている。それでも支配の地位が持つ権威は常に、時代の信条に関わる難しい問題であり続けている。それは雨の日も生き続けることができねばならない。地位にある者の出来具合についての不承認とあざけりに耐えねばならない。そしてそれは、いい仕事をすることで買い取ることはできない。それは、

露のしずくのように、
草の葉の上にたゆたう
〔W. B. Yeats の詩 "Gratitude to the Unknown Instructors"〕

のである。

動揺を繰り返すさまざまな信条が支配の地位に権威を賦与するのだが、それら信条に対する最も内容ある表現は、実際に憲法がとるあらゆる細部を含めた形である。しかしこの問題で我々は決して、いくぶん曖昧な一般的表現の使用をあきらめることはない。あたかも、それらの表現がもたらす神話という成分が、我々の心の平安にとって不可欠であるかのように。そのために支配の地位は、「民主的」とか「共和的」とか「議会的」とか「リベラル」とかであるために権威あるものだと言われる。我々は「多数派支配」という表現に慣れており、プラウダによればロシアの政府は、「革命的民主主義の独裁制」なのである。

これらの表現は、正しくも我々の権威の語彙に属している。それらはいくぶん曖昧に、支配の地位の形を記述し、同時にそれに対して、権威を帰したり帰さなかったりするための理由を与えると称する。一七九〇年にヘンリー・グラタン〔アイルランドの政治家〕が、「多数派大衆は、国民に法を与えることができるが、多数派大衆は、法に権威を

与えることができない。」と言ったとき彼は、「多数派支配」という言葉が権威についてのある信条を表現していることを否定したわけではなく、それが権威についての許容可能な信条を表現していない、と述べたのである。しかしこれらの表現は硬いものではなく、しばしば解釈が難しい。それらは、支配の地位に権威を賦与しようと我々が思うための条件についての、我々の慢性的不決断を反映しており、大半の現代国家に、ぐらぐらの倒れそうな性格を押しつけている。

さらに、この問題についての我々の不決断が不正を育てた。我々の権威の語彙は、盗用されてもう一つの全く異なる目的に仕えるようにされた。その語彙に含まれる諸表現に対して、支配の地位が持つ権威にではなく、それが持つ一定の利益を優遇する傾向に関わる意味を押しつけたことで、それらの表現が曖昧になってしまった。たとえば「民主主義」という言葉は、それがもたらしそうな結果によって識別される統治の「方法」「功利主義的道具」、権威についての一定の信条を表現するためではなく一定の利益を促進するルールと取り決めとを組み上げるためにデザインされた一台の機械、のことを意味させられるようになっている。マディソンによれば、彼が「共和主義的」な統治の地位と呼ぶものが「民主主義的」なそれに優るのは、それが人間の党派的性向を統御する力を持ったためであった〔『ザ・フェデラリスト』第一〇論文〕。ベンサムにとっては、普通選挙や彼がよしとした他の憲法的取り決めの利点は、それらが支配の地位が権威を持つものとしてより明確に承知されるための条件だということにあるのではなく、それらが、最大の幸福と呼ばれる独立の条件を促進するための期待できる道具だということにあった。今や支配の地位のあり方は、何らかの党や党派が促進されてほしいと望んでいることを促進する傾向をそれが持つのか否かに関連してのみ、考慮されるのが普通である。あなたの選挙での見込みが芳しくないときは、選挙ルールの変更を提案せよ。

我々の権威についての語彙に対するこの悪用が政治的討議に課した支離滅裂とごまかしは、取るに足らないものではない。それは支配の地位が持つ権威に対する致命的な無関心を惹起し、多くの人に、国家における結合の原理は国家統治の権威に求めるのではなくその出来具合に対する同意による賛成に求めるべきだという考えを吹き込んだ。もちろん現代国家では、その出来はいつも悪いのだが。

3

国家の第二の特徴は、支配の地位に付属する統治の装置である。ここでの考察の対象は、権威ではなく権力である。政治的語彙中の「権力（power）」という言葉は、ある人間関係を表わすと考えるのが適切である。それは、他者の独立の行態の内に望まれる応答を確実に引き出す能力を意味する。そしてこれは、人間の間の関係であり、それゆえ望まれる応答をする応答者の能力と傾向性に依存するから、この確実性は決して絶対的ではありえないし、権力は抵抗不可能ではありえない。

望まれる応答を追求する場合の考慮事項は、応答者が要求への応諾と不応諾とが彼にどんな帰結をもたらすと信じているか、である。それゆえ、応答者が従わなければ受ける有害な帰結によって彼を脅して要求を行う者と、脅されている帰結を嫌がっているためと、脅しを実行する力と意図の存在を信じているためにその帰結を恐れている応答者との間に、権力の関係が存在する。あるいは、その者の要求が何かの満足を与える約束と一緒になっている者と、その約束物をあきらめる気持ちがまるでないために、それをさもなければ手に入らない必要物だと見なしており、そしてその物を提供するだけの力と意図が相手側に存在すると信じている応答者との間に、権力の関係が存在する。そして、危害への恐れまたは必要へと高められた欠乏が権力関係の条件だから、何も恐れず何も必要としない者をこの関係に引き込むことはできない。

だから権力は、範疇的に権威と区別される。権力を持つことがそれ自体で、人または地位に権威を授けるわけではない。そして要求の背後に権力があると認識することは、要求されることに従う十分な理由にはなりうるが、そうする義務を承認するための理由とはなりえない。それゆえ、情報に精通した脅迫者と彼に恐怖を感じている被害者とは相互に、権力関係への過渡期にあるといえるかもしれない。

現代国家では権威の地位に、注意深く組み立てられた恒久的な権力装置が付属している。その装置のさまざまな要素は、それ自体で権力関係を必然的に生み出すものではない。それらは多くの種類の、手続き、発明物、道具、装置、工夫であって、現代において、何が進行中であるかについての我々の情報と、進行中のものをコントロールするについての確実性とを大いに増大させた。ほとんどの場合それらは、自分の種々の必要のためにそれを利用するだけの費用がかけられる者なら誰でもが、自由にすることができる。それらが動員されて、危害または不利益の脅しによって特定の活動を指定された当事者に強要するために配置されるとき、それらは権力の装置を構成することになる。

しかし現代国家におけるように、そのような装置が権威の地位に付属するところでは、装置の多くの要素とその活用とは、条件に依存する。その装置の唯一正当な利用は、同僚たちがすでに従う義務を負っているルールや取り決めの遵守を実施するためであり、脅しとして示される不利な帰結は、単なる危害ではなく罰である。要するに、人をこの権力装置の従属者にするのは、彼の単なる恐れや必要ではなく、彼が義務を果たさなかったことである。そして国家においてこの装置は、同僚たちが合法的に、自分の保護を求めて訴えることができ、それへの服従を要求されることがありうる、唯一の権力である。それが、支配の地位が持つ権威への承認によって構成される結合体に付け加えるものは、義務が破られてとがめを受けずにいることはない、という保証、または少なくともその期待、である。

それにもかかわらずこの権力装置は、常に大きな疑惑を持って見られてきたし、継続的に政治的関心の対象であり続けている。それはつまり、この装置を構成する諸要素とそれを行使するやり方はいかなるものが望ましいか、についての関心である。そして我々は、これらの構成要素を同定しそれらの望ましさを論じるための語彙を備えている。

もちろん最初に考慮すべきは、権力装置は権威の地位と解きがたく結びついていなければならない、ということである。これが妥当しない状態は、「専制政治」と呼ばれる。次に考慮すべきは、権力と権威の間のこの結合が厳密にその細部までも保持されねばならない、ということである。つまり、権力装置は腐敗しがちであり、それによる害悪を回避することが望ましい、という考慮である。第三にこの装置は、道徳的見解の変遷に伴い、その捜査手続とそれが科す刑罰の双方において、過剰と見なしうるものを探す点検を受けてきた。というのは、非行の確実な摘発と全面的に効果的な処罰とを実現しようとすれば、あまりにも大きな道徳的コストを払わねばならないことは、よく知られているからである。最後に権力装置は、権威に関連してではなく、政府の活動との釣り合いの点で、考察されるかもしれない。これらはすべて、政治的思考にとって適切な論点であり、現代国家との関連で継続的に研究されてきた。しかし、何としたことか、混乱が入り込んだ。いまや「権力」は、我々の政治言語の中で最も濫用される言葉なのである。

いまや、一種の伝統的信仰となりおおせるに十分なほど長い間我々は、支配は権力行使であり、国家は権力装置によって構成される結合体だ、という教義を力説されてきた。少数だがこの教義の提唱者の中には我々を説得して、ここでいう「権力」は、満足させるべき要求を伴う有力者と恐怖心を持ったまたは貧乏な臣民との間にあるというような、人間関係ですらなく、電気ショックとそれが引き起こす相応の筋肉収縮のような、単なる行動の誘起にすぎない、と主張する者もいた。しかしこれが、最もひどい近代主義的退廃であることを認識するのはたやすい。拷問者でさえ、犠牲者から得ようとするのは、痛みを感じていることの証拠以上の何者か（自白や承認）だからである。

しかし、たとえこの装置が、要求と不確実な応答の関係を樹立することとして適切に理解されていても、支配は権力行使であるという教義は生焼けの代物である。それは、権力の源泉と、権力行使の効果と、この効果の許容可能性の探求のみを許容する。この教義は、権威の観念を入れる場所を持たないために、正統性を持つ権力と持たない権力との差異を認識することができない。そして、強奪されることと義務を果たさないために罰金を取られることとの間の差異を曖昧なものにし、しばしば否定するという、広く見られる新たな混同の機会となる。そして、強奪されることと罰金または税を科されること、誘拐されることと収監されることが、権力行使との関連でのみ理解されるところでは、ギャングと警察官、殺人者と死刑執行人とが権力の容器としてのみ認識されるところでは、それらは区別なく疑義のあるものとなるか、第二のものの方が第一のものよりも非難すべきものだと考えられる。そうすると我々は、強奪と支配は同じように許容できない権力行使だという流行の教義、つまり、もっとばかげた一部の政治的表明や法廷で現在聞かされるもっと常軌を逸した一部の主張の背後にある教義に近づく。

支配と権力行使を同視する教義が、密輸された権威への言及によって修正されるだけでは、混乱は解消しない。現代国家における支配の地位は、単なる権力装置の権威ある管理者または操作者だと理解することはできない。そして国家は、この装置の正統性の承認のみによって関係づけられた人々なのではありえない。他のすべてのこと以前にこの地位は、行態ルールの規定者が持つ地位である。その臣民との間で設定される関係は、強制と服従の権力関係ではなく、権威と義務の関係である。そしてそれが持つ義務の履行を強制する権威は、義務を規定する権威から派生する。

それゆえ強制される行態が、義務の履行ではなく、単に有力な人々、いわゆる「支配的階級」またはクーデターの実行者、の要求に対する追従だと理解されるところでは、つまり支配者が「暴君」と同定されるところでは、支配を権力行使と同一視することが適切である。そして、こうして強制される義務が、支配の地位が持つ権威からではなく神または自然から派生するという持続的な信仰があるところでのみ、支配を正統な権力の行使と同定することが適切となる。これがアメリカ独立宣言の奇抜な教義である。その中では政府は、自分がそれを規定する権威を持つわけではない諸権利を確保するためにのみ存在するとされる。そしてそこでは臣民の「同意」は、この確保のために必要な権力装置にすぎないものに正統性を与えることができるだけである。

それゆえ、現代国家の権力装置は、我々が考えるべき多くのものを提示する。しかしこのテーマに関する我々の探求は、少なからず混乱を極めてきた。

4

現代国家の第三の特徴は、人間の結合としてそれが持つ性格である。ここで考慮すべきものは、権威でも権力でもなく、結合体がそれぞれの人に対して持つ関係と、支配の地位が担う役目である。

二人かそれ以上の人が結合体をつくるとは、彼らがお互いに、何らかの承知された結合体——それは、自分たちでつくったものかもしれないし、既製品を受容したものかもしれない——の条件に従って関係づけられることである。この条件は、曖昧なところのある行態の慣習かもしれないし、ルールブックに書き出されているかもしれないし、承認された共通目的として宣言されているかもしれない。それゆえ結合の当事者たちは決して、全面的人格ではない。彼らはペルソナたち、つまり、兄弟、ビジネスの共同経営者、同僚、遊び仲間、同志、友人など、何らかの特化された条件について相互に関係しあっている人格たち、である。それらのどれか一つが、誰かの結合上の可能性をくみ尽くすことはできない。無条件の人間関係（つまり、特定の条件によらずに関係づけられている人格たち）はありえない。すべての関係が「社会」という言葉の通常の我々の用法が示唆するような意味で融合する、全体（*ensemble*）など存在しない。もし「社会的」という言葉がある関係を表示するために使われるなら、それは、他のすべての関係と区別される、何らかの個別的な関係でなければならない。それゆえ結合体としての国家の性格を探求することは、それが構成する結合の様式と、結合のこれら具体的条件が結合の当事者たちに課すペルソナを考えることである。

さて、結合体としての国家を構成する条件とは、その権威の地位によって規定される実際の義務のことである。その結果、そのような結合体が持つ性格の探求は、この地位に権威を与える信条の探求ではなく、国家がそれを規定するのに権威を利用するところの義務と、これら義務が国家の支配に従う人々に対して実際に課すペルソナの探求である。言い換えればそれは、政府の役目の探求である。そして、もし「市民」という言葉が当該のペルソナを表現しうるなら、その探求は、他の関係が産み出す他のどんなペルソナでもなく、このペルソナの探求なのである。

だからこれが、一六世紀以来取り上げられ追求されてきた、現代国家に関連する政治的考察の第三の大きなテーマである。そして、現代国家が形成途上の結合体だと見なされなくなることは決してなかったから、注目はいつも、それがどのようなものであると認めうるかに向くと同じほど多く、それはどんなものにしうるのか、に向けられてきた。しかしながらこのテーマの追求は、混乱によって悲しいほど妨げられてきた。

第一にそれの多くは、権威または権力の語彙に関係づけて行われるが、この関連ではこれらの言葉は無意味である。たとえば、結合の条件が「民主主義的」であるとか、そうあらねばならぬとかいうのはばかげている。「民主主義」という言葉は、政府の役目を指すのではなく、支配の地位がその中で権威を持つと認められる信条を指す。関係についての「民主主義的」ルールなど存在しない。そして「市民」がそれを条件にして結合する義務を、それら義務を強制する権力によって特徴づけることはできない。第二にこの探求は、「社会」と呼ばれるものについての戯言によって抹殺される。社会なるものは、まぬけだけが国家と同一視しようなどと考える、不特定な諸関係からなる空想的全体である。

それにもかかわらずこの年月の間に、二つの許容できる程度に明瞭な（そして多くのごく不明瞭な）教義が、人間の結合体としての国家が持つ性格に関して現われた。もちろんどちらも、国家はどのようなものであると認めうるかだけでなく、それはどんなものにしうるのか、にも関わっている。

二つのうち最初の教義において国家は、人間が、協力して何らかの承認された実体的目的を追求することを条件にして相互に関係づけられる結合体、として我々に提示される。結合の当事者たちは、この共通の事業――権威の地位がその管理人を務める――に携わる義務を負っている。ここで国家に帰されるもの、または国家がそれになるようにできるまたはせねばならぬものとは、よく知られた結合の様式であり、共通の実体的役目のために多が一になるようなそれである。

中心的特徴となるのは、結合の当事者たちがそれに関して相互に関係づけられる、統一を産み出す目的である。この目的は、結合の当事者たちに知られていなければならないし、獲得すべき実体的なものごとの条件、または促進すべきものごとの条件に対する関心、でなければならない。しかし、そのような目的を追求することは必然的に、その目的の実現に対して有利であるところの望まれている結果を獲得する期待のもとに、あれではなくこれをすることを選択することによって、生起するさまざまな状況に対応することを意味する。だから、この形で結合する者たちは、自分たちの共通の目的を認識する点においてだけでなく、そのような種々の選択を行う（またはそれらの選択を自分自身の選択と認める）点、そしてそのような行動を実行する点においても、相互に関係づけられる。それは、当該の目的にとって手段的な実体的行態に関連した結合体である。もしこのような結合体が結合の当事者たちの行態についてのルールを持つなら、それらもまた手段的なルールとなり、その望ましさは当該の目的追求を促進する、または少なくともそれを妨害しない、という傾向に存する。そのような結合体の政府は経営的役目であり、それが結合の当事者たちに課すペルソナは、目的に仕える召使いのそれである。

これはよく知られた結合体の様式である。だから、自らをこのように理解するよう国家が訴え、結合体としての国家に関する探求が、国家に帰すことができる利益目的の特定へと導かれたとしても、ほとんど驚くに値しない。

この見解そのものにはいくつかの深刻な困難があったし、その困難はいまだに減少していない。一六世紀に出現したときには国家は、共通の歴史や言語や法を持たず、民族的、習慣的、しばしば宗教的に相互に分断された複数の共同体の雑多な寄せ集めであった。その後地球上に広く現われた多くの国家も、この点で異なるものではない。新興の結合体として国家は明らかに、同じことを考え共通の実体的目的を持つことで多が一になる、というものではなかったし、そうなるようにされるだろうと示唆するものはなにもなかった。ミシェル・ドゥ・ロピタル〔大臣としてユグノーに対する寛容政策を実現〕は、この点で一六世紀のフランスに幻想を持っていなかったし、マディソンはアメリカ合衆国に幻想を持っていなかった。

しかし、これが国家がそうなりうるまたはなるべき姿だという信条に対して、環境上の栄養がなかったわけではない。現代国家の一部は、世襲所領から生じたし、それゆえある種の企業結合体として出発した。すべての現代国家の政府は、「領主的なるもの」という退行的では全くない成分を持っているが、これをそれら政府が持つ支配者としての地位から区別するのは誤りであって、そこからは、所有権と経営的役目が導出される。こうしてもっと後の時代には、共同体的団結を創り出す使命が、権威の地位に帰せられた。現代史は、目的的結合体として国家を見る、さまざまな慣用句中にある見方と、国家にこの性格を押しつける企画とでいっぱいのゴミ溜めである。

この事業は最初、国家を、宗教的信条による一致団結とそれに伴う実体的行態であるとする理解を伴う宗教的慣用句の中に現われる。その頂点は一六世紀後半のジュネーブであったが、宗教的共同体の性格をまといたがる国家は現在も存在する。しかしいまやこの一致団結の慣用句は、以下の見解の内に表現される。まず、注意深く防御されたあれこれの信条が持つ権威を享受し、この権威を広く世界に喧伝することによって（少なくとも部分的に）構成される結合体という見解、次に、結合体の絆は、それが政府の権威以外の一定の重要事に関する信条の一致――トクヴィルが「独立した見方の収斂」と呼んだもの、つまり、同じことを考え同じものを愛することで結合する市民たち――を含むのでなければ、本来あるべきものにならないという見解、である。

一八世紀のいわゆる「啓蒙的」支配者たちは、自分を包括的な「国民利益」の保護者であると理解し、彼の臣民たちの活動を国民利益に結びつけ、臣民をそれぞれが演じるべき役割に向けて教育することが任務だと考えた。そして、これらの支配者たちが部分的に封建君主であるという自分の性格に大きく寄りかかっていたのに対して、その憲法上の継承者の一部は、「国民の社会的発展」のための「民主主義的」経営者になることを熱望した。国家を発展のための会社とする見解がその詳細にわたって我々の前に示されてから、いまや四世紀になる。この見解ではその社員たちは、取締役会によって管理される最大の資源利用をめざす集合的事業の「働き手」として、相互に関係づけられる。ここでは「法」は、会社による事業のための手段的ルールであり、（もしあるなら）「政治」は、経営者たちにそれぞれ何らかの微細な点で異なる「代替的」目的を要求し、経営者たちがクーデターの実行者でないというまれな機会に、彼らに投票してその役につけることで、誰が何を何時いかにして得るのか、について争う論争である。これが、いまや我々が最もなじんでいる、目的的結合体として国家を語る慣用句である。

しかしこの種の仰々しい（決して期待に釣り合うことのない）解釈が、この会社事業として国家を捉える見解が産み出した唯一の成果なのではない。それは、豊かさを増進し貧困を減少させるためのさまざまな一時的方便の中にも、そして広く世界に向かう宣教師的熱意の爆発の中にも、体現され、自らを売り込む魅惑的な混乱を伴う語彙を獲得した。

それはどこへでも侵入した。国家とは、「目的」としての共通の実体的目標、包括的な「国民利益」、または「国家理念」、によって関係づけられた結合の当事者たちのことだと考えられるところに。市民に課されるペルソナが「国民的計画」に仕える召使いまたは、霊感を受けた「指導者」の追随者というペルソナであるところに。政府に帰される役目が、「国民的価値の明示化」「国家目的の定義」「国家意思の統率」または「社会の変革」という役目であるところに。もちろん国家が戦争下にあるときには、この見解が押し入ってきた。そして戦争が十字軍だと考えられるときには、それだけより断固として。

しばしば、有機的、権威主義的、集団主義的、全体主義的などの言葉が、このように理解される国家を記述するために使われる。「自由の」「進歩的」「独裁的」などの古い言葉はすべて、これに奉仕するためにさらに堕落させられる。目指されるものごとの状態、つまり「国家目的」は、さまざまに記述されるが、現在最も支持されている表現は、「社会正義」(つまり、よりよいとされる財の分配)と呼ばれるものである。それが結合の当事者たちの間に成立させる関係は一般に、「社会的」(つまり、実体的必要の満足による関係)と呼ばれ、支配者の地位をここで飲み込んでしまった領主の地位は、「計画」「経営」または「リーダーシップ」と呼ばれる。「人々の熱情はいまや、政治的から社会的になっている。」とトクヴィルが一八四八年に言ったとき、彼が賛同しないまま指摘したのは、国家の性格についてのこの見解であった。

もう一方のいくぶん古い方の教義において、国家に帰される結合の様式は、「法」と呼ばれる非手段的な行態のルールによる関係である。これらのルールを「非手段的」と呼ぶことで私が言いたいのは、それらが実体的目的の達成を促進すると称する実践や手順を特定するルールではない、ということである。それらは、どのようにして勝つかではなくどのようにしてプレイするかを指示するゲームのルールや、話者に何を言うべきかを告げずどんな具体的結論にも全く無関心な公共的論争のルールに、(全面的に似ているのでないとしても)より似ている。これらの非手段的ルールが特定したり規定したりするのは、行われるべき選択や実行されるべき行為ではなく、選択し行動する際に承諾すべき条件である。他のすべてのルールと同じくそれらは、行態より前に存在しているが行為や発話を起動する力を持たない。ここでの結合体は、実行することの計画されているまたは実際の帰結に関連するのではなく、実行の際に承諾すべき形式的条件に関連する。もし「市民性」という言葉またはまさに「正義」という言葉が、これら行態の条件がもつ一般的性質を表現すると理解されるなら、このように理解された国家は、「市民的結合体」または「正義の」行態による結合体であると認めることができる。そして、「市民的に」または「正義に適うように」行動せよという命令は、どんなものであれ実体的行為を実行せよという命令ではないから、このように理解される国家は、目的的結合体ではなく道徳的結合体である。

このような形で結合する人々は、そうでなければ、彼らのさまざまな必要性の満足を追求し、人間が関係づけられうるすべてのまたはどれかのあり方で、他の人々と関係づけられている人格であると想定しうるだろう。しかし市民のペルソナにおいて彼らは、これら非手段的な行態のルールに規定される条件を遵守する義務に関してのみ存在し関係づけられる。彼らは、共通の実体的目的を持たないが、共通の関心を持つ。

それゆえこれは、特別の様式を持つ結合体――追求されている実体的事業の成功や失敗に無関心な非手段的な行態のルールを承諾する義務による関係――である。そのような結合体における支配の地位とそれに付随する権力装置とが担う役目は、この結合の様式を反映することになる。それらは、種々の利益について、経営的でも融和的でもないだろう。ここでの支配は、「領主的なもの」が持つ要素を全く持っておらず、そしてルールは、それ自体の実体的関心を持たず、それに従う人々の実体的利益に無関心であることではじめて、その役割を果たすことができる。それら地位と装置は、この様式の結合体を構成する諸ルールの保護者である。そしてそのような国家における政治は、結合の当事者たちの行態の上に課されるさまざまな市民の義務を、それらの望ましさの観点から熟議することに関わるのであって、誰が何を何時いかにして得るのかには関わることができない。これらルールは、役に立ったり立たなかったりすることに対する報償ではないからである。その政治は、これらルールが持つ共通の実体的目的を促進したり阻害したりする傾向性を熟議することではありえない。そんな目的など存在しないからである。

市民的結合体のルールが望ましいかどうかは、結合の当事者たちが道徳的完全性ではなく市民性または正義の関係として他から区別することを学んだものにそのルールが向けられたときに、それが彼らの想像力を反映する、またはそれに恥をかかせることがない、という点での正確性如何による。この問題について、絶対的基準は存在せず、この市民の義務に関わる道徳的想像力がすべてである。それにもかかわらず、受容可能な市民性のイメージを紡ぎ出す諸ルールを熟議するというこの政治的役目は、そこに、最も普通に考慮されるもの、つまり利益、の考慮を入れる場所がないことだけからも、人間の役目の中で最も困難な役目である。

次に、国家に帰される、または国家がそうあるようにさせられるべきものとされる、この結合体の様式は、それが国家の望ましい結合のあり方だと考える人々にも、そうでないと考える人々にも、大幅に誤って理解され記述されている。ほとんどの場合我々は現在、それが引き起こしたパロディの中でのみ、それを知っている。

それを記述するのに「民主主義」という言葉を使うことは、初歩的な誤りである。この言葉は正しくは、結合体の様式も、政府の役目も指すものではなく、政府の政体上の形式を指す。しかし、市民的結合体を「権利」の享受による関係と記述することも、よくあることだが、深いところで誤りへと通じる。それは「権利」が、実体的満足の分配と混同されない場合においても、である。

市民的結合体のルールは、ものごとを行うときと話すときに同意されるべき義務を、可能な限り正確に特定し、規定する。これらルールがその場から取り除くものは、何かをすることや言うことではなく、観念的で無条件の選択である。結合の当事者たちは、これらの条件を守る自分の義務を承認することで関係づけられている。それ以外ではありえない。それにもかかわらず、この種の結合体が、義務による関係ではなく「権利」の享受による関係だと言われることが多い。しかしこれらの「権利」とは何でありうるのか。それらは、空想的な無条件のもの（「自由」または「幸福の追求」）ではありえない。なぜなら、条件に同意すべき義務が取り除くものが、まさにこの行動の無条件性だからである。それらは、人間の作用力（選択）の仮定を表現するものではありえない。この力は、行態のルールによって保証も排除もされない。それなしでは、行態のルールは無意味である。またそれらは、そうであるように見えるようにされる場合は多いが、義務の免除でもありえない。これらの「権利」は実際には、市民的義務の全面的に特定不可能な表面――「プライヴァシー」の権利、公正な裁判を受ける権利、または新たに宣言された「出産基本権」――であり、それら義務は、正確に記述された義務の集合の中で特定されるときに初めて確定したものになり、無条件なものという虚偽の外観を失う。権利の言語は、偽装された無条件性の言語であり、市民的結合体の条件を誤って記述する。

さらに、一般にいわれるところでは、目的的結合体の政府と違って市民的結合体の政府は著しく、「不活発」であり、その臣民の活動に「介入」することに消極的、または「限定された」範囲でのみ介入することが許されている。そのような国家は、「最小」国家と呼ばれる。しかし、これら二つの結合体の様式を異なる量の政府による「介入」によって区別することは、この区別が程度の差による区別であるように思わせ、それらが提示している政治的選択から我々の注意をそらせるという点で、全く誤った問題把握である。我々の好みがどこにあろうと、第一のものを単に第二のものより全面的に組織化されたヴァージョンであり、第二のものを単に第一のものの弱いまたは「穏健な」ヴァージョンだと記述することは、無節操でありばかげている。

そしてここでも、市民的結合体と理解された国家は、それに好意を持つ者たちによって頻繁に「自由事業」または「私的事業」結合体と理解され、悪口を言う人々には「資本主義」と呼ばれるものと同視されたり、「レッセフェールの無政府状態」と誹謗されたりする。しかし市民的結合体は、「公的」「私的」を問わず、どんな事業の追求による関係でもない。市民のペルソナは、必要性の満足のために取引する者のそれではなく、義務の主体である。そして「資本主義」は、何事かを意味するなら、必要性を満足するための戦略的道具と、その事業に関わる関係を指す。それ自体が事業である国家のみが、「資本主義」国家と呼ぶにふさわしいし、この文脈でのみこの言葉は政治的意味を持ちうる。確かにいまや、レッセフェールという句が無条件の行態を表わすなどということがありうるとか、無政府を秩序に変えるのに必要なものは何らかの非手段的ルールの承認ではなく経営者の指名だ、とかいう笑うべき考えは、もう捨てていいときである。

最後に、市民的結合体としての国家に対する誤解の中で最も悲しむべきものがある。その中では国家は、行態の上に課されどんな結合の当事者も行態もそれの義務から免除されない非手段的条件による結合体であると正しく表現されるが、我々の異なった多様な必要性の充足を促進し、今後も促進し続ける可能性が他のどれよりも高い結合体の様式であるとして擁護される。繁栄は、市民的結合体がもたらす可能性のある偶然的帰結であるかもしれないが、繁栄に関連づけてそれを推奨することは、市民的結合体以外のなにものかを推奨することである。

5

何か具体的なものについての議論であることが、すべての知的議論の印である。発話が相互にすれ違うような誤解の泥沼の内に議論が自己を見失う場合、我々は何について話しているはずだろうか、と問うことでそれが思い出されることもありうる。それは政治でも同じである。政治の話は必然的に、地域のそして移ろいゆく状況に関わっている。しかしそれは、例の取り憑いている言葉（民主主義、自由、権利、正義）の一つが発せられ、自分たちが国家――論争の余地のある性格を持ち、最高に人為的であると同時に最高に非芸術的であるが、それにもかかわらず特殊な人間関係を構成し、そうでなければ雑多な寄せ集めにすぎないはずのその部分に、それが何であれ特殊のペルソナを授ける、あの奇妙な人間の結合体――について話していることに我々が気づくまでは、話は先に進まない。

政治の話は長い間続いている。それは、大きな語彙を好きに使っているが、私はその語彙がいまや深刻な混乱状態にあると考えている。そしてとり散らかった語彙はとり散らかった会話の予兆となる。ごく初期には、国家の主要な構成的性格は、権威の地位、権力の装置と、その権威の地位が果たす役目の内に明白に示される結合の様式とであると理解されていた。我々の政治的話はすべて、大気汚染、子どもを学校にバスで送ること、など何であろうと、これら三つの性格のどれかに関わっているのであって、そのどれかに望ましいと称する形を与えることを要求する。当今の霧中状態のほとんどは我々が、このそれぞれが考慮対象として異なるものであることを理解できず、個々の機会に自分たちがこのうちのどれに関わっているかを認識していないところから来ている。

現代国家の緊急時には、必然的に権威の地位が政治的熟議の主要な関心事であったし、今までそれが重要でなくなったときはない。いかなる形式と憲法によって我々は、この地位が先行的支配権を持つことを承認することができるのか、という問はどこでも、暫定的な回答以外のものを得ることがなく、我々は何年も注意を集中した後、この問にいらいらするようになっている。我々は、疑念を抱くことなく「民主主義」「共和主義」などの曖昧な言葉が望ましい形式の十分優れた記述であることを受け入れたり、「多数支配」のような無意味な表現を使ったりする。もしくは我々は、重要でないとしてこの問題を退ける。しかし現在のそれに対する我々の無関心は、支配者と被支配者の行態を同じように深く堕落させており、ほとんどの現代国家のぐらついた性格をかなりの程度まで説明する。

この権威の地位に付随する権力装置は、飽くことなく点検され論じられたが、それに与えられた考察は、ますます混乱したものになっている。以前の世代は正しくも、それが権威の地位から切り離されてそれ自身の勢力を獲得することを心配した。常設軍は疑惑の的であったし、出現してきたいわゆる官僚組織は、不信の目で見られた。しかしいまや我々はこの装置を、その実行の結果に対する賛同や反感との関連でのみ考えるようになった。それが我々の望むことをするなら、もっと大きな権力をそれに与えよ、というわけである。我々は議論を通して、義務の履行を確保するために実行される権力と必要性を満足するために実行される権力とを区別することが不可能なところへと、自分たちを追い込んだ。さらに、この装置と統治の地位自体とを同視し、権利章典というばかげた道具によって自分たちをそれから守ろうとさえした。

しかしいまや我々の注目の大半を集めているのは、第三のテーマ——国家に帰される結合体の様式——である。それは新しいテーマではないが——一六世紀に人々はそれを論じていた——いまや我々の中心的関心事である。そして我々がそれを扱うやり方は、いかに哀れなほど混乱していることか。それは他のテーマから正しく区別されておらず、それが、人間が国家のメンバーとして持つことができる特別な関係に関わることを認識するという点にさえ、我々はしばしば達していない。国家に帰されるかもしれない、そして帰されてきた、複数の結合体の様式は、誤って特徴づけられ、相互間で誤って区別されている——むしろさらに悪いことにそれらは、この問題に関する政治的信条のスペクトルと呼ばれるものの上にある複数の点と混同されている。この特別な政治的信条の連なりを何とか表現しようとして我々が使う言葉は、悲しいほど不適切である。それは、独裁制と民主主義との対比でもないし（これらは権威の言葉である）、左と右との対比でもない（これらはすでに目的的結合体だと仮定された国家に対して課されるべき共通目的についての重要性の薄い口論を表現しているにすぎない）。リベラルと保守という言葉は、すでにあまりに多くの意味を詰め込まれすぎているので、ここで明快さを発揮することができない。共産主義と資本主義、集産主義と自由事業、中央集権制と多元主義、などの語でそれを理解する人々はただ、市民的結合体に実体的目的を仮託することで、混乱を増大させるだけである。この政治的信条の連なりは、目的的結合体に価値を見いだす人々とそうでない人々との間や、自分の仲間たちに対して同情的思いやりを持つ人々と持たない人々との間にあるのではない。それは、人間の結合体としての国家が持つ性格にのみ関わる。

　市民的結合体としての国家を選択したいという気持ちを持つ我々（と私が仮定してよければ）にはたぶん、政治的討論が落ち込んだ混乱で得をしている我々の論敵たちよりも困難な仕事がある。論敵たちの場合は、たとえ強制的な共同連帯（compulsory *solidarité commune*）のそれであっても暖かな抱擁を嫌悪しない人々、自分で選んだわけではない目的に縛られても、特に（取引の一環として）価値不明のいわゆる「社会的所得」を分配されても、うろたえることのない人々から、歓迎的な反応を得ることができる。あるいは我々は、このような人々の心を乱すことに、よくそうなるほどは熱心になるべきでないかもしれない。しかし、もっとクールな市民的結合体の徳には、彼らに、特に、それに到達することがなくとも自分の行く先を選択したいという気持ちを持つ人々に、勧めるべき理由が多くある。結局のところ非手段的な行態のルールに同意する義務による、このすべての中で最も負荷の少ない人間関係は、唯一の、他者を排除しない結合体であり、一体性を押しつけることなく紛争を調停する結合体である。そしてそれは、特に国家にとって適切である。なぜなら国家は、道徳的に許容可能な唯一の強制的結合体だからである。

しかしもし我々が、この最も注目すべき人間の発明をもっとよく知らしめようとするなら、我々は、「民主主義」とか「資本主義」のような的外れの表現や、「保守主義」とか「穏健派」のような曖昧な表現の背後に隠れるのを止めねばならない。我々は、現在よりももっと正確に、論敵だけでなく我々自身を知るようにならねばならない。自分の立場を、それにふさわしい理由で擁護せねばならない。そして我々は、いかがわしい同盟集団たちに巻き込まれるのを拒否せねばならない。

ショーペンハウアーの話では〔『パレルガ・ウント・パラリポメナ』第二巻〕、かつてヤマアラシのコロニーがあった。彼らは、寒い冬の日には一緒に群がって、共同体的暖かさに包まれることで凍死を避けたものだった。しかし相互の針の痛みに悩まされて、彼らは離散した。そして暖かさへの希求が彼らを集結させるときはいつも、同じ災禍が彼らを襲った。こうして彼らは、相互に相手を我慢することも、なしで済ますこともできず、二つの不幸の間で分裂状態のままであった。しかしそれは、彼らがお互いから一定の距離に立つと、お互いの個人性を好ましく感じることと相互が一緒にいることを楽しむことが両立できることを発見したときに終わった。彼らは、この距離に何か形而上学的な意義を帰さなかったし、それが、友人を見つけるような、独立の幸福の源泉だと想定することもなかった。彼らは、それが実体的享受による関係ではなく、自分たちで決めねばならない偶然の考慮事項による関係だと見なした。彼らは知らなかったが、市民的結合体を発明したのである。

「政治を語る」は元は、ナショナル・レビュー誌主催の下ニューヨーク市で行われた講演として話され、最初一九七五年五月にナショナル・レビュー誌に掲載された（©1975 by *National Review*, Inc., 15 East 35th Street, New York, New York 10016）。『政治における合理主義』にはこの版で新しく収録された。

（嶋津　格訳）

政治的言説

政治は、まずもって、一定の種類の状況、すなわち政治的状況に対応することに関わる実践的活動として同定されうる。

政治的状況は、第一に、自然的な必然性からではなく、人間の選択や行動から生じたと認められる物事の状態であり、それに対しては複数の対応が可能なものとして同定されうる。よって、政治は、すでに諸選択の所産であると認識されている物事の状態に対応する活動であるということができる。

第二に、政治的状況は、「私的」状況ではなく「公的」状況であるということができる。このことは、我々にとって、それほど有用ではない。なぜなら、「公的」や「私的」は、それらがそうであると信じられているものだからである。つまり、何がこれらの領域の各々に当てはまるかは、ローカルな意見の問題である。しかし、政治的活動が存在するには、「公的」と「私的」の間に何らかの種類の区別がなされなくてはならない。そして、「公的」領域に属するものが、通常は、支配者や政府が考慮に入れるべきと信じられているものであると考えられるので、政治的状況は、（私的個人そのものではなく）支配者や政府が対応を期待されるような偶然的な状況として同定されうる。

政治的活動の二つの構成要素は、以下のものである。すなわち、一定の種類の状況と、それに対応する権威を持つと認められた者による、それへの対応である。

このような状況は、多様な規模でありうる。それは、(スエズ運河の占領のように) 特定の行動によって生み出されるかもしれないし、(フランス革命政府の攻撃的な拡張主義的傾向のように) ローカルな人間行動に見られる傾向性によって生み出されるかもしれない。それは、(シオニズムや、女性は投票権を持つべきだ、あるいはアイルランドは「ホーム・ルール」を持つべきだという信念のように) 特定の信念によって生み出されるかもしれないし、(核戦争の脅威は耐えられないものである、あるいは英国の経済は停滞しているという信念のように) より一般的な信念によって生み出されるかもしれない。そして明らかなことに、求められる対応は、識別されている状況の規模に即したものになるだろう。

さて、これらの状況はどれも、想像しうる最も単純なものでさえ、その重要性は、その表面上にあるのではない。各々は、偶然的な出来事や出来事の複合であり、人間の感情・選択・行動の所産である。そして、各々は解釈を必要とする。また、政治に求められているのは、それへの対応なので、この解釈は診断的・予測的なものであって、説明的なものではない。よって、取り組まれる状況自体が、それを認識し、同定し、解釈し、それに理解可能な性質あるいは少なくとも名前を与えるような、熟議の所産なのである。そして、このことは、政治的活動の第三の構成要素をもたらす。すなわち、熟議と反省という構成要素である。

熟議は、同定可能な政治的状況が、そもそも出現可能となる前に必要になるものである。しかし、それはまた、その状況への対応の選択においても要求される。というのも、政治的状況とは、必然的な対応が存在しないような状況だからである。

ときには、この対応は、「原理」的対応と呼びうるものでありうる。たとえば、「名誉」が我々にこれをするように要求していると結論することである。そしてこの場合、熟議は、用いられるべき「原理」を引き出すための反省という形をとるだろう。

しかし、よりしばしば、なされるべき対応に関する熟議は、二つの区別可能な考慮に関するものである。すなわち、第一に、提案される対応の帰結に関する反省、そして第二に、これらの諸帰結と、物事の状態をより善いとかより悪いと判断する諸信念との関係に関する反省である。

第一に、すべての政治的決定は、何らかの多かれ少なかれ特定の物事の状況を、達成するあるいは回避するためになされる。そして、それが選択される前に、その特定の状況への対応としてのその利点が、何らかの方法で考慮されていなくてはならない。答えるべき問いは、今これをするという決定は、私が達成したいことを達成し、あるいは私が避けたいことを避けるだろうか、というものである。

しかし、これに加えて考えなくてはならないのは、このような方法による行動決定が他の場所に及ぼしうる反響や、達成すべく定められた物事の状態を制限するあるいは無効にするような傾向である。あれではなくこれをするという決定は、予見可能な限りにおいて、あれやこれをすることの帰結のすべてとの関係でなされる選択である。よってすべての政治的決定は、本来的に複合的なものである。つまり、単に特定化された状況だけではなく、現在の政治的状況の連続体への対応なのである。

第二に、あらゆる状況へのいかなる対応も、より良いそしてより悪い物事の状態に関する何らかの適切な信念なしには不可能である。提案されたなすべきことの、ありうる帰結を発見するために定められた反省には、より良いそしてより悪いという観点での、これらの帰結に関する反省が、加えられなくてはならない。

よってこれらが、政治的活動の重要項目である。すなわち、政治的状況、それに対応する権威を持つと認められている個人や人々、そして、この対応が、あの対応よりも良いとして選択される熟議である。

さて、政治的言説は、政治的活動とのつながりで、言葉が話され・書かれ・聞かれ・読まれるときに生じる。話者は、多いかもしれないし、少ないかもしれない。劇場と聴衆は、大きいかもしれないし、小さいかもしれない。発話は、演説を構成するかもしれないし、討論や対話への貢献となるかもしれない。それは、異なる目的に資するものとされるかもしれないし、異なる聴衆にとってふさわしいものかもしれないし、異なる論理的構造を持つかもしれない。もし、話者が行動する権威も持っているなら、彼の発話は、聴衆に勇気や服従を呼び起こすようになされるかもしれないし、あるいはそれは、論拠的な発話になるかもしれない。もしそれが論拠的であるならば、それは、なされる行動を正当化する、あるいはなすべきと提案されたことを是認するように聴衆を説得するようなものとなるかもしれない。そして、その論拠は、その提案が他の提案より良いとして選択される一連の熟議を明示するようにもなされうるし、あるいはその熟議の全部または一部を隠匿するようにもなされうる。

また他の者は、権威を持つ者に対して、あるいは（地位や人数の点で）自分たちに影響を与えうる者に対して語りかける。そしてその構図は、権威を持つ者に対して、他の提案を考慮し、他の決定を考え、なされたことを説明し、その擁護を要求するように、喚起し、支持し、批判し、問いかけ、説得するというものである。

簡潔に言えば、政治的言説は、非常に多様な異なる種類の発話を含んでおり、本稿で私は、論拠的言説と呼びうるもの、さらには政治的状況への対応に関して熟議を（隠匿ではなく）明示するための論拠的言説に、論点を限定する。

さて、政治的言説のあらゆる断片は、最もインフォーマルなものでさえ、一般的な抽象的概念を用いている。実際、人間の行動に関する何らかの一般的な概念に頼ることなしには、政治的状況を診断し、それへの対応を措定し、あるいはこの対応のありうる帰結やその善悪の性質について考えることは不可能である。

これらの概念のうち多くは、あらゆる実践的状況や、それに対して何をすべきかについて考えたり語ったりするときに我々が使う概念の一般的な貯蔵庫に属している。その他の概念は、より特定的な政治的状況に言及するものである。しかし、それが何に由来するとしても、それは政治的言説の一般的な語彙と呼べるものを構成する。時を経るにつれ、この語彙には言葉が付け加えられ、また他の言葉は使われなくなる。

私が考えている種類の言葉、つまり政治的言説のあらゆる断片に現われやすい言葉は、たとえば、必然的な・原因・効果・帰結・自然な・合理的な・伝統的な・有機的な・偶然的な・有用な・望ましい、目的・機能・発達・機会・意図、権利・義務・正当・不正、公的・私的・共通の・社会的・市民的・憲法上の・法的、権威・権力・特権・支配・暴力、原理・代理・代表・責任ある・自発的・同意・自由・独立、成人・個人・集団・教会・結社・階級・人民・国民・人種、同盟・忠誠・利益・党派・圧力・闘争・停滞的、革命的・民主的・反動的・自由主義的・進歩的・未発達の・福祉、帝国的・植民地の・新植民地的、指導者・エリート・官僚制・圧政・議会の・ファシスト的・全体主義的・部族的・ユダヤの・アジア／アフリカの、戦争・平和・統一・多様性などである。これらの言葉は、スピーチにおいて同じような部分となるわけではない。もちろん、異なるつながりにおいては、異なる意味を持ちうる。いくつかは、説明的な語彙にも属しうるだろう。

しかし、その観点から、政治的状況が同定され、その状況への対応が措定・推奨・批判・擁護されるような、特殊な語彙を構成するように、これらの言葉からのある選抜が結成されることが、しばしば生じる。実際、政治的言説のほとんどの断片の論拠は、この種の特殊な語彙を使っており、それはしばしばいくつかの言葉に特定の排他的な意味を付加することによってさらなる特殊化を伴っている。

よって、政治的言説のすべての断片は、政治的活動に関係するものとして理解された特殊な語彙の観点からの、政治的状況の認識や、その状況への対応の擁護や推奨であるということができる。そして、このような特殊な語彙を「イデオロギー」として語っても、不適切ではないだろう。少なくとも、それは私がそのように呼ぼうとするものである。

これらの「イデオロギー」を構成するイディオムがどこからくるのかや、それらがいかにして結びつけられるのかは、私が探究しようとするものではない。私が考えたいのは、政治的言説におけるそれらの立場である。

この意味で、政治的「イデオロギー」は、一定の方法で、政治的状況を解釈し、何が望ましく何が望ましくないのかを考えるための誘因であるし、政治的な決定や行動のある帰結が、他の帰結よりも重要であると考えるための誘因である。それは、一定の幅の考察や一定の幅の提案がなされることを許容する。というのも、政治的熟議のこのような用語は、それ自体が、状況の本質やそれに対してなされるべき対応を解明するものではないからである。そのような解明は、熟議の所産である。また、それらの用語は、決定や行動の「原因」と考えることもできない。行動は、この種の信念によっては、決して「引き起こされ」ない。それは、単に一定の方向を指し示し、他の方向を見ることをより難しくするだけである。政治的言説を行うための諸信念の語彙としての「イデオロギー」は、内的な緊張と齟齬を持ちうる。すなわち、それは、数少なく単純な信念で構成されるかもしれないし、数多く複雑な信念で構成されるかもしれない。また、その誘因は（他の誘いと同様に）、明確なものかもしれないし（「明日昼食にいらっしゃい」）、不明確なものかもしれない（「またいつか会いましょう」）。このことは、言説に反映されるだろう。しかし、一般的な信念を語るためのこの語彙は、政治的理由づけの付属物にすぎない。すなわち、それは、政治的状況についての意味とされていることを語るための単なる手段なのである。

このことは、以下のように示しうる。ある環境では、現在の政治的言説のすべての参加者が、ある共通の政治的「イデオロギー」を共有しているということができる。このことは、共和制ローマにおいては、かなり当てはまった。しかしそれは、我々がある政治家の発言を他の政治家のそれと区別できないとか、ある状況に対してなされる対応に関して決していかなる不合意も存在しなかったとかいう意味ではない。実質的な「イデオロギー的」合意は、なすべきことに関して相違する諸選択の推奨を禁止するものではない。しかし、それは、それがなかったならば生じていたであろう場合よりも、支配者が自分の決定を説得力をもって擁護することを容易にしたのである。つまり、彼は、聴衆をひきつけるであろう言葉・表現・理由・感情を、前もって知っていたのである。

近代ヨーロッパのあらゆる国家の内部の状況は、一六世紀以来、いくぶんこれとは異なるものであった。ここでは、政治に関する一般的な信念の相違、ときには確固として境界線を描かれた「諸イデオロギー」を構成する相違は、政治的な熟議に混乱をもたらし、政治的言説にたとえば共和政ローマでは知られていなかったような複雑性をもたらした。

イギリスの歴史に、この例がある。ジェームズ二世のフランスへの亡命について検討するために一六八九年一月に下院が召集されたとき、圧倒的多数派は、彼がもはや王ではないと信じていた。問題は、どのようにして、すべてのイギリス人に説得力を持つだろう方法でこの信念を説明するかであった。それは、言説の問題であった。作成された文書は、その曖昧さや不整合性で悪名高いが、それは、イングランド王の職務に関する当時の対立する諸信念の各々を満足させるような方法で状況を解釈し、単一の対応を指示するように作られた。それが述べるところによれば、ジェームズ二世は、王と人民の間の原初的契約を破ることによって、王国の国制を転覆しようと試み、イエズス会その他の邪悪な人々の勧めによって根本法を侵害し、自ら王国から逃げ去り、政府を放棄したのであり、従って王位は空白になった。この文章は、当時の「イデオロギーの」多様性の証拠となっている。つまり、それは、その多様性のすべての部分を満足させようとしているのである。

よって、近代ヨーロッパ国家における政治的言説は、それを行うための信念の特殊な語彙の多様性ゆえに、非常に長い間、分断されてきた。そのときどきの語彙の各々は、政治的状況を同定する上で、そして決定の重要な帰結を評価する上で、異なる考慮に注意を向けている。そして各々は、一般的に言って何が望ましく何が望ましくないのかに関して異なる信念を示している。このような方法でそれらは、政治的熟議に対して、そして発生する状況に対してなされるべき選択の種類に対して、条件を課すのである。

しかし、語彙のこの多様性は、一見するほど大きなものではない。これらの「イデオロギー」は、それらを構成する諸信念の内容という点で、しばしば些細な違いしか見せていない。それらは、互いに重なり合うと考えられるかもしれないし、しばしば実際に重なり合っている。少なくとも、それらの間での交流を禁止するものは存在しない。そして、これらの一般的な概念の起源や系譜を考えるためには、我々は、これらの「イデオロギー」の間でしばしば生じる交流を説明できなくてはならない。ほとんどの「イデオロギー」は、取り換えが可能である。つまり、一方の用語を他方の用語に変換することが、しばしば可能である。しかし一般的に言えば、現代のヨーロッパに流通している特殊な政治的語彙のうちの一つにある程度精通していなければ、政治的状況について熟議したり、政治的言説に参加したりすることは不可能である。そしてこれらの語彙は、もちろん現在、ほぼ全世界に広まっている。

ここまで私は、内容の観点から、政治的言説の語彙を構成する諸信念を考えてきた。私は、「イデオロギー」を、熟議や言説のイディオムとして認識してきた。「自由主義」は、政治的状況を解釈するための信念の異なる語彙を持っているという点で、サンディカリズムとは異なる、などである。

しかし、考えるべき別のものが存在する。信念の語彙の他にも、政治的言説のすべての断片は、論理的な構図を持っている。この論理的構図は、言説において到達する結論に与えられる論理的な地位に、不可避的に現われている。たとえば、Q. E. D. で終わる議論は、(法廷での検察側弁護人の論拠のように) 何らかの異なる方法で終わる議論とは、異なる論理的構図のものである。しかし、議論の論理的構図は、その結論の論理的地位において明らかにされるとはいえ、それは、その言説の語彙を構成する信念に与えられる論理的な地位から派生する。たとえば、適切にQ. E. D. で終わる議論が、そのように終わっているのは、公理という論理的地位が、その言説の語彙に含まれている諸信念の少なくとも一つに与えられているからである。

よって、政治的「イデオロギー」は、政治的言説を、一定の方向を取り、一定の結論に達するように導く信念の語彙としてか、あるいは与えられた論理的な地位ゆえに、政治的言説に一定の論理的構図を与え、その結論に一定の論理的地位を与えるような信念によって構成されたものとして考えることができる。そして私はここで、ヨーロッパ政治の歴史において、このような方法で政治的な熟議や言説に付与されてきた、異なる種類の論理的構図のいくつかを考えたい。

最も一般的で、同時に最も記述するのが難しい、政治的言説のある種の論理的構図が存在する。私は、その一例を挙げることから始めたい。

トゥキディデスによれば、紀元前四三二年、ペリクレスが演説を行い、そこで彼は、（決定が委ねられている）アテナイの民会に対して、スパルタに対峙するときが来たことを勧告した。スパルタ人は当時、平和が保持されるべきであるとの要望を表明していた。しかし、ペリクレスはそれを、戦争準備を完了させるための時間稼ぎの計略であると解釈した。そしてともかく彼らは、一定の諸条件を表明したのである。ペリクレスは言った。「彼らは、ポティダイアの包囲を解くよう我々に命じる。彼らはアイギナに介入しないよう我々に警告する。彼らはメガラ人をアテナイの領域から排除する布告を無効とするよう我々に要求する。」そして彼は続ける。「私は、諸君の誰も、もし我々がメガラ布告を無効とすることを拒否すれば、つまらないことをめぐって戦争へと進むのだ、とは考えないことを望む。もし諸君がこれに関して妥協すれば、ただちにさらなる要求が突きつけられるだろう。なぜなら諸君は服従へと脅されていると思われてしまうだろうからである。最後には、諸君は一矢も報いぬままスパルタ人に圧倒されてしまうだろう。」スパルタの平和への意図を信用した結果、他の場所で何が起きたかを見てみよ。

さらに彼は続ける。アテナイの戦争資源は、スパルタのそれに劣っていない。危険に直面することもあるだろう。我々は、アッティカを防衛できないかもしれない。しかし、我らが海軍は精強にして鍛錬十分である。そしてこれが、我らが戦略の要とすべきものである。また我らには、その援護を頼みとしうる友軍がある。抵抗のときは来た。我らを破りうるのは、我ら自身の不覚のみである。我らの父祖は、現在の我らよりはるかに劣る資源で、メディア人によく抵抗したではないか。私の勧告は、諸君がスパルタ人の要求を拒否し、ほとんど回避不可能な戦いへと自身を備えることである。もし黙従を勧める者に従ったとしても、諸君は戦争を免れることはないだろう。より悪い状況、自ら選択したものではない状況で戦わざるをえなくなるだけであろう。

ここで、この演説が、我々が政治的言説に属すると見てきたあらゆる考慮を、明示的あるいは暗示的に扱っていることに気づくだろう。それは、状況を診断している。そして、それへの対応がどうあるべきかに関して提案をしている。そして、それに従って行動した場合にありうる多くの帰結を考えることによってこの提案を推奨している。そして、この提案が持つ利点を、少なくとも一つの他の提案が持つ利点と比較している。そして、好ましい一般的な物事の状態に関して合意を想定している。

我々の関心は、この種の政治的言説の論理的構図にある。そして、この問題については、アリストテレスを読む以上に良いものはない。彼の『弁論術』は、この問題に関する古典である。

アリストテレスは、この種の政治的言説を、他の行動も可能な偶然的状況で、何をすべきで何をすべきでないかを、公理の支援なしに、推奨するために定められたある種の理由づけと認識した。

状況が認識され、提案がなされるとき、その論拠は、その提案に従って行動した場合にありうる帰結の考察に向けられている。これは、その行動に直接あるいは間接に影響されるあらゆる者から、その行動が受けるであろう対応に関する予測を伴っている。

このような論拠を構成する素材は、アリストテレスによれば、蓋然性・兆候・例示である。蓋然性とは、通常生じるような偶然性である。兆候とは、通常他の出来事に先立つあるいは同時の出来事である。例示とは、問題となっている状況に重要な点で類似しており、それよりも有名な状況のことである。

もし理由づけが、（その必要はないが）三段論法の形態をとるとすれば、それはむしろ省略三段論法（*en-thymeme*）となるだろう。すなわち、大前提が格言であり、少なくとも一つの小前提が、共通の知識や合意の問題として削除されたような三段論法である。格言とは、人間の行動に関して通常考えられること、あるいは通常望ましいということに合意があることに関する、一般的な言明である。

このような素材から構成された論拠は、その大前提が確実に真というわけではないこと、あるいはその結論が不確実だということを示すことによっては論駁されえない。なぜなら、このような論拠は、弁証法的な論証を自任するものではないからである。実際、厳密に言えば、それはそもそも「論駁され」えない。それは、比較的より説得力があると見られる、同種の論拠によって抵抗されうる。通常生じているから生じるであろうということに依拠している結論は、その蓋然性が主張されているほど強くはないということ、あるいは別の見込みが達成されることがよりありうること、を示すことによって、反論されうる。兆候（政治的論拠では、それは常に可謬的な兆候であり、必然的な原因ではない）に依拠している結論は、兆候とそれが意味するとされていることとのつながりが、主張されているほど強いものではないということを示すことによって反論されうる。例示に依拠している結論は、主張されている類似性が欠けているあるいは誇張されていること、あるいは（主張されているのが類似性ではなくアナロジーの場合）主張されているアナロジーが強引すぎること、を示すことによって、あるいは反例やその他の逆の傾向性・より優れた説得力や事例数を持つ例を示すことによって、反論されうる。

よって、この種の政治的言説の語彙を構成する信念は、格言、あるいは格言を構成している素材という論理的な地位を与えられている。その論拠は、必然性ではなく偶然性、論証可能な確実性ではなく蓋然性と期待、証明ではなく推測、計算ではなく推量や憶測に関するものである。それは、提案に含まれている命題の証明や反証明が提示不可能な場合に、決定や行動へと説得するための理由づけである。

しかし、とアリストテレスは続ける。この種の政治的言説はまた、提案された一連の行動から生じるあるいは生じないと予期される、良いことや悪いことに関して説得するものでもある。物事をせよとかするなとか言うあらゆる勧告と同じく、政治的勧告は、エウダイモニア、つまり人間の幸福、そして何がそれを促進し・何がそれに敵対するのかに関するものである。しかしここでは、エウダイモニアは、通常我々が望ましいということに合意する傾向があるもののうち、単純で普遍的で不変な物事の状態ではなく、複雑で変化する物事の状態からなるものであり、しばしば環境によって互いに異なるものであると理解されている。アリストテレスによれば、これらは社会の「認められた善」と呼びうる。よって、この種の政治的言説におけるあらゆる価値判断の論理的な地位は、格言という、つまり通常好ましい物事の状態と信じられているものに関する一般的な言明という、論理的な地位でもあるのである。

さらに、社会のあらゆる「認められた善」は、いかなる一つの場面においても、必然的に等しく保障されうるわけではないので、もしあの提案ではなくこの提案が実施されたとき、これらの「善」のより多くが保障され、より少なく損害を受けるだろうと示すこと、あるいはなぜこれらの環境では、あの「善」を犠牲にしてでもこの「善」を保障すべきなのかを示すことは、この種の政治的言説に当てはまるであろう。このような論拠がとらなくてはならない形態は、利害得失の重みづけであり、行動のありうる帰結に関する推測である。

ここに、一定の論理的図式を持つ政治的言説がある。それは、説得のための論拠であるが、証明はできないものである。そして、それは、言説の語彙を構成する信念に与えられた論理的な地位、すなわち格言あるいは格言の構成要素という地位からこの構図を得るのである。格言とは、一般的に真実とされる信念や、一般的に重要とされる価値である。

おそらくこれは、政治的言説に見られる、最も一般的な論理的構図である。それは、古代から我々に受け継がれてきた、あらゆる政治的スピーチの構図である。ここ五世紀間のほとんどの議会発言の構図であり、あらゆる公文書の構図である。たとえば、アイア・クロー卿による一九〇七年の、ドイツ外交政策に関する覚書ほど、それが如実に反映されているものはない。

しかし、この論理的構図を持つ政治的言説が、格言・例示・兆候の選択にどのような改善がなされたとしても、非常に満足できないものであると考えられてきたことは、明らかである。そして、そこに見いだされてきた欠陥とは、まさに、その結論の不確定性であり、不完全にしか予測できない偶然性に没入していることである。我々は、それが他のものよりわずかに好ましいというだけで推奨されている、このような推量・推測・闇夜の鉄砲・行動よりもましなことをできないのだろうか。

このような切望は、おそらく、政治的に非常に重要な問題において、そして行動に打って出る前に験を担ぐ際に、神勅を仰ぐという古代の実践に反映されているだろう。全知の神々（と考えられていたもの）の勧告や是認を得ることは、人間の熟議が提供できない確実な尺度を享受することであったろう。しかし、神勅の宣告は、しばしば曖昧で、神々の善意は疑いを超えるものではなかった。マキャベリが言うように、縁起の確認に古代ローマ人がどれほど几帳面であったにせよ、「なぜ一定のことがなされるべきなのかに関する十分な理由を見たときには、彼らは、縁起が良くても悪くても、何とかしてそれをしたのである。」結局、政治的な事柄、実際はあらゆる実践的な事柄において、推測よりも確実性をという欲求は、満足を求めて別の方向へ向かったのである。

行動の蓋然的な帰結や、異なる物事の状態の偶然的な望ましさに関する、推測や意見から、政治的熟議を解放することを求める場合、我々は何を要求しているのだろうか。我々は、ペリクレスの討議に属するものや、アリストテレスが『弁論術』で検討したものとは異なる論理的構図を持つ政治的言説を要求しているのである。我々は、論証的な政治的言説を要求している。我々は、政治的提案の「正しさ」を証明するあるいは反証明することができる類の論拠を求めている。つまり我々は、必然的に正しい政治的言説を要求しているのである。

そして、政治的言説がこの性格を獲得しうると信じられてきた、少なくとも二つの異なる条件が存在する。(1)もし、あらゆる政治的提案がその利点を決定するために言及しうる、絶対に確実で普遍的に適用できる、周知の原理や公理が存在すれば、論証的な政治的言説が出現しうると考えられてきた。あるいは、(2)もし我々が、人間の行動、人間の環境、一連の出来事、政治社会の状態とともに呼ばれるものに関する断定的な情報を持ち、それが我々が行動する前に異なる諸決定の帰結を推測ではなく予測することを可能にし、またいかなる場合にも何をする、あるいは耐えるのが望ましいまたは望ましくないのかに関する我々の判断の「正しさ」を証明することを可能にするのなら、それは出現しうる。

つまり、論証的な政治的言説は、その構成要素となる信念が公理という論理的地位を与えられている「イデオロギー」か、あるいはその構成要素となる信念が人間や一連の出来事に関する断定的に知られる言明という論理的地位を与えられている「イデオロギー」から生じうるということが信じられてきた。

プラトンは、前者の型の、論証的な政治的言説の父である。彼は、政治的活動とは人間の卓越性あるいはディカイオシュネ〔正しさ・正義〕の追求であり、「正義」の概念は、あらゆる人間の行動の利点を決定できる、普遍的で不変の基準を提供すると理解した。彼は、「正義」概念の知識を、ドクサの不確実性や相対性から解放された真の知識として、そして公理という地位を与えられた単一の概念からなる「イデオロギー」によって規定された論証的な論拠となることができる、政治的言説の必要十分条件として、認識した。

プラトンの立場の強みは、明白である。彼は、政治的言説が論証的であるためには、政治的状況への対応を決定する上で、ある「認められた善」と他のそれとを対比せねばならないことから免れていなければならない、なぜならこれは決して論証的な結論に到達できるものではないから、と認識した。望ましいものとは、単純・普遍的・不変でなくてはならない。プラトンの頭を決して離れることのなかった政治的言説のイメージは、完全に信頼できる物差しを手にした人というものであった。つまり、政治的な論拠は、単一で・曖昧さのない・普遍的に妥当な基準に即して政治的な提案を設定し、その基準に従ってそれを判断するものである。そしてこれは、イソクラテスが理解したように、ソクラテスの対話篇において、プラトンがあらゆる徳性を一つの徳性であるディカイオシュネに還元することに、かくも気を配っていたことの理由である。政治的言説が論証的であるためには、道徳的諸概念間の対立の可能性は、除去されなくてはならない。

論証的な政治的言説の構図は、政治的状況に一定の方法で対応するための提案の「正しさ」や「正しくなさ」を証明できるとされている。これがなされうるのは、偶然性が状況から除去されるときのみである。なぜなら、それが状況に残っている限り、それは対応にも再現されざるをえないからである。プラトンは、すべての政治的状況を、発生した出来事や出来事の複合としてではなく、イデア的な「正義」からのイデア界における逸脱として解釈することによって、そしてすべての政治的決定を、何かをする決定としてではなく、その逸脱を確認する決定として認識することによって、これをなすことを提案した。彼にとって、政治的状況は、「不正義」によって構成され、政治的決定はこの不正義の認定であった。

しかし、このような条件は、論証的な論拠を引き出すものではあるが、論拠があらゆる具体的な政治的状況に何であれ対処することを不可能にする。論証的な論拠は、たとえばディカイオシュネと民主主義との関係のように、抽象的な概念間の関係にのみ関わりうるものである。しかし、論拠が何らかの偶然的な発生状況（たとえば、都市暴動のような問題についてどうすべきかということ）に関わればただちに、それは、証明から、非論証的な論拠へと退化せざるをえない。ディカイオシュネに関しては持つことができるとされるのと同じ種類の知識を、偶然的な状況に関しては持つことはできない。

実際、プラトン自身、これを認識していた。彼は、「正義」の公理から、「戦士」の生活や教育の詳細を演繹することは試みていない。なぜなら、これは不可能だからである。彼は単に、「正義の」支配とは、この種の正義の支配者の蓋然的な帰結であろうということを、我々に説得しようとしているだけである。あるいはここでも彼は、政治においては、証明を正しく理解することのできない人々の忠誠を、説得によって獲得することが必要であると見たのであり、それは彼らに説得力ある物語を語ることによってなされうるとした。しかし彼は、これが、ここぞというときにだけなされうるものと考えていたので、このことは、この種のあるいはあらゆる他の種の偶然性に永久に関連している活動としての政治という観念を彼が拒否していること、あるいは論証的な政治的論拠の可能性への彼の自信を、決して修正するものではない。

諸公理の「イデオロギー」に基づいて論証的な種類の政治的言説を構成する試みにおいて、プラトンは、多くの追随者を得た。しかし、匹敵する大胆さで、この試みを採用し、それを探求した、私が知る他の唯一の論者は、ルソーである。

誤りなく正しい政治的決定にいかにして到達するのか、誤りなく正当な法をいかにして作るのか、いかにして偶然性のないミスなき意思によって支配されるのかという問題は、ルソーが頻繁に戻ってくる問題である。しかし、プラトンを襲った強敵は、ルソーにも襲いかかった。ミスのない一般意思は、熟議的言説（それは常に誤りに陥りやすい）に取って代わられる。しかしそれは、いかなる現実の政治的状況を解釈するにも、あるいはそれに対してなされるべき対応に関しても、何ら指針を持たないことがわかる。

この試みにおけるプラトンのより穏健な他の追随者は、その穏健さによって裏切られてきた。彼らは、この種の論証的な政治的言説の論理的な条件が、多様な潜在的に対立する諸公理の排除であることに、気づいていなかった。（ディカイオシュネや誤りえない一般意思のような）単一の包括的公理ではなく、彼らは、人間の「自然的」諸権利や多様な訓戒からなる「自然」法のような諸々の公理とされるものの集合へと避難を試み、自滅したのである。

彼らの言説の偽物の論理的構図では、命題は、格言にすぎないものなのに、格言が持ちえない性格である公理という性格を格言に与えてきた。というのも、ある「自然」権とされるものが、他のそれより優先すべきという環境、あるいはある「自然」法の訓戒とされるものが、他のそれに先立つべきという環境が存在しうるということは否定できないのだが、この優先性や先立つことを論じる上で、政治的言説は、論証から、偶然性や相対性への関わりへと陥らざるをえないのである。多くの公理とされるものが存在する場合、カズイストリが生じ、カズイストリは決して論証的な論拠とはなりえない。「自然的」諸権利を、行動の疑いえない公理として論証することが可能であると考えられるかもしれない。しかし、たとえば「欠乏からの自由」のために「移動の自由」を一時的に犠牲にする提案の「正しさ」を証明することは決して可能ではない。このような提案は、非論証的な論拠において、おそらく説得力を持って推奨されるだろう。そして、このような提案を論じることはしばしば政治的言説の務めであるだろう。しかし、それは決して証明されえないものである。

この種の政治的言説の、現在のより緩やかな形態は、「民族自決」権のような信念を公理として設定するものであるが、なお一層明白に、論証的であることに失敗している。というのも、このような信念は、アリストテレスが「認められた善」と呼んだものに属しており、それは政治的言説においては、特定の環境という文脈で利害得失を衡量するという形態をとる論拠で、常に互いに対比されねばならないものであるが、主張されているような公理としての性格を維持することは全く不可能である。そして、たとえこのような至高の価値を持ち、他のすべての善はそれと比べると重要ではなくなるような、一つの善が存在すると認められるとしても、この善について述べる命題は、格言にすぎないだろう。ある単一の善が公理としての性格を持ちうるのは、プラトンのディカイオシュネのように、それが他のすべての善を含むものとして見なされるときのみである。

しかし、諸々の公理とされるものの「イデオロギー」が、論証的な政治的言説を生み出すのに失敗しているというのは、可能性を網羅するものではない。考慮されるべきこの試みの第二のしばしば探求されている型が存在する。ここでは、政治的言説の論証的な性格は、公理からなる「イデオロギー」からではなく、人間・人間の環境・一連の出来事に関する断定的な情報を含むと理解される諸命題からなる「イデオロギー」から生じる。

これらの諸命題は、非論証的な政治的言説において意見や推測の問題であると見られているこれらすべての事柄に関して、真正かつ検証可能な情報を含んでいなくてはならないとされる。それはつまり、人間の行動、将来の出来事、何が善で何が悪か、何がより良く何がより悪いかに関して、人間の環境のあらゆる状況において、疑いを超える程度の情報を含んでいなくてはならないということである。何が要求されているのか、そしてどのようにそれが提供されるのかを示すためには、二つの例が有用である。

政治的決定は、中世イングランドにおける、将来の出来事に関するマーリンの名高い預言のように、預言に基づきうる。ここでは、預言は、明敏な推測として見られているのではない。それは、起きつつあったことに関する絶対に信頼できる情報、従ってそれに基づいて「正しい」政治的決定ができる（と考えられていた）情報を伝えるものとして理解されていた。残念ながら、その情報は断片的なものであった。つまり、預言者が沈黙するときは、それに匹敵する確実性を持つものを知ることはできなかった。そして、他の疑いえない情報が欠けている場合、政治的決定に関する熟議は、通常の非論証的な言説に陥らざるをえない。さらに、預言的な発言が存在するとき、それは単に将来の出来事に関するものである。つまり、それは、政治家や支配者に、現在の状況への単一の「正しい」対応を提示するものではない。それは、望ましい物事の状態が生じるには今何をすべきかということを示さないし、ましてや論証しない。そしてそれは、何がより良いあるいはより悪い物事の状態を構成するのかを決定するいかなる手段も提示しないのである。つまり、単なる預言やそれが含む情報は（絶対的に信頼可能な情報かもしれないが）、論証的な政治的熟議を生み出すために要求されるものは提供しないのである。

しかし、第二の例は、これらの欠点がどのようにして修復されうるかを示す。ジャンヌ・ダルクは、特定の偶然的環境において正確に何をなすべきかについて、政治的神勅ではよくある慎重かつ曖昧な調子ではなく、明確な発言として彼女に伝える「声」を聞いた。この「声」の命令は、物事がどうなるかを推測するのに長けている、明敏な政治的勧告者の推奨として聞かれたのではない。それは、従えば物事がどうなるかについて非常によく知っており、最善のことしか推奨しないとしか思えない、神（deity）の命令として認識されたのである。このような命令の「正しさ」は、それが由来する権威の関数であった。もし仮にその「正しさ」が疑われていたとしても、その疑いは、この権威に言及することによって、そして普通の人間の熟議に現われるこれらのあらゆる考えについての彼の全知と、善悪判断における彼の無謬性との両方を示すことによって、適切に黙らせることができたであろう。それはつまり、これらの命令の「正しさ」は、あらゆる点において、前もって論証可能であり、いかなる点においても出来事による検証を待たないものであった。熟議が論証的であったのは、それが全知にして慈悲深い神（deity）の熟議だからであった。

ここに、公理ではなく情報に基づく政治的熟議のパラダイム・ケースがある。それは、すべての必要条件が満たされているケースである。そして、我々が今関心を寄せている、論証的な政治的言説を構成する試みの型は、これらの条件を再生産する試みであるが、しかし神の全知は伴わないものとして認識されうる。

これらが必須のものであるとすれば、人間・人間の環境・将来の出来事に関するこれらの情報価値のある命題が想定されうる、最も満足できる形態は、人間の行動の「法則」、社会の変化や発展の「法則」、たとえば生物学者や遺伝学者によって識別されてきたと言われる「法則」に類似のものである、と信じられるようになったのは、驚くべきではない。

もしこの種の情報が入手可能であるならば、政治的状況に関する診断・政治的決定の帰結やその善悪の性質についての考慮が、最終的には意見や推測から解放されることも可能になるだろう。そして、この種の情報のおかげで、人間の環境の統制が達成され、定められた帰結以外の帰結を持たないような決定をすることができるとさえ信じられたのである。

さて、これは、カール・マルクスとその仲間たちの試みであった。そして、なぜ彼がそれを、彼が「イデオロギー」と呼んだものを政治から排除することとして認識したのかを理解することは容易である。マルクスにとっての「イデオロギー的」な信念とは、プラトンにとってのドクサであり、それは、不確実な意見で、党派性や相対性によって堕落し、世界の「虚偽意識」を表わすものであった。しかし、マルクスによる社会の歴史の科学の命題は、この意味での「イデオロギー」ではないと宣言された。なぜなら、それは研究や探求の結果であり、政治的状況を診断し・政治的提案を措定するために使われる前に検証が可能なものと主張されたからである。しかしそれは、私が「イデオロギー」と呼んできたもの、すなわち、その観点で政治的な熟議や言説が実施されうる信念の語彙を構成している。そして、それは、一定の論理的地位を与えられてきた信念である。

もちろん、マルクスとその仲間たちだけが、論証的な政治的言説のこの特定の型の可能性を探求したわけではない。この試みは、何世紀もの間ヨーロッパ思想の議題であった。その要点において、それはグノーシス主義の一形態であり、近代ではそれは多くの信奉者を得てきた。

マルクスが、マーリンより知的に優越しているのは、彼が提供しようとしたものが、将来の出来事に関する単なる情報の諸断片ではなく、我々が物事のより良い状況とより悪い状況とを「科学的に」区別することを可能にするとされる情報を含む、包括的で一般化された種類の情報だったという点である。マルクスが、フィオーラのヨアヒムに優越しているのは、彼の情報が、神の霊感ではなく、検証されうる結論に到達し、実際に検証されてきた研究や探求に由来するとされた点である。

彼が、この「社会の歴史の科学」を構成し、論証的な種類の政治的熟議のための諸概念の語彙を構成するとされた、人間の行動や社会の変化の「法則」を確立しようとしたプロセスについて、簡潔に考えてみよう。それは、あらゆるこの種の試みに、その対を持つようなプロセスであった。

マルクスは、自然科学者が観察した規則性を表現する上で慣れ親しんでいる、説明的な「法則」の性格について、非常に漠然とした観念を持っていた。しかし彼は、それが、具体的な状況や出来事の間の関係ではなく、抽象概念の間の関係に関するものであるということは理解していた。そして、人間と人間社会に関するこのような「法則」を模索する上で、彼は二つの主要な抽象概念を設定した。第一のものは、単なる物理的世界との関係で存在している単なる物理的存在としての人間、そして道具を使うことによって欲求を満たすものとして彼が同定した、ここでの関係である。第二のものは、単なる「道具使用」の組織としての「社会」である。これらの抽象概念は、彼にイデア的な状況あるいは連続体を与えた。彼は、それらの内部構造を探求したのである。それを探求する上で、「生産様式」「階級」「資本」「労働」などのような、いくつかの他の有用な抽象概念が現われた。それらの互いの理念的な関係は、一般的な「法則」の作用の例として理解されえた。これらの抽象的な概念は、これらの「法則」が表現される方程式の項であった。

しかし、この方法で、抽象的な諸概念の間の関係を示し、これらの関係からなるものとして理念的な状況を示すことは、明らかに、「社会の歴史の科学」のようなものには程遠い。それは、具体的な人間活動の世界に関して何ら情報価値のある命題を生み出さないし、具体的な偶然的状況に関する熟議や言説にとって重要な命題を何ら生み出さない。「社会の歴史の科学」が生じうるためには、二つの大きな変化が、マルクスが集めた素材に課されなくてはならなかった。

このような「道具使用」やその組織の理念的な世界という抽象的な用語は、第一に、具体的な歴史的状況と同一化されることによって、具体的にされなくてはならなかった。たとえば、「資本主義」は、方程式の項から、「道具使用」とその組織の歴史における実際の状況へと、「階級」は、純粋に物理的な「生産」の理念的なプロセスとの仮説的な関係から、歴史的な出現物へと、変換されなくてはならなかった。そして、これまでは抽象概念間の必然的な関係を示す方程式であった「法則」は、異なる「道具使用」状況の歴史的出現を説明でき、将来に出現するそれらを予測できるような「法則」へと変換されなくてはならなかった。これらの変換は、おそらくマルクス自身自分がしたことを知らないままに、マルクスによってもたらされた。これは、驚くべきことではない。なぜなら、それらが変換であったことに彼が気づいていなかったという証拠が存在するのである。もちろん、それらは妥当性の見せ掛けすら有していない。しかし、より重要なのは、それらが彼の目的を達成するのに十分ではなかったということである。「社会の歴史の科学」が出現しうるためには、より多くのことが要求される。

「道具使用」やその組織の歴史的変化や発展を説明すると主張される「法則」は、第二に、あらゆる人間活動やそれらの間での政治を説明する「法則」であると示されなくてはならなかった。たとえば、「資本主義」は、「道具使用」やその組織の変化の説明において説得力があるとされてきたのと同じくらい、宗教的・道徳的・法的・芸術的・政治的変化の説明においても説得力を持つ概念であると示されなくてはならない。そして、この見解の何らかの理由づけされた擁護が必要であるということは、我々にとって明白であるのと同様に、マルクスとその仲間たちにとっても明白であった。彼らは、二つの論拠を示した。

第一に、「道具使用」は人間の唯一の活動ではないということには合意がなされているし、「道具使用」の組織は人間社会の唯一の組織ではないということに合意がなされている。しかし、他のあらゆる人間の活動や組織は、「道具使用」の活動やその組織に従属しており、なぜなら、他のすべてのそれは「道具使用」のそれに「由来」し、何らかの説明されざる方法でそれに依存しているからであるか、あるいは人間活動の出現の歴史的順序において、他のすべてのそれは「道具使用」のそれのあとに来るものであるからである、と主張された。（もしそれが論拠と呼びうるものであるのなら）この論拠では、あたかもマルクスは、「道具使用」の活動とその他の人間活動との関係が、それ自体、「社会の歴史の科学」に属する「法則」の観点から説明可能なものとして示すことを意図しているかのようである。たとえば、宗教的信念の変化と「道具使用」技術の変化との関係が、「道具使用」技術そのものの変化を説明すると主張される「諸法則」と類似した、一般的な説明「法則」の例として理解されるのである。そして、この観念は不明瞭なものだが、その不明瞭さは、それが依拠している結論先取りの誤り、つまり論拠が証明しようとすることが前提において真と想定されていることを、隠蔽できていない。

第二の論拠は、弁証法的なものである。それは、物質こそが第一次的であり、なぜならそれはすべての精神の原因だからである、という公理とされるものから出発する。このことから、物質的な変化を説明する「法則」は、人間活動のあらゆる変化を説明する第一次的な「法則」であるとされる。そして、「道具使用」とその組織は、「物質的な」活動であり、なぜならそれは物理的な世界と直接関連しているからであると主張される。従って、「道具使用」とその組織の変化を説明する「法則」は、他のすべての人間活動の、第一次的な説明「法則」なのである。人間のその他の活動は、もしかすると、それ自体の「法則」を持っているかもしれない。しかし、もしそうであっても、おそらくすべての生理学的プロセスが化学的プロセスとして理解される場合、生理学の「法則」は化学的変化の「法則」に従属しているのと類似した方法で、その他の人間活動の「法則」は、「道具使用」やその組織を説明する「法則」に従属している。つまり、それらは、異なる程度の抽象化に関連しているのである。

この議論に伴う困難は、もちろん、大前提が自明的に真であるには程遠く、少なくとも一つの小前提が確実に誤っており、結論が導かれないということである。異なる人間活動の間の関係については、物質が第一次的で精神は派生的であるという命題から、いかなる結論も導かれえないと言ってよいであろう。

よって、マルクスの「社会の歴史の科学」の構図は、絶望的に不安定であると言えよう。それが構成される各々の段階が、論理的に擁護不可能であり、その結論には妥当性のいかなる形跡すらないのである。

しかし、たとえ仮にそれが成功していたとしても、つまり社会の変化に関する信頼可能な「法則」が確立されていたとしても、依然としてそれは、その観点で政治的な熟議や言説が実施されうる情報的価値のある命題を、ましてやそれが論証的になりうるような観点を、我々に提供することはなかったであろう。というのも、あらゆる政治的熟議、何をすべきで何をすべきでないかに関するあらゆる熟議は、何がより良くそしてより悪いものかに関する信念を伴っているからである。ある行為を推奨するためのあらゆる論拠は、その帰結はこのようなものだろうということだけではなく、それが他のあらゆる帰結よりも好ましいということを示すためのものである。そして、物事のより善い状況とより悪い状況とのいかなる区別も、人間の行動や社会の変化を説明する「法則」が提供する情報からは、導かれえない。説明「法則」は、それ自体、いかなる指示も提供できないものである。

この困難は、マルクスやその他のこの試みに傾注する者によって認識されたものでもあった。彼らはそれを回避するためにいくばくかの努力をした。しかし、あらゆるこれらの回避の構図は、自滅的であった。あらゆるより良いそしてより悪い判断はそれ自体が人間の行動の一般的な説明「法則」の作用の例であると示すことによって、指示を説明に同化させることはできない。そして、それは彼らが示そうとしてきたことのすべてであった。社会の歴史における「認められた善」の創出や出現を説明する「法則」は、いかなる他の説明法則よりも指示的であるわけではない。

カール・マルクスの企図は、人間や一連の出来事に関する断定的に情報価値を持つ命題からなる「イデオロギー」に基づく、論証的な政治的言説の可能性を探究するという、より大きな試みの中の一つの冒険である。それ自体は、興味深いものである。しかし、我々にとって主要な関心は、それを妨げている障害が、原理的には、この種のすべての試みを妨げざるをえない障害だという点にある。社会の変化を説明する「法則」は、「正しい」政治的決定に到達することのできる政治的言説、あるいは決定が「正しい」あるいは「間違っている」ことを証明できる政治的言説を生み出すことはできない。

社会の変化や発展を説明する「法則」からなる「イデオロギー」に支えられた、論証的な政治的熟議を達成することへの失望は、二〇世紀前半の大きなトラウマ的経験によるものである。希望が消滅したと言うことはできない。その遺物は依然として残っている。しかし、その力が弱まっていると見ても、状況を見誤っているとは思えない。このような「法則」が入手可能と信じている者は、誰もいないだろう。そして、いかなる分別ある人も、もしこのような「法則」が入手可能であるとしても、それが論証的な政治的言説を生み出せるだろうとは信じてこなかった。

しかし、政治的熟議を、単なる意見や推測から何らかの方法で解放するという、より大きな希望は、消滅しなかった。それはただ、満たされることを求めて、他の何らかのより野心的ではない方向へと向かったのである。現在の形態としては、この希望は、(社会の変化の「法則」という形態では期待されていないが) 政治的状況の「正しい」診断、人間の行動の帰結の「正しい」予測、「正しい」政治的決定を提供することを期待される情報の模索として現われている。

この試みは、現在、多くの異なる方法で追求されている。社会組織・政府・政府機関の比較研究と呼ばれるもの、「民主制」「警察国家」「一党政府」「全体主義体制」などの理念型の解明、「戦争」「革命」「急成長経済」「安定した社会」などのような典型的な状況にとって何が一般的で本質的なことであるのかの模索、統計の収集、蓋然性の計算である。そしてこの試みは、「イデオロギーの終焉」として自らを記述するようになった。

私も、他の誰も、それが政治的状況の診断や行動の帰結の予測にとって重要ないかなる情報も生み出しえないとは言わない。実際それは、これらのことをする上で重要な何らかの情報を生み出すことを期待されざるをえない。しかし、それ以上のことはないのであり、これについて三つの点を言うことができる。

第一に、この情報がより一般化されるほど（つまり、説明への知的衝動を満たす傾向があればあるほど）、それは政治的な熟議や言説にとって重要なものを提供することが少なくなる。そして、それが特定のローカルな状況に関われば関わるほど、それは政治的熟議において有用な情報を我々に提供することが多くなる。

第二に、それが、政治的な熟議や言説にどのような貢献をするとしても、それは決して、政治的熟議や言説を意見や推測から解放すること、あるいはそれらを利害得失の衡量から論証へと変換すること、には成功しえない。理念型の観点による政治状況のいかなる認識も、理念型から逸脱する点について考える必要性から、我々を解放することはできない。というのも、政治家にとって状況を構成しているのは、これらの逸脱だからである。いかなるこのような認識も、それ自体、それに対する対応、ましてや唯一「正しい」対応を指示することはできない。また、指示は、どんなに正確なものであっても、行動の帰結に関する予測から完全に導かれることはありえない。指示は、常に、何がより良くより悪いのかに関する判断を伴っている。そしてそれは、常にドクサであり、というのも、それは常に偶然的な状況に関係しているからである。

第三に、政治的言説における「イデオロギーの終焉」と同定されるこの試みは、実際は、そのようなものではない。マルクスが「イデオロギー的な」政治的言説の終焉を宣言したとき、彼は自身を、非論証的な政治的言説の終焉と、それが「科学的に」妥当とされる政治的信念の語彙に規定される言説によって置き換えられること、を宣言するものとして理解していた。そして、間違いなく、「イデオロギー的」言説への最近の反論者は、その試みにおいて、類似した考えを持っている。もしそうであるなら、彼らも、マルクスやその他の者の試みを襲ったものと同じ種類の挫折を味わうであろう。彼らが提供しようとしている情報は、政治的言説を、論証へと変換することはできなかった。せいぜいそれは、若干より信頼のおける格言を措定する信念の語彙を提供できただけである。これらのことは、全く見下されるべきではない。それは、政治活動の誕生以来、政治家がずっと追い求めてきたものである。しかし、格言は公理ではない。そして、それは、人間の行動に関する断定的に情報価値を持つ命題ではない。

私が、推奨されていることの「正しさ」を論証するような政治的言説に対して不満を表明しているように見えるとしても、だからといって、私がこの種の政治的言説を単なる誤りと考えていると思われるのは、心外である。あらゆる政治的言説は、説得するためのものであり、論証的な政治的言説とされているものは、証明を試みることによって説得しようとしている言説として認識されねばならない。そして、説得という企図を達成できるような状況は確実に存在するのだから、それは、単なる誤りではなく、一定の種類の聴衆には適切な言説として認識されねばならない。しかし、我々にとって重要なのは、これとは別のことである。

本稿は、説明に関するものであった。いかにして、そしてなぜ、政治的言説に関するいくつかの試みは、論理的に自滅的であるのかについての説明である。しかし私は、実践的な注意書きで、締めくくりたい。それは、(偶然性に関するものであるから) 意見の問題であるとせざるをえないものである。

公的な事柄は、論証的な方法で我々の提案を論じたり我々の決定を擁護したりできることを望まずにはいられないほど、重要なものである。そして、そのようにする方法を模索すべきということが、期待されているにすぎない。しかし、これらの試みを、理解可能な、そして賞賛すべきとさえ認めるとしても、それが政治において持ちうる損害を認識しないことは、賢明ではない。

我々は、自分の提案の「正しさ」を証明できると主張する者によって騙されることはないだろう。しかし、我々は、自分の提案の無二の適切さが論証可能であるということを含意するような方法で、自分の提案を語る者によって、過度に感銘を受ける傾向がある。そして、これはかなり一般的なことである。意見にすぎないものに公理の地位をナイーブにも与えることは、現代の政治的論争の多くの悪癖である。

さらに、論証的な政治的論拠への切望は、ときには自身の確信の勇気にすぎないものに基づいて選択をする必要などないことを示すことによって、あるいは我々が何ら責任を持たない公理や「法則」に基づくことで選択する責任を果たさずに済ませることができると示すことによって、我々を堕落させせうる。

そして、同等に重要なことに、論証的な政治的論拠へのこの切望は、論証的ではないがゆえに我々が非理性の一種と見がちな、通常の政治的言説について我々に不満を持たせせうる。これは、悲惨な誤りであろう。それが誤りであるのは、推測・可能性・そして状況的な利害得失の衡量においてなされるような言説が、理由づけになっているからであり、それは実践的な事柄にとって唯一適切な種類の理由づけだからである。この点で、アリストテレスとイソクラテスは、プラトンとマルクスよりも良い指針である。そしてそれが悲惨であるのは、それが政治的言説にひどい悪評を与え、我々がそれを全くなしで済ませようとする。つまり反省や論拠は論証的ではありえないのだから捨ててしまおうとしがちにするからである。あるいはそれは、我々の政治的言説の質を改善できる唯一の種類の知的努力を萎縮させせうる。すなわち、我々の「諸々の原理」や我々の「認められた諸々の善」を、その各々を我々自身の道徳的責任に基づいて我々自身のためになした選択として認識するような方法で、そして各々が正当な分を与えられ・どれも暴君にならないような方法で、理解する努力である。それは、想像上のものではなくリアルな状況へと自身を対峙させる努力である。そして、推測が確実性とも論証可能な真理を持つ意見とも混同されないような適切な論拠で、我々の提案を擁護する努力である。

「政治的言説」は一九九一年、*Rationalism in politics and other essays new and expanded edition* において最初に公刊された。

（川瀬貴之訳）

訳者解説

マイケル・オークショット（一九〇一―一九九〇）は、保守主義者、反合理主義者として知られるイギリスの哲学者、政治思想史家である。ケンブリッジ大学を卒業後同大学で約二十年、オックスフォード大学で十年歴史を担当した後、一九五〇年に対照的ともいえる学風のハロルド・ラスキの後を継いでＬＳＥ（ロンドン・スクール・オブ・エコノミックス）の政治学教授の職に就いた。その際の教授就任講演「政治教育」も本書に収められている。

主著としては、本書を含めて次のものがある。

1. *Experience and Its Modes*, 1933 (rep., 1966), Cambridge UP
2. *The Social and Political Doctrines of Contemporary Europe*, 1939, Cambridge UP
3. *Rationalism in Politics and Other Essays*, 1962 (rep., 1984), Methuen & Co. （本書）
4. *Hobbes on Civil Association*, 1975, Univ. of California Press
5. *On Human Conduct*, 1975, Clarendon Press
6. *On History and Other Essays*, 1983, B. Blackwell

なお、ＬＳＥからのオークショットの退職を記念して彼に献呈された論文集 I. King and B. C. Parekh (eds.)

Politics and Experience, 1968, Cambridge UP には、彼の思想を論じたいくつかの論文のほか、当時までのオークショットの詳細な著作目録が収められている。

このうち、1は彼の哲学的前提ともいうべき、具体的全体（the concrete totality）の存在論とその認識論としての「経験の諸様相」を論じる体系的な著作で、その内容の一部は本書の中の「歴史家の営為」や「人類の会話における詩の言葉」で再論されている。彼の社会・政治理論とここに表現されている一種ノミナリズムの哲学が、少なくとも彼の観念の中で直接関連しているのは当然だが、両者を切り離しても、前者の中から多くを学びうるのではないか、と私は考えている。

2は著書というより主に政治学の学生のための資料集であって、第二次大戦直前のヨーロッパの政治思想の状況を反映する政治ドクトリンとして、代表制民主主義、カトリック、共産主義、ファシズム、国家社会主義（ナチズム）の各教義を提示している権威的な様々なテクストからの抜粋を、英語に翻訳して列挙している。もちろんこの場合の政治信条は、オークショットにとっては、民主主義のそれ（J・S・ミル、リンカーン、等）をも含めて、論文「政治における合理主義」に述べられているような意味での「信条」または「原理」にすぎないはずだが。また、2に彼が付している序論では、既存の民主主義論は大幅に書き直し（restate）が必要なものだとしながら、共産主義やファシズムによる批判にもかかわらず、代表制民主主義の実際に被った(理論上の)打撃は、見掛けに反して結局（net result）以前からのもの以外ほとんど何もない、という判定を下している。そしてこの書き直しの仕事は、5を頂点とする彼のその後の著作で、直接間接に追求されてゆくことになるのだが、この段階で彼が「(代表制民主主義の)中心原理」と考えているのは、「社会は、死活的に重要で価値のある様々な差異を廃止するほどに画一化されるべきでもなければ、賢明に調整された文化的な社会生活を不可能にするほどに無茶な差異化がなされるべきでもない。また、社会に対して全般的な生のプランを課すのは、愚かであると同時に反道徳的である。」（p. xix）というものである。

4はオークショットのホッブズに関する論文を集めたものである。ブラックウェル社版の『リヴァイアサン』のために書かれた長文の序文を、同書が絶版になったので独立の本に収録することにし、他に本書にも入っている論文「ホッブズの著作における道徳的生」と、他の二編の小論文を収めている。その中に、「レオ・シュトラウスのホッブズ論」(一九三七年)が入っているのは興味深い。これは、シュトラウスの名著 *The Political Philosophy of Hobbes; its Basis and Genesis*, (1936) が出版された翌年に書かれた同書に対する書評である。ホッブズを、貴族道徳からブルジョア道徳への革命的転換点として捉え、その中の科学主義的要素を後から加わった夾雑物とするシュトラウスに対して、その理論的輝きを評価しながらも、オークショットは、結局ほとんどすべての点に但し書をつけている。むしろホッブズの科学主義(というより幾何学モデル)というスタイルとそこで捉えられる人間像とは密接な相関関係にあり、その意味では(ある形で理解された)科学のもつ道徳(への接近における方法論)的含意をまともに受け取るとともに、人間の「誇り」または「虚栄心」の否定と、その崇高さよりも矮小性に依拠しようとする傾向の点では、エピクロス派以来の伝統の中にホッブズを位置づけようとするのが、オークショットの立場である。

5はオークショット政治哲学の集大成ともいえる体系的作品で、早く邦訳の出ることが期待される。三部からなり、第一部は「人間行態の理論的理解について」の方法論、第二部は、「市民状態(civil condition)」という概念を新たに構成するための理論活動、第三部はそれを適用して、「近代ヨーロッパ国家の性格について」論じている。ただ、難解な印象を与えることは避けられないので、本書に収められているもう少し簡略で、趣旨の見通しのつけやすい論文を先に読んでいただければ、5も読みこなしやすくなるものと思われる。本書では、「合理主義」的社会理論の批判的検討の方にウエイトが置かれているのに対して、5では、より積極的に(といっても「定義を与え」たりする訳でないのは、オークショットの基本的立場からすれば当然だが)彼がこれに対置するモデルを提示しようと努力している。これは、彼の自己理解の上でも、「詩的」創造力を必要とする作業のはずであり、社会の新たな語り方を生み出しながら、同時にそれのもつ説得力を示すような人間に不可欠な「共通の夢（common dream）」または「神話」（4参照）を、自らも語ろうとするものである。ただ、その内容に立ち入ってここで論じる余裕がないので、それは別の機会または論者に任せたい（例えば、井上達夫『共生の作法——会話としての正義』創文社一九八六年、の第五章を見られたい）。6は本書以後に書かれた論文を集めたものと思われるが、（スタンフォード大学の図書館から紛失していて）残念ながら目を通すことができなかった。（この本については澁谷浩「『法のルール』と政治」明治学院大学法学論集三三号（一九八五年）に言及がある。）

オークショットの立場を反合理主義と呼ぶのは若干ミスリーディングである。彼の活動は、あえて言うなら理性批判という方がまだよいかもしれない。では一体この場合の理性批判とは何だろうか。私はこれを、ループを作ることだ、と考えている。理性、言語、意識、は一旦求心的な回転を始めると、正のフィードバックが働き、他の要素を抑圧して自己増殖作用を加速的にとめどなく進めてゆく傾向がある。その場合に発生する事態を一般的な形で自覚し、自己破壊を防止して正常な機能の範囲にその働きを制限するために、言語そのものの中に、この増殖を中和する負のフィードバック回路、または進む方向を逆に戻すループを設けておくこと、が必要である。理性は自足的なものではないのだ、ということを認識し、その外、または背後にある理性の機能にとって不可欠なものへと目を向けさせることで、理性の病理を理性の自己理解によって治療し、（主に自ら招いた）難局の打開を異なった方向に求めることを可能にしてくれるような、回路。私の観点からオークショットが興味深く見えるのは、彼の著作が、このような機能をある文脈の下で見事に果たしうる、と思われるからである。もちろんこのループの構成は、不眠症が、「考えなければ眠れるんだ」というまじない、つまり、「言葉にしなければよいのだ」という言葉をとなえるだけで解消するわけでないのと同じく、見掛けほど容易ではないのだが。

「政治における合理主義」では、「技術知」と対置された「実践知」の意義が強調される。前者は、比較的単純な原理群に表現できる、言語化の可能（容易）な知、つまり「本に書けること」であり、後者は営み、使用、実践の内にのみ現れ伝えられる知である。オークショットは、絵画、詩、職人芸、そして巧妙にも料理の例を持ち出すが、それはスポーツ、恋愛、商売、その他あらゆる人間関係すべてについて、例をあげて論じることができる。そしてこれがどの程度（またはそのまま）法の解釈などにも言えるか、は法哲学にとっても重大問題のはずである。いずれにせよ、特に読者が素人以上の芸と知をもっている分野でこの種の例を考えてみるとよい。つまり、本に書ける「理論」が実践に必要な知のすべてでないということは、何か適切な例を用いて考えるなら、ごく容易に納得できることである。そしてオークショットは、「政治」もこの種の芸を必要とするのだ、というのである。いや、政治とは本質的に、文明社会を営む技芸、人々のマナーの中に生き、伝えられている共同体の絆を、環境の変化に応じながら維持し、改善してゆくこと、なのである。それは、何らかの理想を共同事業として追求するための社会のマネージメントではないし、言語的に根拠づけられ正当化された特定の信条を自己目的として現実に押し付けるためのものでもない。この点は、「バベルの塔」においてもまた、理想追求型の道徳を共同事業として社会に課すことの批判として、より中心的に論じられている。つまりその種の道徳の徹底した追求は、個人が行う場合には英雄的所作でもあるが、社会が集団的に行うなら、単なる愚行となるような、営みなのである。

オークショットが批判するのは、（原理上不可能な）誤りえない確実性を求めるあまり、全ての既存の（蓋然的な）知を捨てて理性を白紙にし、確実な前提と推論を経れば確実な結論を得ることができるし、そうすべきだ、とするような認識論上の立場である。このような「合理主義」の哲学が政治の世界に流れ込んだ結果、人々の行動の間にあった一貫性と事実上の整合性（これはオークショットにとっては「実践知」と同じであるが）が、様々な自覚的「原理」や「目的」の賦課とその変転によって寸断され、政治は長期的連続性を失って、次々に現れる（自ら招いた）問題の解決と、危機の連続へと解体される。
これは全て、理性の自己認識の誤りが招いた結果なのである。反省的理性は人間を人間たらしめている能力であるが、これは決して自立した能力ではなく、個人と社会を機能させている生きたシステムに付加されその中で働くべき(働いている)「批判的」な力なのであり、そのような補助的位置で驚くべき作用を営むものである。ところが「合理主義」は、このごく当然の事実を忘れて、ややもすると理性が自立的に行動を制御し、社会を運営しているという事実に反する幻想を抱いたり、それが可能であってそうすべきだという価値観を明示的、非明示的な前提として議論や説得を進めるのである。

否定的なモデルとしての「合理主義」を描いて見せているここまでの議論は、保守、革新等の政治的立場とは独立させて理解されるべきであろう。確かに楽観的な理性至上主義は、既存のメカニズムへの無理解を伴う安易な社会変革プランへと導くだろうが、「革新」的な政治がそのようなヴァージョンに尽きるわけでないのは当然である。革新が現実的であり保守が幻想に依存している、というような時代状況は、常に発生するし、教条的な政治は革新にも保守にも成立する。逆に、特に社会の基礎が崩壊しつつあると感じられるような場合には、ある形で理解された伝統に忠実であるからこそ大規模な現状変革の必要を痛感する、という事態も大いに可能である。それゆえ問題なのは、個々に切り離された特定の政策云々というよりむしろ、様々な議論と実践を営む場合の、人々の姿勢、構えであろう。どのような種類の論じ方は、適切で尊重されるべきものであるのか、どれは慎むべき粗野なやり方であるのか、理性的、批判的議論一般は、政治の実践全体の中でいかなる位置をしめ、どのようなものとして扱われることで、またいかなるルートを通して、人々の現実の行動の上に影響を及ぼすのか。オークショットが問題にしているのはむしろこのような、議論の表面だけに視野を限定しない時にはじめて見えてくるようなレベルにおける「合理主義」であろう。それゆえあるいは、革新的な考え方に共感しながら自らの議論の現状に不満を覚えているような人々こそむしろ、オークショットから得るべきものが多いのではなかろうか（丸山真男が大戦中の病床でトクヴィルを読みふけった場合があるいはそうであったように）、と私は考えている。

これはオークショットの「保守主義」についても言えるかもしれない。「保守的であるということ」で論じられているような、一般化された形でそれを捉えるかぎりにおいては、我々は全て多かれ少なかれ、保守主義者なのである。全ての習慣と慣れを捨てて、瞬間瞬間の行動を自覚的な目的や原理と関連させた「合理的」選択として常に新たに始める、などということが、我々にできるわけでもないし、たとえできてもそれは悪夢あるいはある種の精神病患者の行動（それが行為と呼べるかどうかはさておき）のようなものになるだろう。ただ「合理主義」的、保守的という区別は、傾向としてなら、政治についてだけでなく、もっと一般的な生活態度（とその政治への反映）に適用できるもののように思われる。

たとえば、レストランでメニューを選ぶとき、多くの選択肢の中から何を注文するか、という時に人がとる戦略として、これを捉えることもできるだろう。その場合「合理主義」者とは、すべてのメニューについて与えられる味覚上、栄養上の満足と価格とを比較した上で、自分の習慣をあえて無視して最良の選択肢を選ぼうとするような人のことだろうか（もっともこのカリカチュアをさらに進めるなら、彼はまず、なぜそのレストランを選んだか――別の店にすべきではなかったか――について、「合理主義」的な正当化をせねばならないはずだし、さらにはその前に、一体レストランで食事をすること自体が自分の目的や原理に合致するのかどうかも考慮せねばならないのだが）。そして保守主義者は、自分の良く知っている食べ慣れたメニューを選ぶことで満足する人だろうか。しかしこの場合でも、「合理主義」者の味覚自体はやはり、多少とも保守的たらざるをえない。つまりそれは、彼の育った偶然的な環境を反映してしまうのであり、これと独立に彼の満足の基準は成立しないのである。一方保守主義者の得る満足の中には、確実に美味いと知っているものを食べるということの他に、食べ慣れたものを食べているのだという満足が含まれているだろう。（もっとも、何か新しいものを試したい、つまり、その内容と別に未経験のものを経験すること自体を楽しむという「好奇心」もまた、生物としての人間の際だった特徴であり、この点についてオークショットが肯定的に語ることはほとんどないが。）

いや、「合理的行動」の中でのオークショットの議論からいうなら、まだ重要な点が抜けていると言わねばならない。そもそも「戦略」などという用語でこの場面を語ること自体が、現代精神に染み付いた「合理主義」の幻想の一端を示しているのかもしれない。ゲーム理論の実験に協力させられている途中の学生ならいざ知らず、人は普通、様々なコンテクストの中でレストランに行くのである。メニューの選択に際しても、考慮すべきこと、いや実際に対処していることは、その多重の文脈の中で決まってくるのであって、特定の単純な目的だけが独立して解決されるべき「問題」を構成しているわけではない。オークショットの挙げているのは、（かつて我国でも体育の時間に女生徒達がはいていた、あの）ブルーマーの例である。それは、ヴィクトリア時代に、新たに登場した自転車に乗る少女達のための「合理的」服装としてブルーマー夫人がデザインしたものである。確かにそれは、かなり極端に窮屈であった当時の婦人のファッションの中では「革命的」であったかもしれないが、だからといってこれが、時代の常識、道徳観、（当時の革新的なお歴々を含む）人々の反応、と独立に、特定の目的または問題解決のみによって導かれた「合理的」解答でないのは、その文化から距離をおいて見ることの容易な我々には明らかである。

それゆえ当時ブルーマーのデザインを素朴に「合理主義」適用の成功例として賞賛した批評家達は、そのデザインが何に成功したのかについて、誤った解釈をしていたことになる。ずっと複雑な営みを実際にし、それに成功していながら、自己解釈としては、その成功の理由を単純な一要素のせいにする、ということは、ほとんどすべての成功物語とくに自伝の類に共通することであるが、これはもっと普遍的に、人間の「行為」一般について言えることなのである。人は、意識のレベルではごく簡単なことしか意図的に指示していないのに、実際の身体（行態）は、「身についた」すべての技芸と文化的趣味（および生物学的メカニズム）を発揮しながら、極めて複雑な調整の後にその意図を達成するのである。ここで意図または意識と身体の運動との間を媒介する多重の層をなす過程と、そこで機能しているものを意識の中から除外する場合に限って、人または意識的理性はある種の全能感にひたれるにすぎない。

保守ということが、普遍的なタームによる「合理主義」的な正当化を受けずその意味で偶然的だが、たまたま自分が持っている（理解しうる、慣れ親しんでいる、その伝統の中にいる、……）要素、それも長い時間を経て幾多の世代がその上に経験と改善の層を積み重ねてきた多重の構造体について、その成果もだがむしろそれ以上にそれを生み出してきた営み自体に、それに必然的に伴う価値観の受容とともに参加し、またそうすることを楽しむこと、という風に一般化できるなら、これはほとんどすべての人間的、文化的活動を包摂してしまうだろう。そしてその中に、現代の科学哲学が語る科学の営みの描像自体も含まれることになることは、言うまでもない。その意味で我々はすべて保守的なのだし、またそのような人間の性向に、これら文化的エンティティーの存在とそれを生み出す人間活動の全体が依存しているのである。

ただこのような一般化された主張の正しさが、どれだけオークショットのもっと具体的な主張にまでそのまま持ち込めるか、は疑問である。書評の形で語られる「自由の政治経済学」の内容はもちろん、たとえば「大学にふさわしい『政治学』教育について」で語られる、職業教育と区別された意味での説明的、学問的な政治学は、（少なくともイギリスの伝統の下では）哲学と歴史学の伝統に与するものしかありえない、という主張や、「政治教育」における、イギリス的な一般教育の擁護論、そしてこれらの背後にある「歴史家の営為」で語られる学問観、などは直ちに我々にとって賛同できるもの、そうせざるをえない説得力をもったものとはみなされないであろう。これは多分、これらの主張の一部が、イギリスの伝統の中にいる読者のために書かれているせいであり、部分的には当然のことなのである。それでも、いかにもイギリスの伝統に忠実な結論を導くためのかなり独創的なこのような議論は、それこそイギリス社会の実践の中にあることは事実として知っていてもその強力な正当化に直接接することのあまりなかった私のような者には、謎解きのような興味を覚えさせてくれるものであった。

議論(の独創性)の出発点は、最初に書いた、オークショットのノミナリズムにあると私は考えている。これは、中世以来のイギリスの伝統である普遍の存在を認めない、実念論に対置される唯名論と、その前提にある、具体的存在者についての形而上学である。その結果、すべて普遍的、抽象的なものは、その名のみがあるものとして扱われ、普遍を扱うことが一見明らかな学を(たとえば数学も?)、場合によっては、その実体を、(数学者達の)伝統という、それ自体は具体的な存在者によって基礎づける、ということになるのだろうか……。私が、最初に書いたように、オークショットの政治論、「合理主義」批判、保守主義論を、彼の形而上学から当面切り離して評価したいと考えるのは、このような哲学的立場についての態度決定を保留したままでも、前者は充分啓発的でありうるだけでなく、異なった存在論的前提(たとえば、オークショットと正反対のハイエクによる「抽象的なるものの先行性」(嶋津格監訳『哲学論集』二〇一〇年、春秋社)論)に立っても、それは擁護しうるものを含んでいる、と考えるためである。

すべての解説がそうであるように、これは一つの読み方にすぎない。この翻訳に携わった者の間でも(というより、特にこの仲間の間ではと言うべきだろうが)、ここで述べたことが共通の了解となっているわけではない。オークショットに対する評価も、我々の間で大きな幅で広がっている。ただ、例外もあったかもしれないが、この翻訳の作業(とそれを種にした議論)を我々が大いに楽しんだというのは事実である。できれば読者にとっても、本書が知的楽しみの種になり、その結果従来の視点を少しでもずらしてくれるようなものとなること、を期待したい。

翻訳の担当部分は、目次の通りである。各論文は、もともとかなり長期間の間に別々に発表された独立のものであることもあって、必ずしも厳密な訳語の統一は行っていない。訳文の文体も、訳者にそれぞれ任された。ただ、最低限の全体的調整は森村が行った。その結果生じた成果を、無秩序と見るか多角性と見るかは、読者諸賢のご判断を仰ぐしかない。最後になったが、本書の出版につきいろいろ御世話になった勁草書房の富岡勝氏に、訳者全員の感謝を述べさせていただきたい。

一九八七年十月　スタンフォードにて

嶋津　格

増補版訳者解説

日本で本書の旧版（『政治における合理主義』一九八八年刊、以下「旧版」という）が出た時にはまだ存命だったオークショットは、一九九〇年に亡くなった。そしてその翌年に、原書の増補（新）版（new and expanded edition）が出版された（ネットによる検索は容易なので省略するが、一九八九年以降死後にもわたって、他の編者によるオークショットの新しい論文集は四冊ほど出版されている）。原書のタイトルは *Rationalism in politics and other essays* というのが本来のものであり、その場合'Rationalism in politics'は収録されている論文の一つのタイトルであるが、論文集全体を表すものとしてこの名が使われている箇所もあり、本書のタイトルもそれに従っている（以下原書旧版をＲＰ（original）、新版をＲＰ（new）という）。ＲＰ（new）（1991）には六本の論文が追加されており、ＲＰ（original）（1962）の二倍ほどの厚さの本になっている。そのうち論文'Introduction to Leviathan'は旧版解説で述べているとおり、別の単行本にも収録されていた。また現在この単行本は、中金聡訳『リヴァイアサン序説』（法政大学出版局、二〇〇七年）として翻訳が出ている。そのためと頁数の関係もあって、本書には同論文は収録せず、これを除いた五本の論文を、今回新たに翻訳して旧版に追加することとした。

「新しいベンサム」は一九三二年に発表されたオークショット最初期の論文である。単純計算では三一歳の若きオークショットが放つ偶像破壊的なオーラを感じさせる文章で、若いときにはこんな調子の文章を書いていたんだ、と認識を新たにさせられる。ＲＰ（original）は、一九六二年に出版されたオークショット最初の論文集で、収録論文の中で最も発表が早いのは本のタイトルになった論文「政治における合理主義」（一九四七年）だが、そこに「新しいベンサム」を収録していてもよかったはずである（ただ、これを発表順に並べて最初の論文名を著書名にすると、書名は『新しいベンサム』になってしまったはずだが）。推測するに、これほど面白い論文が収録されなかった理由は、それが面白すぎることにあり、六二年には三二年当時以上にベンサム陣営は増大していたから、その怒りをどこかで恐れた学問政治上の配慮があったのかもしれない。ここで表明されているベンサムへの否定的評価自体を、オークショットが執筆後に撤回したとは思えないからである。

それゆえタイトルの趣旨には皮肉が込められていて、人口に膾炙する「新しいベンサム」という議論にはほとんど内実がない、というのがこの論文の結論である。形の上では、「新しい」ベンサム像を論じる二冊の本の書評が中心である。エヴェレットの本は、ベンサムの前半生について、新資料によりながら、それがミルのいうような「環境と性格のため、世界の仕事や交渉から奇妙なほど隔離されていた」わけではないことを示す。オグデン（リチャーズと共著の『意味の意味』で有名な言語学者）の本は、ベンサムの言語学における業績を中心にして、その思想全体の広がりを再評価する。これら「新しい」ベンサム像を紹介しながら、オークショットはむしろベンサムの古さを強調する。ベンサムとは、「フィロゾーフ」つまり一八世紀のフランス啓蒙思想家たちに連なる思想家だったと考えるべきだ、というのである。そのイメージは、博学で新しい「科学的」知識を頭に詰め込むことに熱心で、それらの応用をさまざまなところではかろうとし、その中には新奇で巧妙なアイデアも含まれるが、その基礎にある哲学的前提そのものは他からの借り物であって、それへの独自の反省や貢献を欠く、ような浅薄な思想家、といったものである。「ベンサムが残した功利主義は明確な諸観念からなるカオスにすぎない。ベンサム以上に哲学の伝統的ドクトリンの虜になっていた男はいない。彼はこれらの事柄において一八世紀に属し、イングランドにおいて珍しくないあの性格の実例である。それは、ほとんどすべての実際上の事柄において革命的だが、思弁の点では独創的でなく依存的で、偏見にこりかたまっているという性格である。」この論点のヴァリエーションが、本論文の終盤部分では繰り返される。ただ、哲学的には陳腐な実際家たちの方が、実践的には大きな貢献を達成することが多い、という点も指摘されているわけで、法理論家としてのベンサムには一定の評価が与えられている。オークショット思想の発展からすれば後知恵になるが、後に「合理主義」として否定的に定式化される思想の範型に、ベンサムも入るということである。もちろん、イギリスにおいて伝統的に形成された複雑なコモン・ローの法制をすべて廃棄し、白紙の上に立法の科学によって内容を決定される制定法群の体系を打ち立てることを通して、社会全体の幸福増進を実現しよう、というベンサムの考えが、この種の合理主義に属することに疑いの余地はないのだが。

「代表民主主義における大衆」は一九六一年に出たさまざまな思想家の論文を集めた論集（そのタイトルは『自由と隷従——西洋思想論集——』）に初出である。版権の関係などもあったのだろうが、RP（original）出版の一年前だから、時間的にはそこに収めることも可能だったはずである。今さら言っても仕方ないが、本来RP（original）に入れるべき論文だったと思う。そうすればRP（original）は、オークショット思想の性格と広がりをよりよく示すものになっただろう。ちなみにこの論文は、最近出版された添谷育志・中金聡訳『歴史について、およびその他のエッセイ』（二〇一三年、風行社）にも「付録」として訳出されている。原典に含まれない論文を特に日本語版に入れた両訳者も、この論文の特別な価値を評価しているものと思われる。私にはこの訳書の書評をする機会があったが、そこではこの論文について以下のように書いた。

私の観点からもっとも抵抗なく目から鱗的に共感できたのが、付録として追加されている大衆論である。オルテガ以来論じられる大衆論または大衆社会論では、大衆は現代の社会と政治の主要な規定因であり、ある意味その主人と捉えられる。しかしオークショットの理解では、これは誇張であり、現実の大衆は、ひ弱い陰にすぎない。

真に斬新で、近代以降の社会を過去から分かつ光となるものは、因習と社会的束縛から自由に利己的観点から種々の選択を自律的に行う「個人」である。ルネッサンス期にこのような個人が登場した時、すでに個人になり損なった人としての大衆もまた生じていたのであり、その意味ではそれは現代の問題ではない。このようなオークショットの主張は、アイン・ランドをも彷彿とさせ、個人主義者たちを鼓舞する。しかし、たとえば慣性力や抵抗力もある種の力だというような意味では、大衆が現代社会の種々の問題について巨大な力をもっていることも、残念ながら否定できないだろう。

旧版解説でも述べたように、オークショットは一九三〇年代末に、同時代の政治思想資料集（旧版解説の2）を編集しており、大衆というテーマは多分、この当時から彼の関心の焦点になっていたはずである。政治的統治と国家を考えるとき、それを構成する人間をいかなるものと想定するかは、理論を決定的に左右するからであり、三〇年代には、伝統的な自由民主主義論を時代遅れにする魅力的で新しい社会と国家の像が、これら対抗理論によって提示されているかのように論じられていたからである。

右のように、この論文では、一四世紀以降歴史に新たに登場した人間としての「個人」と、それになり損ねた人間としての「反‐個人＝大衆人」が対置される。前者が光であり、後者が陰である、とオークショットはいう。しかし、陰である反‐個人＝大衆の性格がいかなるものか、そしてそれに呼応する政治的指導者が何を行うのか、についてもかなり詳細に論じている。論文タイトルの「代表制民主主義における」という部分はこれに関連するが、その説明の中でもっとも印象的な語は「腹話術」である。

大衆は、impulses（衝動）を持つがdesires（希求、つまり特定された目標）を持たない、とオークショットはいう。目標を持つ人は、それを実現するための手段を考え、それを試みる中で成功や失敗を繰り返し、その中で目標も変遷させながら生涯を送る。この場合彼は、個々の目標を実現できるか否かと少なくとも同程度に、この過程中の個々の局面において自分で判断を下しながら進んでゆくこと自体に大きな意義を認める。しかしこれは「個人」の生きる生涯であって、反-個人たる大衆は、自分のレプリカたる他人が周りにいることを求めるとともに、この種の選択を回避することを望むのである。代表制議会の議員は、制度上は選挙民の代理人とされるが、このような大衆は代理人に自ら指示を出す意欲と能力を欠き、それを「指導者」に委ねる。それゆえ大衆政党を率いる指導者が、自分が起草する指示を大衆に言わせてからそれに従って見せるという腹話術のトリックが実際には行われるのである。ヒトラーやスターリンを彷彿とさせる「指導者」像もオークショットは語っているが、この指導者もまた、「個人」として自足することに失敗しているという意味で個人のなり損ないと考えられている。

しかしオークショットがいつも使うディコトミーの列挙の中には、個人の系列に属する「市民権」と反-個人の系列に属する「社会権」の対置も含まれる。論文発表当時のイギリスは、「ゆりかごから墓場まで」と言われた濃厚な福祉国家を理想とする政策が採用されていた時代だから、当然この大衆論は、福祉国家の理想と政策およびそれらを民主主義の名において正当化する政治過程をも射程に収めていると考えねばならない。我々にとっては現在、高齢社会化が急激に昂進中の日本における社会権と福祉の未来を考えるために、その基礎にある倫理と政府の役割のあり方、またはその転換の是非、を考えるための知的刺激ともすべきだろう。

「ロゴスとテロス」はアリストテレスとホッブズを比較する本に対するオークショットの書評である。私はそこで評の対象とされているスプレイジェンスの議論にまったく興味を持てないが、それを評価する際に表明されるオークショットの見解の中には、簡潔に自分の立場を説明しているところがあり、大いに意義があると考えている。

我が国でも、ホッブズの自然論と社会契約論の関係が重要だ、といった議論はある（旧版解説で述べたように、レオ・シュトラウスへの批判ではオークショットもこの立場を採用している）が、私にはその意義が理解できない。生物学モデルであるアリストテレスの自然観の場合は、自然または宇宙はテロス（目的）を持っているとされ、これだと宇宙の秩序と人間世界の秩序の間に一定の関連もありそうだが、それは宇宙理解の中に人間的な関係が先に読み込まれているからにすぎない。空に投げ上げられた石が地面に落ちるのは、そこが石の本来の場所またはテロスだからだ、などという説明を行うアリストテレスの擬生物学的・擬人的自然論は、最も早く完全に時代遅れになった分野であり、特異なテーマとしてでもなければ真剣な検討に値しない。だから、現代でも意義を失わない倫理学などの分野は、自然論と切り離して評価すべきなのである。これに対して、ホッブズの宇宙論はテロス抜きの物理学モデルであり、その宇宙は、因果連鎖による粒子の衝突が、調和へと向かうこともなくただ継続する世界である。その意味では宇宙論としての進歩はあるが、その分だけ社会モデルからは遠くなる。人間は無機的な粒子ではないし、人間間の関係を粒子の衝突として捉える、などということは、たとえ社会契約論でいう「自然状態」の記述としても、悪い冗談でしかない。その後、こうして無秩序化された人間関係を市民関係として再組織する文脈で、「死（＝運動の停止）の恐怖」が登場させられる。このことは人間論、社会論としてはそれなりにもっともだが、もちろん石ころはそのような恐怖を持たないし、石ころが停止を避けようと努力することもないから、死の恐怖は、自然学とは何の関係もない。だから、アリストテレスの自然学もホッブズの自然学も、社会理論へと繋げられるようなまっとうな要素を持たないというべきである。しかし自然学を切り離してみれば、アリストテレスおよびホッブズの社会論を解釈しているオークショットの文章で、示唆されているだけの主張を一部断定に変換してみれば、以下のような興味深い結論が読み取れる。

アリストテレスにとって、人間的結合は言語（ロゴス）による。中でもポリス的生は、熟慮と説得による結びつきであり、他の様式からも区別される自己理解と実践に関する人類の歴史的偉業である。人間の卓越は、人類に特有であるだけでなく、自覚的な規範の自己定立という独特の企ての中で探求されるものであり、アリストテレスのいう人間のテロスは、これ以上に実体的なものではなかったのではないか。一方ホッブズにとっては、アリストテレスと異なって、人類共通の目的としての卓越＝テロスへと向かう自然的共同体は否定されるが、欲望を発明し想像する力を持つ人間たちが、言葉で会話する能力を持ち、理解された条件に従って互いに関係を持つ。人類の「自然状態」は、大いに社会的状態であり、その苦境は人類に特有であって、それゆえ人類特有の解決を要求する。その解決は、合理的（ロゴス的）人間による市民的秩序の案出、によって行われる。ホッブズが宇宙からテロスを排除したといっても、ロゴスの果たす役割は想定されており、それが否定された機械論的宇宙のみが残されているわけではない。それによって案出される市民状態は、人々が単一のテロスに服するような結合様式ではなく、市民たちが、自ら立法権力を樹立しそれが定立する法の権威に服することで成立する市民的結合である。

「政治を語る」は、主著 *On Human Conduct*（旧版解説5、仮に訳せば『人間行態について』、以下ＯＨＣという。これの抄訳として野田裕久訳『市民状態とは何か』一九九三年、木鐸社）が出版されたのと同じ一九七五年に雑誌に発表された、かなり包括的な国家論の論文であり、見方によっては今回追加された中でも最も重要な論文である。そしてそこでの議論の一部は、ＯＨＣでの詳細な議論を背景にしている。表面的には、政治を語る言語の混乱を嘆き、「読者がそれら〔混乱の結果聞こえなくなっている国家論の主題である〕メロディーを思い出す手助け」をすることを目的とする。もちろん問題は、言語だけではなくそれが語る対象についての、オークショットの理解である。

彼は近代国家の、区別されるべき三つの特徴として、①支配の権威、②権力装置、③人間結合の態様、を挙げ、それぞれに関する議論が峻別されるべきだとする。そしてそれらが誤って他の特徴の議論として扱われたり、それによって主要な特徴について本来行われるべき議論が忘れられたりすることを嘆いている。例として一つの結論を先にいえば、民主主義は①のテーマに関連するのに、②や③の問題として論じられることで議論が支離滅裂になっている、というのである。

私の自由な用語法でいえば①は、支配すること、ルールを与えること、の資格または正統性といった意味である。オークショットは正しくも、権威はそれに服する者たちがいることで成立する、といった趣旨のことを言うが、結局それが何であるのかについて、明確な説明を与えているようには見えない。イェーツの詩（「葉の上の露のしずくのようにたゆたう」ものとしての権威）を引用することで、それが少しでもより明らかになるのかも、よくわからない。王制の下の臣民にとっては、支配することについての王の権威に疑いはなかっただろう。その背後にある論理は、たとえば王権神授説だったかもしれないし、それを教会が担保していたかもしれない。しかしこれは近代国家成立の条件となる支配の権威ではない。近代国家では、王と議会が連携してこの権威を保持する体制もあったし、これをめぐって争いや革命が繰り返され、それがヨーロッパの劇的な政治体制史や革命史の主要部分ともなった。ただ、権威に服する者たちが「これ（特定の権威の座）は自分たちが服しているということだけのために権威でありうるのだ」と考えるものが、真の権威を持つことなどありえない。だから、この点に明確に答えないオークショットの議論は、どうも権威の説明になっている気が、私にはしないのである。

前述のように、オークショットの説明では、民主主義はこの場面で機能する。民主主義の手続きによって選ばれた者だから、支配の資格を持っている、と人が考え、その者の支配に服するなら、彼はここで要請されている権威を持つ。権威だから人が従うのか人が従うから権威なのか、トートロジー的なこの権威の構造が、ホッブズの社会契約論に依拠するオークショットが、「国家は、その種の結合が許される唯一のあり方によって構成された人の結合」だ、という理由であろう。いずれにせよ民主主義は、それがもたらす蓋然性があると考えられる、福祉とか繁栄とか財の再分配とかのために権威を持つのではない、とオークショットは強調する。

②の権力装置は概念上正当性とは無関係な暴力装置であって、①の権威に付随するものであるが両者の混同は避けねばならない、と論じられる。権力については、現在の議論はむしろこれのみに焦点を当てる傾向がある。しかし、

脅迫によって相手に何らかのことを行わせたり禁止したりできることが権力の本質であるから、①と切断された国家権力は暴力団のそれと原理上区別できず、支配と強奪を同視して非難するようなばかげた議論も流布することになる。

詳論する余裕はないが、論文中の三節の最後にオークショットが述べている、アメリカ独立宣言についての批判的コメントは、極めて重要である。要するに、独立宣言では権力が強制する人々の義務は国家以前に人が持つ自然権から派生する（たとえば、生命への権利という自然権から派生する人を殺してはならないという義務の遵守を、権力は各人に強制する）のに対して、オークショットは、市民の義務は支配の地位が持つ権威から派生する（人を殺してはならないという義務は、その者が発する命令の権威を人々が承認している地位にある者がその旨のルールを定めたから成立する）というのである。政府は、前者では権利を規定する権威を持たず、政府以前に存在する権利を確保する任務を負うにすぎないが、後者では、権利そのものを創設する権威を持つのである。ここでは、オークショットがホッブズ主義者であることが明瞭に表現されている。ちなみに私自身はホッブズ主義に立たないので、この義務を発生させるのは、集合的な意志決定によって創設される権威ではなく、私法＝司法的伝統であって、「自然権」として観念的に把握されるものの本体はそこにあると考えている（この理解の方が、オークショットの一般的な立場とも整合しそうにも思うのだが）。
③の市民的結合の種類論は、ＯＨＣで延々と展開される議論の要約版といえるが、本論文で重要なのは、これが市民的結合のタイプ論であると同時に、政府が果たすべき役割を限定するための議論ともなっていることである。ＯＨＣ第二部では、事業共同体と市民状態が、同第三部では統一体（universitas）と社交体（societas）が対置され、基本的に前者が批判され、後者が是認された。単純化すれば、前者は全体主義のモデルであって、社会全体が追求すべき目的（オークショットはこれに社会的富の増大なども含める）が与えられており、人々はそれに貢献する召使い（カント倫理学が禁止する存在）となる。後者は人々が一般的なルールである法の権威を認めることによって成立す

る社会的秩序のモデルである。旧版に収められた中でもっとも印象的な論文の一つである「バベルの塔」（一九四八年初出）は、前者の隠喩としてバベルの塔の事業を語り、その劇的崩壊を論じていた。旧版解説で要約した部分をもう少し詳しく引用すれば、「まっすぐに完全性を求めることは、不敬であるが場合によって避けられない。しかし、個人がこれを行う場合には、不可避の敗北にもかかわらず、その試みを行ったこと自体が褒賞であり、彼は傷ついた英雄として社会の腕の中に戻ることも期待できる。しかし社会がこれを行う場合にはそれは、共同の生の解体をもたらす記念碑的愚行となるだけである」。オークショットには同じタイトルの論文がもう一つあり（一九八三年初出、前記『歴史について』（風行社）所収）、こちらの方は全体がほぼフィクションであって、塔崩壊の迫力あるシーンを視覚的に描いている。社会主義については、一九八九年（つまり旧版出版の翌年）から一九九一年に実際に塔の崩壊が起こったとも言えるだろう。ただその犠牲者は、誰も予想しなかったほど少なかった。それは、その下で生きる人々の心中で塔はずっと以前に崩壊していたからであろう。

「政治的言説」はRP（new）で初めて公刊されたが、いつ頃書かれたものか定かではない。ただ、この中で同時代の議論として扱われている「イデオロギーの終焉」論は一九六〇年に出たD・ベルの同名の著書以来流行のテーマになったから、六〇年代のどこかではないだろうか。なぜ公刊されなかったのかはわからない。初めの部分を流し読みしてみたときは、くどくどと教科書的にアリストテレスの弁論学などが書いてあってつまらなそうだったし、だから公刊しなかったのか、とも考えた。しかし後半で、マルクス主義とイデオロギーの終焉論が批判されているところまでくると、論文全体の趣旨がやっとわかってきた。この論文は、この二つを批判する目的で書かれた、として時事的に読むこともできる。しかし、オークショットらしくその真骨頂は、両者の誤りをプラトン以来の系列の中に置いて批判し、同時にアリストテレスに荷担しながら、科学主義的ではない普通の政治的言説の意義を再度擁護する、といった形で、時事的イシューを長い思想史の中に位置づけて把握する点にある。批判されている二つ（どちらも「イデオロギー」の語を否定的に使う）はともに、蓋然的ではない確実な論証として政治的結論を提示したいというプラトン以来の（むなしい）希求を、それぞれ異なる形態で体現している理論なのである。唯物弁証法を、普通のマルクス主義の用語（歴史の発展法則、生産力と生産関係の矛盾、下部構造による上部構造の規定……）とちがった言葉（「道具使用」の発達）で言い直しながらその致命的欠点を解明してゆく手腕は、宇宙人が読むマルクスのようではあるが、さすがである。アリストテレス的には、他でありえないことについての知としてのエピステーメ（真知）と、他でもありうることについての知としてのフロネーシス（賢慮）が区別される。政治的言説は、決定的に後者に関わるのであるが、しかしそこにはフロネーシスとしての優劣がある。われわれは政治的言説において、エピステーメのふりをすることもなく、知と無関係な感情や決断の問題へと落とし込むこともせず、良質で洗練されたフロネーシスとそれをめぐる議論を追求すべきだ。私が勝手に結論を要約すればこのようになるし、これは、オークショットが他の論文でも形を変えて繰り返し強調している点でもある。

本書は増補版として内容上の厚みと広がりを増し、生まれ変わったと言ってもよいだろう。今回の翻訳作業を通して再確認したことは、オークショットの面白さ、特にその現代性である。増補部分を含む本書全体が、空疎な抽象語（特に「（無条件の）権利」と「（形式的な）民主主義」）で構成される観念上の規範世界に訴えることで何事も解決しようとする現代の政治的言語空間への一般的懐疑、を読者が抱くきっかけとなれば幸いである。

増補版の翻訳作業を進めるについて全面的にサポートしていただいた、勁草書房編集部の鈴木クニエさんに、翻訳者たちを代表して感謝を表したい。

二〇一三年六月

嶋　津　格

人　名　索　引

（本文のみ，注を除く）

Michael Oakeshott（1901－1990）
1901 年イギリス・ケント州チェルスフィールド生まれ．ケンブリッジ大学ゴンヴィル・アンド・キーズ・カレッジ卒業．同カレッジのフェローおよび歴史学チューター．第二次世界大戦に従軍後，オックスフォード大学ナフィールド・カレッジを経て，ハロルド・ラスキの後任として 1951 年から 1969 年まで LSE（London School of Economics and Political Science）政治学教授をつとめた．1990 年，ドーセットのアクトンにて没．
Experience and its Modes（Cambridge University Press, 1933）; *Rationalism in Politics and Other Essays*（Methuen, 1962）（本訳書および渋谷浩・奥村大作・添谷育志・的射場敬一訳『保守的であること――政治的合理主義批判』昭和堂，1988 年）; *Hobbes on Civil Association*（Blackwell, 1975）（中金聡訳『リヴァイアサン序説』法政大学出版局，2007 年）; *On Human Conduct*（Clarendon Press, 1975）（野田裕久抄訳『市民状態とは何か』木鐸社，1993 年）; On History and Other Essays（Blackwell, 1983）（添谷育志・中金聡訳『歴史について、およびその他のエッセイ』風行社，2013 年）ほか．

嶋津　格（しまづ　いたる）	1949 年生まれ．	千葉大学名誉教授．
森村　進（もりむら　すすむ）	1955 年生まれ．	一橋大学名誉教授．
名和田是彦（なわた　よしひこ）	1955 年生まれ．	法政大学法学部教授．
玉木秀敏（たまき　ひでとし）	1955 年生まれ．	大阪学院大学法学部教授．
田島正樹（たじま　まさき）	1950 年生まれ．	洗足学園中高部非常勤講師．
杉田秀一（すぎた　しゅういち）	1956 年生まれ．	元帝京平成大学現代ライフ学部准教授．
石山文彦（いしやま　ふみひこ）	1961 年生まれ．	中央大学法学部教授．
桂木隆夫（かつらぎ　たかお）	1951 年生まれ．	学習院大学名誉教授．
登尾　章（のぼりお　あきら）	1971 年生まれ．	國學院大學法学部兼任講師．
川瀬貴之（かわせ　たかゆき）	1982 年生まれ．	千葉大学社会科学研究院教授．

［増補版］政治における合理主義

1988年9月 5日　第1版第1刷発行
2013年9月20日　増補版第1刷発行
2024年1月20日　増補版第3刷発行

著　者　M．オークショット
訳　者　嶋《しま》津《づ》　格《いたる》・森《もり》村《むら》　進《すすむ》・
名《な》和《わ》田《た》是《よし》彦《ひこ》・玉《たま》木《き》秀《ひで》敏《とし》・
田《た》島《じま》正《まさ》樹《き》・杉《すぎ》田《た》秀《しゅう》一《いち》・
石《いし》山《やま》文《ふみ》彦《ひこ》・桂《かつら》木《ぎ》隆《たか》夫《お》・
登《のぼり》尾《お》　章《あきら》・川《かわ》瀬《せ》貴《たか》之《ゆき》
発行者　井　村　寿　人

発行所　株式会社　勁《けい》草《そう》書房

112-0005　東京都文京区水道2-1-1　振替 00150-2-175253
（編集）電話 03-3815-5277／FAX 03-3814-6968
（営業）電話 03-3814-6861／FAX 03-3814-6854
イニュニック・牧製本

ISBN978-4-326-30223-9　Printed in Japan